Taktische Periodisierung im Fußball

Für alle, für die Fußball mehr als „nur" ein Spiel ist!

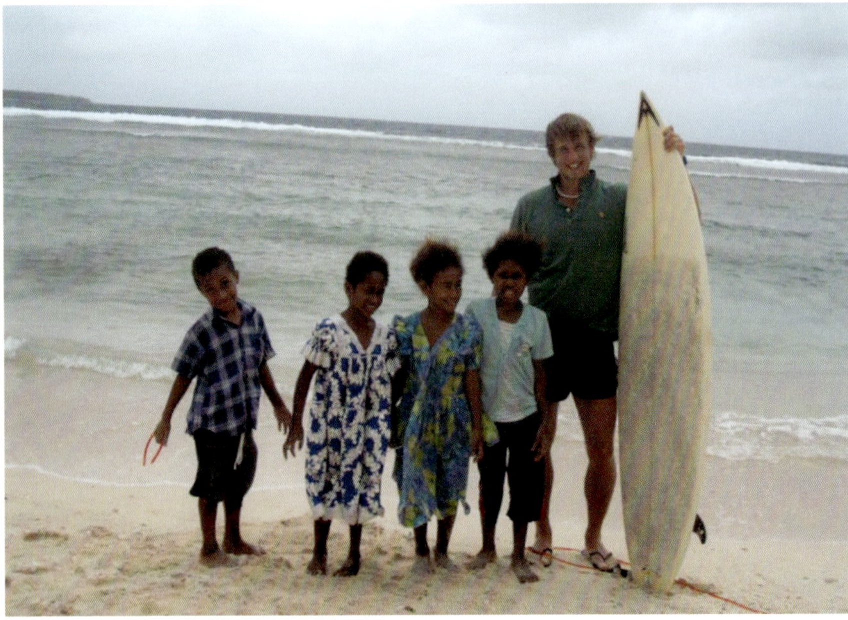

Be positive – Timo Jankowski, April 2015

Allgemeiner Hinweis:

Aus Gründen der besseren Lesbarkeit wird bei Personenbezeichnungen die männliche Sprachform verwendet. Gemeint ist sowohl die männliche als auch die weibliche und die diverse Form.

Das vorliegende Buch wurde sorgfältig erarbeitet. Dennoch erfolgen alle Angaben ohne Gewähr. Weder der Autor noch der Verlag können für eventuelle Nachteile oder Schäden, die aus den im Buch vorgestellten Informationen resultieren, Haftung übernehmen.

Sollte diese Publikation Links auf Webseiten Dritter enthalten, so übernehmen wir für deren Inhalte keine Haftung, da wir uns diese nicht zu eigen machen, sondern lediglich auf deren Stand zum Zeitpunkt der Erstveröffentlichung verweisen.

Timo Jankowski

TAKTISCHE PERIODISIERUNG IM **FUSSBALL**

Die erfolgreichste Methodologie im Fußball

Meyer & Meyer Verlag

Taktische Periodisierung im Fußball

Bibliografische Information der Deutschen Nationalbibliothek
Die Deutsche Nationalbibliothek verzeichnet diese Publikation in der Deutschen Nationalbibliografie; detaillierte bibliografische Details sind im Internet über <http://dnb.d-nb.de> abrufbar.

2., überarbeitete und ergänzte Auflage 2021

Auckland, Beirut, Dubai, Hägendorf, Hongkong, Indianapolis, Kairo,
Kapstadt, Manila, Maidenhead, Neu-Delhi, Singapur, Sydney, Teheran, Wien

Member of the World Sport Publishers' Association (WSPA)

Gesamtherstellung: Print Consult GmbH, München

MIX
Paper from responsible sources
FSC® C084279

ISBN 978-3-8403-7824-9
E-Mail: verlag@m-m-sports.com
www.dersportverlag.de

Inhalt

Vorwort zur 2. überarbeiteten Auflage

Nachdem José Mourinho 2004 mit dem FC Porto unerwartet die Champions League gewinnen konnte und dann im Anschluss als „Special-One" gleich zweimal hintereinander mit Chelsea London die Premier League gewinnen konnte und nach außen extrem überzeugt schien von seiner Erfolgsmethode, begann ich mich, parallel zum Start meiner Trainerausbildung, intensiv mit José Mourinho und seiner Erfolgsmethode zu beschäftigen.

Zu Beginn meiner Recherchen und bis zur Veröffentlichung der 1. Auflage war es extrem schwierig, im deutschsprachigen Raum überhaupt an Informationen über diese Erfolgsmethode zu kommen.

Informationen gab es nahezu ausschließlich auf Portugiesisch und Spanisch, selten in Englisch, was die Recherche sehr erschwert hat und durch die in einer Fremdsprache verwendete Terminologie wurde diese ebenfalls nicht leichter.

Erst in den letzten Jahren, nachdem immer mehr erfolgreiche Trainer – nicht nur aus Portugal – das Konzept und die Ideen der taktischen Periodisierung nutzen, vervielfachten sich entsprechende Literatur oder Artikel im Internet über konkrete Inhalte.

Eine wichtige Grundlage für viele Inhalte, Ideen, Inspirationen und Referenzen aus diesem Buch waren folgende drei Personen und ihr wiedergegebenes Wissen, das sie mit der Fußballwelt auf Englisch teilen und die ich jedem, der sich intensiv mit den besten Referenzen beschäftigen möchte, ans Herz legen würde:

- „Complex Football" von Javier Mallo, der neben der taktischen Periodisierung in seinem Buch auch auf Paco Seirulos Ideen eingeht, der neben dem Erfolg des FC Barcelona auch Pep Guardiola wesentlich mitgeprägt hat.
- „What is Tactical Periodization" von Xavier Tamarit (u. a. Co-Trainer beim FC Southampton und FC Valenica)
- Losgelöst von der Denkweise der taktischen Periodisierung der Niederländer Raymond Verheijen, der für viele als der beste Trainerausbilder der Welt gilt und mit Hilfe objektiver Referenzen und Theorien neue Maßstäbe in der Denkweise des Fußballs gesetzt hat.

Eine der wichtigsten Ideen in diesem Konzept ist die Dynamik und Flexibilität, mit der es zum Leben erweckt wird, innerhalb einiger fixer Bausteine und Ideen.

So hat sich im Laufe der Jahre auch meine eigene subjektive Anwendung dieses objektiven Konzepts ständig weiterentwickelt und das ständige Auseinandersetzen in Theorie und Praxis zu einer Weiterentwicklung geführt, die ich hier in diesem Buch mit den Lesern teilen möchte.

Ich möchte darauf hinweisen und festhalten, dass der Vater dieser Idee der portugiesische Professor Vitor Frade ist, der dieses geniale Konstrukt für die Fußballwelt geschaffen hat und die Grundlage der vorgestellten Ideen auf diesem Gedankenkonstrukt aufbaut, ich dem Leser jedoch keine blinde Kopie dieser Ideen wiedergeben möchte sondern eine subjektive Interpretation dieser, auch mit Erkenntnissen aus anderen Methoden und Bereichen, die ich versucht habe, in dieses Konstrukt zu integrieren, um dadurch den Leser zu begeistern, ebenfalls seine der eigenen Situation und eigenen Ideen angepasste Version dieses Konzeptes zu entwickeln.

In einem Artikel in der New York Times wies Professor Frade darauf hin, dass sein Konzept der taktischen Periodisierung eine Management-Philosophie ist und eine spezielle Art über Fußball zu denken und wie heißt es so schön: „Die Gedanken sind frei."

Im selben Artikel in der New York Times sagt Vitor Frade weiter über die taktische Periodisierung:

"It is not a method, it is a methodology. You have a methodology so that you don't need methods."

Eine Methodologie im Fußball ist der Weg mit dem die grundlegende Fußballausrichtung eines Vereins oder Verbands, die Spielidee sowie das Spielmodell und die Spielprinzipien logisch aufeinander aufbauend für alle Bereiche definiert und umgesetzt werden soll:

„Wie wir arbeiten, trainieren und nach welchen Werten und Prinzipien wir Fußball spielen und uns entwickeln wollen, wenn wir das Spiel auf eine definierte Weise interpretieren."

Der Begriff der Methodologie ist im deutschsprachigen Fußball-Raum leider so gut wie nicht verbreitet, was einer der Hauptgründe für eine oftmals falsche Anwendung dieses Konzeptes ist, es ist eben keine einzelne Methode, die man einfach aneinanderreihen kann, sondern viel mehr als das.

„Das Ganze ist mehr als die Summe seiner Teile."

Deshalb taucht der Begriff der Methodologie neu auch im Untertitel des Buches auf, mit dem Ziel, dazu beizutragen, den Begriff der Methodologie als fußballspezifisches Gedankenkonstrukt im deutschsprachigen Fußballraum zu etablieren, da die Beschäftigung mit dieser Begrifflichkeit zu einer persönlichen Weiterentwicklung führen wird, was letztendlich den Spielern und der Mannschaft zu Gute kommen wird.

Viel Spaß beim Lesen und kritischen Hinterfragen der Inhalte und der eigenen Gedankenkonstrukte, denn:

„Was Paul über Fritz sagt, sagt mehr über Paul aus, als über Fritz."

Vorwort zur 2. überarbeiteten Auflage

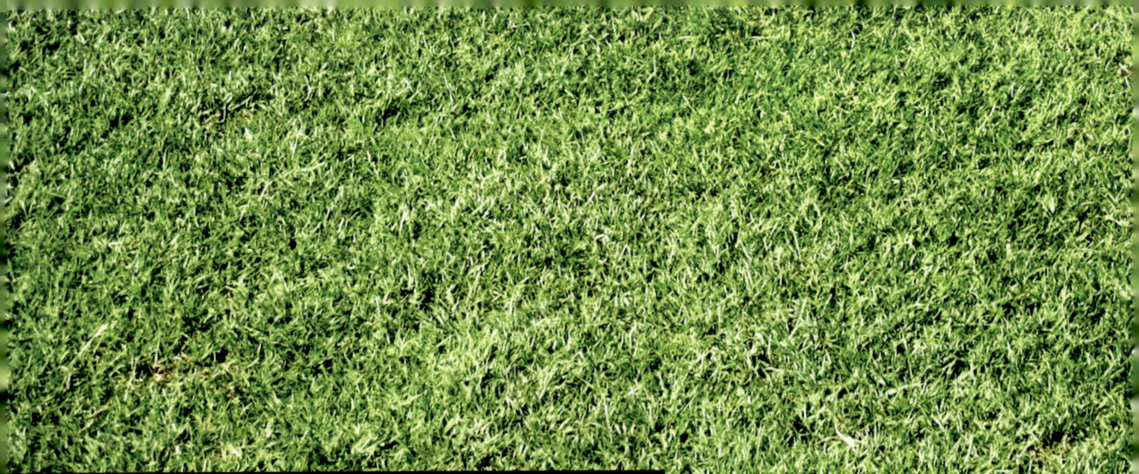

KAPITEL 1

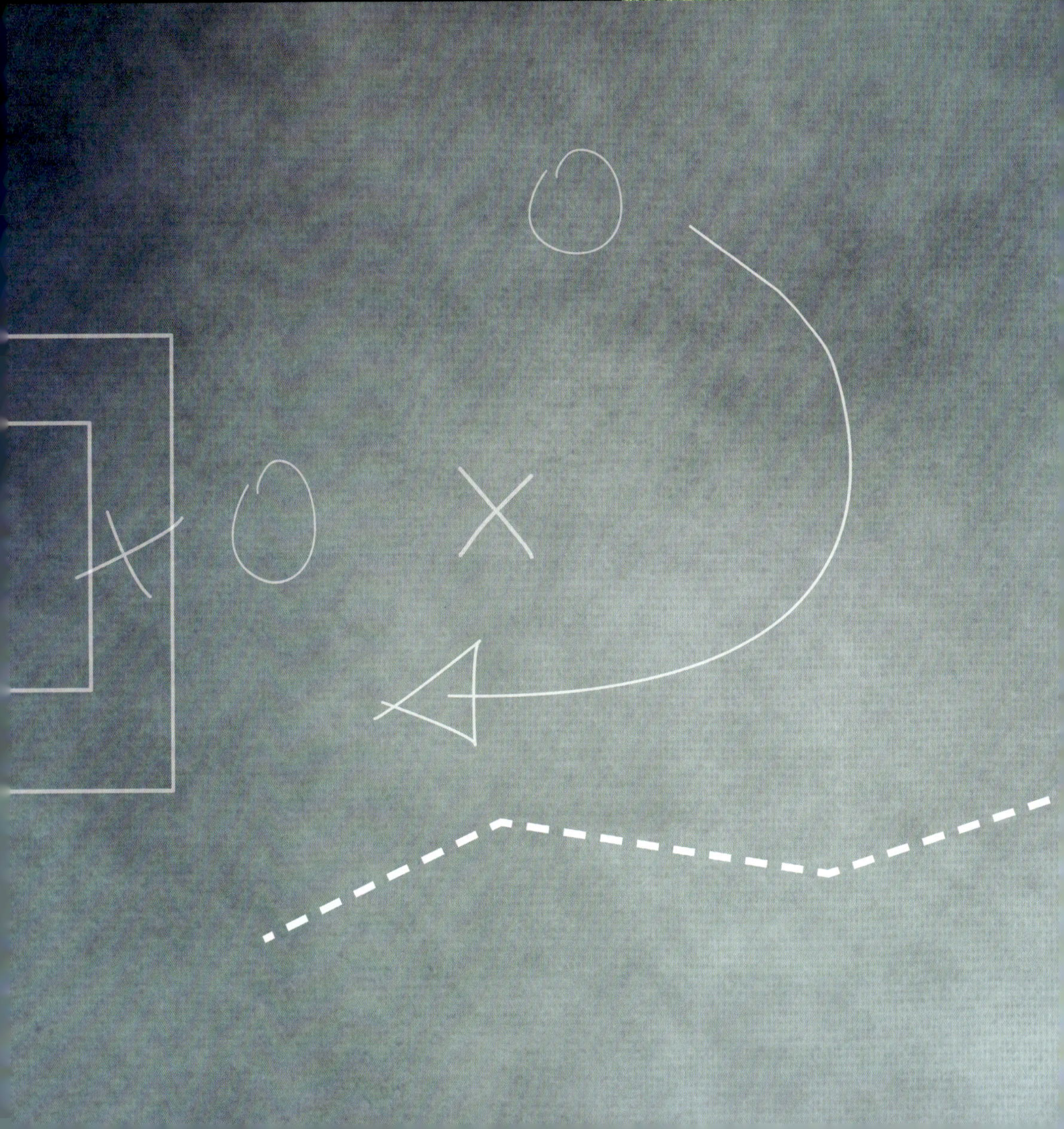

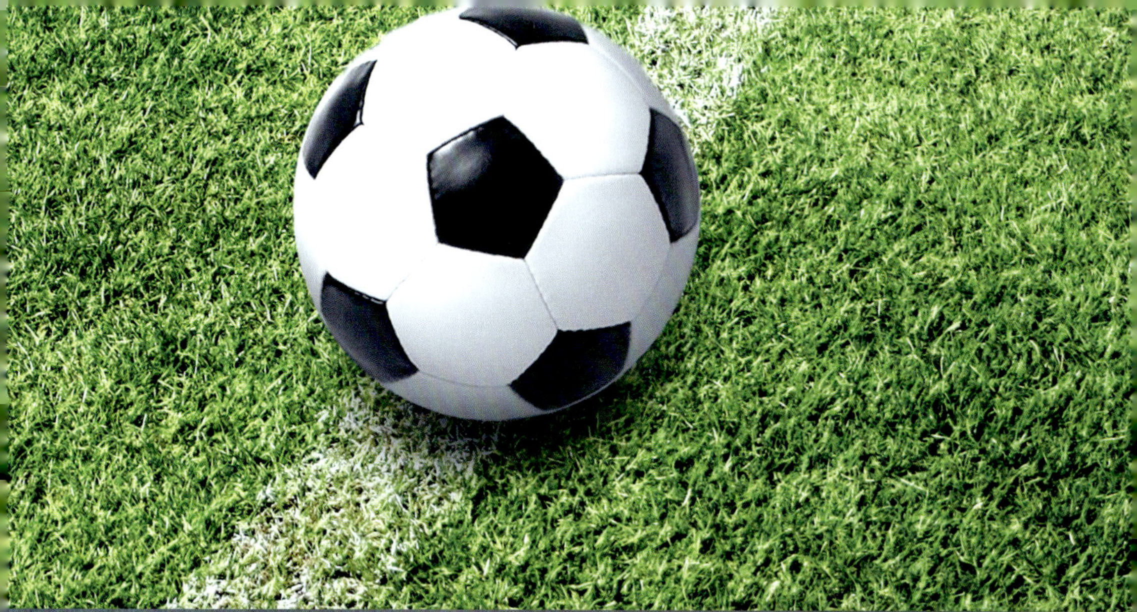

Die Weiterentwicklung des Fußballs und die Bedeutung der taktischen Periodisierung

KAPITEL 1

Die Weiterentwicklung des Fußballs und die Bedeutung der taktischen Periodisierung

„Im Fußball gibt es nicht nur eine Wahrheit – und warum Fußball kein Krieg ist, sondern ein Spiel."

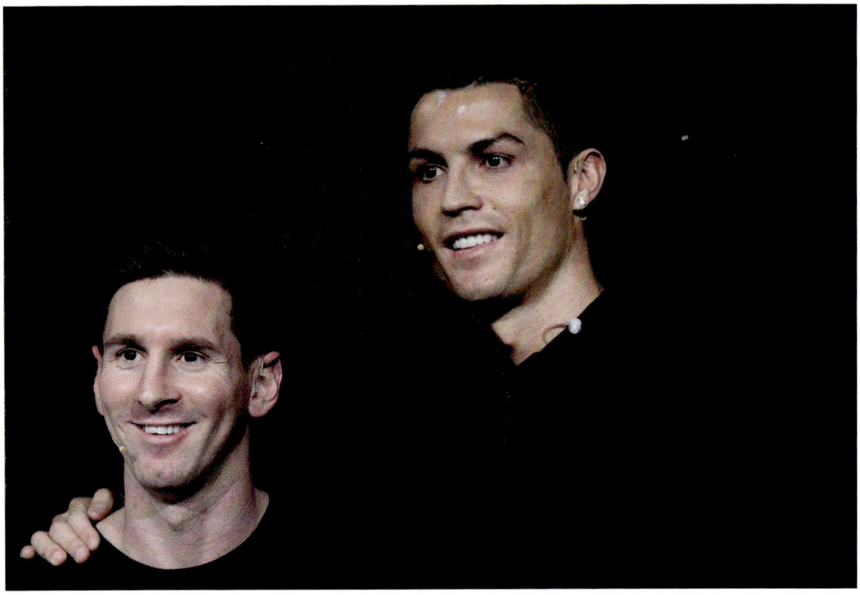

„Look at the best, learn from the best, be the best": Weltklassespieler unter sich – Cristiano Ronaldo und Lionel Messi

Leider ist immer noch von etlichen Trainern bei der Motivationsansprache vor einem Spiel zu hören, dass Fußball Krieg sein soll.

Da Krieg ohnehin etwas Negatives ist, kann man über diese Aussage nur schmunzeln.

Fußball ist laut Definition ein *Spiel*.

Sicherlich spielen Duelle, eine positive Aggressivität und Durchsetzungsvermögen eine wichtige Rolle.

Doch wer beim Fußball von Krieg statt von einem Spiel ausgeht, wird auch sein Training falsch aufbauen und die Spieler werden davonlaufen.

Oftmals lassen Trainer mit dieser Auffassung vom Fußball ihre Spieler ähnlich wie beim Militär sinnlos Runden um den Platz laufen und ihre Spieler kreisen dabei die Arme oder führen andere militärähnliche Drills durch.

Mal ehrlich, wie viele Fußballer haben Sie schon gesehen, die im Spiel mit immer demselben Tempo im Kreis laufen und die Arme kreisen?

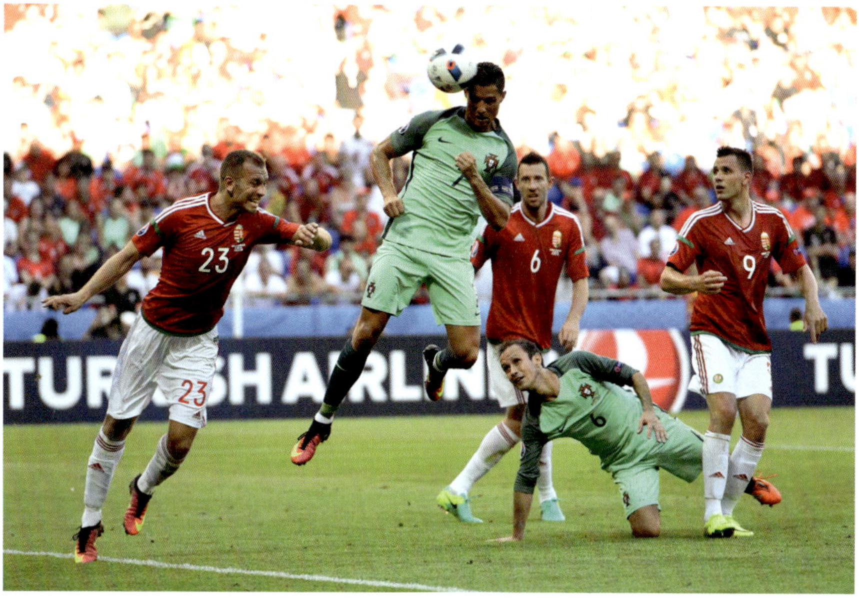

Duelle als Teil des Spiels – Cristiano Ronaldo durchsetzungsstark

Trainerlegende Wiel Coerver sagte sinngemäß einmal, dass es im Fußball nicht nur eine Wahrheit gibt und viele Wege zum Ziel führen:

- Brasilien wurde Weltmeister mit Joga Bonito.
- Spanien wurde Weltmeister mit Tiki-Taka.
- Deutschland wurde Weltmeister mit Disziplin und Organisation.
- Italien wurde Weltmeister mit Catenaccio.
- Argentinien wurde Weltmeister mit Diego Maradona und Frankeich mit Zinedine Zidane.
- Die Niederlande wurden noch nie Weltmeister, trotz Johan Cruyff, Marco van Basten und Arjen Robben.

Erfolg im Fußball ist mit vielen verschiedenen Wegen und Spielideen möglich und genau das macht den Fußball so interessant und abwechslungsreich, wie keine andere Sportart.

Doch Fakt ist, wie bei einem Benchmarking in der Wirtschaft, muss man die besten Fußballmannschaften und die weltbesten Spieler auf den jeweiligen Positionen genauestens analysieren, wie diese spielen, sich verhalten und wie sie trainieren.

„Wer nicht mit der Zeit geht, geht mit der Zeit."

Der Fußball und eine auf den Fußball abgestimmte Trainingslehre entwickeln sich rasant weiter ...

Auch wenn Zahlenspiele und Statistiken im Fußball oftmals belächelt werden, kommt man nicht darum herum, anzuerkennen, dass es von hoher Bedeutung – gerade in der Ausbildung – ist, wenn ein Fußballtrainer weiß, dass beispielsweise 80 % aller Pässe direkt oder nach maximal einer zusätzlichen Ballberührung gespielt werden, oder dass 75 % aller Ballmitnahmen im Spitzenbereich mit Gegnerdruck im Rücken stattfinden.

Ganz zu schweigen davon, dass, abhängig von der Liga, mittlerweile +/- 30 % aller Tore nach Standardsituationen fallen.

Taktikgenie Marcelo Bielsa, der bei der WM 2010 Nationaltrainer von Chile war, nahm 700 Videos mit Material der Gegner nach Südafrika mit und begründete dies mit der Aussage:

„Ich weiß, dass Erfolg und Glück keine Synonyme sind."

Durch TV und Internet gelangt Fußball-Know-How nun auch in die entlegensten Winkel der Welt, wodurch ein jahrzehntelanger Wettbewerbsvorteil der westlichen Fußballwelt verschwindet.

Vermeintlich „kleine Nationen" haben in allen Bereichen des Fußballs enorm aufgeholt und das Niveau wird immer ausgeglichener.

Wer sich nicht weiterentwickelt, wird mittlerweile von den „kleinen Nationen" gefressen, die hungrig nach Erfolg sind.

Costa Rica marschierte bei der WM 2014 völlig verdient ins Viertelfinale und Wales drang bei der Euro 2016 bis zum Halbfinale vor.

Bei der FIFA-Klub-Weltmeisterschaft 2014 gelang Auckland City FC aus der kleinen Rugby- und Kricketnation Neuseeland erstmals das Erreichen des Halbfinales und belegte mit einem 4:2-Sieg im Elfmeterschießen gegen den mexikanischen Vertreter CD Cruz Azul den dritten Platz.

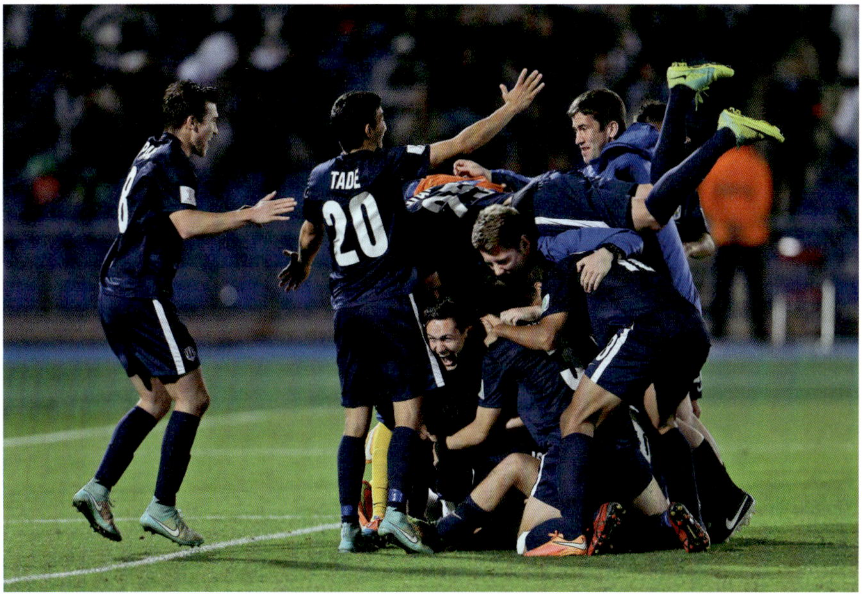

Auch in Neusseland entwickelt sich der Fußball weiter: Auckland City FC – dritter Platz bei der FIFA-Klub-WM 2014.

Mannschaften aus der viertklassigen Regionalliga in Deutschland werfen Teams aus der Ersten Bundesliga aus dem DFB-Pokal.

Es passiert auch immer öfters, dass beispielsweise Nationalmannschaften aus Ländern mit geringen Einwohnerzahlen, wie die Färoer-Inseln mit nicht einmal 50.000 Einwohnern, den Europameister Griechenland mit 10 Millionen Einwohnern auswärts verdient mit 0:1 schlagen, da auch diese Teams über sehr gute Strukturen und Förderprogramme verfügen.

Damit Island international konkurrenzfähig ist, wurden u. a. zahlreiche Fußballhallen gebaut, damit auch in den kalten und dunklen Wintermonaten ein Spielbetrieb stattfinden kann.

Die Erfolge dieses gut durchdachten Systems sprechen für sich: So scheiterte Island 2013 erst im letzten Play-off-Spiel für die WM-Qualifikation gegen Kroatien, nachdem das Hinspiel 0:0 ausgegangen war.

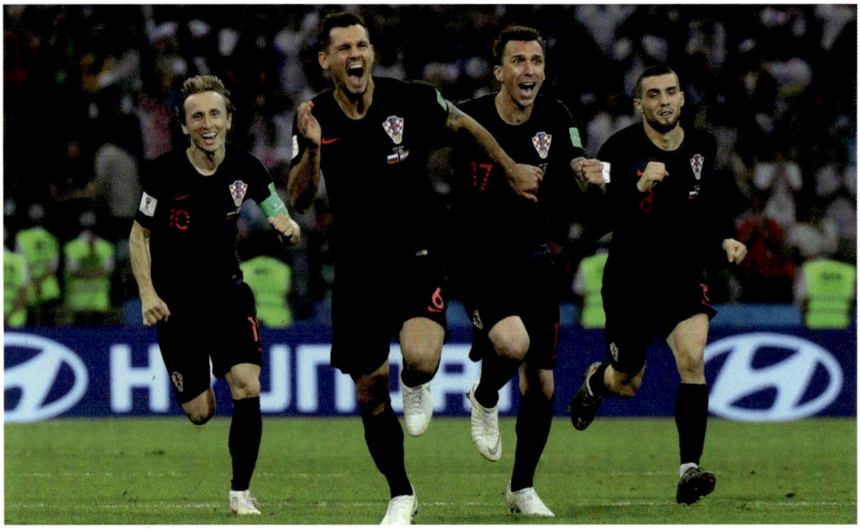

WM-Finale dank einer überragenden Nachwuchsausbildung – Kroatien mit gerade einmal 4 Millionen Einwohnern

2014 wurden die Niederlande mit Weltstars wie Arjen Robben in der EM-Qualifikation souverän mit 2:0 von Island geschlagen und bei der Euro 2016 spielte man in der Gruppenphase gegen den späteren Europameister Portugal unentschieden und gewann dann sogar im Achtelfinale gegen das Mutterland des Fußballs, England. Uruguay mit 3,5 Millionen Einwohnern ist bei jeder WM und bei der Copa America ein äußerst schwer zu schlagender Gegner, was nur aufgrund einer hervorragenden Ausbildung der Spieler möglich ist.

Bei der Weltmeisterschaft 2018 konnte Kroatien mit gerade einmal etwas mehr als 4 Millionen Einwohnern erst im Finale gestoppt werden, wobei gleich 14 Spieler konzeptionell in einer der weltbesten Akademien bei Dinamo Zagreb ausgebildet wurden.

Interessant ist auch der Gedanke, was passieren würde, wenn Länder in Afrika eine bessere Infrastruktur im Fußball hätten oder nur schon jedes Kind einen Ball hätte.

Fußball-Olympiasieger Nigeria mit über 150 Millionen fußballbegeisterten Einwohnern würde bei entsprechenden Strukturen viele europäische Teams wohl überrollen.

Aus einer einzigen Fußballschule in Abidjan/Elfenbeinküste, in der es eine mehr oder weniger westliche Infrastruktur gibt, stammen Weltstars wie Yaya Touré (u. a. Manchester City), Kolo Touré (u. a. FC Liverpool), Salomon Kalou (u. a. FC Chelsea), Emmanuel Eboue (u. a. FC Arsenal) oder Arthur Boka (u. a. VfB Stuttgart).

Doch auch die Elfenbeinküste mit ihren Topstars muss hellwach sein: Beim Africa-Cup of Nations 2012 in Gabun und Äquatorialguinea verlor die Elfenbeinküste das Finale gegen ein als völliger Außenseiter abgestempeltes Sambia, das dank der perfekten Taktischen Umsetzung des strategischen Plans ihres charismatischen Trainers Hervé Renard verdient den Titel gewinnen konnte.

Auf der Pressekonferenz vor dem Finale spricht Renard über die Magie des Fußballs, auf die mehr denn je in den aktuellen Zeiten geachtet werden sollte, dass sie uns nicht verloren geht:

„Acht Jahre lang habe ich den Müll rausgetragen. Jetzt stehe ich als Trainer im Endspiel des Afrika-Cups. Fußball ist magisch, oder?“

2015 vollbrachte Renard das Kunststück, als erster Trainer zweimal den Afrika-Cup zu gewinnen und besiegte nun als Nationaltrainer der Elfenbeinküste Ghana in einem denkwürdigen Elfmeterschießen.

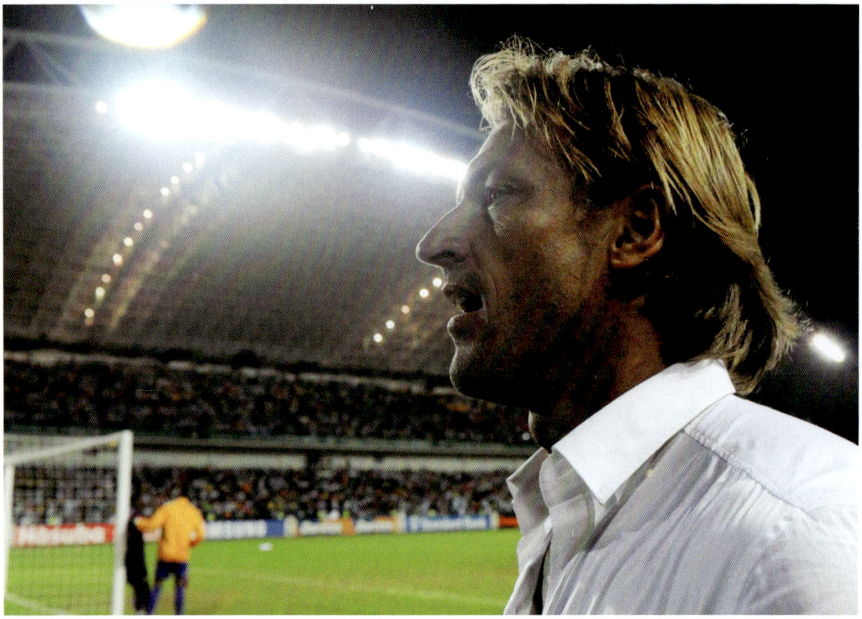

Disziplin und harte Arbeit: Hervé Renard – vom Gebäudereiniger in Frankreich zum Afrika-Meister mit Sambia und der Elfenbeinküste und nun wohl bald bei der nächsten Weltmeisterschaft zu sehen.

Dass bei der WM 2014 viele sogenannte *Fans* der deutschen Nationalmannschaft sich beim Unentschieden gegen Ghana oder dem Sieg in der Verlängerung gegen Algerien über die DFB-Elf beschweren und „... wie es denn sein könnte, dass Deutschland gegen diese Teams nicht klar gewinnt", kann nur einer totalen westlichen Überheblichkeit oder einem komplett fehlenden Fußballsachverstand zugeschrieben werden.

Als ob in Afrika kein Fußball gespielt werden würde ...

Generell gibt es im Fußball gerade in unseren Breitengraden und vor allem im deutschsprachigen Raum extrem negative Verhaltensmuster und unproduktive Einstellungen, die sich vor allem durch diese sogenannten *Fans* verbreiten:

Mitte Juli wurde die deutsche Nationalmannschaft nach dem WM-Sieg noch frenetisch gefeiert, um dann nicht einmal zwei Monate später beim erneuten Aufeinandertreffen bei der 2:4-Niederlage gegen Argentinien, nach nicht einmal 20 Minuten, von den eigenen „Fans" ausgepfiffen zu werden!

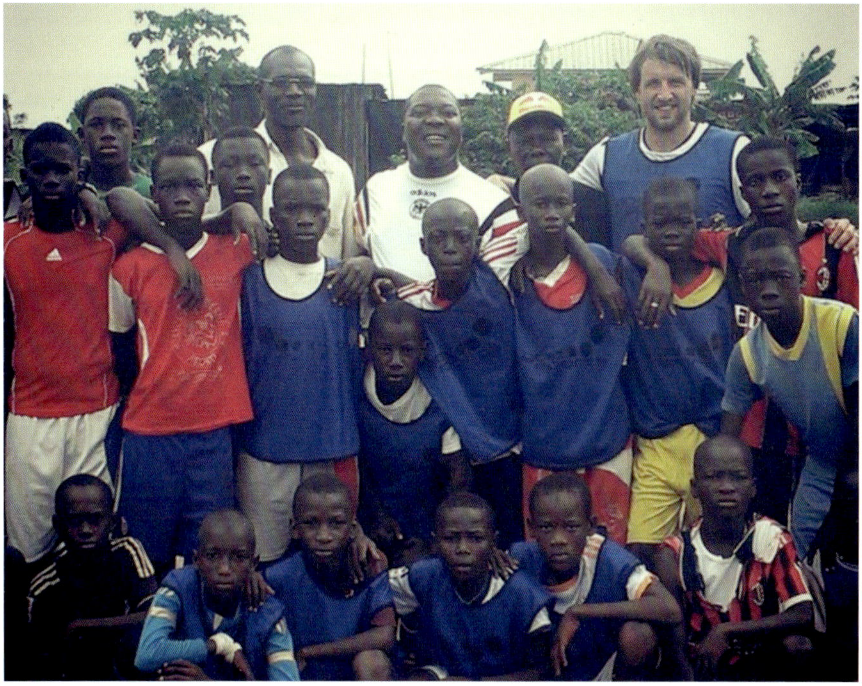

Der Autor Timo Jankowski in der Elfenbeinküste – Lebensfreude und begnadete Talente; aber oftmals – wie auch auf diesem Bild – teilen sich 30-40 Kinder einen einzigen Ball.

Wie in allen Lebensbereichen macht die Globalisierung auch im Fußball nicht halt.

Mannschaften aus Afrika verteidigen diszipliniert wie Europäer, Europäer zaubern wie Brasilianer, Brasilianer spielen ein kompaktes Pressing gegen den Ball und kontern.

Es gibt extrem starke Kopfballspieler aus Mexiko und Chile, aber Engländer mit Problemen im Luftkampf.

Das 1-4-3-3 wird schon lange nicht mehr nur von niederländischen Teams genutzt und die Niederländer selbst spielten bei der WM 2014 mit einer Grundordnung im 1-3-5-2.

Schaut man sich die momentan weltbesten Nationalteams und Vereinsmannschaften genau an, stößt man zwangsläufig bei einer exakten Analyse darauf, dass nahezu alle Trainer und Mannschaften, die momentan im Fußball Erfolg haben, eine spezielle Form der Trainingsplanung und Trainingssteuerung sowie dasselbe Konzept für ihre Erfolge einsetzen.

DAS KONZEPT DER TAKTISCHEN PERIODISIERUNG

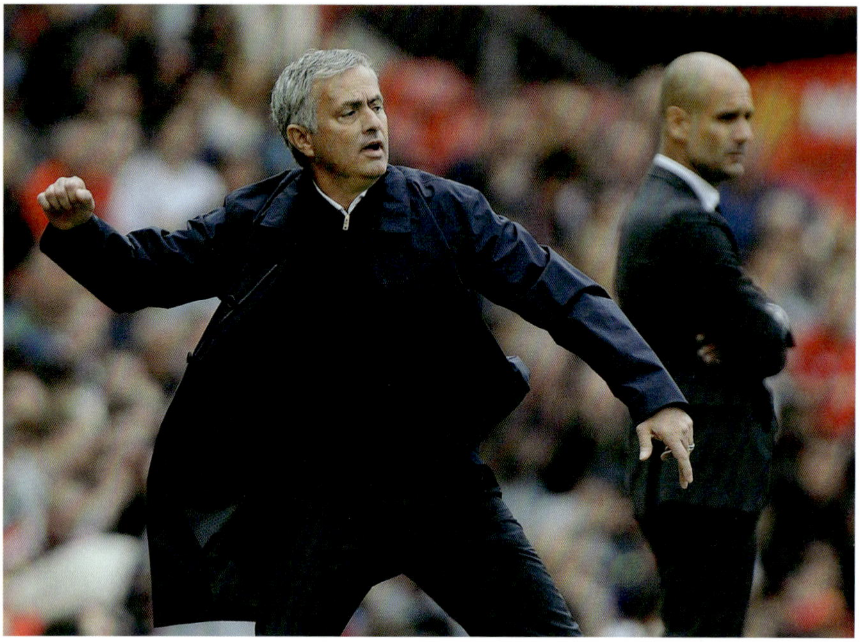

Pep Guardiola und José Mourinho – die beiden bekanntesten Vertreter, die ihre Planungen taktisch periodisieren.

In nahezu allen Topligen spielen fast ausschließlich Mannschaften um Titel, deren Trainer eine Methodologie, die sich um das Spielmodell dreht, entwickelt haben.

Dass in den fünf Topligen neben den jeweils einheimischen Trainern bereits seit mehreren Jahren am häufigsten Trainer aus Portugal zu finden sind, die alle tief mit dem Konzept der Taktischen Periodisierung vertraut sind, ist eine weitere Bestätigung dieses Konzepts in der Praxis.

Zudem ist die Nationalmannschaft von Portugal seit Jahren in Relation zur Einwohnerzahl die erfolgreichste Nationalmannschaft auf der Welt.

Neben den Trainern aus Portugal mit José Mourinho an der Spitze, baut aber auch Pep Guardiola höchst erfolgreich auf ein Konzept mit dem Spielmodell als Ausgangspunkt auf, genauso wie viele weitere, international-renommierte Spitzentrainer.

- **Louis van Gaal** – einer der erfolgreichsten Trainer in der Geschichte des Fußballs, baut sein Training komplett spielnah nach einer klar strukturierten Spielidee und taktischen Prinzipien auf.

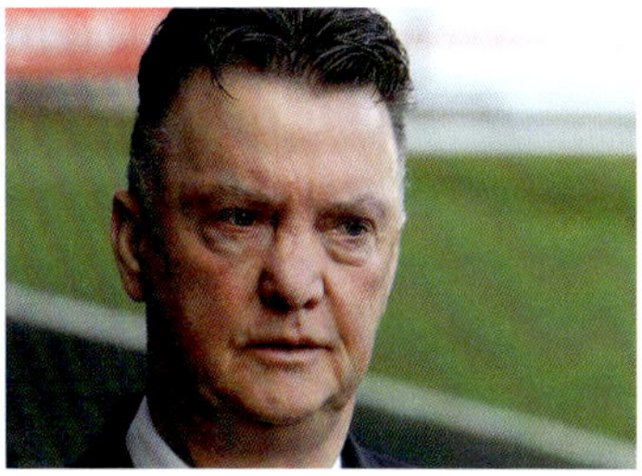

- **Marcelo Bielsa** der u. a. bei Olympique Marseille und Athletic Bilbao tätig war, wird von keinem Geringeren als Pep Guardiola offiziell als Vorbild bezeichnet. Zuletzt stieg er mit Leeds United in die Premier League auf und begeisterte auch dort mit seinem einprägsamen Spielstil.

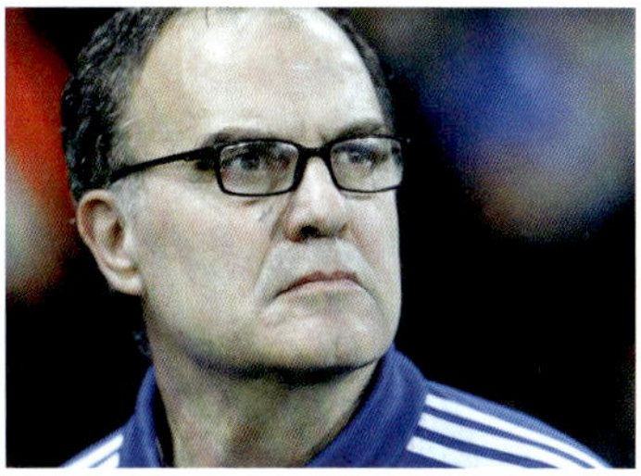

- Pokalsieger mit dem BVB, Meister mit Paris Saint-Germain und Champions-League-Sieger mit Chelsea London – auch **Thomas Tuchel** baut sein Training fußballspezifisch anhand eines Spielmodells auf.

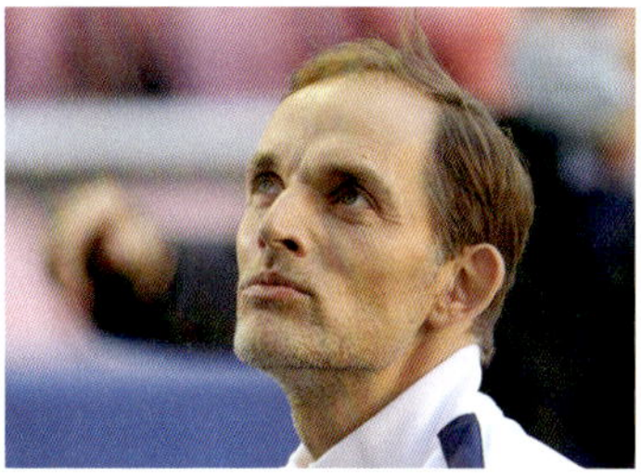

- **Carlos Queiroz**, der mit Portugal U-17- und U-20-Weltmeister wurde, Assistenztrainer bei Manchester United und Cheftrainer bei Real Madrid war sowie als Nationaltrainer von Kolumbien und des Irak tätig war, mit denen er sich für zwei Weltmeisterschaften qualifizieren konnte.

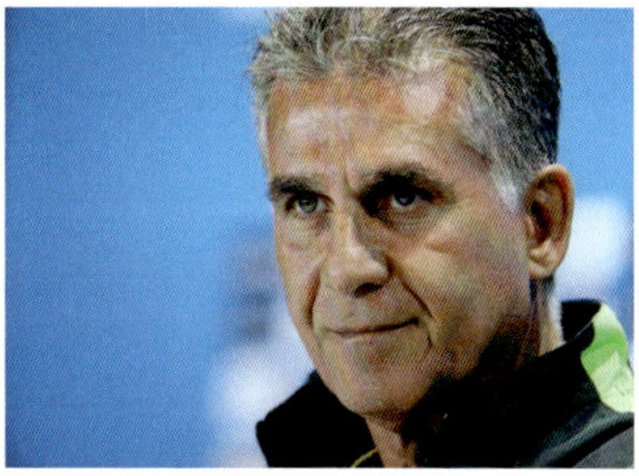

- **André Villas-Boas**, der mit dem FC Porto Meisterschaft, Pokal und die Europa League gewann und als Cheftrainer u. a. bei Chelsea London, Tottenham Hotspurs, Zenit St. Petersburg und Olympique Marseille tätig war, ist ein Fachmann dieser Methodologie.

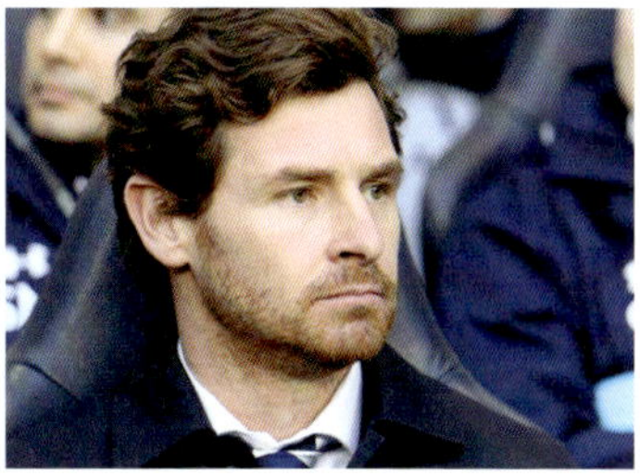

- Auch er baut seine Planungen nach taktischen Schwerpunkten auf: der Nordire **Brendan Rodgers**, der u. a. die Geschicke als Cheftrainer beim FC Liverpool leitete und mit Celtic Glasgow zweimal Meister wurde und mit Leicester City 2020/2021 den Cup gewann.

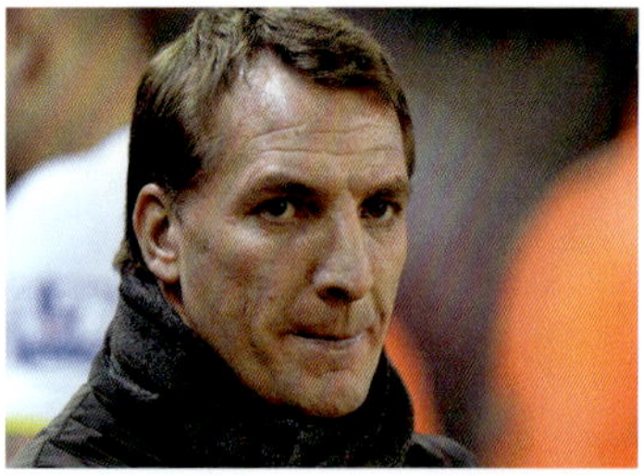

- Algeriens ehemaliger Nationaltrainer **Christian Gourcuff** ist einer der angesehensten Taktikexperten in Frankreich und feierte große Erfolge beim FC Lorient. In seinem Buch *Un autre regard sur le football* wird deutlich, dass auch bei ihm alles aus der Taktik abgeleitet wird.

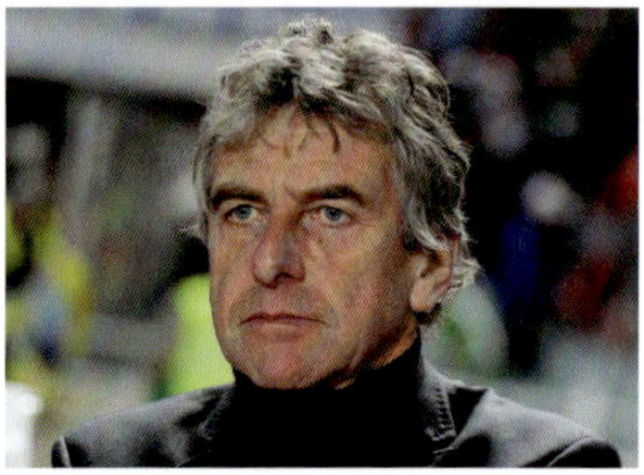

- **Rudi Garcia,** der auf allen Stationen, wie dem OSC Lille, bei AS Romoder Olympique Marseille, mit tollem Angriffsfußball die Fans begeisterte, hat ein taktisches Konzept in der Tasche, nach dem er sein Training gestaltet.

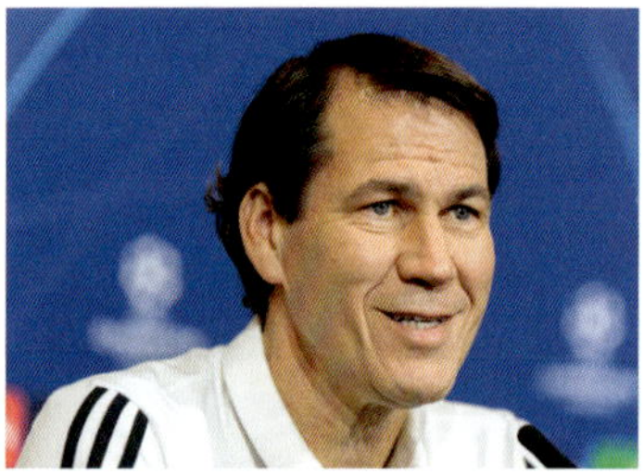

- Zählt ebenfalls zu den Bewunderern von Marcelo Bielsa: **Mauricio Pochettino**. Der 20-fache argentinische Nationalspieler machte als Trainer bei Espanyol Barcelona, dem FC Southampton und Tottenham Hotspurs durch sein hervorragendes, taktisch strukturiertes Konzept auf sich aufmerksam und ist aktuell bei Paris Saint-Germain tätig.

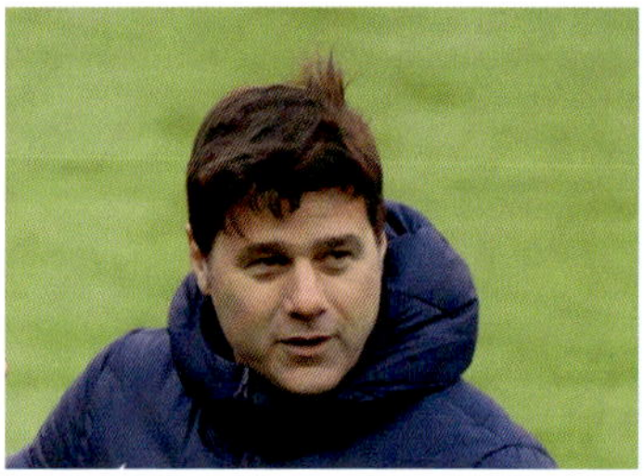

- Der belgische Nationaltrainer **Roberto Martínez**, der auch beim FC Everton tätig war und 2013 mit Wigan Athletic und dem Konzept der taktischen Periodisierung als Underdog den FA-Cup gewinnen konnte.

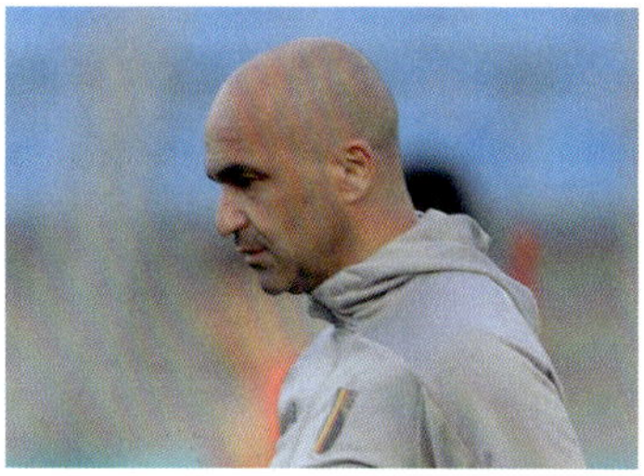

- Erreichte das WM-Viertelfinale in Brasilien mit Costa Rica – **Jorge Luis Pinto**, der auf seiner Webseite *http://www.jorgeluispinto.com* Einblicke in seine Taktikgeheimnisse und Arbeitsweise gibt.

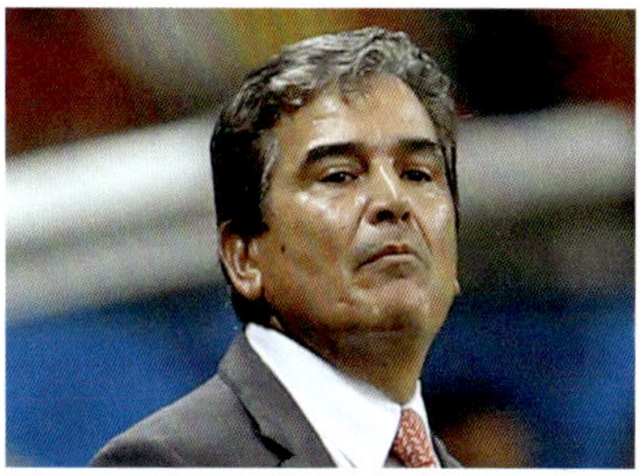

- Der Niederländer **Pepijn Lijnders** der als Co-Trainer des FC Liverpool mit Jürgen Klopp die Champions League gewinnen konnte, studierte die Methodologie während er acht Jahre im Nachwuchsbereich des FC Porto tätig war und in dieser Zeit auch direkt mit Vitor Frade zu tun hatte.

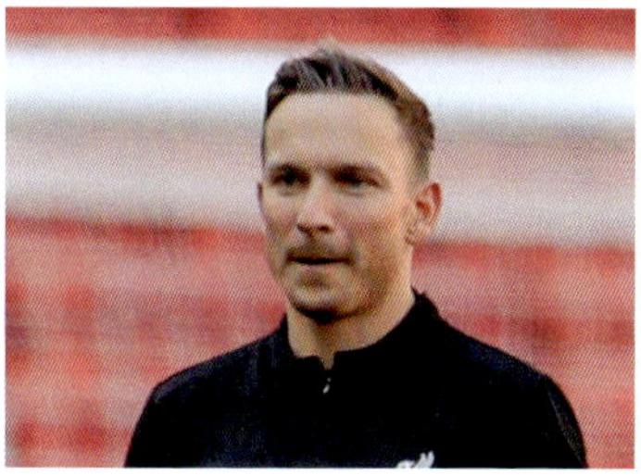

- Auch Bayern Münchens Trainer **Julian Nagelsmann** strukturiert seine Prozesse mithilfe einer taktischen Vorgehensweise und seiner 31 Prinzipien.

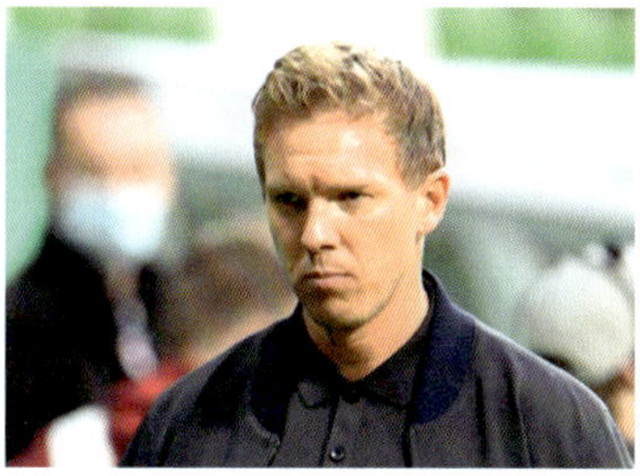

Zahlreiche weitere bekannte Spitzentrainer, wie Leonardo Jardim (u .a. AS Monaco, Sporting Lissabon) ‚Nuno Espiritio (u. a. Wolverhampton Wanderes, Tottenham Hotspurs) Jorge Sampaoli (u. a. Chile, FC Sevilla, Argentinien, Olympique Marseille), Julen Lopetegui (u. a. FC Porto, Spanien, Real Madrid, FC Sevilla), Jorge Jesus (u. a. Sporting Lissabon, Flamengo Rio de Janeiro, Benfica Lissabon),Marco Silva (u. a. FC Watford,

FC Everton) oder auch Carlos Carvalhal (u. a. Besiktas Istanbul, Swansea City)können als bekannte Vertreter dieser Methodologie benannt werden.

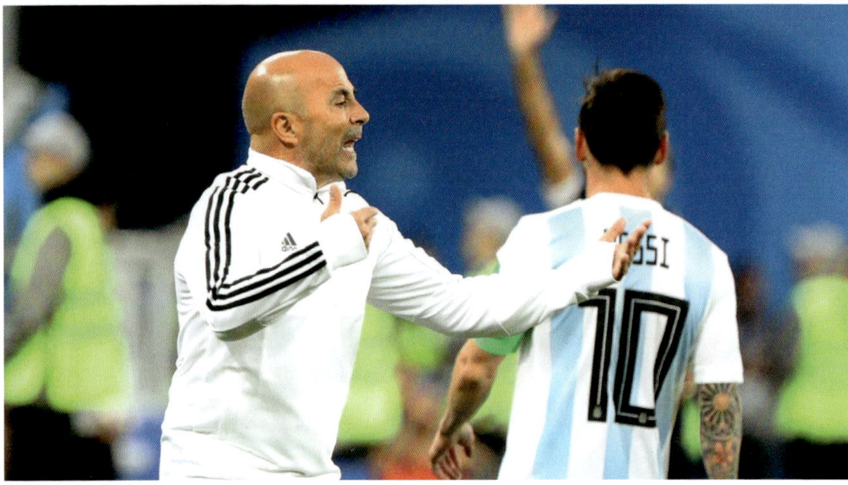

Erfolg mit einer taktischen Periodisierung – Jorge Sampaoli

„Wer nicht mit der Zeit geht, geht mit der Zeit."

Nach wie vor planen viele Fußballtrainer ihr Training immer noch mit veralteten Modellen, aufbauend auf falschen Referenzen und fachfremden Periodisierungskonzepten, die aus der Leichtathletik oder anderen sportartfremden Disziplinen stammen.

Wenn überhaupt eine Planung vorliegt, dann werden die Trainingswochen und einzelnen Tage immer noch in Schnelligkeits- oder Ausdauerwochen unterteilt, statt das Training nach fußballspezifischen Schwerpunkten zu planen, wo selbst konditionelle Faktoren immer in ein taktisches Konzept eingebettet sind, wie es im Modell der taktischen Periodisierung der Fall ist.

Im ersten Teil des Buchs wird auf eine Vielzahl an Theorien und objektiven Referenzen eingegangen, die dazu beitragen sollen, Nährstoff für den Aufbau und die Entwicklung einer eigenen Methodologie passend auf die benötigten Gegebenheiten, wie Altersstufe oder Spielklasse, zu geben.

Des Weiteren wird ein Überblick über die klassischen Periodisierungsmodelle geliefert, um aufzuzeigen, warum diese nicht ausreichen, um die Komplexität des Fußballs zu erfassen, jedoch können einzelne Aspekte ebenfalls sinnvoll in die eigene fußballspezifische Methodologie einfließen.

Danach werden die wichtigsten Konzepte aus dem Modell der taktischen Periodisierung unter die Lupe genommen und wie diese in den eigenen Prozess integriert werden können.

Im zweiten Teil des Buchs werden eine komplette methodologische Anwendung inklusive Spielmodell sowie Spiel- und Trainingsprinzipien vorgestellt, aus denen anschließend dann über 100 ausgewählte Trainingsübungen präsentiert werden, die an dieses Spielmodell und diese Prinzipien gekoppelt sind.

Das Spezielle an dem aufgezeigten Modell und den Übungen ist, dass dieses Konzept in der Praxis über viele Jahre höchst erfolgreich umgesetzt wurde und bis zur Veröffentlichung der 4. Auflage mit diesem Konzept als Grundlage neben etlichen Junioren- und A-Nationalspielern über 60 Spieler entwickelt wurden, die ihr Debüt im Profifußball feiern konnten.

In der Darstellung wurde darauf geachtet, dass ein möglichst hoher Übertrag für Trainer aller Alters- und Leistungsklassen besteht.

Generell soll dazu ermutigt werden, nicht nur im „Copy-Paste-Modus" zu verweilen, sondern aktiv mitzudenken und kritisch zu hinterfragen, welche Aspekte in den Aufbau einer eigenen Methodologie übernommen werden können.

Es geht darum, eigene Hypothesen im Training und am Spieltag aufzustellen und diese im Anschluss kritisch zu evaluieren, wodurch sich die eigene Methodologie auf ein immer höheres Niveau heben wird, was eines der Hauptziele in diesem Konzept ist.

Das Buch soll gute Ausgangshypothesen liefern und inspirieren, damit ein Trainer Anregungen und Ideen hat, um eine auf sein Umfeld und die dort vorherrschenden externen Faktoren passende Methodologie zu erschaffen und seinen eigenen Weg zu gehen.

„Wenn du anderen immer etwas nachmachst, wirst du nie deren Level erreichen. Du musst den Stil deiner Spieler respektieren. Es ist so einfach." – José Mourinho

KAPITEL 2

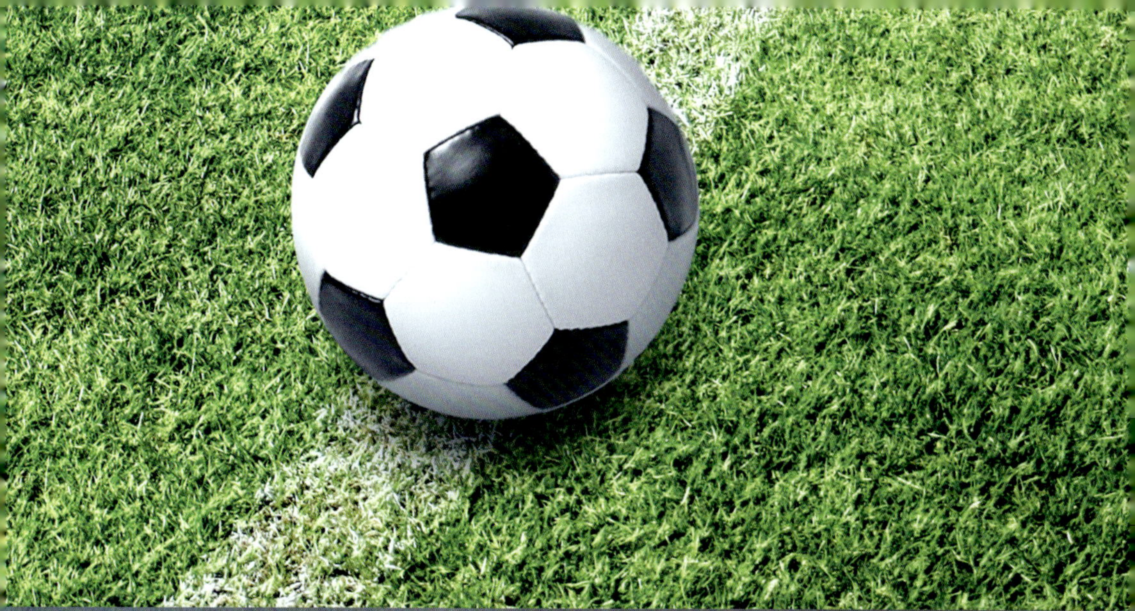

Grundvoraussetzungen und Schlüsselfaktoren: Fußball als Spiel der Spieler – „hinter jedem Spieler steckt ein Mensch“. Über objektive Referenzen, Spielfähigkeit, Werte und eine positive Lernumgebung

KAPITEL 2

Grundvoraussetzungen und Schlüsselfaktoren: Fußball als Spiel der Spieler – „hinter jedem Spieler steckt ein Mensch." Über objektive Referenzen, Spielfähigkeit, Werte und eine positive Lernumgebung

„You need an inner, deep-rooted belief you are good enough. No confidence, no performance."

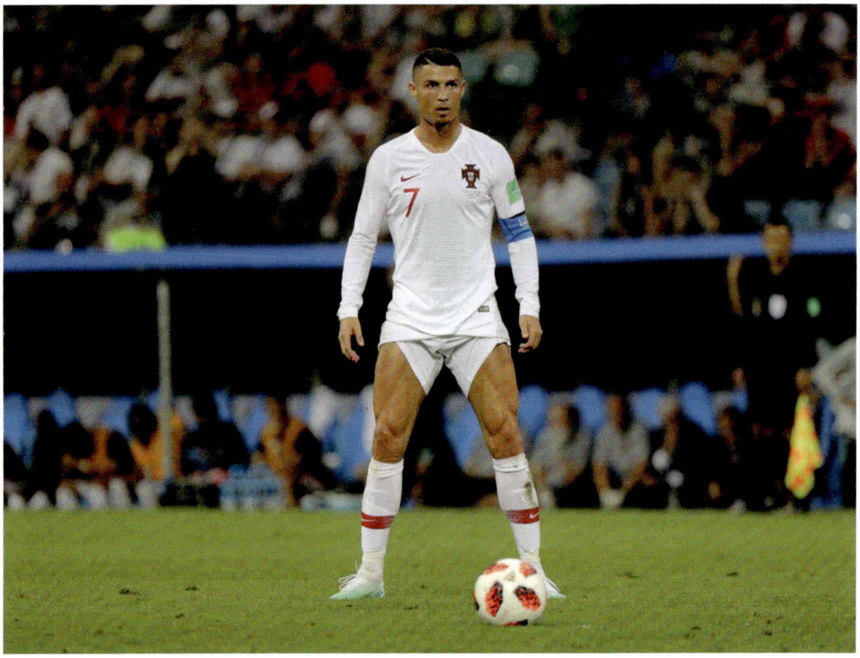

Selbstvertrauen oder Arroganz – das ist oft ein schmaler Grat. Fakt ist jedoch, ohne Vertrauen in die eigenen Fähigkeiten gibt es keine Weltklasseleistung.

Ohne Planung kein Erfolg, doch aufgrund der extrem hohen Komplexität im Fußball kann es selbst mit einer perfekten Planung an manchen Tagen zu Niederlagen kommen.

Die enorme Komplexität wird sehr gut im folgenden Schaubild von Prof. Jürgen Weineck aufgezeigt, in dem die Vielfältigkeit der benötigten Fähigkeiten dargestellt wird.

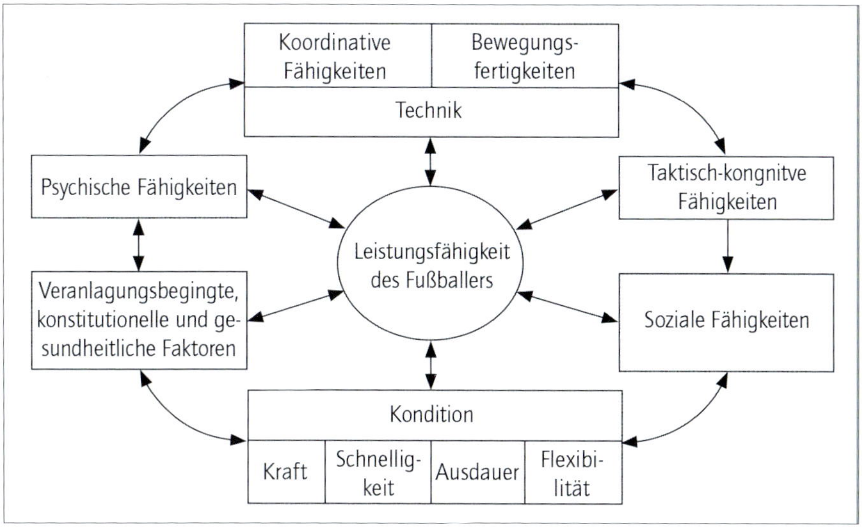

Komponenten der Leistungsfähigkeit im Fußball nach Weineck (Weineck, J. (2004). Optimales Fußballtraining (4., überarbeitete Aufl.) Balingen: Spitta.)

Jedoch können, der Komplexität zum Trotz, die Chancen auf einen Sieg durch eine perfekte Planung und Ausbildung enorm erhöht werden und somit kann auch dem Zufall entgegengewirkt werden.

Zu Beginn jeder Planung muss – wie bereits in Kap. 1 erwähnt – eine Weltstandsanalyse erstellt werden:

- **Was machen die weltbesten Mannschaften und Trainer und warum sind sie so erfolgreich?**

Daraus abgeleitet, ergeben sich Zielsetzungen in der Ausbildung eines Fußballers.

Was muss ein Fußballer in seiner Ausbildung erfahren, damit er sich auf höchstem Niveau durchsetzen kann?

Zunächst, dass ist es wichtig, dass als Ausgangspunkt die richtigen objektiven Referenzen verwendet werden.

Im deutschsprachigen Raum wird leider immer noch in vielen Fällen mit folgendem falschen Modell unterrichtet, in dem mehrere gravierende Punkte falsch dargestellt werden, was einen negativen Einfluss auf den Transfer in der Wissensvermittlung auf die Mannschaft und die Spieler hat:

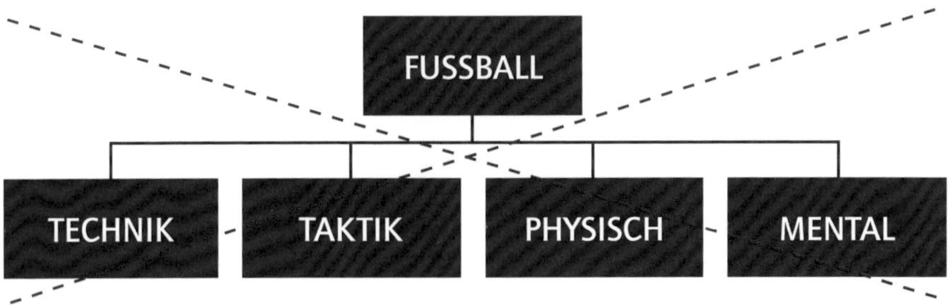

Beispielsweise fehlt in diesem Modell der Begriff der Spielintelligenz komplett. Auch dass der Begriff Technik vor Taktik auftaucht, ist ein fataler Fehler und vermutlich der Grund, warum immer noch so viel falsches, isoliertes Techniktraining stattfindet.

Ein physischer Vorgang ist im Fußball sowohl die Technik wie auch die Taktik und vermutlich der Grund, warum sportartfremde Athletiktrainer Fußballspieler in Grund und Boden trainiert haben.

Der wohl weltbeste Trainerausbilder Raymond Verheijen geht neben vielen anderen bahnbrechenden objektiven Referenzen auch auf diese Thematik detailliert ein:

https://www.fcevolution.com/

Nach Verheijen ist es, objektiv betrachtet, im Fußball das Ziel, die Kommunikation einer Mannschaft zu verbessern, da jede Fußballaktion mit nonverbaler oder verbaler Kommunikation beginnt, worunter Taktik zu verstehen ist.

Nach der Kommunikation trifft der Spieler eine Entscheidung (Spielintelligenz) und führt dann diese Entscheidung aus (Technik).

Das Niveau eines Spielers beim Treffen einer Entscheidung und beim Ausführen dieser baut auf der Kommunikation auf und kann als Spielfähigkeit bezeichnet werden.

Um diese Spielfähigkeit zu entwickeln, bedarf es gewisser Grundvoraussetzungen.

Eine davon ist die Persönlichkeitsentwicklung, die eine äußerst wichtige Angelegenheit ist, gerade in Zeiten, in denen das Ego oftmals über allem zu stehen scheint.

Die Vermittlung von Werten wie Demut sollte gerade im Teamkontext des Fußballs eine zentrale Rolle einnehmen.

Demut = der Demütige erkennt und akzeptiert aus freien Stücken, dass es etwas für ihn Unerreichbares, Höheres gibt.

Zu oft vergessen wir, den Mensch in den Mittelpunkt zu stellen und dass dies der Zugang zu jedem Fußballspieler ist.

„Man muss es genießen, mit Leuten zu tun zu haben." – Udo Lattek

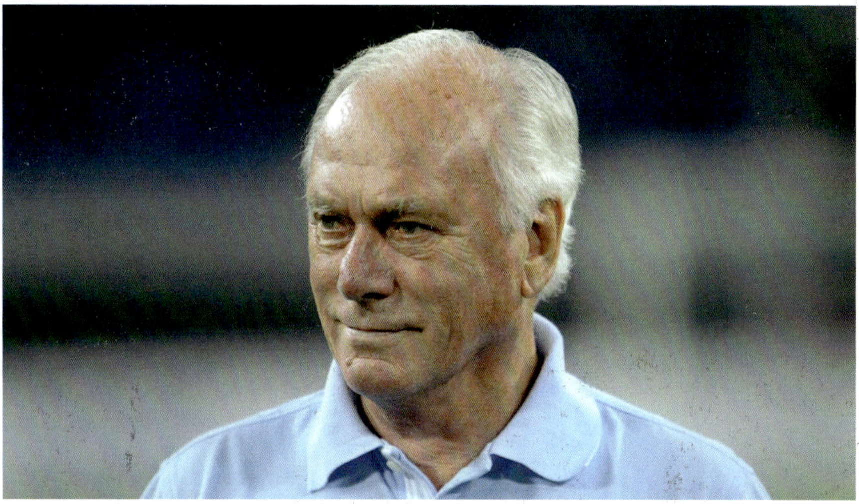

Der frühere Meistertrainer Udo Lattek wusste um die Bedeutung eines menschlichen Umgangs mit seinen Spielern.

Studien belegen, dass 80 % aller Aussagen in einer Umgebung wie beim Fußball negativer Natur sind. Gerade Erwachsene be- und verurteilen ihr Gegenüber permanent, wodurch sich emotionale Blockaden entwickeln und sich eine deutlich schlechtere Lernentwicklung einstellt.

Deshalb ist eine positive Lernumgebung, in der gleichzeitig hohe Anforderungen und ein absolutes Vertrauensverhältnis besteht und in der Fehler gemacht werden dürfen und aus denen konstruktiv gelernt wird, die Grundvoraussetzung, um ein Trainingskonzept umzusetzen.

Spieler, die sich wohlfühlen, eine höhere intrinsische Motivation an den Tag legen und härter für ihre Ziele arbeiten.

Welcher Spieler und Mensch wird nicht gerne gelobt und positiv unterstützt?

„Für einen Spieler - und auch für jeden Menschen – gibt es keine schöneren Worte als ‚gut gemacht'. Das sind die beiden besten Worte, die man sich für den Sport ausgedacht hat. Man braucht keine Superlative." – Sir Alex Ferguson

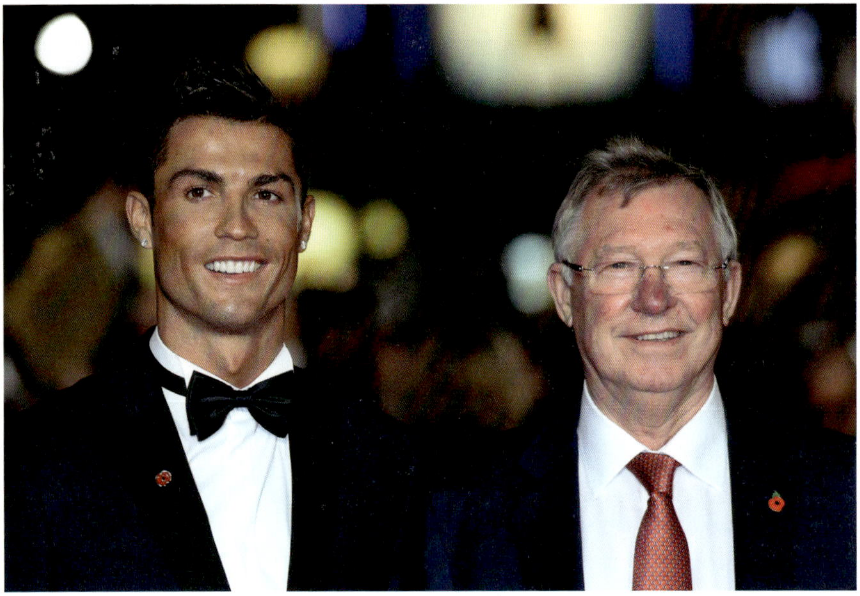

Mensch im Mittelpunkt – Sir Alex Ferguson konnte noch Jahre später seinen ehemaligen Schützling Cristiano Ronaldo von einer Rückkehr zu Manchester United überzeugen.

Natürlich will der Trainer seine Spieler verbessern und ein positiver Umgang mit Kritik ist enorm wichtig, nur sollte diese immer konstruktiv sein und den Spieler weiterbringen. So werden durch dieses Wissen die Spieler in erster Linie ihren Stärken nach gefördert und nicht, um lediglich die Schwächen auszumerzen.

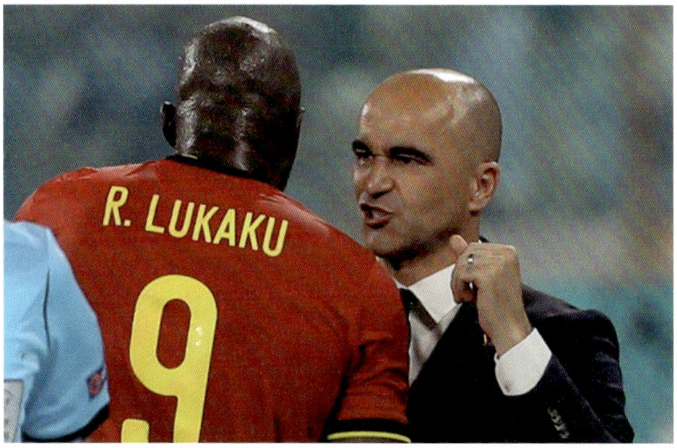

Roberto Martínez Montolin

Angst ist im Gegensatz zu Furcht immer vom Menschen gemacht. Vertrauen in die eigenen Fähigkeiten statt Angst ist also das Motto, was auch der Trainer des Nationalmannschaft von Belgien, Roberto Martínez, bestätigt:

„Jugar sin miedo – Spiele ohne Angst."

Viele Trainer nutzen als Führungsstil „Angst", was niemals ein guter Ratgeber sein kann, da Angst blockiert und das Potenzial unter Angsteinfluss niemals voll entfaltet werden kann.

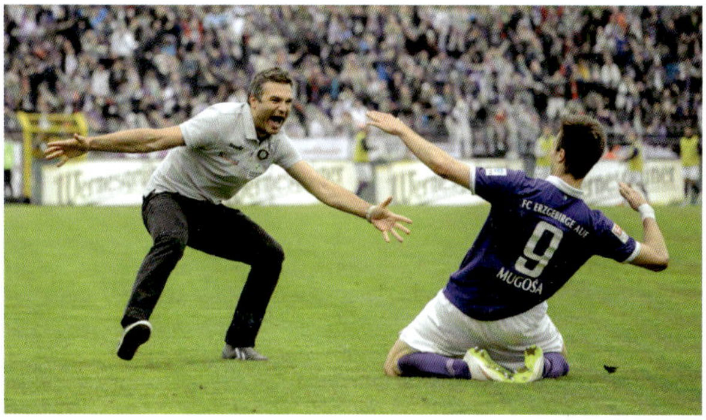

Emotionen als Klebstoff zwischen den Akteuren

Der lebenserfahrene und im Abstiegskampf erprobte Profitrainer Tomislav Stipic bringt es mit folgender Aussage perfekt auf den Punkt:

„Angst frisst Seele"

Die Spieler müssen immer wissen, woran sie bei einem Trainer sind. Der spanische Welt- und Europameistertrainer Vicente del Bosque bestätigt dies mit der simplen Aussage:

„Siempre igua – immer gleich"

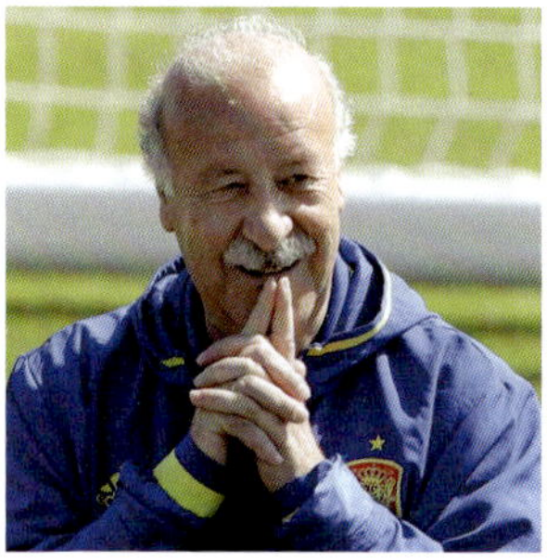

Vicente del Bosque

Angst ist jedoch nicht zu verwechseln mit einem positiven Leistungsdruck, der ein wichtiger Aspekt für die Resilienzentwicklung und ein enorm leistungsbedeutender Faktor ist, und der als feste Begleiterscheinung im Fußball wie im Leben akzeptiert werden muss.

Oder wie José Mourinho sagt:

„Welcher Druck? Druck ist, wenn arme Leute in der Dritten Welt versuchen, ihre Familie zu ernähren. Im Fußball gibt es keinen Druck."

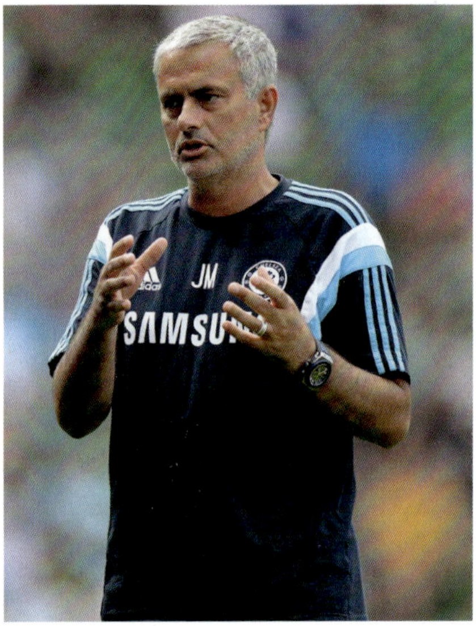

José Mourinho – positiver Umgang mit Leistungsdruck

„Champions do EXTRA" oder „von nix kommt nix"

Eine weitere Auffälligkeit bei der Analyse von Weltklassespielern ist, dass nahezu alle Unterschiedspieler, die die letzten Jahre den Fußball dominiert haben, wie Cristiano Ronaldo, Sergio Ramos, Arjen Robben und auch Lionel Messi – um nur einige Weltklassespieler stellvertretend zu nennen – über eine bereits von Fußball-Laien optisch erkennbare bessere, funktionelle, fußballspezifischere Muskulatur verfügen, als die meisten anderen Profispieler.

Die Optik ist jedoch nur der positive Nebeneffekt, vielmehr wissen diese Spieler, dass Kraft die Grundlage der sportlichen Leistung ist und eine gute Muskulatur vor Verletzungen schützt. Dabei geht es nicht darum, große Muskeln aufzubauen, sondern möglichst viel Prozent der Muskulatur ansteuern zu können.

Dass diese Muskulatur hart erarbeitet ist, zeigt die Tatsache, dass Cristiano Ronaldo als Jugendspieler im Internat von Benfica Lissabon in der Nacht in den Kraftraum durch ein Fenster geklettert ist, um seine Muskulatur zu stählen.

Eine wichtige Tatsache ist zudem, dass ein Trainer sich darüber im Klaren sein muss, dass er Spieler zwar kurzfristig „pushen" kann, langfristig aber niemals die Rolle eines Motivators einnehmen kann.

Denn Motivation kann immer nur vom Spieler selbst kommen, weshalb Eigenmotivation, eine hohe Lernfähigkeit sowie die Lust am Besserwerden und dem Gewinnenwollen äußerst wichtige Talentkriterien im Fußball sind.

Ein Spieler, der mit acht Jahren in eine Nachwuchsakademie eintritt, hat 10 Jahre Zeit, um von Spitzentrainern geformt zu werden, die Charakterbildung ist jedoch in vielen Fällen bereits in diesen jungen Jahren stark definiert und nur noch schwer veränderbar.

Neben vielen anderen Gründen wie dem Liegenlassen von Potenzialen im goldenen Lernalter ist es auch aus diesem Grund nur schwer nachzuvollziehen, warum viele Profivereine erst ab der U15 hauptberufliche Trainer engagieren.

In die Charakterbildung junger Spieler sollte mindestens genauso viel, wenn nicht sogar mehr, investiert werden, als in alle anderen Bereiche.

Oft ist im Fußball der Diskussionspunkt zu hören, dass es nicht der Spieler mit dem größten Talent geschafft hat, sondern der mit dem besten Charakter.

Eine absolute Vorbildfunktion nimmt hier im weltweiten Fußball der FC Nordsjælland aus Dänemark ein, der seit Jahren zu den weltbesten Nachwuchsakademien zählt und der sogar sogenannte Charaktertrainer in Vollzeit eingestellt hat, mit durchschlagendem Erfolg. So zählen momentan sechs Spieler zum A-Kader der dänischen Nationalmannschaft, die diese Charakterschulung und überragende inhaltliche Ausbildung genießen konnten. Zudem ist Kasper Hjulmand, der ehemaliger Trainer des FC Nordsjælland, der aktuelle Nationaltrainer der Dänen, die es bis ins Halbfinale der EM 2020 schafften. Auch Mikkel Damsgaard, der ebenfalls aus dieser Akademie stammt, brillierte als einer der Entdeckungen des Turniers.

Der Trainer der Profimannschaft und ehemalige Technische Direktor Flemming Pedersen, der gemeinsam mit Hjulmand 2014/2015 beim FSV Mainz 05 in der Bundesliga tätig war, gilt als einer der weltweit größten Fachleute in der Entwicklung junger Spieler und stellt dabei ebenfalls das Spielmodell und die dazugehörigen Prinzipien in den Vordergrund seines Konzepts.

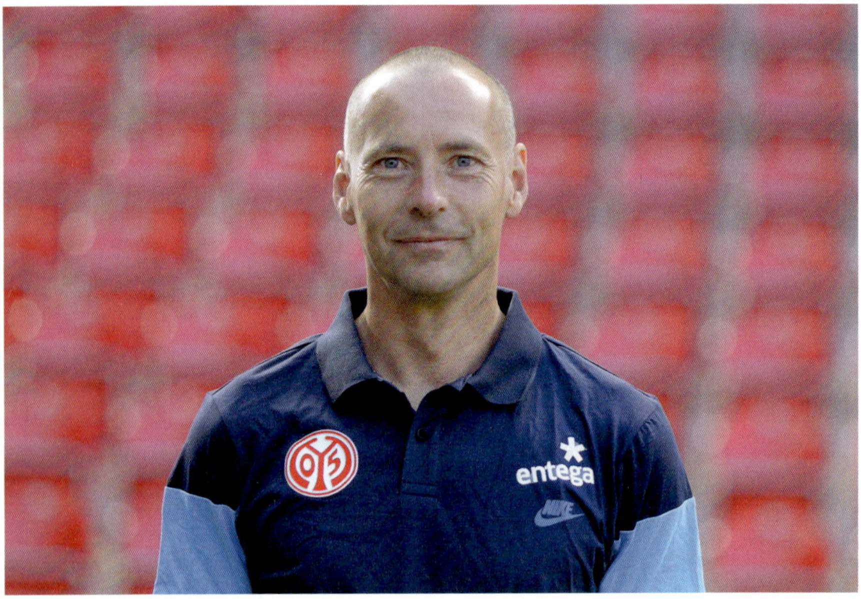

Das Spielmodell als Mittelpunkt: Der Trainer des FC Nordsjælland, Flemming Pedersen.

Inhaltlicher Ideengeber dieses Erfolgs ist der ehemalige Manchester United Scout Tom Vernon, der die Right to Dream Academy in Ghana aufgebaut hat und zwar so erfolgreich, dass er den FC Nordsjælland kaufen konnte und nun eine tolle Symbiose kreieren konnte aus afrikanischen Talenten, wie Mohammed Kudus, der über den FC Nordsjælland zu Ajax Amsterdam gewechselt ist und skandinavischen Toptalenten wie Andreas Skov Olsen, der nun in der Serie A bei FC Bologna spielt.

Insgesamt wurden so alleine in den letzten paar Jahren über 60 Millionen Euro an Transfererlösen mit eigenen Spielern erzielt, die größtenteils sofort wieder in Struktur und Ausbildung reinvestiert wurden.

Neuestes Projekt ist die nachhaltige Förderung des Frauenfußballs und der Zusammenschluss mit der Ägyptischen Mansour Group, die einen dreistelligen Millionenbetrag in dieses Vorzeigeprojekt investieren werden.

Trainer müssen darauf bedacht sein, Spieler mit einer hohen Lernfähigkeit, Eigenmotivation und der nötigen Leidenschaft zu identifizieren, um diesen Spielern dann ein Umfeld zu bieten, in dem sie sich permanent weiterentwickeln können.

Denn, welch einer großen Persönlichkeit bedarf es, damit 80.000 Zuschauer und Millionen weitere vor dem Fernseher ein Fußballspiel ansehen, das von diesen Persönlichkeiten geprägt ist?

„Vorbereitung trifft auf Gelegenheit"

Während in anderen Berufen mehr Zeit für die Persönlichkeitsentwicklung vorhanden ist, wie beispielsweise bei einem Arzt, der mit ca. 30 Jahren das erste Mal die volle Verantwortung tragen muss, stehen Fußballer oftmals bereits mit 17 oder 18 Jahren auf der großen Bühne, weshalb hier der Prozess der Persönlichkeitsentwicklung schneller vonstattengehen muss.

Ein wichtiger Trend im modernen Fußball ist zudem, dass alle erfolgreichen Teams versuchen, aktiv statt passiv zu agieren und zwar immer und überall.

Fußballspieler müssen deshalb von einem jungen Alter an durch ein entsprechendes Coaching und die richtigen Trainingsinhalte dazu erzogen werden, ihr Glück selbst in die Hand zu nehmen, statt passiv auf das Glück zu warten.

Hierfür ist die richtige Wortwahl, der erste Schritt in die richtige Richtung wichtig, denn wie steht schon in der Bibel: „Am Anfang war das Wort."

Ist es nicht besser, statt dem passiv besetzten Wort „Verteidigen", das aktiv besetzte Wort „Ballangriff" zu verwenden?

Statt „Torhüter", der lediglich, wie es das Wort schon sagt, das Tor hütet, von einem „Torspieler" zu sprechen, wie Manuel Neuer einer ist.

Statt Spieler mit Aussagen wie: „Mensch, mach doch das verdammte Tor", zu verängstigen und zu blockieren (unabhängig davon, dass niemand mit Absicht danebenschießt), besser: „Egal, guter Versuch, den nächsten Ball machst du rein", zu sagen und dann dem Spieler nach dem nächsten Training in Ruhe eine Hilfestellung zu bieten und die Situation im Einzeltraining zu üben.

2.1 GROWTH MINDSET VS. FIXED MINDSET

„Mind is everything: muscles – pieces of rubber. All that I am, I am because of my mind." – Paavo Nurmi

Im Fußball werden Spieler mit einem hohen Potenzial meistens als „Talent" bezeichnet. Leider führt die Aussage, dass ein Spieler sehr talentiert ist, sowohl bei den entsprechenden Spielern wie auch bei den Eltern und anderen Verantwortlichen zur Problematik, dass sie denken, Talent sei etwas, das „vom Himmel gefallen ist" oder etwas, „das der liebe Gott einem mitgegeben hat".

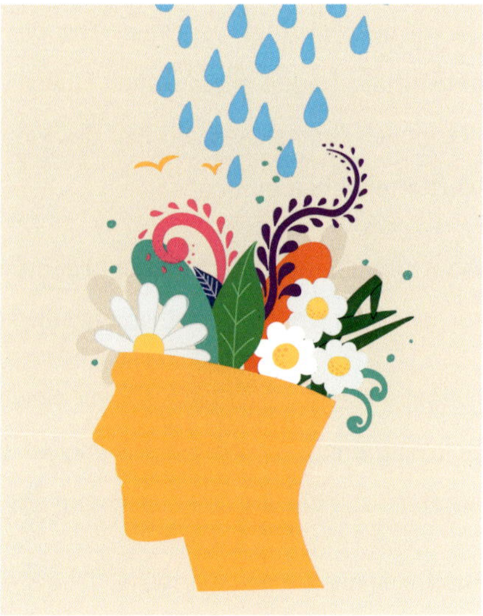

Dadurch kommt ein Kreislauf in Gang, an dem diese „Talente" oftmals in schwierigen Situationen fehlende Resilienz aufweisen und nicht an sich arbeiten, da das „Talent", das sie haben, etwas ist, das sie nicht beeinflussen können.

Die angesehene Psychologin Carol Dweck, die an der berühmten Stanford Universität lehrt, forscht seit über 15 Jahren an der Problematik, was lernstarke von lernschwachen Menschen unterscheidet und möchte herausfinden, was Menschen motiviert, auch bei schwierigen Aufgaben durchzuhalten.

Das wichtigste Ergebnis ihrer Forschungen sind die beiden daraus entstandenen Begriffe „Fixed Mindset" (statisches Selbstbild) und „Growth Mindset" (dynamisches Selbstbild).

Forscher sind sich mittlerweile einig, dass man durch ein „Growth Mindset" eine bessere Aussage über die Zukuft eines Menschen machen kann, als über sein Grundtalent.

Menschen mit einem sogenannten *Fixed Mindset* glauben, dass Mathe oder Deutsch nur der kann, der „Talent" hat. Ihrer Ansicht nach sind Fähigkeiten angeboren und unveränderlich.

Menschen mit diesem „Fixed Mindset" messen ihren Selbstwert daran, wie viele Talente sie haben und was ihnen leicht von der Hand geht. Dweck fasst zusammen: „Diese Menschen denken Dinge wie «besser keine Fehler machen, besser gut dastehen, was denken die anderen über mich?». Fehlschläge verunsichern sie zutiefst, weil das Bild ihrer Persönlichkeit ins Wanken gerät: „Habe ich dieses Talent doch nicht?" Da sie keine Strategie besitzen, an Herausforderungen zu wachsen, versuchen sie, diese zu vermeiden.

Menschen mit einem „Growth Mindset" hingegen gehen davon aus, dass sie sich immer weiterentwickeln und alles lernen können, wenn sie nur ausreichend viel Arbeit hineinstecken. Sie denken eher: „Hey, das ist eine tolle Gelegenheit, von diesem Fehler kann ich lernen. Ich fühle mich klug, wenn ich mich an etwas Schwierigem ausprobiere." Wenn etwas schiefläuft, fragen sie sich, was sie nächstes Mal besser machen können. Menschen mit dieser inneren Überzeugung lieben Herausforderungen und sehen in Misserfolgen Schritte auf ihrem Weg zum Erfolg.

Die Geschichte scheint Dweck recht zu geben: Wenn man genau hinschaut, haben sich viele große Erfinder, Denker und Wissenschaftler weniger durch ihre überragende Intelligenz als vielmehr durch dieses besondere Durchhaltevermögen hervorgetan.

Der Erfinder der Glühbirne, Thomas Alva Edison, soll 1000 Modelle gebaut haben, bis er endlich eine funktionstüchtige Glühbirne erfunden hatte. Der Legende nach bewertete er diese Versuchsreihe im Nachhinein so: „Die Glühbirne war keine Erfindung mit 1000 Fehlversuchen, sondern eine Erfindung, für die es 1000 Schritte gebraucht hat."

Auch wer heute in ein Flugzeug steigt, verdankt dies zwei Menschen, die bereit waren, aus jedem Fehlschlag zu lernen. Die Gebrüder Orville und Wilbur Wright stürzten jahrelang mit selbst gebauten Flugmaschinen ab. Erst 1902 gelang es ihnen, einen Gleiter zu bauen, der einen Menschen tragen konnte und sich steuern ließ – und gingen damit in die Geschichte ein.

„Wenn Sie sich an der Universität umschauen, sehen Sie häufig, dass Studierende zum ersten Mal scheitern", sagt auch Jürg Frick, Professor und Experte für Resilienz und Psychologie der Ermutigung an der Hochschule Zürich. Er warnt: Einige dieser Studenten manövrieren sich bis in eine Depression.

Genau dieser Prozess ist leider zu oft im Fußball zu beobachten, Spieler die den ganzen Nachwuchsbereich als hochgelobtes „Talent" gepriesen wurden, scheitern oftmals kläglich, wenn sie zu den Profis kommen und es dann nicht so einfach weitergeht, wie sie es aus dem Nachwuchs gewöhnt waren.

„Growth Mindset"-Interventionen lassen sich geplant einsetzen, weshalb folgende von Dweck wissenschaftlich bewiesenen Punkte und Merksätze der „Growth Mindset"-Theorie im Umgang mit den Spielern einfließen sollten:

> Akzeptieren, was ist, und jede Situation positiv angehen.
> Menschen achten auf sehr feine Nuancen in der Sprache. Statt das „Talent" sollten wir immer die Anstrengungen und Bemühungen der Spieler loben.
> Aufrichtiges Lob und ehrliches Feedback: Was zu offensichtlich und manipulativ ist, ist für die Motivation nicht nur nutzlos, sondern sogar schädlich.
> Mit Anstrengung und Einsatz ist alles möglich: „Du kann das schaffen, du muss nur üben".
> Hohe „Fehlertoleranz": Aus Misserfolgen kein Drama machen und gemeinsam die Kinder situativ begleiten, es das nächste Mal besser zu gestalten.

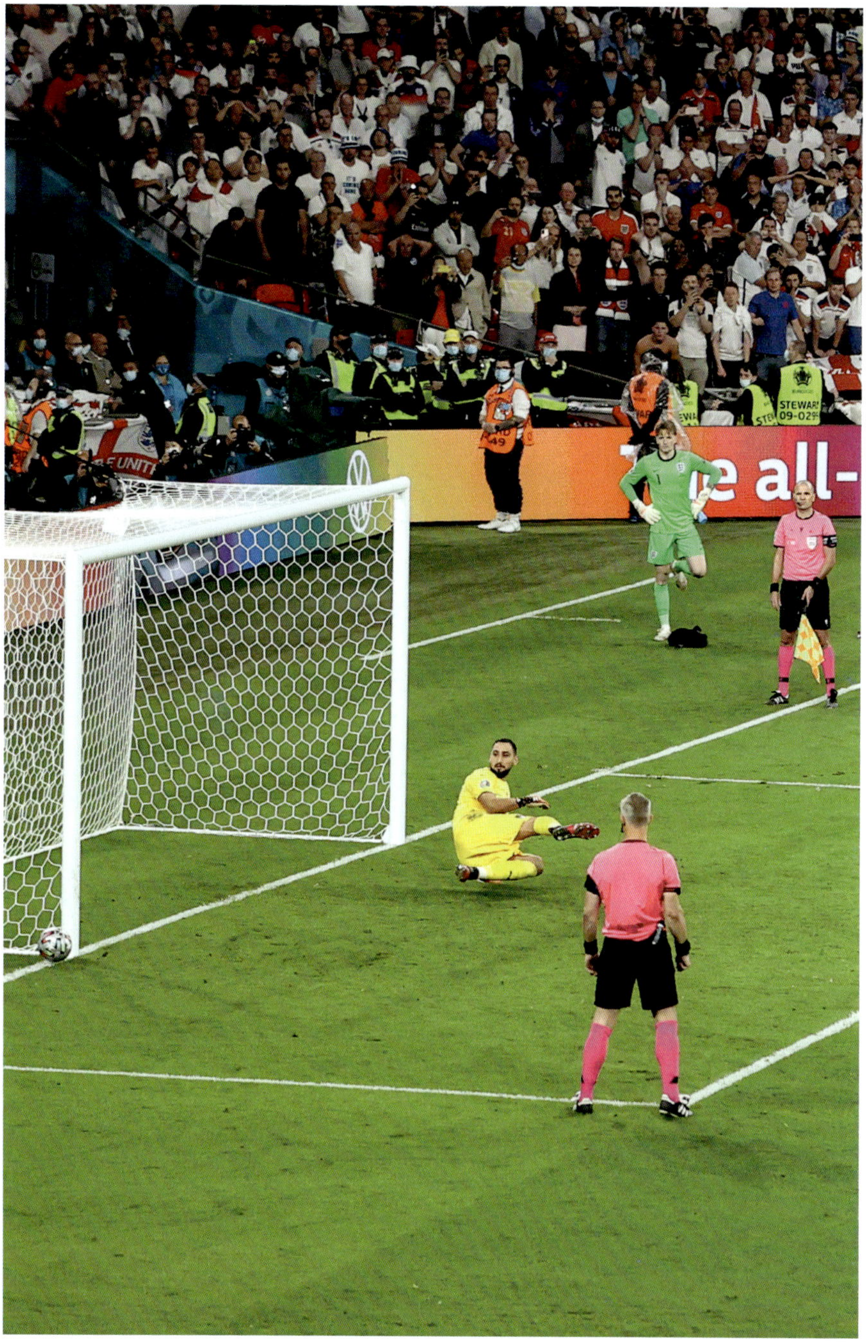

Growth Mindset: Rückschläge wie einen verschossenen Elfmeter, als Teil des Prozess anerkennen und an der Situation zu wachsen

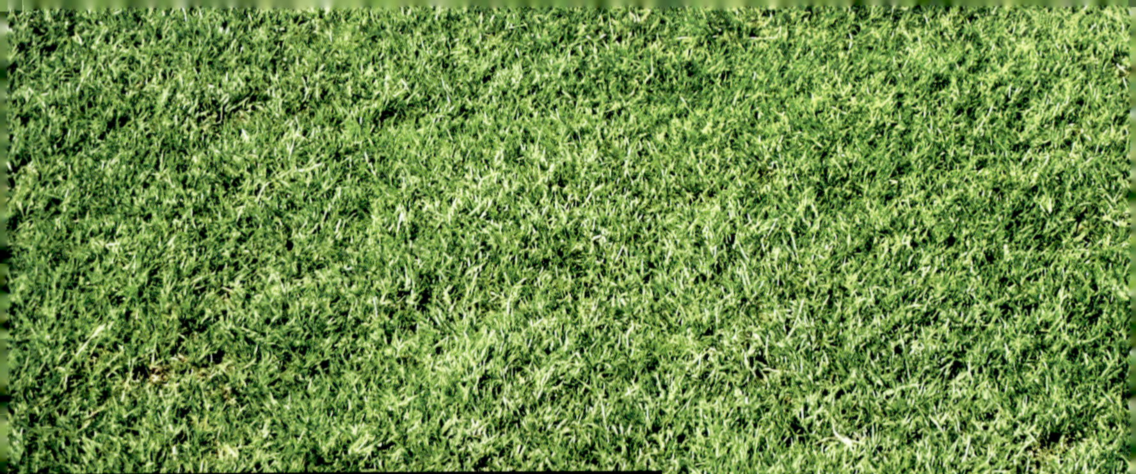

KAPITEL 3

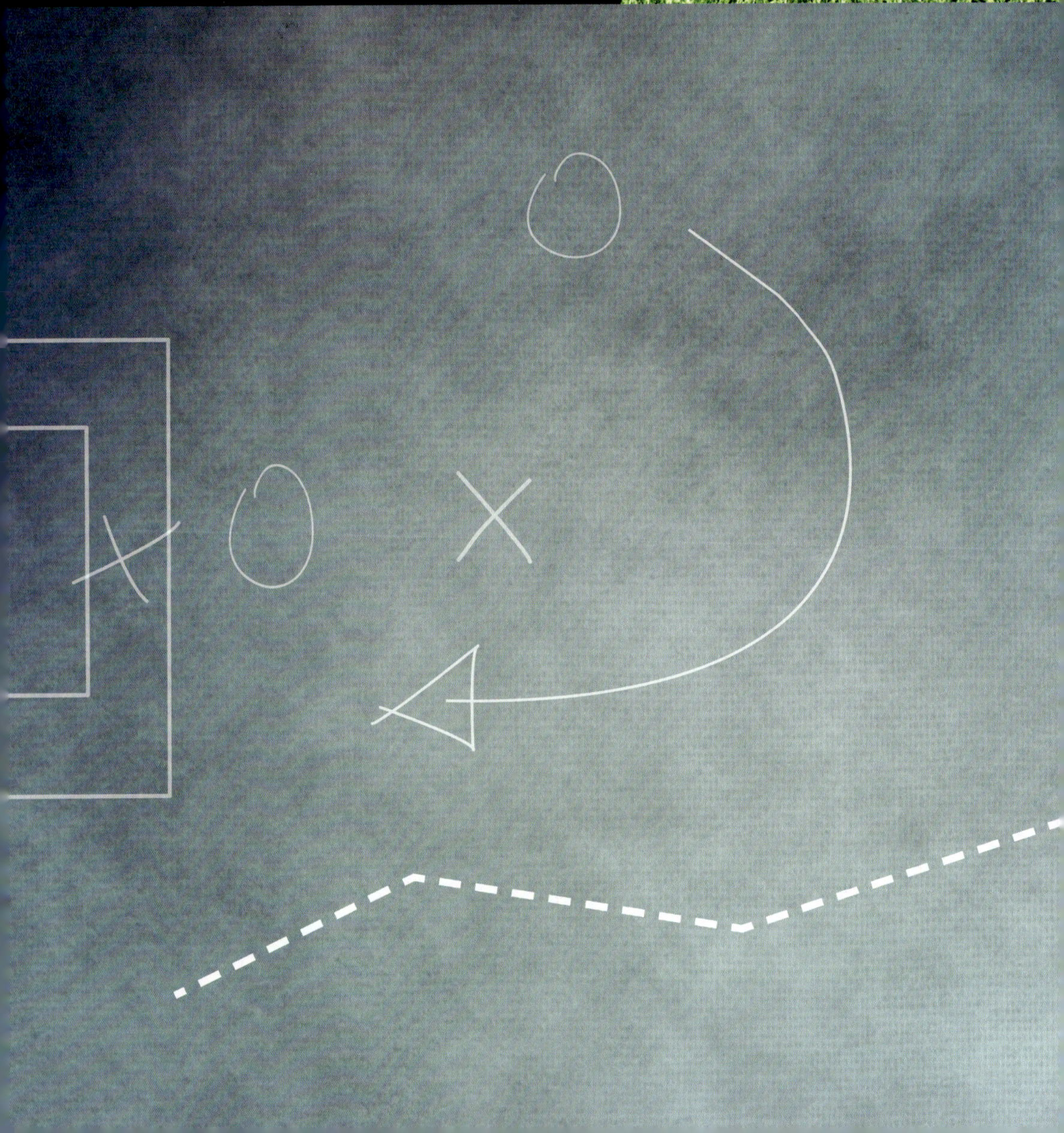

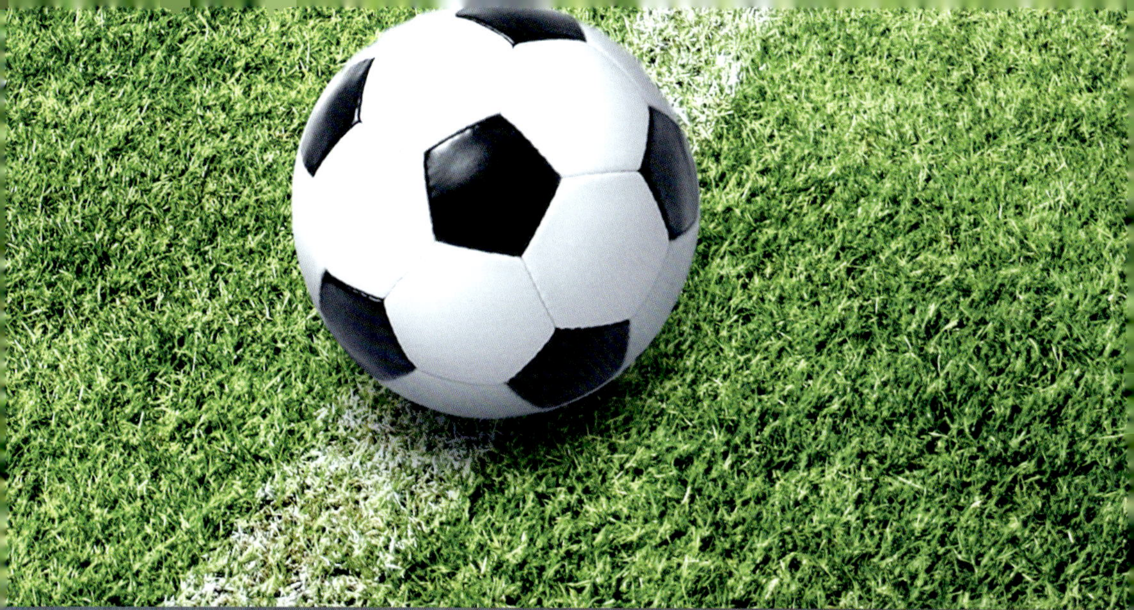

Trainingsplanung und Trainingssteuerung – Definitionen und Grundlagen

KAPITEL 3

Trainingsplanung und Trainingssteuerung – Definitionen und Grundlagen

„Ich liebe Fußball. Ich spiele gern Fußball, ich sehe gern Fußball und ich rede gern über Fußball. Ich werde mich in der Säbener Straße verbarrikadieren und mir im Eiltempo alles aneignen, was ich über den Klub wissen muss, über den Nachwuchs aus der Kaderschmiede und vor allem über die Gegner in der Bundesliga.“

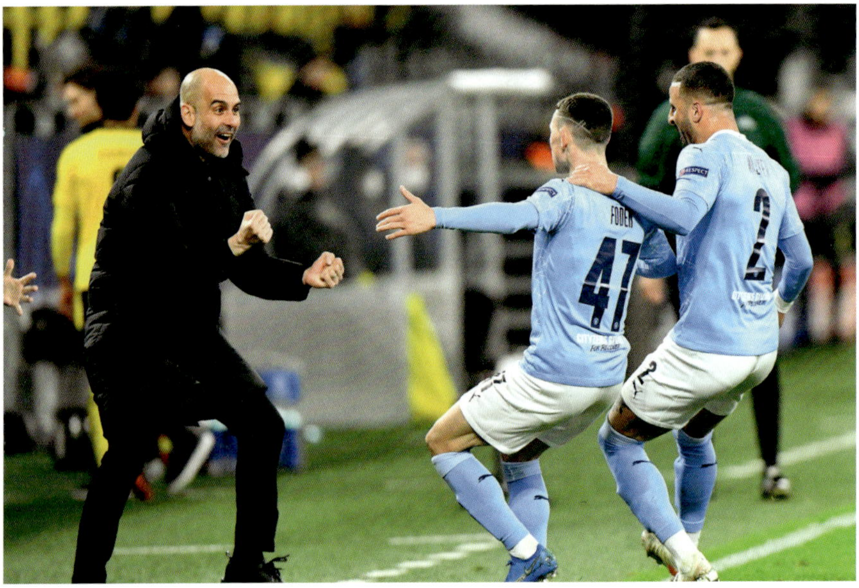

Pep Guardiola auf seiner ersten Pressekonferenz als neuer Cheftrainer von Bayern München

Bevor auf verschiedene Periodisierungsmodelle genauer eingegangen wird, müssen zunächst einige Begriffe aus der Trainingslehre genau geklärt und verinnerlicht werden, da diese die Grundlage für ein späteres Verständnis bilden.

3.1 GESETZMÄSSIGKEITEN DES TRAININGS ALS BASIS FÜR SPORTLICHEN ERFOLG

Im Folgenden findest du die wichtigsten Gesetzmäßigkeiten des Trainings kompakt zusammengefasst, die sportartübergreifend und somit auch für den Fußball gelten und die jeder Trainer kennen sollte.

Training:

Unter Training versteht man eine regelmäßige und zielgerichtete Belastung, um die Leistung zu steigern.

> Daraus folgt, dass jeder Trainer, der sein Training nicht regelmäßig und zielgerichtet plant, auch kein Training absolviert, sondern lediglich eine sportliche Betätigung.

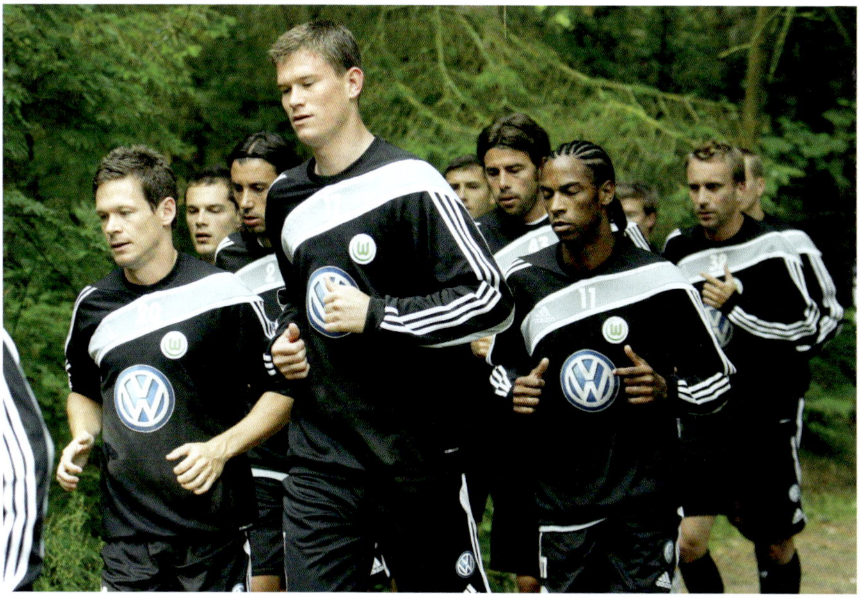

Gesetz der Spezifität: Als regenerative Maßnahme im Profibereich okay – ansonsten gehören Waldläufe im Fußball verboten, oder spielt ein Langstreckenläufer als Vorbereitung auf einen Wettkampf Fußball?!

„As to methods there may be a million and then some, but principles are few. The man who grasps principles can successfully select his own methods. The man who tries methods, ignoring principles, is sure to have trouble." – Harrington Emerson

- **Gesetz der Spezifität**

Spezifische Reize bewirken spezifische Anpassungsreaktionen und im Fußball gibt es auch im Training nichts Spezifischeres als das richtige Spiel im 11 gegen 11.

- **Superkompensation**

Zwischen Belastungsanforderung und dem Leistungsniveau des Körpers besteht ein dynamisches Gleichgewicht (Homöostase). Durch Belastungsreize ausgelöste Anpassungsprozesse verbessern das Leistungsniveau über das Ausgangsniveau hinaus (Superkompensation).

- **Reizschwellengesetz**

Anpassungsreaktionen werden nur dann ausgelöst, wenn eine kritische Reizschwelle überschritten wird.

- **Verlauf der Leistungsentwicklung**

Mit zunehmendem Leistungsniveau wird trotz eines größeren Trainingsaufwandes der Leistungszuwachs immer geringer.

- **Anpassungsfestigkeit**

Ein langfristig aufgebautes Leistungsniveau ist wesentlich stabiler als ein kurzfristig aufgebautes Leistungsniveau.

- **Trainierbarkeit und Leistungsfähigkeit**

Trainierbarkeit und Leistungsfähigkeit sind abhängig von Alter und Geschlecht.

Mark Verstegen, ehemaliger „Movement-Trainer" der deutschen Fußballnationalmannschaft

„Don't train muscles, train movements."

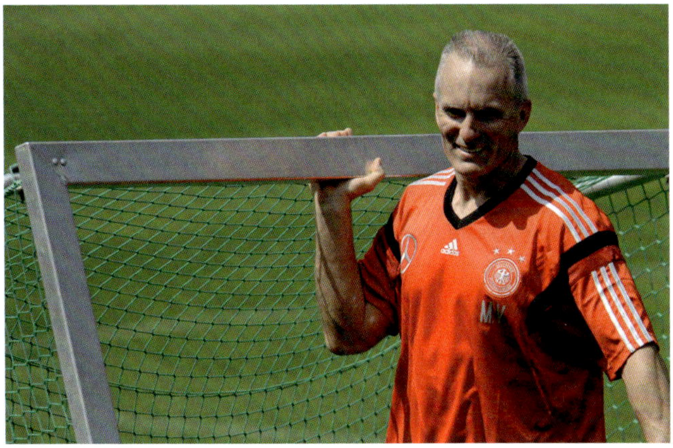

3.2 TRAININGSPRINZIPIEN ALS GRUNDLAGE DER PLANUNG UND STEUERUNG

„Wenn wir gewinnen, spielen wir am Sonntag immer Fußball. Wenn wir verlieren, dann machen wir einen Waldlauf. Deshalb versuchen wir, immer zu gewinnen." – (Kevin Kurànyi – 52 Länderspiele/19 Tore für Deutschland)

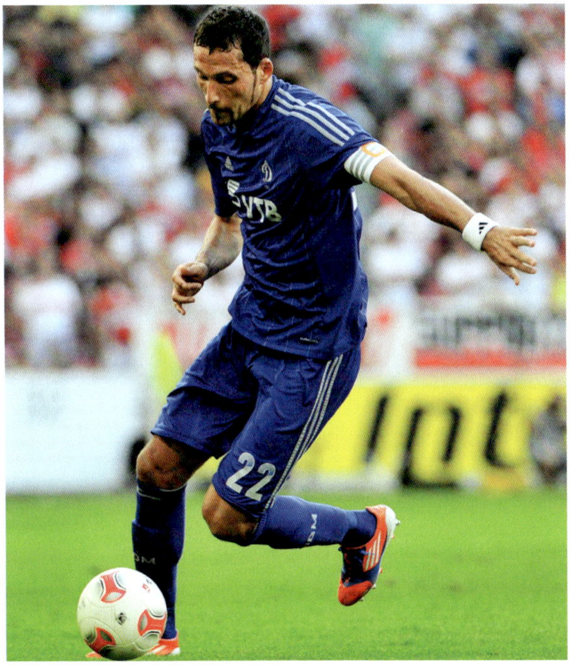

Die nachstehenden Trainingsprinzipien bilden das Basiswissen für jede sportliche Planung:

- **Prinzip des trainingswirksamen Reizes**

Ein Trainingsreiz kann nur dann Anpassungsreaktionen bewirken, wenn die Belastungskomponenten so aufeinander abgestimmt sind, dass die Belastungsdosierung über dem Schwellenwert liegt.

- **Prinzip der progressiven Belastung**

Zur Auslösung einer weiteren Leistungssteigerung muss mit zunehmendem Leistungsniveau die Belastung erhöht werden.

- **Prinzip der optimalen Relation von Belastung und Erholung**

Ein optimaler Leistungszuwachs wird nur erreicht, wenn die neue Belastung zum Zeitpunkt der höchsten Superkompensation stattfindet.

- **Prinzip der unvollständigen Erholung**

Eine Ermüdung durch mehrmalige Belastungsreize in der Wiederherstellungsphase führt zu einer erhöhten Superkompensation.

- **Prinzip der wechselnden Belastung**

Durch wechselnde Belastungsformen und abwechselnde Belastungen einzelner Teilsysteme können gleichzeitig mehrere Leistungsfaktoren verbessert werden.

- **Prinzip der richtigen Belastungszusammensetzung**

Die Entwicklung einer spezifischen konditionellen Fähigkeit erfordert jeweils eine spezifische Zusammensetzung des Belastungsgefüges.

- **Prinzip der optimalen Relation von allgemeiner und spezieller Ausbildung**

Eine zunehmende Spezialisierung ist nur auf der Basis einer vielseitigen körperlichen Allgemeinausbildung sinnvoll.

- **Prinzip der Individualität und Entwicklungsgemäßheit**

Für eine optimale Leistungsentwicklung muss die individuelle Veranlagung und Entwicklung berücksichtigt werden.

3.3 PRINZIPIEN ZUR FESTIGUNG DER ANPASSUNG

„Ist die Mannschaft so gut trotz des Trainers oder wegen des Trainers!?"

- **Prinzip des langfristigen Trainingsaufbaus**

Ein stabiles und hohes Leistungsniveau kann nur durch einen langfristigen Trainingsaufbau mit Grundlagen-, Aufbau- und Hochleistungstraining erreicht werden.

- **Prinzip der Periodisierung**

Auf Perioden intensiver Belastung muss eine Entlastungsphase folgen, da das Leistungsniveau nicht über eine ganze Saison auf dem höchsten Punkt gehalten werden kann.

3.4 TAPERING: LEISTUNG IM RICHTIGEN MOMENT ABRUFEN

„Das Ganze ist mehr als die Summer seiner Teile und jede Kette ist nur so stark wie ihr schwächstes Glied." – Leo Held (Judoka und Schweizer Trainer des Jahres 2008)

Ein weiterer wichtiger Begriff, der vor allem für den Leistungsbereich sehr wichtig ist, ist das sogenannte *Tapering*.

Tapering kommt aus dem Englischen und bedeutet Reduktion.

Mit Tapering wird die Reduktion der Trainingsbelastung in den Tagen vor einer wichtigen Wettkampfphase wie beispielsweise einer Weltmeisterschaft bezeichnet. Ziel ist es, den psychologischen und physiologischen Stress des täglichen Trainings zu reduzieren und dadurch die Leistung zu optimieren. Durch eine optimale Taperphase können Leistungsverbesserungen in Abhängigkeit von der Sportart von 0,5 bis 6 % erzielt werden. Mit Tapering soll also bewirkt werden, dass die bestmögliche Leistung genau im richtigen Moment abgerufen werden kann (Performance).

Wenn ein Sportler mehr und härter trainiert, wird er auf der einen Seite zwar besser und stärker werden, auf der anderen Seite braucht er aber auch mehr Erholung, weshalb es wichtig ist, ein optimales Verhältnis zwischen Belastung und Regeneration herzustellen. Ein optimales Trainingsschema, um am Tag des Wettkampfs die maximale Leistungsfähigkeit zu erreichen, beinhaltet nach Louis Heyer drei Phasen:

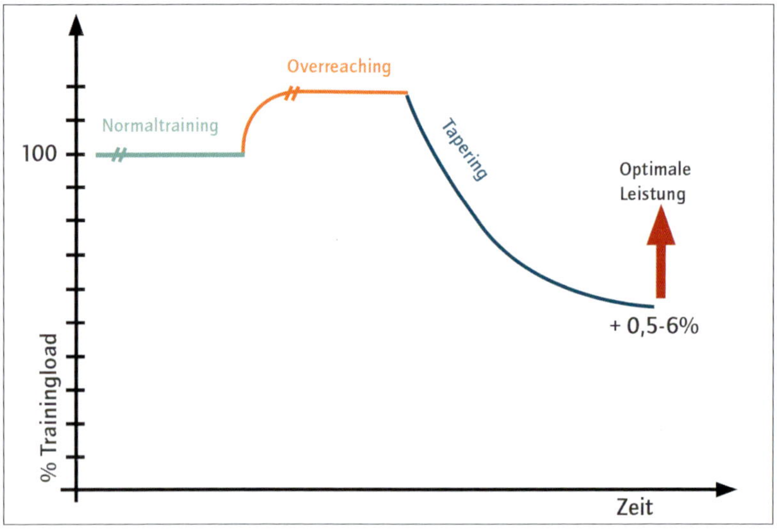

Die drei Trainingsphasen (Grafik nach: Beat Müller & Louis Heyer)

Im Anschluss an eine Phase, in der das Training „normal" umgesetzt wird (Normaltraining), folgt ein sogenanntes *Overreaching* mit erhöhter Intensität (Dauer 15-20 Tage), bevor das Volumen in der „Taperphase" runtergefahren wird.

Das Timing spielt dabei die entscheidende Rolle:
Um Athleten in den optimalen Leistungszustand zu bringen, ist eine optimale Gestaltung und Planung der „Taperphase" wichtig.

- Wird das Volumen zu schnell heruntergefahren, ist der erforderliche Reiz nicht mehr groß genug.
- Wird das Volumen hingegen zu langsam reduziert, tritt keine ausreichende Erholung ein und die Leistung kann nicht im bestmöglichen Zustand abgerufen werden.

WICHTIG IST ES, DASS TROTZ EINES GERINGEREN VOLUMENS (BIS ZU 50 % GERINGER) DIE INTENSITÄT BEIBEHALTEN WIRD (EVENTUELL SOGAR LEICHT ERHÖHT) UND DIE HÄUFIGKEIT DER TRAININGSEINHEITEN UM NICHT MEHR ALS 20 % ABNIMMT.

Ein Tapering hat immer einen exponentiellen Verlauf, was bedeutet, dass das Volumen in prozentualen Schritten vermindert wird.

Die eintretende Leistungsverbesserung ist dadurch zu erklären, dass im Anschluss an ein „Overreaching" die Trainingsbelastung beim „Tapering" gesenkt wird, wodurch es zu positiven Anpassungserscheinungen auf physiologischer (z. B. Anstieg des Blutvolumens) und psychologischer (z. B. geringere Ermüdung und verbesserte Schlafqualität) Ebene kommt.

Zwei Prozesse beeinflussen dabei den Leistungszustand:
Das Training im „Overreaching" erhöht die potenzielle Leistungsfähigkeit für einen gewissen Zeitraum, führt jedoch gleichzeitig zu einer erhöhten Ermüdung.

Diese beiden Effekte werden dann über die Zeit abgebaut. Die Ermüdungswirkung ist dabei größer, aber von kürzerer Dauer (etwa ein Drittel der Zeit).

Erst wenn sich die Ermüdung stark reduziert und die Leistungsfähigkeit noch ausreichend hoch ist, kommt es zur Topform.

QUELLE: LOUIS HEYER, WISSENSCHAFT. MITARBEITER «TRAININGSWISSENSCHAFTEN – LEICHTATHLETIK», BASPO

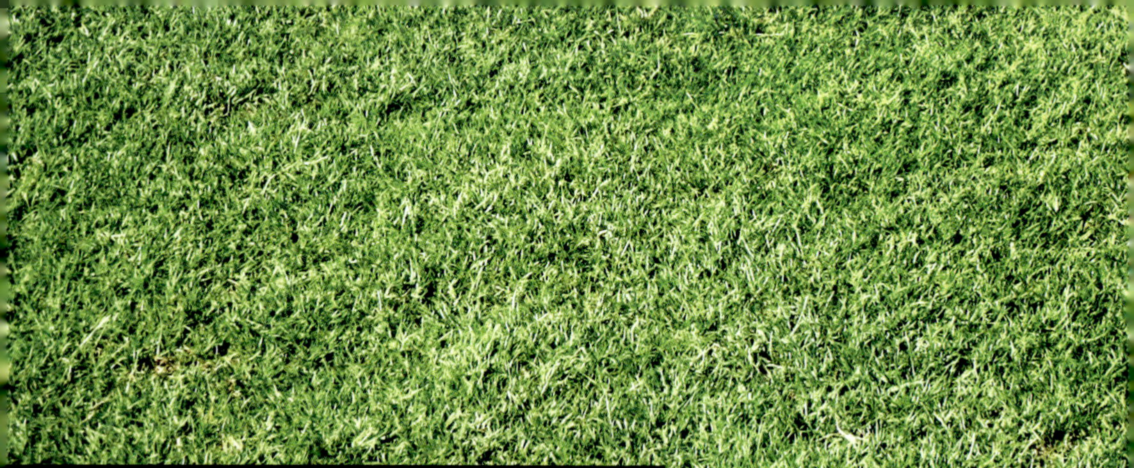

KAPITEL 4

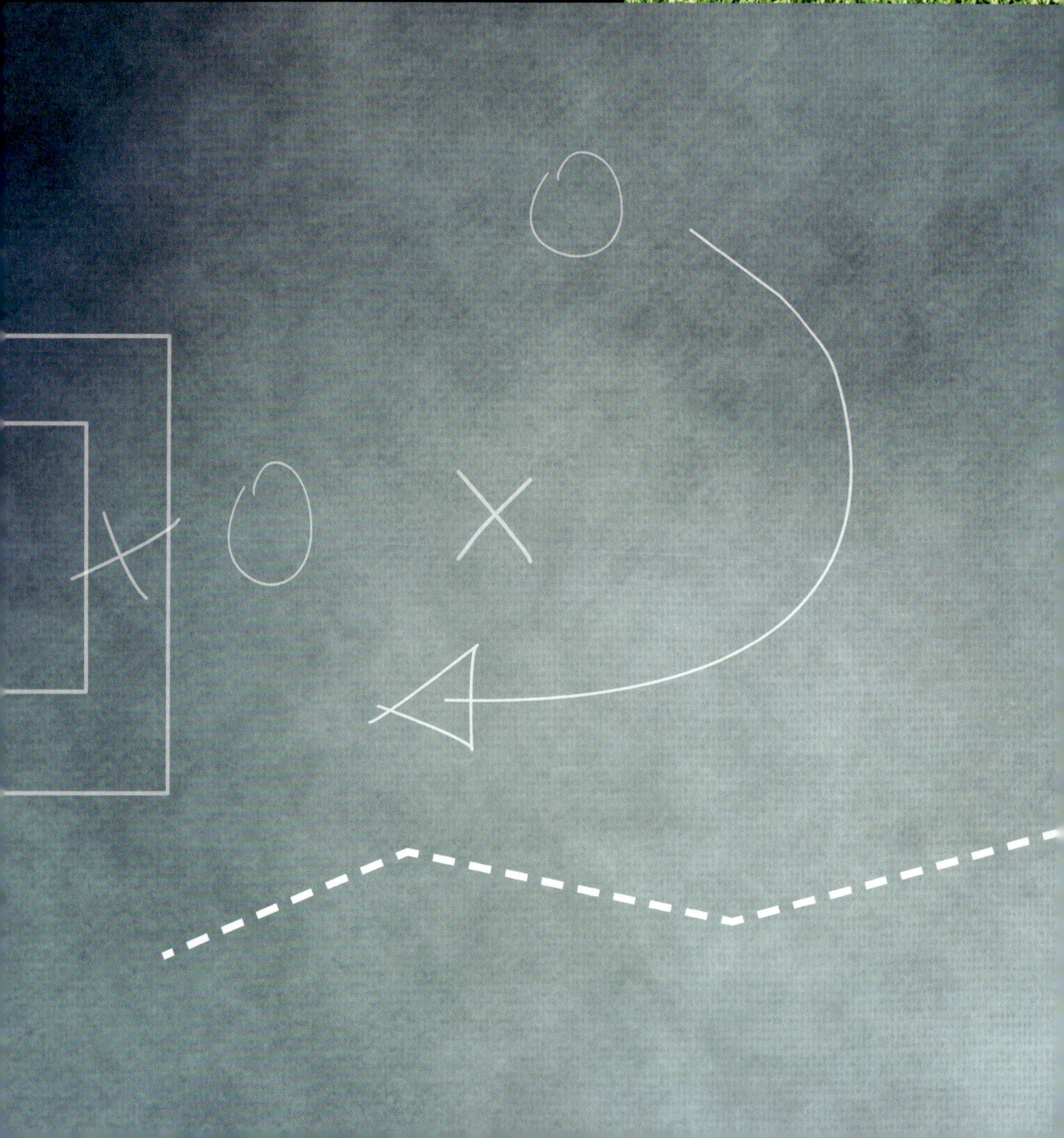

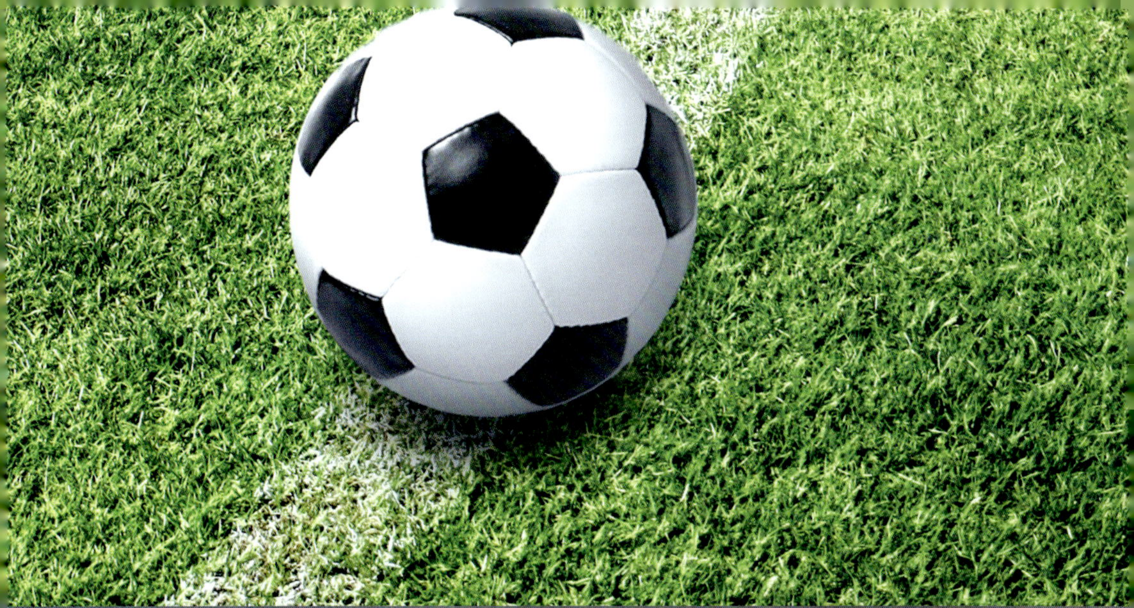

Langfristige Athletenentwicklung – die sieben Stufen des „Long-Term Athlete Developments“ (LTAD)

KAPITEL 4

Langfristige Athletenentwicklung – die sieben Stufen des „Long-Term Athlete Developments" (LTAD)

„Ich kann das Verhalten nicht durch Zauberei ändern. Es muss trainiert werden. Und wenn ich sage, trainiert, meine ich Trainingseinheiten."

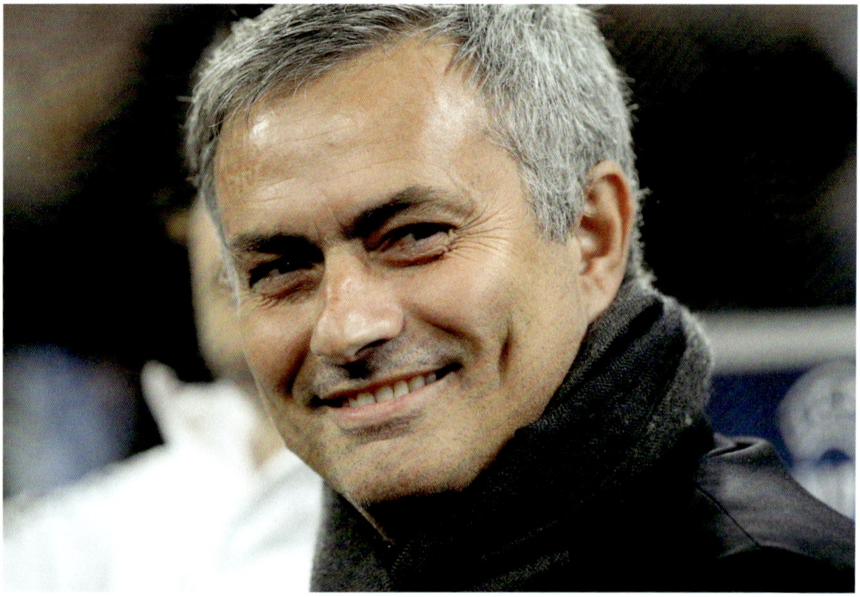

José Mourinho

Zu Beginn muss jeder Trainer ein klares Bild davon im Kopf haben, wie eine langfristige Athletenentwicklung aussehen könnte.

Eines der momentan führenden Modelle, das diese langfristige Entwicklung darstellt, ist das **„Long-Term Athlete Development"** oder kurz **LTAD**.

Das LTAD stammt vom Sportwissenschaftler Dr. Istvan Balyi, welcher einer der weltweit führenden Köpfe ist, wenn es um eine langfristige Athletenentwicklung geht.

Balyi orientiert sich dabei am individuellen Entwicklungstempo eines Athleten.

Sein Modell geht von sieben Stufen aus, die variieren können und umfasst sowohl den Breiten- als auch den Spitzensport sowie die aktive Bewegung bis ins hohe Alter.

Zunächst erwirbt der junge Sportler nach diesem Modell Basisfähigkeiten, wie beispielsweise die Koordination, um dann Schritt für Schritt immer leistungsorientierter und sportartspezifischer zu trainieren.

Nach Dr. Balyi lernen Kinder am leichtesten, wenn sie Spaß haben und gerade bei Ballsportarten wie dem Fußball sei eine Spezialisierung erst ab einem Alter von ca. 11 Jahren optimal.

Top-Nachwuchsakademien, wie Ajax Amsterdam, bieten beispielsweise für ihre jungen Fußballer Judotraining an, um die Kinder ganzheitlich auszubilden.

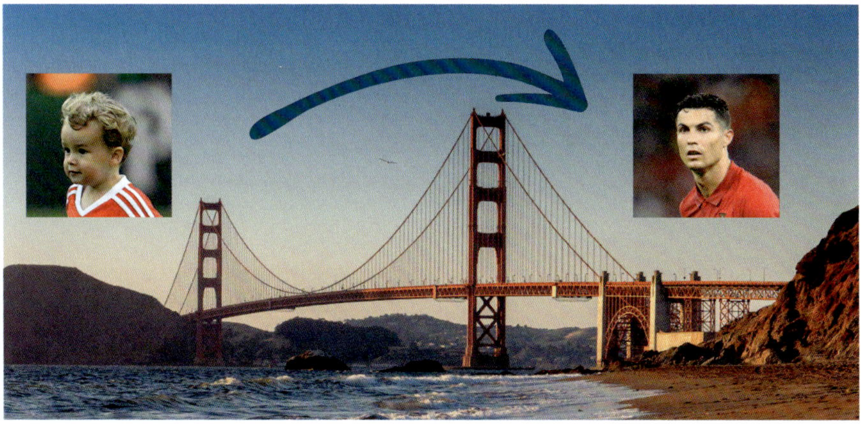

Langfristige Athletenentwicklung:

Wie baue ich eine Brücke mit optimalen Prozessen für ein junges Talent, um es von der einen auf die andere Seite der Brücke zur maximalen Performance zu bringen?

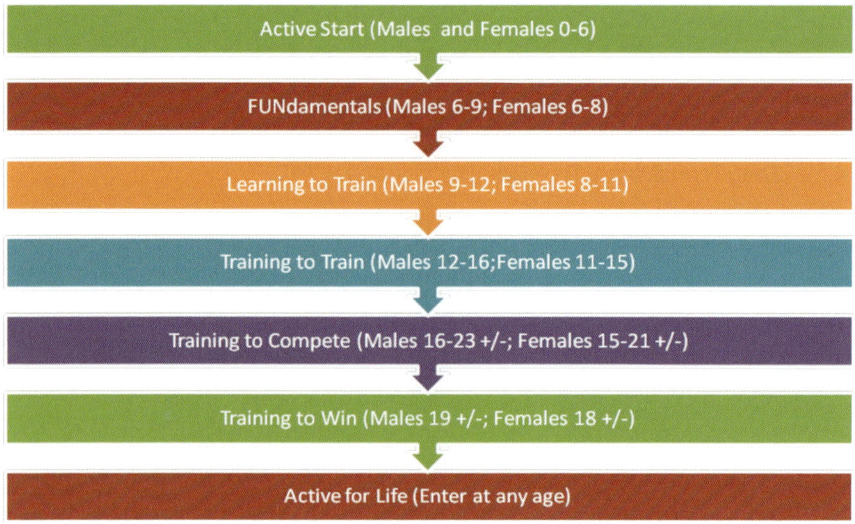

LTAD in Anlehnung an Dr. Istvan Balyi

Ein Kritikpunkt von Dr. Balyi ist, dass Athleten viel zu früh monosportiv, also zu einseitig, ausgebildet werden und somit oftmals den Spaß durch die Eintönigkeit verlieren und sich zudem nicht zu einem vielseitigen Athleten entwickeln können.

Deshalb startet nach dem LTAD-Modell das Wettkampftraining erst mit 16 Jahren, zuvor soll sich der Athlet auf die Verbesserung seiner sportartspezifischen Fähigkeiten konzentrieren.

Gerade die schwierige Phase der Pubertät muss durch richtige Maßnahmen begleitet werden, da diese Phase oftmals entscheidend ist, ob ein Athlet es in die Weltspitze schafft oder sich sogar komplett vom Leistungssport zurückzieht.

Wichtig für Istvan Balyi ist auch, dass der Athlet als Mensch wahrgenommen wird und eine ganzheitliche Betrachtung des Athleten im Vordergrund steht, weshalb dieses Modell eines der wenigen, wenn nicht sogar das einzige Modell für eine langfristige Athletenentwicklung ist, in dem die Altersspanne theoretisch mit der Geburt beginnt und mit dem Ableben endet.

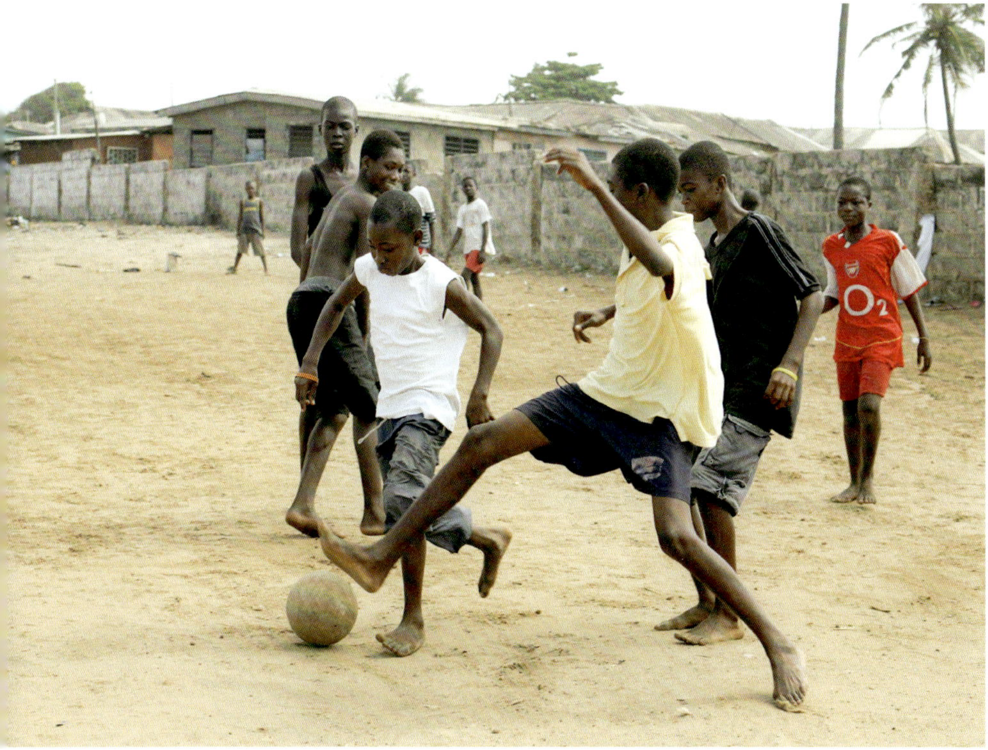
O2

KAPITEL 5

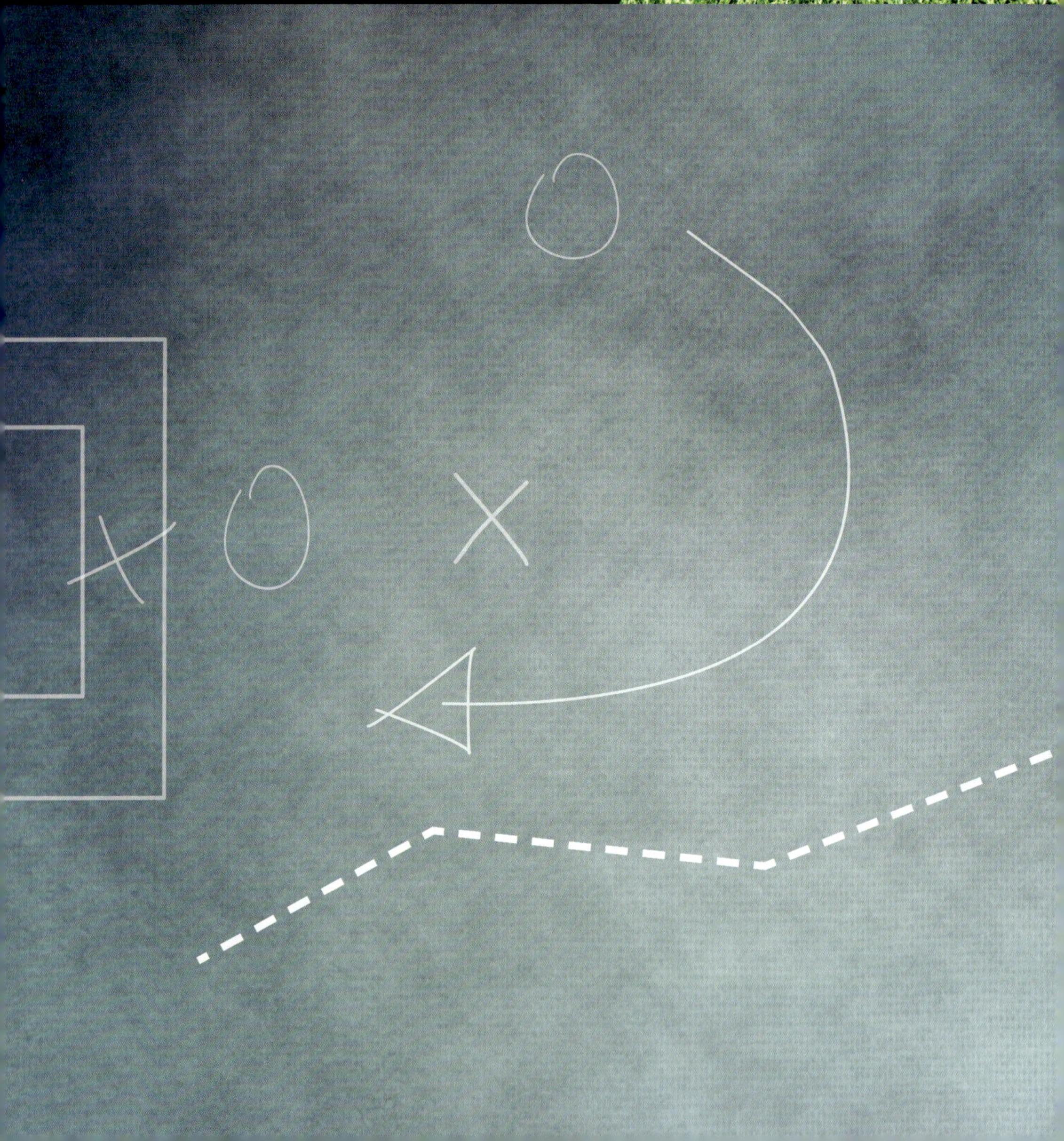

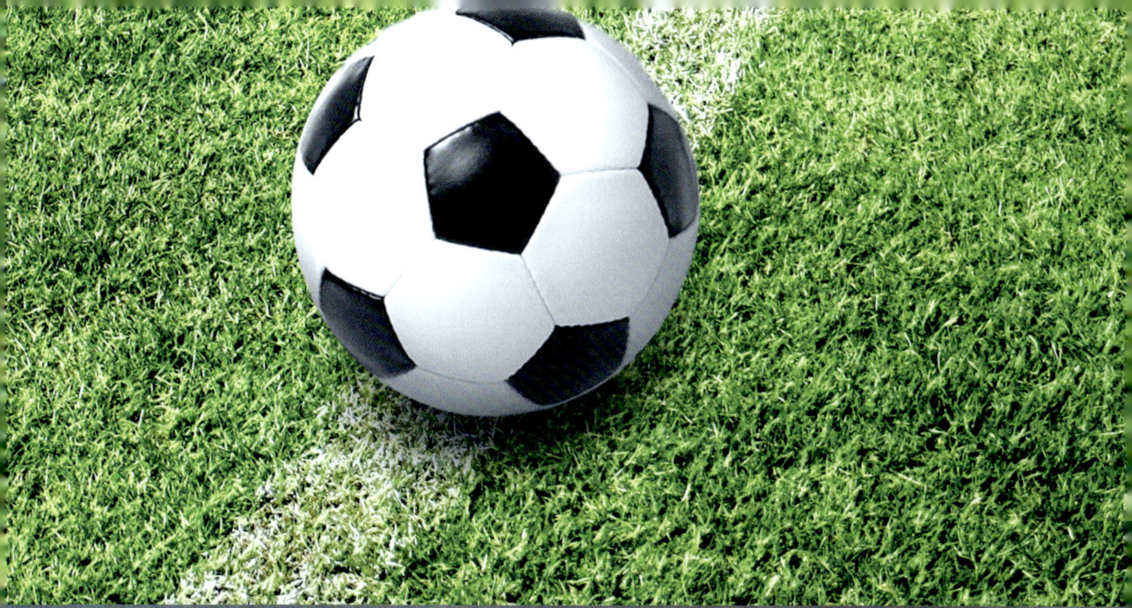

Ein Querschnitt durch verschiedene Periodisierungsmodelle

KAPITEL 5

Ein Querschnitt durch verschiedene Periodisierungsmodelle

„Ein Fußballer, so wie jeder andere Mensch, der mit großem Druck umgehen muss, hat, was ich ‚temor éscenico' nenne, die Angst zu versagen. Und wie kann ich diese Angst neutralisieren? Durch Automatismen. Dadurch, dass der Spieler etwas tut, was er kennt, was er immer wieder übt und dadurch nur wenige Fehler macht."

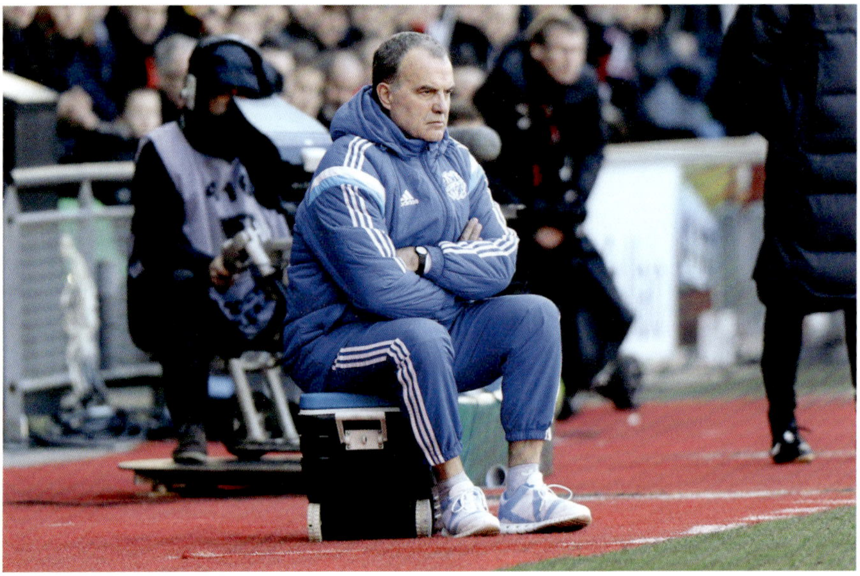

Marcelo Bielsa

Ein Querschnitt durch verschiedene Periodisierungsmodelle

Zur Steigerung und zum Erhalt der Leistungsfähigkeit, sowie um punktgenaue Höchstleistungen im Sport zu planen, ist es wichtig, Ruhephasen und Belastungswechsel genau aufeinander abzustimmen.

Um diese Höchstleistungen im Sport zu planen, bedarf es einer sogenannten *Periodisierung*.

Unter *Periodisierung* versteht man dabei Folgendes:

Periodisierung ist die Festlegung einer kontinuierlichen Folge von Zeitabschnitten, sogenannten *Periodenzyklen*, mit dem Ziel, zum gewünschten Zeitpunkt die bestmögliche Leistung innerhalb eines Trainingsjahres abrufen zu können.

Durch die Periodisierung kann eine Rahmenplanung für eine Leistungsentwicklung im Sport erstellt werden.

Dies ist zwingend notwendig, da es dem menschlichen Organismus nicht möglich ist, über das ganze Jahr hinweg konstant Höchstleistungen zu erbringen.

In den folgenden Kapiteln werden nun zunächst die gängigsten sportartübergreifenden Periodisierungsmodelle vorgestellt, die aber auch im Fußball genutzt werden, sowie die bekanntesten fußballspezifischen Modelle zur Trainingsplanung und Entwicklung im Fußball:

- die klassische Periodisierung,
- die Blockperiodisierung,
- die Wellenperiodisierung,
- die Coerver-Methode,
- die Brazilian Soccer Schools von Simon Clifford,
- das Entwicklungsmodell von Horst Wein.

5.1 DIE KLASSISCHE LINEARE PERIODISIERUNG

„Beim Training zählt nicht unbedingt die Zeit, die du aufbringst, sondern was du ins Training einbringst." – (NHL-Profi Eric Lindros, Weltklasse-Eishockeyspieler)

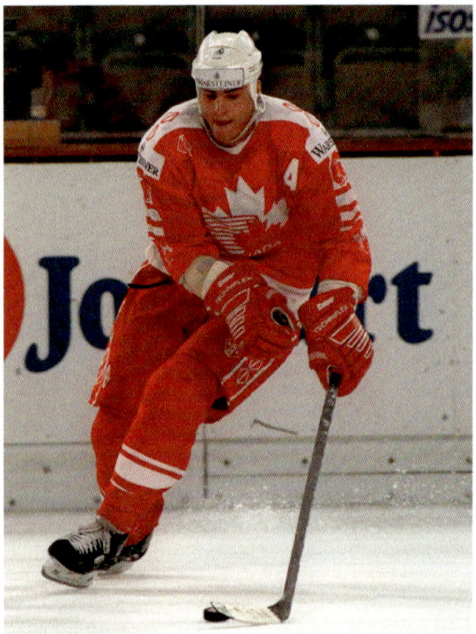

Ist man sich über ein langfristiges Entwicklungsmodell im Klaren, müssen die langfristigen Phasen weiter heruntergebrochen werden, indem diese Phasen in immer kleinere Einheiten periodisiert werden:

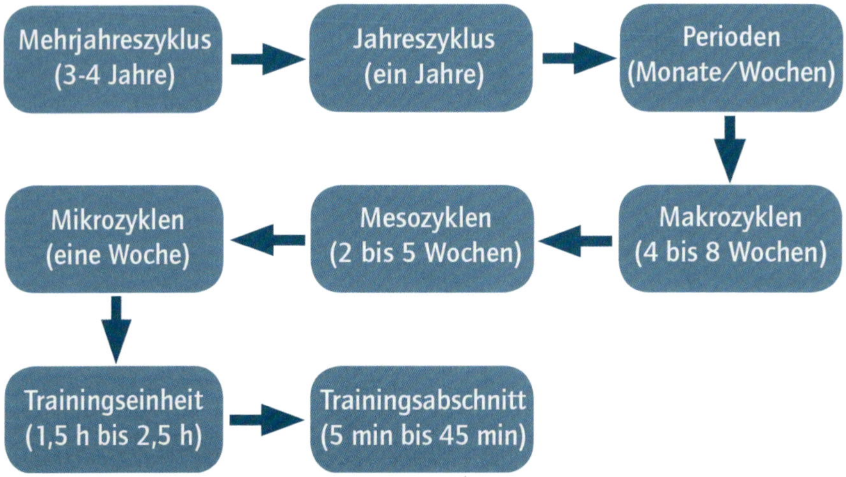

Untergliederung eines langfristigen Trainingsaufbaus

Der aus der ehemaligen Sowjetunion stammende Physiologe Lew Matwejew gilt als Begründer des sportlichen Trainings und der klassischen Periodisierung, indem er die sowjetischen Olympiateams 1952 und 1956 genau analysierte und aus diesen Kenntnissen Trainingspläne für Olympia 1960 entwickelte, wo die Athleten mit seinen Methoden große Erfolge feiern konnten.

Diese klassische Art der Periodisierung wird auch *lineare Periodisierung* genannt und die verwendete Trainingsmethode bleibt bei der klassischen Periodisierung über einen gesamten Mesozyklus gleich. Hierbei werden die einzelnen Leistungsbereiche isoliert voneinander trainiert, bis das gewünschte Trainingsziel in einem dieser Leistungsbereiche erreicht wurde.

Unabhängig von der Sportart wird bei der klassischen Periodisierung zunächst eine Jahresplanung erstellt.

Für Olympiateilnehmer werden meistens sogenannte *Quadriennale* erstellt, also Vier-Jahres-Pläne.

Als Erstes wird festgelegt, bei welchen Wettkämpfen, Turnieren oder Spielen der Athlet oder die Mannschaft seine/ihre Höchstleistung abrufen muss.

Bei der klassischen Periodisierung in Sportarten mit einer langen Wettkampfsaison, wie es im Fußball der Fall ist, muss die Trainingszeit heruntergesetzt werden, da praktisch jedes Wochenende ein Wettkampf stattfindet, bei dem eine Höchstleistung abgerufen werden muss.

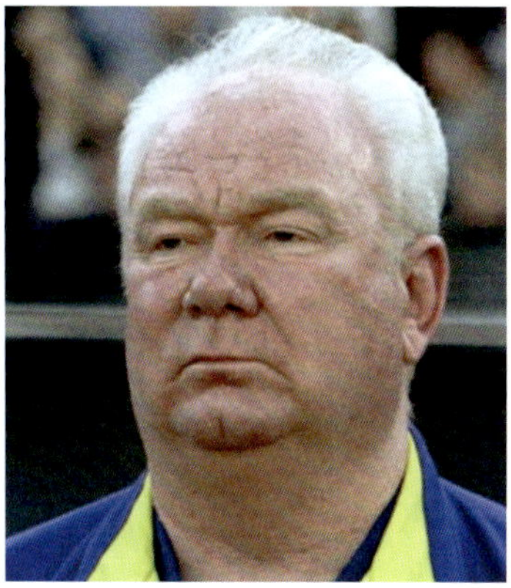

Im Fußball erarbeitete Walerij Lobanowskyj – aufbauend auf diesem Wissen als Trainer von Dynamo Kiew – Mitte der 1970er-Jahre erste Ableitungen dieses Periodisierungskonzepts auf den Fußball und wurde achtmal sowjetischer Meister mit seiner Mannschaft.

Mit einer langfristigen Planung erfolgreich im Fußball – Walerij Lobanowskyj von Dynamo Kiew

Das oberste Ziel bei diesem Modell ist die Wettkampfvorbereitung eines Athleten oder einer Mannschaft.

Ausgehend von vorab festgelegten Wettkampfdaten, wird das jährliche Training von „hinten aufgerollt" und zeitlich rückwärts geplant und organisiert.

Die Frage ist also, was muss der Athlet oder die Mannschaft machen, um am Tag XY die bestmögliche Leistung abzurufen?

Das Training bei der klassischen Periodisierung wird so geplant, dass im Laufe des Jahres in bestimmten Zeitabschnitten jeweils bestimmte Faktoren trainiert werden, während die anderen Faktoren in diesem Abschnitt dann lediglich „erhalten" werden.

Dafür wird immer noch weitestgehend in fast allen Sportarten, wie auch im Fußball, die Jahresplanung vereinfacht in drei große Bereiche eingeteilt:

> **Vorbereitungsperiode,**
> **Wettkampfperiode und**
> **Übergangsperiode.**

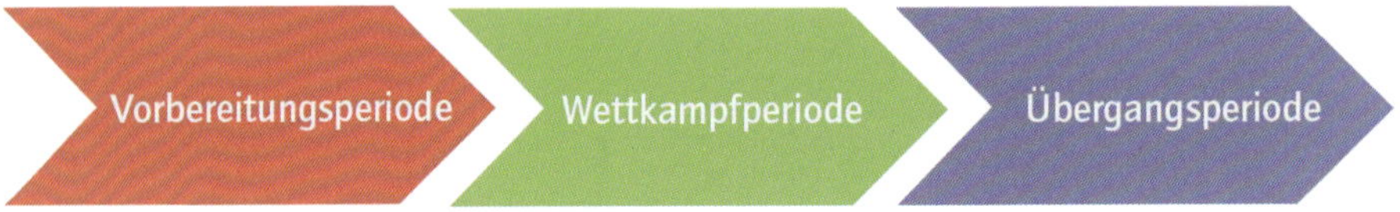

Da in den meisten Ligen im Fußball die Saison eine Vorrunde und eine Rückrunde umfasst, kann die Wettkampfphase zudem in zwei Perioden unterteilt werden, wobei dann von einer *Doppelperiodisierung* gesprochen wird:

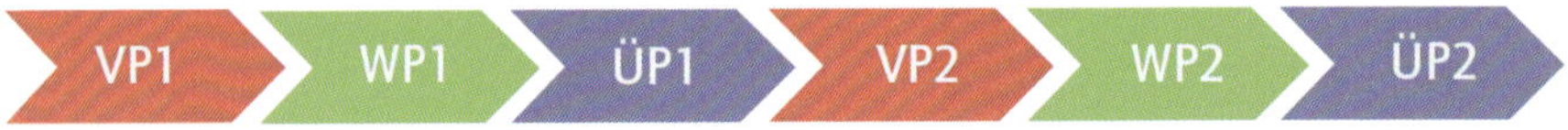

VP = Vorbereitungsperiode

WP = Wettkampfperiode

ÜP = Übergangsperiode

5.1.1 VORBEREITUNGSPERIODE

Manche Trainer unterscheiden die Vorbereitung in eine *allgemeine Vorbereitungsperiode*, in welcher konditionelle Grundlagen geschaffen werden, und in eine *Aufbauperiode*, in der die *Spezifität* zunimmt.

Bis zum ersten Höhepunkt, was im Fußball das erste Meisterschaftsspiel wäre, nimmt die Intensität immer weiter zu und das Volumen wird zeitgleich heruntergefahren.

Das Training wird in Hinsicht auf das erste Meisterschaftsspiel immer wettkampfspezifischer (siehe Kap. 3.4 „Tapering").

Ein weit verbreiter Mythos im Fußball ist jedoch, dass mit der in der allgemeinen Vorbereitungszeit gelegten Grundlagenausdauer die ganze Saison abgedeckt wäre, was physiologisch schlichtweg nicht möglich ist und weshalb die allgemeine Vorbereitungsperiode zum Glück immer mehr im Fußball verschwindet.

5.1.2 WETTKAMPFPERIODE

In der *Wettkampfperiode* geht es darum, die Leistung konstant zu halten oder im Idealfall weiter zu verbessern.

Ein großer Fehler, der im Fußball oftmals gemacht wird, ist, dass der Regeneration zu wenig Beachtung geschenkt wird.

Die *Regeneration* gehört genauso zur Trainingsplanung wie alle anderen Bestandteile:

„100 % Training und 100 % Regeneration".

Ein wichtiges Ziel eines Trainers muss es sein, auf Dauer die größte Anzahl von Spielern des Kaders zur Verfügung zu haben, um somit eine hohe Trainingsqualität und große Auswahlmöglichkeiten für den Spieltag zu haben.

Im Leistungssport kommt es auf jedes Detail an:
Um einen Freizeitsportler um 5 % zu verbessern, muss er etwa drei Monate trainieren. Ein Weltklasseathlet muss für eine Verbesserung von gerade einmal 2 % in etwa zwei Jahre trainieren.

Neben einer optimalen Ernährung und dem richtigen Schlafverhalten setzen seit einiger Zeit, neben Massagen und Saunagängen, Spitzenteams wie Bayer Leverkusen oder Chelsea London vermehrt auf sogenannte *Kältekammern*, die bei minus 110° C die Regeneration beschleunigen.

In einer Kältekammer werden alle Gefäße direkt unter der Haut geschlossen, das Blut wird zurückgedrängt und der Körper hat nun mehr Zeit zur optimalen Versorgung der arbeitenden Muskulatur.

Wenn ein Spitzenathlet direkt vor dem Training oder einem Wettkampf in eine Kältekammer geht, hat er danach mehr Schnellkraftvermögen und kann etwa 10 % länger an der anaeroben Schwelle trainieren.

Wen wundert es, dass sich Cristiano Ronaldo eine Kältekammer direkt in sein Haus hat bauen lassen!?

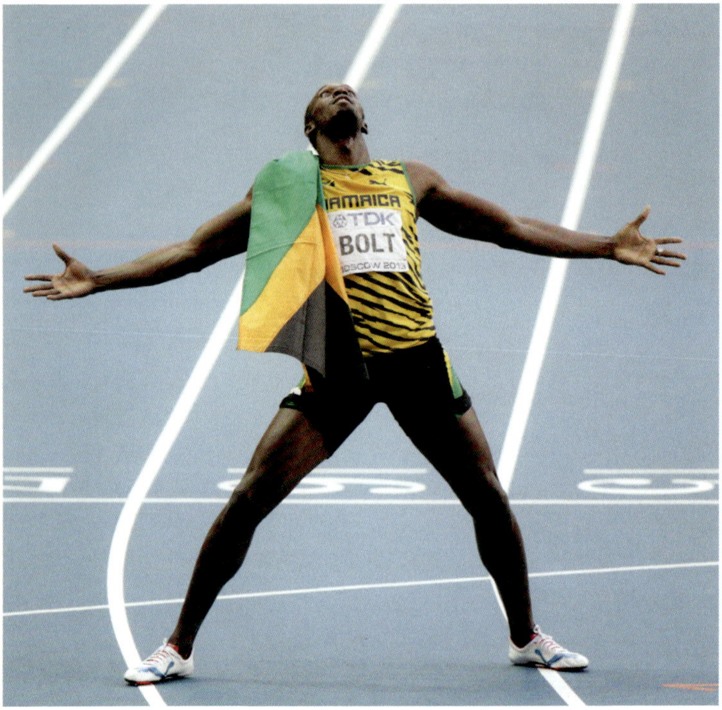

Gesetz der Spezifität: Absolviert Usain Bolt sein Schnelligkeitstraining auf dem Fußballplatz? – Nein! Warum verbringen Fußballer dann so viel Zeit auf der Tartanbahn oder im Wald?

5.1.3 ÜBERGANGSPERIODE

Nach der Wettkampfperiode kommt die sogenannte *Übergangsperiode*.

Die Übergangsperiode sollte unbedingt aktiv gestaltet werden, aber natürlich mit einem reduzierten Volumen und einer reduzierten Intensität, damit sich Körper und Kopf erholen können.

Die Spieler absolvieren hier in der Regel individuelle Programme, mit denen Stärken ausgebaut und Schwächen behoben werden können.

Die klassische Periodisierung arbeitet zudem mit der bereits erwähnten Grundlage der „Zyklisierung".

Durch diese *Zyklisierung* ergeben sich drei verschiedene Zyklen, welche einen aufeinander aufbauenden Übergang zu einer immer detaillierteren Trainingsplanung geben:

> **Mikrozyklus**
(1-14 Tage, im Fußball in der Regel eine Woche)

> **Mesozyklus**
(zwei Wochen bis sechs Monate, im Fußball in der Regel vier Wochen)

> **Makrozyklus**
(1-4 Jahre, im Fußball in der Regel eine Saison)

5.1.4 GANZJAHRESPERIODISIERUNG IM FUSSBALL – ZYKLISIERUNG BEI EINER DOPPELPERIODISIERUNG

Eine *Doppelperiodisierung* hat sich, wissenschaftlich bewiesen, als weit vorteilhafter herausgestellt, weshalb viele Mannschaften, die die klassische Periodisierung im Fußball nutzen, eine Doppelperiodisierung nutzen.

Die Saison erstreckt sich beim Leistungsbereich im Fußball i. d. R. über 11 Monate und ergibt sich aus den Eckdaten wie dem Saisonstart, den einzelnen Spieltagen oder Länderspielen.

Ziel dabei ist die Stabilisierung der Form über die ganze Saison.

Hierfür ist es wichtig, dass spätestens alle 6-8 Wochen unbedingt wieder neue Reize gesetzt werden, damit es nicht zu einer Stagnation kommt.

MAKROZYKLUS I					
Vorbereitung I	Mesozyklus I		Mesozyklus II		Übergangsphase I
JUL	AUG	SEP	OKT	NOV	DEZ/JAN

MAKROZYKLUS II					
Vorbereitung II	Mesozyklus III		Mesozyklus IV		Übergangsphase II
JAN	FEB	MÄR	APR	MAI	JUN

5.1.5 NUTZEN DER KLASSISCHEN PERIODISIERUNG FÜR DEN FUSSBALL

Die klassische Periodisierung stellt sicherlich die Grundlage vieler Überlegungen in der Planung und Steuerung eines sportlichen Trainings dar und auch heute wird noch jede Trainingsplanung mit den von Matwejew geprägten Begriffen der Vorbereitungs-, Wettkampf- und Übergangsperiode versehen.

Doch außer den übernommenen Begrifflichkeiten ist die klassische Periodisierung für den Fußball nicht von großem Nutzen:

- Das Modell der klassischen Periodisierung wurde in den 1960er-Jahren entwickelt und ist bis heute nahezu unverändert.
- Das Modell wurde lediglich an Individualsportarten, wie dem Gewichtheben oder Schwimmen, untersucht, wo es wenige Höhepunkte über ein Jahr gibt und für das Matwejew eine Vorbereitungsperiode von 5-6 Monaten, eine Wettkampfperiode von 4-5 Monaten und eine kurze Übergangsperiode von 1-2 Monaten vorhergesehen hat.

- Höhepunkt der meisten Individualsportler ist zudem die Olympiade, die nur alle vier Jahre stattfindet.
- Beim Fußball gibt es jedoch nahezu jedes Wochenende einen Höhepunkt und auch für die Vorbereitung steht eine wesentlich kürzere Zeiteinheit zur Verfügung.
- Die klassische Periodisierung befasst sich mit einer Wettkampfdichte von 10-20 Wettkämpfen; internationale Spitzenspieler wie Cristiano Ronaldo kommen jedoch auf über 70 Spiele pro Saison.
- Die Annahme, dass sich eine allgemeine Ausbildung der Kondition in der Vorbereitungsphase über eine komplette Saison hält und in der Wettkampfperiode vernachlässigt wird, stimmt beim Fußball nicht.
- Unter der Saison findet diesem Modell nach ein reines Technik- und Taktiktraining statt, bei dem auf eine gezielte konditionelle Ausbildung verzichtet wird, was ebenfalls für den Fußball absolut ungeeignet ist.
- Das Periodisierungsmodell von Matwejew wurde zudem in den politisch und klimatisch schwierigen Gegebenheiten der damaligen Sowjetunion entwickelt – mit langen und extrem kalten Wintern und schlecht beheizten Hallen, weshalb sich dieses Modell auch aus den Gegebenheiten vor Ort entwickelt hat, was oft vergessen wird.

5.2 DIE BLOCKPERIODISIERUNG

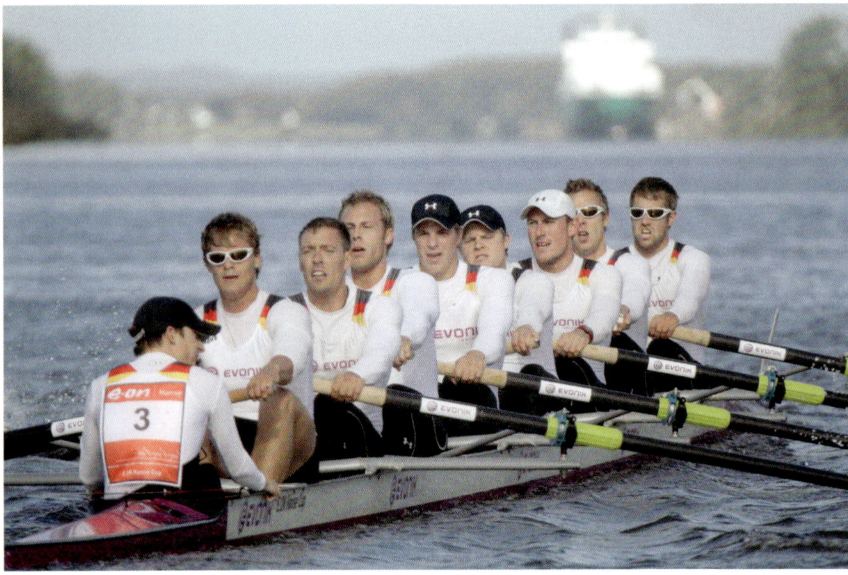

„Wenn kein Wind weht, rudere!“

Verchoshanskij – einer der Kritiker der klassischen Periodisierung, war maßgeblich an der Entwicklung des Modells der *Blockperiodisierung* beteiligt, bei der verschiedene Schwerpunkte über Zeiträume von 6-12 Wochen gesetzt werden, ohne jedoch andere Trainingsinhalte abzusetzen.

Im Unterschied zur klassischen Periodisierung werden Trainingsinhalte bei der Blockperiodisierung nicht nur zeitlich gegliedert, sondern auch nach den Fähigkeiten, die für die Sportart benötigt werden:

MESOZYKLUS I				MESOZYKLUS II				MESOZYKLUS III				MESOZYKLUS I				MESOZYKLUS II				MESOZYKLUS III			
Blöcke																							
SK	S	I	E	SK	S	I	E	SK	S	I	E	SK	S	I	E	SK	S	I	E	SK	S	I	E

Vereinfachte Darstellung einer Blockperiodisierung

LEGENDE ZUR ABBILDUNG		
SK	=	Schnellkraft
S	=	Schnelligkeit
I	=	Intermittierend
E	=	Erholung

Die Mesozyklen werden dabei beispielsweise in Vier-Wochen-Rhythmen eingeteilt und diese vier Wochen werden in Blöcke mit verschiedenen Schwerpunkten eingeteilt.

Die Verfechter der Blockperiodisierung, wie Verchoshanskij oder Issurin, versprachen sich von ihrem Ansatz eine höhere Adaption der Leistung.

Viele weltbekannte Olympiasieger, wie der Schwimmer Alexander Popov oder der Stabhochspringer Sergej Bubka, trainierten nach dem Modell der Blockperiodisierung.

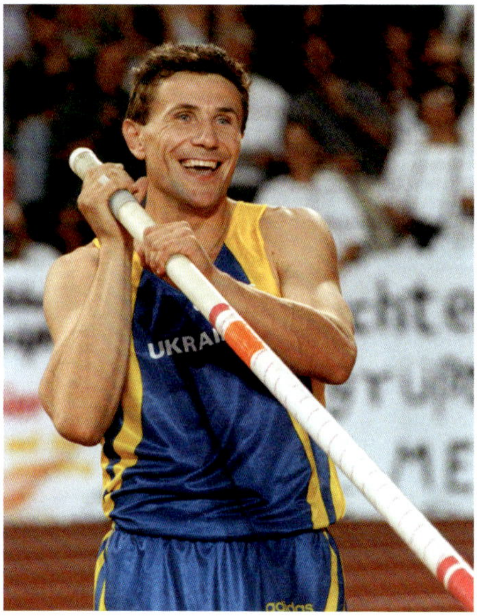

Olympiasieger und sechsfacher Weltmeister: Stabhochspringer Sergej Bubka – einer der besten Sportler, die es jemals gab, trainierte mit der Blockperiodisierung.

Hierbei werden die Trainingsmethoden im Gegensatz zur klassischen Periodisierung innerhalb eines Mesozyklus variiert.

Wichtig für eine solche Art der Periodisierung sind jedoch sehr gute Grundlagen, auf denen das Training aufgebaut werden kann.

Bei der Blockperiodisierung werden Trainingsziele nacheinander trainiert, wobei Schwerpunktblöcke gesetzt werden.

Anstatt verschiedene Ziele und Intensitäten in einem einzigen Zyklus unterzubringen, verteilt man sie auf verschiedene Blöcke.

Die damaligen Vertreter der Blockperiodisierung waren der Meinung, dass die klassische Periodisierung zu viele Trainingsinhalte miteinander mixen würde, wodurch das gemixte Training dann auch gemixte Resultate hervorbringen würde.

Es wurde angenommen, dass sich der Körper schnell an die jeweiligen Abläufe gewöhnt, wodurch neben einer Trainingsmonotonie auch die Effektivität zu wünschen übrig lässt.

Bei der Blockperiodisierung werden sowohl die Intensität als auch das Volumen und die Übungen immer wieder variiert, damit keine Trainingsmonotonie entsteht.

Die Wissenschaft entwickelte sich weiter und Forschungsergebnisse haben beispielsweise gezeigt, dass ein Training der aeroben Ausdauer ca. 30 Tage wirkt, die Wirksamkeit eines Schnelligkeitstrainings jedoch bereits nach nur wenigen Tagen abnimmt, was in einer Planung berücksichtigt werden muss.

Die Folge daraus war die Entwicklung kürzerer Trainingsblöcke, wodurch die Form wesentlich schneller nach oben geschoben werden konnte.

5.2.1 KENNZEICHEN DER BLOCKPERIODISIERUNG

„Einige Fußballakademien sorgen sich nur um den Sieg, wir sorgen uns um die Ausbildung."

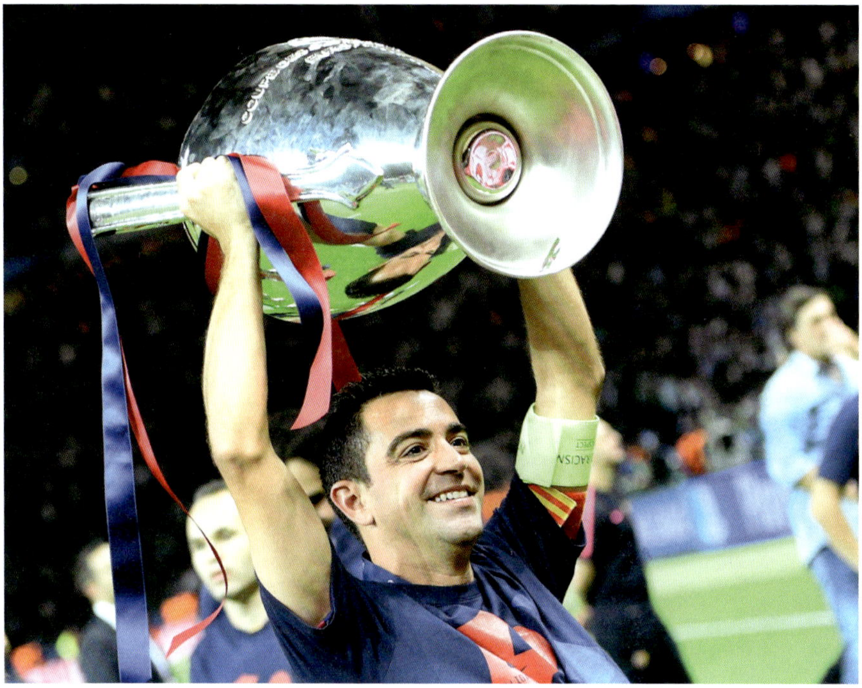

Weltmeister Xavi Hernandez über La Masia – die Fußballschule des FC Barcelona

- Die Reize zur Entwicklung unterschiedlicher motorischer Fähigkeiten werden in ein aufeinander aufbauendes System gereiht, während es bei der klassischen Periodisierung zu einer Vermischung von Reizen kommt.
- Andere Trainingsinhalte werden trotz eines gesetzten Schwerpunkts nicht vernachlässigt.
- Hohe Konzentration und Intensität der Trainingseinheiten.
- Minimale Anzahl von zu trainierenden Inhalten innerhalb der einzelnen Blöcke.
- Das für diese Art der Periodisierung häufig verwendete ATR-Modell gliedert das Blocktraining in eine Aufbauphase (**A**ccumulation): 12-30 Tage für die Grundlagen, eine Umwandlungsphase (**T**ransmutation): 12-25 Tage zur Entwicklung spezifischer Fähigkeiten und eine Umsetzungsphase (**R**ealisation): 8-15 Tage zur Leistungsmaximierung.

- Ein wesentlicher Unterschied zur klassischen Periodisierung ist die Qualität des Trainings: In der klassischen Periodisierung gilt Volumen vor Intensität, während bei der Blockperiodisierung die Intensität über dem Volumen steht.
- Da bei der Blockperiodisierung kein paralleles, sondern ein aufeinander aufbauendes Training durchgeführt wird, kann die Intensität der Einheiten nach oben geschoben werden.
- Zudem können Regenerationsphasen durch die einzelnen Blöcke sehr gut gesteuert werden, was sich positiv auf den Leistungsstand der Athleten auswirkt.

5.2.2 NUTZEN DER BLOCKPERIODISIERUNG IM FUSSBALL

„Das ist Wahnsinn! Da gibt es Spieler im Team, die laufen noch weniger als ich!"

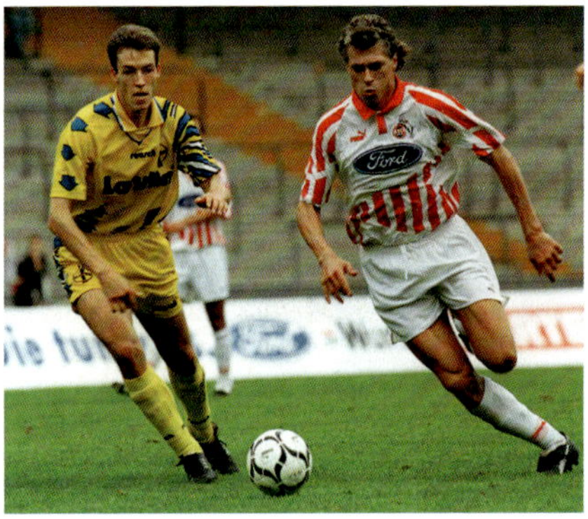

Super-Techniker und „Laufwunder" Toni Polster – Europas Torjäger des Jahres 1987 – war nie begeistert von sportartfremden Periodisierungsmodellen.

Die Blockperiodisierung ist eine Weiterentwicklung der Ansätze der klassischen Periodisierung und liefert für den Fußball einige brauchbare Ansätze und wird beispielsweise – wenn auch nicht in konditioneller Hinsicht – u. a. vom DFB für die taktisch-technische Periodisierung der DFB-Stützpunkte genutzt.

Für eine ganzheitliche Planung, die die Komplexität des Fußballs abbildet, ist jedoch auch die Blockperiodisierung nicht geeignet:

- Die Blockperiodisierung hat sich ebenfalls wie die klassische Periodisierung aus den Forschungen und der Zusammenarbeit mit Individualsportarten entwickelt.
- Die Komplexität des Spiels kann unmöglich in dieses Modell aufgenommen werden, da die Blockperiodisierung zum Ziel hat, nicht zu viele Trainingsziele miteinander zu verschmelzen, was nicht zu einer multifunktionalen Sportart wie dem Fußball passt.

5.3 DIE WELLENPERIODISIERUNG

„Wenn ich auf den Sportplatz ging, suchte ich mir nie die besten Spieler aus. Ich wählte die weniger talentierten Jungen, die bereit waren, hart zu arbeiten, und die gut werden wollten."

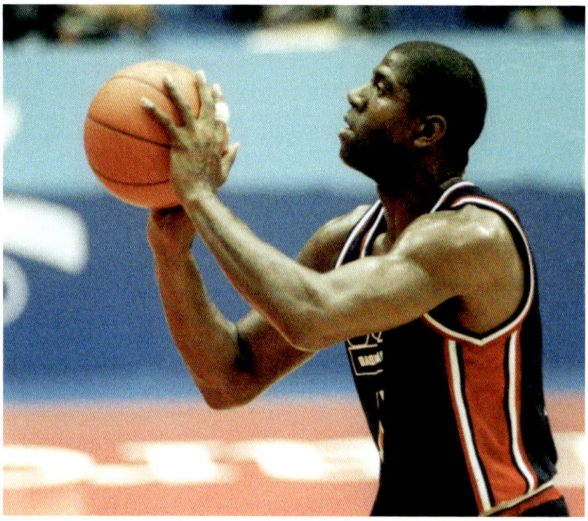

Talentdefinition von Basketball-Olympiasieger und dem fünffachen NBA-Champion Earvin „Magic" Johnson

Viele Profifußballer kommen in einem Jahreszyklus auf mittlerweile über 70 Spiele und sogar Nachwuchsspieler im Spitzenbereich absolvieren bereits 50-60 Spiele pro Saison.

Dadurch muss die Trainingszeit deutlich reduziert und sportartspezifisch aufgebaut werden, was mit der rein klassischen Periodisierung und der weiterentwickelten Blockperiodisierung nur schwer möglich ist.

Mit dem Wissen aus den beiden Modellen der klassischen Periodisierung und der Blockperiodisierung entwickelte Tschiene 1985 als einer der Ersten die sogenannte *Wellenperiodisierung* oder auch *nicht-lineare Periodisierung* genannt.

Die Befürworter der wellenförmigen Periodisierung treffen die Annahme, dass bereits nach zwei Wochen mit demselben Trainingsplan und Inhalt nur noch sehr geringe Anpassungserscheinungen auftreten, welche den gewünschten Output deutlich reduzieren.

Als *wellenförmige Periodisierung* bezeichnet man dabei Trainingsmethoden, die systematisch von Trainingseinheit zu Trainingseinheit variiert werden, was für den Fußball ein interessanter Ansatz ist, da die bestmögliche Leistung nahezu jedes Wochenende gebracht werden muss und somit die Woche von Spiel zu Spiel periodisiert werden kann.

Als Stellschrauben können dabei das Volumen, die Intensität und die Anzahl der Trainingseinheiten genutzt werden.

Dadurch kann das Training variabler gestaltet werden und die Qualität leidet nicht, wenn die Anzahl der Trainingseinheiten erhöht wird, was ebenfalls sehr hilfreich für den Fußball ist.

Um sicherzustellen, dass alle Fähigkeiten, die ein Fußballer benötigt, die komplette Saison zur Verfügung stehen, müssen die benötigten Fähigkeiten jede Woche im Training berücksichtigt werden.

Der Körper und vor allem auch der Kopf bekommen ständig neue Reize, was bei Spielsportarten noch wichtiger ist als bei Individualsportarten.

Je höher das Niveau ist, desto wichtiger wird der Kopf, welcher bei der klassischen und der Blockperiodisierung lange nicht so stark gefordert wird, wie bei der wellenförmigen Periodisierung.

5.3.1 NUTZEN DER WELLENPERIODISIERUNG IM FUSSBALL

„Erfolg ist kein Zufall. Es ist harte Arbeit, Ausdauer, lernen, studieren, Aufopferung, jedoch vor allem Liebe zu dem, was du tust oder dabei bist zu lernen."

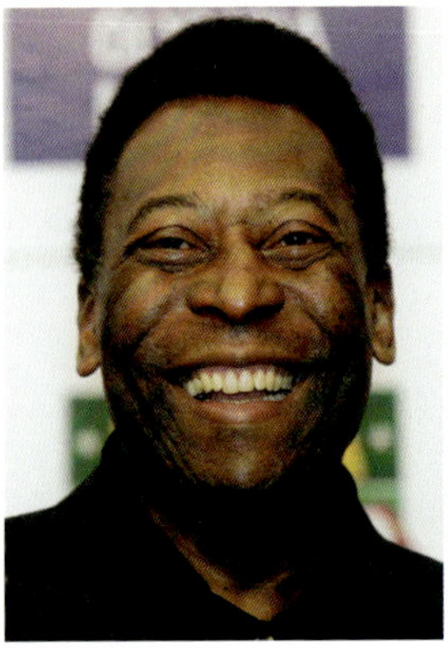

Pelé – Fußballspieler des Jahrhunderts

Der Wellenperiodisierung können einige interessante Aspekte für den Fußball entnommen werden.

Zwar wurde auch dieses Modell von Individualsportarten abgeleitet, doch können mit der Wellenperiodisierung erstmals die verschiedenen Leistungsfaktoren des Fußballs kombiniert miteinander trainiert werden:

- Der Intensitätsunterschied zwischen Vorbereitungs- und Wettkampfperiode ist nun wesentlich geringer als bei den Vorgängermodellen.
- Die häufigen *Peaks*, die man beim Fußball hat, finden Eingang in dieses Modell.
- Überbelastung und Verletzungen verringern sich.
- Der Kopf wird bei dieser Periodisierungsart deutlich mehr gefordert.
- Das Training kann bei der Wellenperiodisierung deutlich spielnaher gestaltet werden.

5.4 DIE COERVER-METHODE

„1 x sehen ist besser als 1.000 x hören" – Trainerlegende Wiel Coerver

Viele Fußballertrainer und -spieler sind sich nicht im Klaren über den enormen Einfluss und den zur damaligen Zeit genialen Gedanken des Niederländers Wiel Coerver.

So wird Wiel Coerver auch als der „Albert Einstein des Fußballs" bezeichnet.

Wiel Coerver wurde am 3. Dezember 1924 in Kerkrade geboren.

Mit der nach ihm benannten *Coerver-Methode* war er einer der wegweisenden Trainer für den modernen Fußball und war mit seinen Gedanken seiner Zeit um Jahre voraus.

Eine Vielzahl an Trainingsübungen, die noch heute im Fußball genutzt werden, bauen auf den Übungen von Wiel Coerver auf oder werden sogar eins zu eins übernommen, ohne dass sich die Trainer darüber im Klaren sind, dass sie Übungen von Wiel Coerver nutzen.

Coerver spielte als Profi u. a. bei Rapid JC, dem heutigen Verein Roda JC Kerkrade, und gewann mit diesem Verein 1956 die niederländische Meisterschaft.

Drei Jahre später begann Wiel Coerver seine Trainerlaufbahn und konnte 1974 mit Feyenoord Rotterdam sowohl die Meisterschaft als auch den UEFA-Pokal gewinnen.

Einige Spieler seiner Mannschaft scheiterten im selben Jahr bei der Weltmeisterschaft 1974 erst im Finale an der deutschen Fußballnationalmannschaft.

Neben Sparta Rotterdam und Go Ahead Eagles war er auch bei Roda JC Kerkrade tätig, für die er bereits als Spieler wirkte.

Durch die nach Wiel Coerver benannte Trainingsmethode Coerver-Coaching© wurde er weltweit bekannt.

Die Coerver-Methode ist neben der *Zeister-Vision* eine der beiden großen Trainingsmethoden in den Niederlanden, die ohne Zweifel zu den führenden Nationen im Fußball gehören.

Die Idee der Zeister-Vision geht dabei in Richtung „Straßenfußball", wobei die Entwicklung der Spieler durch Spielformen mit dem impliziten Lernansatz vorangetrieben werden soll.

Nichtsdestotrotz setzt auch die Zeister-Vision neben einem optimalen Fußball auf viele Wiederholungen und das richtige Coaching.

Wiel Coerver ging damals einen neuen und eigenen Weg ...

„Look at the best, learn from the best, be the best."

Wiel Coerver entwickelte seine Trainingsmethoden in den 1970er-Jahren, als ihm auffiel, dass die individuelle Klasse der Spieler immer mehr abnahm und die Trainingsinhalte der damaligen Zeit nicht dafür sorgten, die Spieler individuell zu verbessern.

Dabei kommen doch die Leute wegen der atemberaubenden Dribblings à la Maradona oder wegen der Geistesblitze eines Johan Cruyff in die Stadien.

Nach Wiel Coerver haben alle Weltklassespieler zwei Gemeinsamkeiten:

- **Weltklassespieler sind extrem stark im 1 gegen 1.**
- **Weltklassespieler sind große Persönlichkeiten.**

Hauptziel der Coerver-Methode ist es also, dass Fußballer die Fertigkeiten von Weltklassespielern üben und zu Persönlichkeiten heranwachsen.

Wiel Coerver analysierte dafür in jahrelanger Arbeit die Bewegungen und das Verhalten der Weltstars und brach diese in verschiedene Schwierigkeitsstufen herunter und entwickelte daraus Trainingsprogramme für unterschiedliche Alters- und Entwicklungsstufen.

Nach Wiel Coerver muss ein Spieler zuerst perfekt im 1:1 sein, bevor dieser Spieler gruppen- und mannschaftstaktische Maßnahmen übt.

1983 traf Wiel Coerver auf die beiden Fußballtrainer Alfred Galustian und Charlie Cook, die sofort von seinen Methoden begeistert waren und sie entwickelten gemeinsam die Coerver-Methode, die sich schnell auf der ganzen Welt durch Kurse, Bücher, DVDs und weiteres Lehrmaterial verbreitete.

Mehr Infos und Lehrmaterial finden Sie unter

www.coerver.com

5.4.1 DIE COERVER-PYRAMIDE

Die Coerver-Methode hat die Hauptaspekte des Fußballspiels hierarchisch in eine Pyramide mit sechs Stufen unterteilt, welche 1997 erstmals wie folgt dargestellt wurde:

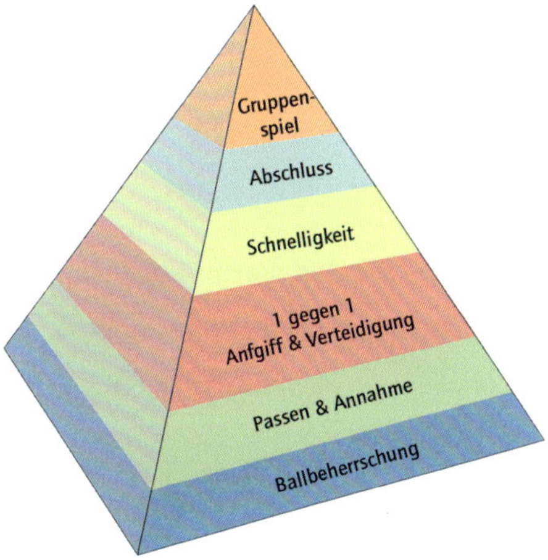

Coerver-Pyramide

Wichtig zu wissen ist, dass die einzelnen Inhalte nicht, wie oftmals behauptet wird, völlig isoliert voneinander trainiert werden, vielmehr gibt es interessante, aufeinander aufbauende Abläufe.

In den einzelnen Stufen der Pyramide werden zunächst immer die Grundlagen erlernt, woraufhin dann die Komplexität weiter gesteigert wird.

Viele Übungen und Trainingskonzepte werden dabei in Zusammenarbeit mit u. a. folgenden europäischen Topklubs entwickelt:

- Bayern München,
- Manchester United,
- PSV Eindhoven,
- Newcastle United,
- Arsenal London,
- FC Nürnberg.

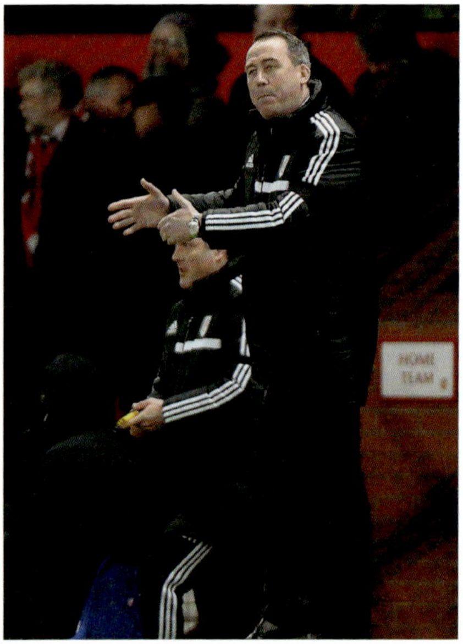

Der ehemalige Coerver-Schüler Rene Meulensteen entwickelte während seiner Zeit bei Manchester United Wetklassespieler wie Cristiano Ronaldo oder Wayne Rooney mit den Prinzipien der Coerver- Methode weiter.

Stufe 1: Ballbeherrschung

Auf der ersten Ebene dreht sich alles um das Thema der Ballbeherrschung mit beiden Füßen, da dies nach Coerver die Grundlage für alle weiteren Ebenen bildet.

Der Spieler soll den Ball kennenlernen und ihn zu seinem besten Freund machen, wofür spezielle Bewegungsmuster entwickelt wurden.

Aber auch das Jonglieren und die Ballkontrolle spielen eine wichtige Rolle, um Ball- und Distanzgefühl zu schulen.

In den nächsten Stufen werden diese Bewegungsmuster vor allem im Warm-up genutzt.

Stufe 2: Passen und Ballannahme

Auf der zweiten Stufe geht es um das Thema Passspiel und um Ballan- und Ballmitnahmetechniken, sowie bereits um erste gruppentaktische Elemente.

Kein anderes technisches Element wird so häufig verwendet im Fußball wie das Passspiel.

Wichtige Punkte auf dieser Stufe:

- Welche Stoßarten werden beim Passspiel eingesetzt?
- Wo und wie treffe ich den Ball?
- Wann spiele ich welchen Pass?
- Wann nehme ich den Ball wie am besten an?
- Und das alles immer unter Berücksichtigung einer beidfüßigen Schulung.

Stufe 3: 1 gegen 1/Angriff und Verteidigung

Auf der dritten Stufe der Coerver-Pyramide dreht sich dann alles um das Thema 1:1.

- Finten und Tricks der Weltstars (welche ständig aktualisiert und angepasst werden),
- Defensivtechniken,
- offensive Duelle,
- defensive Duelle,
- Mut,
- Selbstvertrauen.

Diese Stufe ist sicher die Ebene, die die meisten Personen mit der Coerver-Methode verbinden.

Auch bei der Schulung der Trainer wird hier ein großer Schwerpunkt gesetzt und jeder Coerver-Trainer wird genau instruiert, wie die Finten anzuwenden sind und auf welche Details er dabei zu achten hat.

Die Coerver-Trainer müssen die Bewegungen auch selbst demonstrieren können, nach dem Motto:

„1 x sehen ist besser, als 1.000 x hören."

Zunächst werden auch auf dieser Stufe die Grundlagen in Trockenübungen gelegt und werden dann mit einem perfekt aufeinander abgestimmten Aufbau nach und nach erschwert bis hin zum spielnahen 1 gegen 1 unter 100 % Raum- und Zeitdruck.

Dass die Coerver-Methode viel mehr – wie oftmals falsch behauptet – als eine reine Ballschule ist, zeigt sich an der Tatsache, dass in alten Büchern über die Coerver-Methode, die noch von Wiel Coerver selbst verfasst wurden, eine Vielzahl an Übungen und Informationen über „Defensivtechniken", wie die verschiedenen **Tacklingarten**, zu finden ist, was in der Fußballliteratur ansonsten nahezu komplett vernachlässigt wird.

Sprüche wie: „Wer grätscht, hat verloren", entsprechen leider nicht der Realität.

Schaut man sich Profispiele an, sieht man Weltklasse-Fußballer, wie den wohl momentan weltbesten Tacklingspieler Sergio Ramos, mehrmals pro Spiel im Tackling.

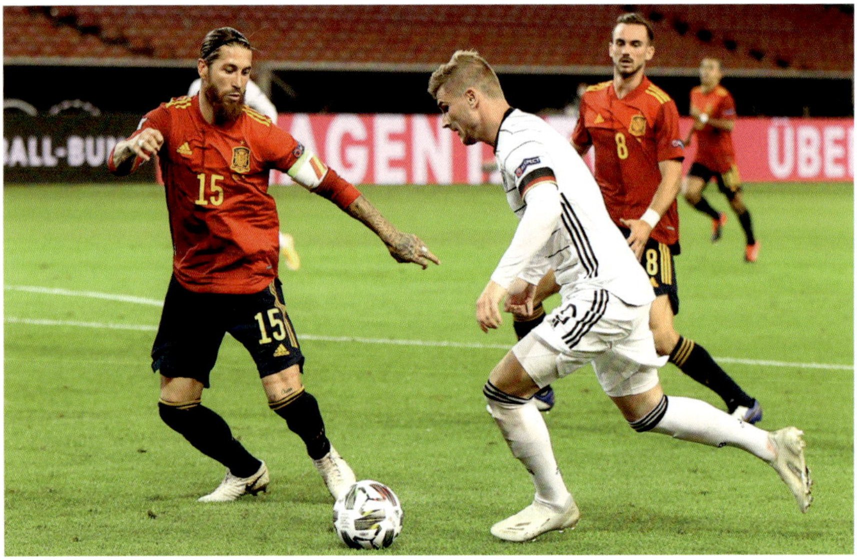

Sergio Ramos – am Boden wie in der Luft Weltklasse im Duell – der weltbeste „Tackler" in Aktion

Sicherlich ist es besser, wenn ein Spieler den anderen „ablaufen" kann, doch wenn Cristiano Ronaldo oder Gareth Bale mit dem Ball am Fuß angerauscht kommen, ist ein Tackling sicherlich besser als ein Gegentor ...

Stufe 4: Schnelligkeit

Beim Thema Schnelligkeit geht es bei der Coerver-Methode nicht nur um die reine Sprintschnelligkeit, sondern vielmehr darum, den Faktor Schnelligkeit spielnah in seiner Komplexität zu erfassen.

Das Schnelligkeitstraining findet hierbei meistens spielnah in Duellform statt und setzt einen großen Schwerpunkt in der Handlungsschnelligkeit und in einer schnellen Auffassungsgabe.

Zudem hat Coerve bereits in den 1980er-Jahren Sprungformen zur Verbesserung der Schnellkraft vorgeschlagen, die noch heute topaktuell sind.

Stufe 5: Abschluss

Auf der fünften Ebene geht es um Tore, Tore, Tore.

Hierfür werden zunächst Grundlagen verschiedener Abschlusstechniken, wie beispielsweise ein sauberer Spannstoß, ein Hüftdrehstoß, der Kopfstoß oder auch ein Fallrückzieher, erlernt.

Im Anschluss werden dann wieder Elemente aus den vorangegangenen Stufen genutzt und mit dem Torabschluss kombiniert.

Dies passiert sowohl in Trockenübungen als auch in teilaktiven und 100 % Duellen.

Stufe 6: Gruppenspiel

Auf der höchsten Ebene der Coerver-Pyramide lernen die Spieler gruppentaktische Spielformen kennen, in denen die zuvor gelernten Inhalte nun in der Gruppe umgesetzt werden.

Die Klasse einer Mannschaft ist nach Coerver die Summe der individuellen Klasse.

Gerade die Ergebnisse auf allerhöchstem Niveau im Weltfußball bestätigen die Gültigkeit dieses Ansatzes, wo Unterschiedspieler wie Lionel Messi, Manuel Neuer oder Cristiano Ronaldo Spiele entscheiden.

Die Gruppentaktik bildet die höchste Ebene, da nach den Ideen von Wiel Coerver ein Fußballspiel eine Aneinanderreihung individual- und gruppentaktischer Elemente ist, an dem sich immer nur Gruppen von Spielern beteiligen, bevor der Ball dann den Ort zu einer anderen Gruppenkonstellation wechselt.

Bei den einzelnen Stufen der Coerver-Pyramide werden viele Elemente zunächst mit dem expliziten Lernansatz geübt, wo den Spielern Bewegungen genau erklärt werden und die Spieler diese Bewegungen dann imitieren.

Oftmals wird genau dieser Punkt kritisiert, doch auch beim Nutzen des impliziten Lernansatzes muss die Technik ganz am Anfang zunächst explizit geübt werden, alles andere ist im Fußball Wunschdenken.

Im Anschluss wird dann auch bei der Coerver-Methode der implizite Lernansatz genutzt, weshalb diese Kritik völlig zu Unrecht geäußert wird.

Ein toller Ansatz der Coerver-Methode ist das bereits erwähnte „Positive Pushing", wonach die Spieler neben rein konstruktiver Kritik viel gelobt werden, wodurch das Selbstvertrauen der Spieler steigt.

Nach der Aussage des von Wiel Coerver selbst ausgebildeten Trainers Ricardo Moniz, der als einer der besten Techniktrainer der Welt gilt, war für Wiel Coerver die oberste Prioriät die Persönlichkeitsentwicklung der Spieler, wobei eben dieses „Positive Pushing" eine wichtige Rolle spielt.

Doch nicht nur zahlreiche Weltklassefußballer hat die Coerver-Methode auf ihrem Weg begleitet, auch zwei seiner Schüler, die Wiel Coerver persönlich als Trainer ausbildete, sind mittlerweile Hausnummern im internationalen Fußball:

- **René Meulensteen**, der viele Jahre Assistenztrainer von Alex Ferguson bei Manchester United war, wo er die Champions League und dreimal die Premier League gewann und im Anschluss als Cheftrainer bei Brøndby Kopenhagen und beim FC Fulham tätig war.

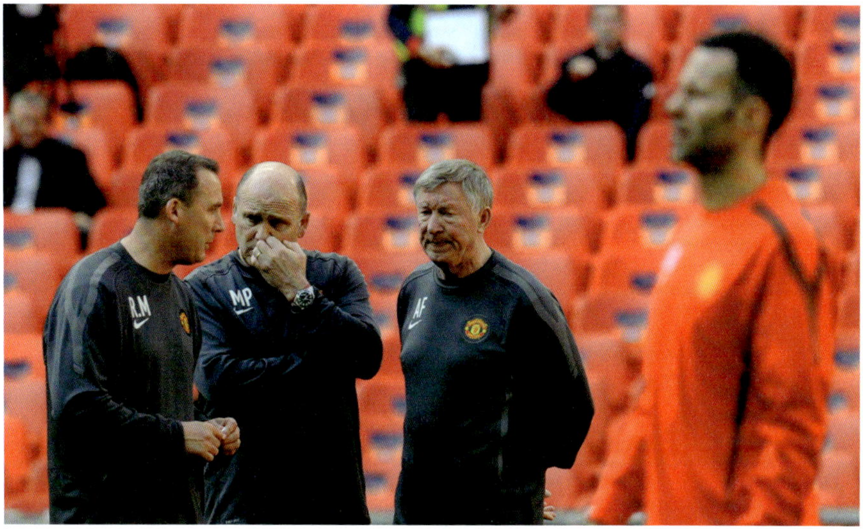

Der Weltklasse-Techniktrainer René Meulensteen im Gespräch mit Alex Ferguson

- **Ricardo Moniz**, der nach Stationen als Techniktrainer bei PSV Eindhoven, Grasshoppers Zürich, Tottenham Hotspurs und dem Hamburger SV, österreichischer Meister und Pokalsieger mit Red Bull Salzburg als Cheftrainer wurde und dann bei Ferencváros Budapest und 1860 München tätig war.

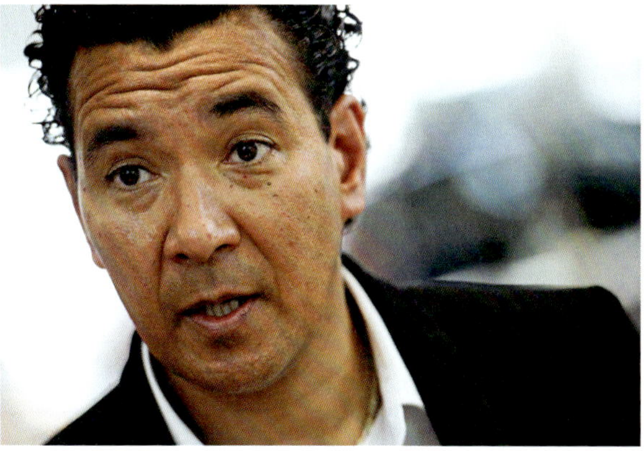

Einer der weltbesten Techniktrainer – Coerver-Schüler Ricardo Moniz, der als Cheftrainer mit Red Bull Salzburg Meisterschaft und Pokal gewann.

Neben der Coerver-Methode haben auch viele Fußballverbände, wie u. a. der DFB, ihre Ausbildungsstrukturen und Ziele ebenfalls in einer Pyramide gegliedert:

Die Ausbildungsstruktur des DFB als Pyramidenaufbau

	AUSBILDUNGSSTUFEN	ALTERSSTUFEN		AUSBILDUNGSSTRUKTUREN			
7	Hochleistungstraining – Stabilisierung	Spitzen-spieler	AB 30 JAHRE	A-Nationalmannschaft Internationale Vereinswettbewerbe Bundesliga, 2./3. Liga			7
6	Hochleistungstraining – Perfektionstraining		21-29 JAHRE				6
5	Belastungsgerechtes Übergangstraining	Perspek-tivspieler	19/20 - 17/18 JAHRE	Lizenzvereine	Nationalmannschaften U19 U20 U21	Höchster Amateurbereich	5
4	Beginnendes Spezialisie-rungstraining	A-JUNIOREN U18/U19 B-JUNIOREN U16/U17	15-18 JAHRE	Leistungszentren/ Eliteschulen des Fußballs	Juniorennationalmann-schaften U15 U16 U17 U18	Talentförderung der LV und Vereine	4
3	Fußballspezifisches Grundlagentraining	C-JUNIOREN U14/U15 D-JUNIOREN U12/U13	11-14 JAHRE	Leistungszentren	DFB-Talentförderpro-gramm	Vereins-Jugend-fußball	3
2	Technisch-spielerische Veilseitigkeitsschulung	E-JUNIOREN U10/U11 F-JUNIOREN U8/U9	7-10 JAHRE	Vielseitige Sportaktivitäten und Fußballspielen in Verein und Schule			2
1	Umfassende Bewegungs-schulung	BAMBINI UND JÜNGER U7	3-6 JAHRE	Bewegen und vielseitiges Spielen in Verein, Kindergarten und Schule			1

Hinweis: Die Übergänge von Stufe zu Stufe sind je nach aktuellen Entwicklungsstand fließend und geschlechtsspezifisch.

Hinweis: Übersicht der zentralen Talentförderebenen auf der jeweiligen Stufe

Merkmale und Ziele der Ausbildungsstufen-Konzeption

1	Die Teilziele jeder Ausbildungsstufe bauen systematisch aufeinander auf!
2	Die Stufen der Ausbildung sind auf Entwicklungsphasen abgestimmt und daher fließend!
3	Der individuelle Entwicklungsstand beeinflusst auf jeder Stufe Ziele, Inhalte, Methoden ...!
4	Das Auslassen bestimmter Stufen begrenzt einen systematischen Leistungsaufbau!

Merkmale und Ziele der Ausbildungsstrukturen

1	Jede Ausbildungsebene hat eine spezielle Funktion im Ausbildungsprozess!
2	Ausbildungsstufen und -sturkturen müssen aufeinander abgestimmt werden!
3	Durchlässigikeit und Offenheit für individuelle Ausbildungswege sind zentrale Qualitätsmerkmale!
4	Die Optimierung der Ausbildungsstrukturen ist eine permanente Aufgabe!

5.5 DAS ERFOLGSREZEPT DER BRAZILIAN SOCCER SCHOOLS VON SIMON CLIFFORD UND DIE KONZEPTIONELLE INTEGRATION VON FUTSAL

Der in Middlesbrough geborene Simon Darcy Clifford wurde durch seine brasilianische Fußballschule weltweit bekannt.

Clifford startete seine Karriere als Lehrer in einer Grundschule, wo er zusätzlich Kinder trainierte und versuchte, ihnen die Techniken der brasilianischen Stars näherzubringen, was der Beginn eines großen Franchisesystems von Fußballschulen auf der ganzen Welt war.

1997 lieh sich Clifford £ 5.000 nur, um nach Brasilien zu reisen, wo er mit Weltstars wie Zico und Rivelino sprach, die Clifford zeigten, wie sie selbst und die Kinder in Brasilien ihre unglaubliche Technik erlernen.

1998 startete Clifford mit einer Brazilianstyle Fußballschule in Leeds, wo er neben den Tricks der Stars aus Brasilien auch viel mit dem **Futsal** arbeitete, was damals in England noch völlig unbekannt war.

Ähnlich wie Wiel Coerver analysierte Clifford die Bewegungen von Topspielern, wobei Clifford sich rein auf brasilianische Spieler und vor allem auf Bewegungen aus dem Futsal konzentrierte, wo fast alle Topstars wie Neymar oder Ronaldinho den Fußball kennenlernten.

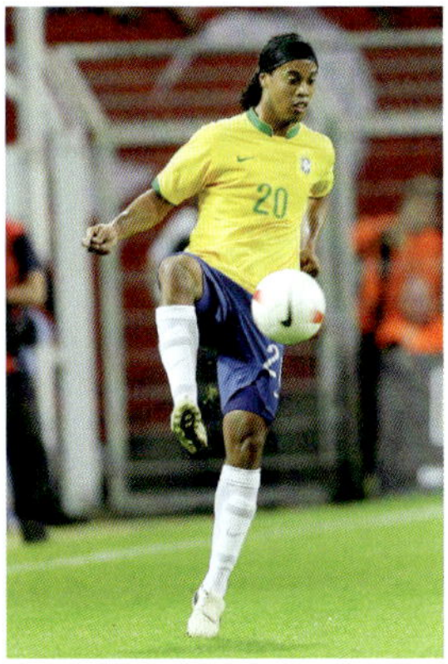

„Futsal ist ein extrem wichtiger Weg für Kinder, um ihre Fähigkeiten am Ball und das Verständnis vom Spiel zu schulen. Mein Ballgefühl und mein Dribbling habe ich vom Futsal."

Ronaldinho – durch Futsal zum „Weltfußballer des Jahres" 2004 und 2005

Diese neue Technikmethode von Clifford verbreitete sich extrem schnell und fand großes Ansehen, sodass die Brazilian Soccer Schools sich nicht nur in England, sondern auf der ganzen Welt verbreiteten: Hongkong, Nigeria, Südafrika, USA, Australien, Niederlande, Thailand, Kanada, Malaysia, Bermuda, Singapur, Mexiko, Polen usw.

Brazilian Soccer Schools ist mittlerweile die größte Organisation einer Fußballschule auf der ganzen Welt, an der jährlich über eine Million Spieler regelmäßig teilnehmen.

Geschätzte 1.700 Spieler, die in der Brazilian Soccer School trainierten, haben es bislang in den Profibereich geschafft. Der Bekannteste ist der englische Nationalspieler Micah Richards.

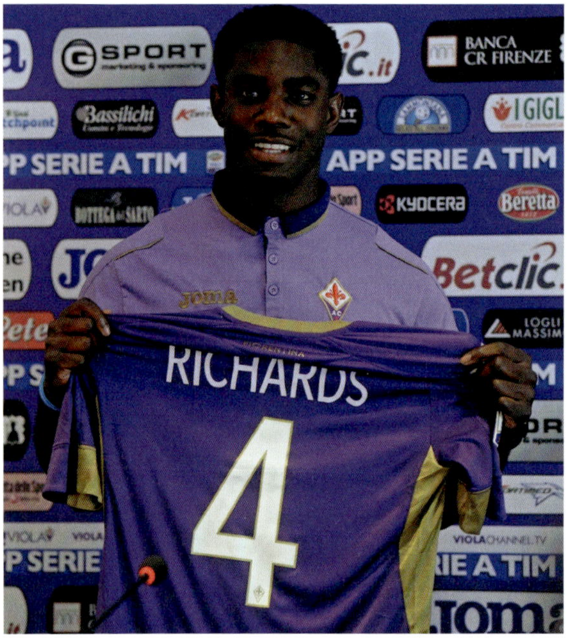

Der bekannteste Absolvent der Brazilian Soccer School: der ehemalige englische Nationalspieler Micah Richards (Manchester City, AC Florenz, Aston Villa)

Mehr Informationen finden Sie auf der Webseite von Simon Clifford:

http://www.braziliansoccerschools.com/

Zahlreiche Fußballstars sprechen sich stark für das Programm von Clifford aus, so auch der 60-fache Nationalspieler Socrates oder der nigerianische Olympiasieger Jay-Jay Okocha:

„What Simon is doing is fantastic. Normally what you see in other children is just the basics of the game. He is saying that nothing is impossible. If English players can learn the qualities Simon is teaching, then it will be good for the country."

Cliffords Philosophie hat einen klaren individualtaktischen Fokus.

Um die Wichtigkeit der individuellen Fähigkeiten zu unterstreichen, vergleicht er dabei Fußballer mit Musikern, die zuerst über Jahre lernen müssen, ihr Instrument zu beherrschen, um dann mit anderen starken Individualisten in einem Orchester zusammen zu spielen.

Dabei sollen die Elitespieler seines Programms jeden Tag zusätzlich zum Vereinstraining eine Stunde lang individuell mit dem Ball trainieren.

Dabei setzt er zu Beginn vor allem auf kleine Futsalbälle der Größe 1 und 2, die kaum springen, da seiner Meinung nach so die Technik am besten entwickelt wird.

Die Trainingseinheiten variieren je nach Altersgruppe, dauern aber bereits bei jüngeren Spielern an die zwei Stunden, die dabei wie folgt aufgeteilt werden:

- ein Drittel individuelle Ballarbeit,
- ein Drittel gruppentaktische Formen, wie Pass- oder Torschussübungen,
- ein Drittel Spielformen, bei denen die Trainer dazu angehalten sind, das Spiel so selten wie möglich zu unterbrechen.

2003 kaufte Clifford den Verein Garforth Town mit dem Ziel, den Verein in 20 Jahren in die FA Premier League zu bringen.

Zwar ist der Verein von diesem Ziel noch weit entfernt, jedoch konnte Clifford bereits zweimal aufsteigen und bekannte Spieler wie Lee Sharpe, Sócrates and Careca schnürten noch einmal ihre Fußballschuhe für Simon Clifford.

2001 führte Clifford zudem ein Programm mit dem Namen ***SOCATOS*** ein.

Bei diesem weltweit einmaligen Programm können Kinder mit gerade einmal sechs Monaten beginnen, Fußball zu spielen. Neben den Ballgrundlagen und Koordinationsübungen werden auch die Eltern einbezogen, um mit den Kindern, in das Training integriert, kognitiv mit Zahlen, Farben und Buchstaben zu arbeiten. Simon Clifford ist zudem ein starker Befürworter von individuellen Trainingseinheiten – so trainierte er im Einzelcoaching Weltstars wie Michael Owen, Wayne Rooney and Theo Walcott und machte sich zudem als Techniktrainer von Keira Knightley für den Fußballfilm *Kick it like Beckham* einen Namen.

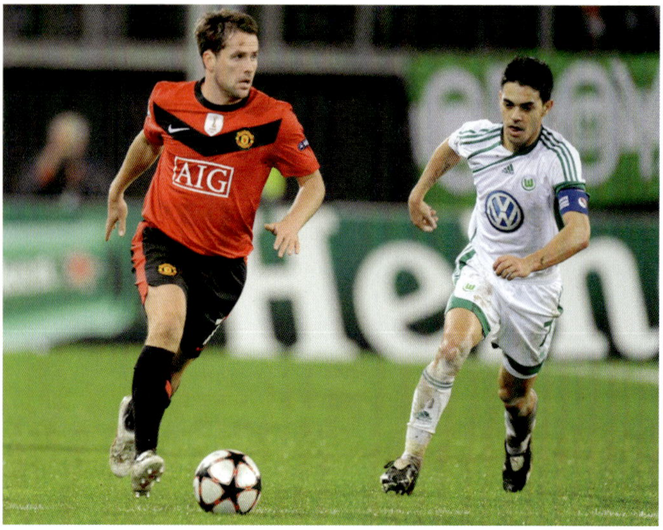

„Europafußballer des Jahres" 2001, Michael Owen, nutzte das Wissen von Simon Clifford für individuelles Techniktraining.

5.6 DAS ENTWICKLUNGSMODELL VON HORST WEIN

„Ohne Frage bedarf es Übungen, die die Technik verbessern, aber die Technik zu üben, ohne Bezug zum Spiel, hat keinen großen Wert. Der Lernende braucht den Zusammenhang."

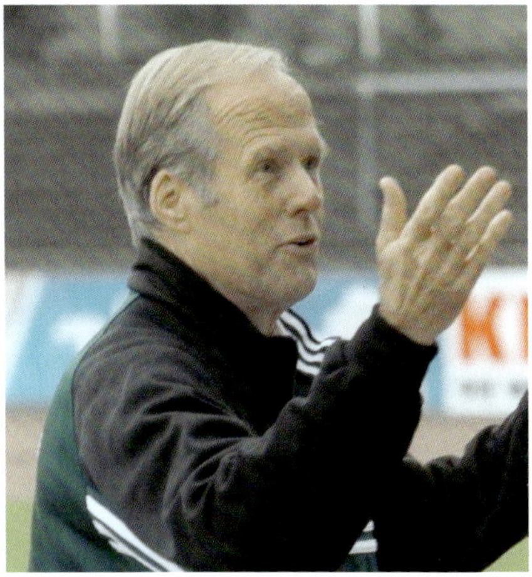

Horst Wein – sein Name ist eng mit dem Begriff ***Spielintelligenz*** *im Fußball verbunden.*

Geht es um das Thema *Spielintelligenz* im Fußball, führt kein Weg an dem Namen von Horst Wein vorbei. Neben vielen Fußballverbänden hat er auch weltbekannte Vereine wie den FC Barcelona beraten. Was viele nicht wissen, ist, dass Horst Wein ursprünglich aus dem Hockey kam. Der 1941 in Hannover geborene Horst Wein ist ein ehemaliger deutscher Hockeynationalspieler und bestritt 40 Länderspiele für die deutsche Hockeynationalmannschaft.

1969 wechselte Wein dann auf den Trainerstuhl der deutschen Hockeynationalmannschaft.

1972 war Horst Wein dann der Direktor des Hockeyturniers bei den Olympischen Spielen in München und wechselte ein Jahr später als Hockeynationaltrainer nach Spanien.

Horst Wein lebte in unmittelbarer Nähe von Barcelona und einer seiner beiden Söhne, Christian, wurde 1999 und 2003 mit Deutschland Europameister und 2002 Hockeyweltmeister.

Um seinem Sohn systematisch Spielintelligenz zu vermitteln, entwickelte Wein ein gut durchdachtes Modell, das mittlerweile international viel beachtet ist.

Anfang der 1980er-Jahre wechselte Horst Wein als Ausbilder in den Fußball und entwickelte dort sein Trainingsmodell weiter, das die Denk- und Spielweise des Straßenfußballs berücksichtigt, in dem leider immer weniger Spieler das Fußball-ABC erlernen, weshalb Wein dafür plädierte, den Straßenfußball in den Verein zu holen. Wein hat im Laufe seiner Karriere über 30 Sportbücher und zahlreiche Artikel vor allem zum Thema *Spielintelligenz im Fußball* veröffentlicht. Zudem ist Wein Autor von Fußball-Trainings-DVDs und war fachlicher Berater einer Hockeysoftware.

Weins Bücher und DVDs sind in vielen verschiedenen Sprachen, wie deutsch, spanisch, englisch, niederländisch, italienisch, japanisch und russisch, veröffentlicht und er war ein weltweit anerkannter Topexperte in der Ausbildung von Fußballtrainern.

Ein absolutes Muss ist sein Standardwerk:

Spielintelligenz im Fußball – kindgemäß trainieren

www.dersportverlag.de

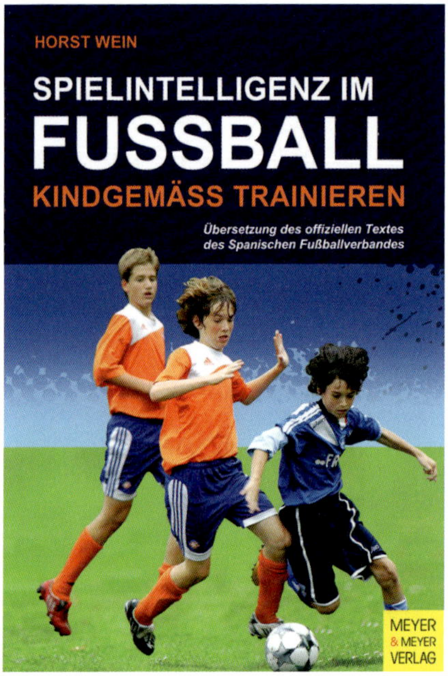

Der weltbekannte amerikanische Sportverlag *Human Kinetics* bezeichnet Horst Wein sogar als:

„Perhaps the world's foremost mentor of football coaches."

Neben Horst Wein hat sich übrigens ein weiterer bekannter Mann aus dem Hockey einen Namen gemacht:

Bernhard Peters (Olympiasieger als Trainer der deutschen Hockeynationalmannschaft). Er leitet nach seiner Anstellung als Nachwuchschef der TSG Hoffenheim nun die sportlichen Geschicke des Fußballnachwuchses beim Hamburger SV.

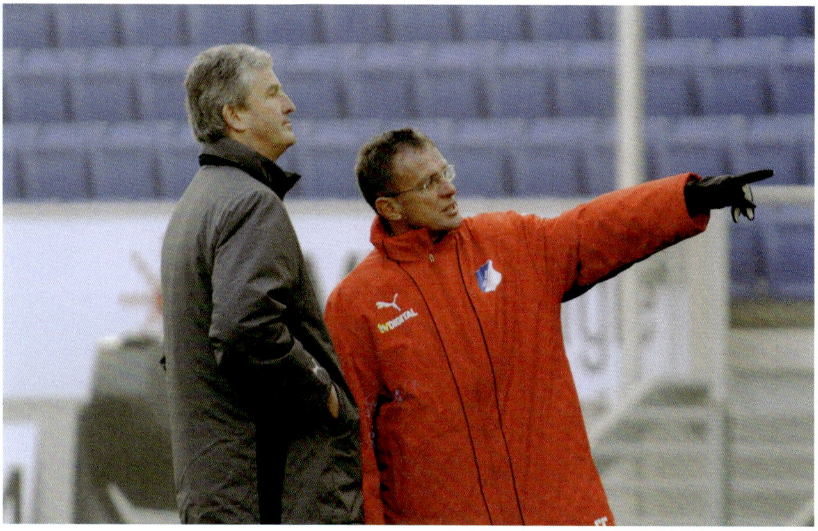

Blick über den Tellerrand: Hockeyolympiasieger Bernhard Peters – hier im Gespräch mit Ralf Rangnick bei der TSG Hoffenheim bringt viel neuen, interessanten Input für den Fußball.

Nachdem die Trainingsmethoden des Fußballs in seiner gut 150-jährigen Geschichte die ersten 100 Jahre zunächst extrem **technisch** fokussiert waren, wurde in den frühen 1960er-Jahren ein großer Schwerpunkt auf die **Kondition** gelegt, bevor dann in den 1980er-Jahren nach der „Konditionswelle" das Training einen extremen **Taktikfokus** hatte. Nun befindet sich der Fußball nach dem Ansatz von Horst Wein in einer Phase, in der Verbesserungen hauptsächlich durch **Spielintelligenz** erzielt werden können, da dieser Aspekt bislang vernachlässigt wurde und in den anderen Bereichen bereits ein hoher Erfahrungsschatz herrscht.

Der Fußball besteht für Wein aus vielen technisch-taktischen Situationen, die von den Spielern erkannt und verstanden werden müssen. Um die bestmögliche Lösung zu finden, kann der Spieler im Idealfall auf einen möglichst großen Erfahrungsschatz zurückgreifen.

Wissenschaftliche Untersuchungen stützen zudem die Bedeutung der Spielintelligenz: 60 % aller Ballverluste im Fußball sind auf Fehler in der Wahrnehmung, im Verstehen und in der Entscheidungsfindung zurückzuführen.

5.6.1 GEDANKEN ZUM THEMA SPIELINTELLIGENZ IM FUSSBALL

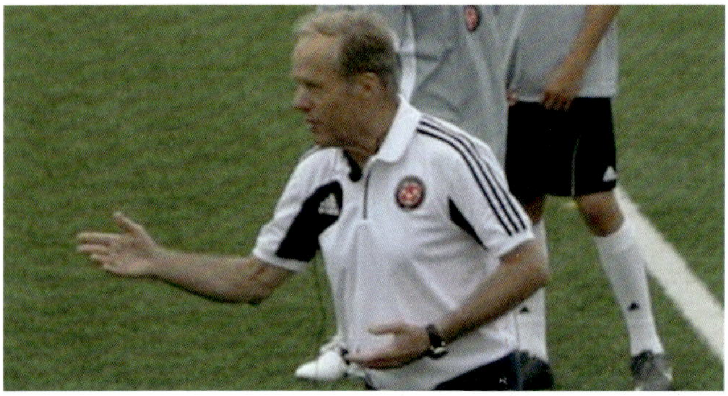

„Gib deinen Spielern nicht den Fisch, sondern zeige ihnen, wie man fischt …"

Der Begriff *Spielintelligenz* ist im Fußball in aller Munde, gleichgültig, ob es um die Ausbildung von Nachwuchsspielern geht oder um Fußball auf höchstem Niveau.

Die Spielintelligenz ist im modernen Fußball wichtiger denn je, da sich die meisten Mannschaften dank der modernen Trainingslehre physisch, technisch und taktisch auf Augenhöhe begegnen.

Spielintelligenz muss von einem jungen Alter an ein fester Bestandteil der Trainingsarbeit sein, um Fußballer optimal auszubilden.

Der Qualitätsunterschied zwischen den einzelnen Spielern wird immer mehr durch den Grad ihrer Spielintelligenz bestimmt.

Einem Fußballer nutzt die bessere physische Verfassung oder die bessere Technik nur wenig, wenn er diese Elemente nicht intelligent zum Nutzen seiner Mannschaft einsetzen kann.

Um in Zukunft mehr Fußballer mit einer hohen Spielintelligenz auf dem Fußballplatz zu haben, müssen, laut Horst Wein, Fußballtrainer die Spieler mehr stimulieren und weniger instruieren.

Um Fußball auf höchstem Niveau zu spielen, bedarf es einer extrem hohen Spielintelligenz, die bereits in jungen Jahren gefördert werden muss.

Durch den enormen Fortschritt in der Trainingslehre ist im modernen Fußball für jeden Spieler eine hervorragende technische, taktische und physische Ausbildung selbstverständlich geworden.

Nun tritt mit der Spielintelligenz ein weiterer Punkt immer mehr in den Vordergrund, der oftmals den entscheidenden Unterschied ausmacht.

Aus diesem Grund sollte der Ausbildung der Spielintelligenz im Fußballtraining besonders viel Beachtung geschenkt werden.

Anstatt bei der Ausbildung junger Fußballer lediglich auf das Erlernen technischer und taktischer Elemente zu achten, sollte neben den Muskeln und dem Nervensystem mehr als je zuvor auch der Kopf trainiert werden, damit das gesamte Potenzial eines Fußballers optimal ausgeschöpft wird.

Je mehr intelligente Spieler auf dem Platz stehen, desto höher ist die Wahrscheinlichkeit, dass das Fußballspiel ein höheres Niveau hat.

Horst Wein sagt dazu Folgendes:

„Spielintelligenz hat nichts mit der Menge der Neuronen im Gehirn eines Fußballers zu tun, sondern mit der Anzahl der Verbindungen, die die Zellen untereinander herstellen können. Damit es zu vielen dieser Verbindungen kommt, muss ein Fußballer oft und richtig stimuliert werden."

Die Spielintelligenz im Fußball ist also nur bedingt von genetischen Faktoren abhängig.

Spielintelligenz muss im modernen Fußballtraining vielmehr durch eine Vielzahl geeigneter Übungen geschult werden, wofür Horst Wein spezielle Spielformen und Spielmodelle entwickelt hat.

Des Weiteren ist es sehr wichtig, die Spielintelligenz im Fußball durch freie Spielformen, die dem Straßenfußball ähnlich sind, zu schulen.

Wie bei allen Menschen ist auch bei Fußballern die Ausprägung der Intelligenz verschieden.

Jede Position und Aufgabe, die ein Spieler bekommt, erfordert eine andere Art der Spielintelligenz, denn die Probleme, die ein Torspieler zu lösen hat, sind anderer Natur als die eines Stürmers oder eines Innenverteidigers.

Kinder und Jugendliche lernen am besten durch das Zuschauen. Das Demonstrationstalent des Trainers ist deshalb besonders wichtig, weil die Spieler so am schnellsten lernen, deshalb sollte die Demonstrationsfähigkeit des Trainers sehr gut ausgeprägt sein.

Folgendes Zitat des chinesischen Philosophen Laotse verdeutlicht einen wichtigen Punkt beim Erlernen von neuen Fähigkeiten:

Sage es mir – und ich vergesse.

Zeige es mir – und ich behalte.

Beteilige mich – und ich verstehe.

Es ist wissenschaftlich belegt, dass Kinder durch Ausprobieren und Üben viele wertvolle Erfahrungen sammeln.

Wenn ein Kind aber lediglich mit den eigenen Erfahrungen auskommen müsste, wäre es nicht in der Lage, ein hohes geistiges oder motorisches Niveau zu erreichen.

Dazu benötigt es die Erfahrungen Erwachsener, die mit Worten und durch das Zeigen dem Kind helfen, ein hohes Niveau zu erreichen.

Das gilt nicht nur in den verschiedenen Lebenssituationen, wie beispielsweise in der Familie oder in der Schule, sondern auch für das taktische Denken und Verhalten auf dem Fußballplatz.

Fußballtrainer sind verantwortlich für die Steigerung des Spielniveaus. Diese Steigerung kann nur erreicht werden, wenn Spiele im Training angeboten werden, in denen Wahrnehmung, die korrekte Analyse einer Spielsituation sowie die korrekte gedankliche Lösung dieser Spielsituation als auch die einwandfreie technische Ausführung der geplanten Spielaktion systematisch trainiert werden.

Fußballer erwerben so die Fähigkeit, nicht nur eine Spielsituation richtig aufzufassen, sondern ihre mögliche Weiterentwicklung aufgrund der aufgenommenen und verarbeiteten Informationen auch richtig zu antizipieren.

Dieser Antizipationsfähigkeit geht immer eine optimale Wahrnehmungsfähigkeit voraus. Um diese optimal auszuspielen, bedarf es sicherlich zunächst einer Automatisierung der Fußballtechnik, damit der Fußballer wichtige Kapazitäten besitzt, um intelligent und antizipativ entscheiden zu können, ohne permanent auf den Ball zu blicken.

Der Erwerb taktischer Kenntnisse und somit von Spielintelligenz kommt nicht nur allein durch bewusstes und unbewusstes Handeln im freien Spiel zustande, sondern ergibt sich oftmals erst in Verbindung mit einem zielgerichteten pädagogischen Prozess.

Bei diesem Prozess sollte den Fußballern so früh, wie es ihr technisches und taktisches Können zulässt, Gelegenheit gegeben werden, durch selbstständiges Denken und Handeln taktische Kenntnisse und Erfahrungen zu sammeln, die ihnen helfen zu erkennen, welches Verhalten in welchen Spielsituationen welche Auswirkung hat.

Je mehr diese Kenntnisse durch eigenes Beobachten, Denken und Experimentieren erworben werden, desto mehr vertiefen sie sich.

„Je mehr Wissen der Spieler hat, desto mehr sieht er." – Horst Wein

Das ist auch ein wesentlicher Grund, der die Stärke von Spielern wie Xavi und Iniesta ausmacht, die Hunderte von Spielen auf höchstem Niveau gespielt haben und somit über immer mehr Wissen verfügen und immer bessere Entscheidungen treffen können.

Die Spielintelligenz im Fußball kann sowohl durch das freie Spielen, das sogenannte *implizite Training,* wie es im Straßenfußball üblich ist, als auch durch *explizites Training* gefördert werden.

Eine subjektive Spielerfahrung allein, wie sie im Straßenfußball gemacht wird, genügt oftmals nämlich nicht, um Spielintelligenz auszubilden.

Durch einen zielgerichteten pädagogischen Prozess, das sogenannte *explizite Training,* wird dem Trainer die wichtige Aufgabe zuteil, die vom Spieler selbst gewonnenen oder durch Fremdinformation erworbenen taktischen Kenntnisse sichtbar und bewusst zu machen, sie dann nach der sorgfältigen Demonstration in allen Einzelheiten zu erläutern und der besseren Übersicht wegen zu systematisieren.

Elemente, die während eines Fußballspiels stattfinden, wie das Freilaufverhalten, das Passspiel, der Torschuss, den Ball an- und mitnehmen, Fintieren usw., sind mit motorischen Übungen zu erlernen.

Ein Spieler mit Spielintelligenz versteht es zusätzlich, diese Elemente zu verschmelzen und optimal der jeweiligen Spielsituation angepasst zu lösen.

Auf der Suche nach der bestmöglichen Lösung einer Spielsituation sieht ein intelligenter Spieler schnell die Möglichkeiten, aber auch die Gefahren.

Während er die Aktionen seiner Mitspieler und Gegner wahrnimmt und analysiert, kennt und beherrscht er bereits die verschiedenen Lösungen der auftretenden Probleme und versteht es, sie praktisch umzusetzen.

Dies unterscheidet einen Spieler mit hoher Spielintelligenz von einem Spieler mit einer weniger hohen Spielintelligenz.

Im Fußball sollte nach Horst Wein zusätzlich auch mit impliziten Trainingsübungen gearbeitet werden, denn erst eine genaue Anleitung und Demonstration durch den Trainer sowie eine ausreichende Wiederholungszahl derselben taktischen Handlung in der gleichen Spielsituation und schließlich die Übertragung der gefundenen Lösung auf ähnliche Spielsituationen legt ein solides Fundament für eine hohe Spielintelligenz.

Beim impliziten Training der Spielintelligenz präsentiert der Trainer dabei nur bestimmte Teile des Spiels.

Beim mehrfachen Üben erfahren die Spieler dann, bei welchem Gegnerverhalten welche Handlungsalternativen abgerufen werden müssen.

5.6.2 SPIELINTELLIGENZ IM WETTKAMPF

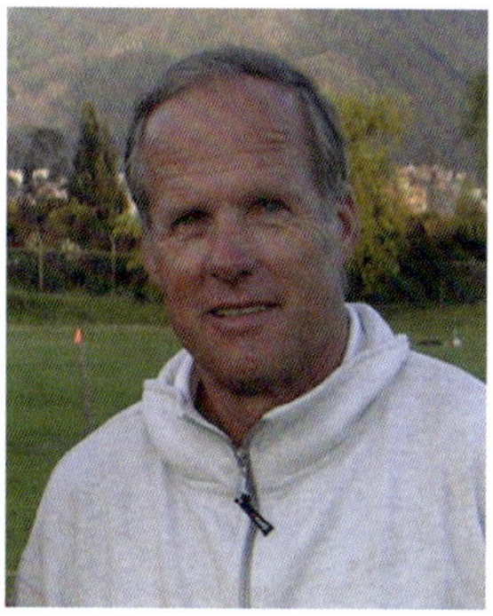

„Fußball ist ein Spiel, das im Kopf beginnt, von dort durch das Herz geht und in den Füßen endet.“ – Horst Wein

Nachfolgend sind mehrere Beispiele aufgeführt, die nach den Überlegungen von Horst Wein Fußballer mit einer hoher Spielintelligenz auszeichnen:

- Ein Fußballer mit hoher Spielintelligenz kann auf dem Fußballplatz bessere Entscheidungen schneller treffen.
- Er verfügt über eine hervorragende Antizipationsfähigkeit und kann dadurch Spielsituationen frühzeitig erkennen und richtig einschätzen.
- Er besitzt die Fähigkeit, eine Spielsituation richtig wahrzunehmen und die Spielsituation mit einer gleichen oder ähnlichen Situation zu vergleichen und dadurch die bestmögliche Entscheidung zu treffen.

- Ein Spieler mit hoher Spielintelligenz versucht, durch taktisches Denken eine Spielsituation optimal zu lösen, und zwar auf eine kreative Art und Weise.
- Ein intelligenter Fußballer ist sehr teamfähig, ohne dabei seine individuellen Stärken zu vernachlässigen.
- Er denkt und handelt für seine Mitspieler durch die richtige Einschätzung der Situation.
- Ein Spieler, der nur für sich spielt, ohne seine Spielintelligenz in das Team einzubringen, wird nie ein guter Fußballer werden, weil er lediglich Ausschnitte des Fußballspiels sieht.
- Ein intelligenter Spieler lernt aus seinen Fehlern und ist selbstkritisch.
- Er erkennt verschiedene Chancen und Gefahren einer Spielsituation.
- Er versucht, ein Gleichgewicht zwischen Risiko und Sicherheit zu finden. Ein zu hohes Risiko kann z. B. einen Ballverlust zur Folge haben.
- Umgekehrt hemmt zu viel Sicherheit einen Spieler, seine bestmögliche Leistung abzurufen.
- Ein intelligenter Spieler verfügt auch über eine große Ruhe am Ball und fühlt sich in seinem jeweiligen Spielraum und in der Spielsituation absolut sicher und tritt selbstbewusst auf, weil er weiß, dass er die Spielsituation durch seinen großen Erfahrungsschatz optimal lösen kann.
- Er weiß auch, dass er nicht alles richtig machen kann, weshalb seine Leistung durch Fehler nicht negativ beeinflusst wird. Er weiß, wann es besser ist, den Ball zu spielen und wann er in ein Dribbling gehen muss.
- Er ist in der Lage, das Spiel der Situation entsprechend schnell zu machen oder aber, wenn nötig, zu verlangsamen.
- Er will immer besser werden und spielt einen einfachen und klaren Fußball.
- Er weiß bereits vor der Ballannahme, was seine nächste Aktion sein wird.
- Außerdem ist ein Spieler mit hoher Spielintelligenz immer in der Lage, sich nicht nur an neue Spielsituationen anzupassen, sondern auch an seine Mitspieler und Gegenspieler, aber auch an den Schiedsrichter und an äußere Umstände.

5.6.3 EXKURS: „ICH MAG DAS KONTROLLIERTE CHAOS" – FUSSBALL ALS GEHIRNSPORT SCHNELLER WAHRNEHMEN, SCHNELLER HANDELN

Ralf Rangnicks Mentor Helmut Groß über die Wichtigkeit von Gehirntraining und über hohe athletische Anforderungen im modernen Fußball

Um die Wichtigkeit der Spielintelligenz weiter zu untermauern, finden Sie nachfolgend ein paar hochinteressante Aussagen aus einem Interview mit einem Trainer, der vor bereits 30 Jahren, als einer der ersten Trainer überhaupt, die Raumdeckung im ganzen deutschsprachigen Raum anwendete, zusammengefasst.
Die Rede ist von Helmut Groß, der momentan als Trainerberater sowie für die Spielphilosophie des RB Leipzig und Red Bull Salzburg verantwortlich ist.

Helmut Groß baute u. a. die extrem erfolgreiche Nachwuchsarbeit beim VfB Stuttgart auf und ist der Übervater und Gedankengeber von Trainergrößen wie Ralf Rangnick, Thomas Tuchel oder Marcus Sorg, der 2016 die U19 von Deutschland zum Europameistertitel führte.

Helmut Groß ist wie kein Zweiter bekannt dafür, präzise Vorhersagen darüber zu treffen, wie sich der Fußball entwickeln wird.

In einem seltenen Interview trifft dieser absolute Fußballfachmann u. a. folgende Aussagen:

* *„... ich könnte mir vorstellen, dass das Training von Guardiola viel Kopftraining ist".*

* *„... es geht am Ende für den Spieler darum, sich in größter Zeit- oder Raumnot schnell für das Richtige zu entscheiden".*

* *„... die Dinge entwickeln sich rasant weiter. Man muss immer besser werden. Das heißt vor allem: schneller wahrnehmen, schneller analysieren, schneller richtig entscheiden, schneller handeln".*

* *„... die Potenziale im Hirn sind enorm, das können wir noch gar nicht richtig abschätzen".*

* *„... im Gehirntraining stecken die größten Steigerungsraten ..."*

* *„... Barcelona scoutet nur Talente, die neben den koordinativen Fähigkeiten auch die athletischen Voraussetzungen mitbringen ..."*

* *„... wir sollten uns in Zukunft verstärkt auf die Verbesserung der kognitiven Fähigkeiten konzentrieren ..."*

* *„... ein Innenverteidiger spielt in der roten Zone und muss Widerstand leisten können, auch im Luftkampf. Dazu gehören Kraft, Timing, Sprungkraft ..."*

Die Kernaussage von Helmut Groß: Das mit Abstand größte Entwicklungspotenzial im Fußball liegt im kognitiven Bereich oder wie Horst Wein sagen würde: Spielintelligenz!

Unter folgenden Link finden Sie das komplette Interview mit dem Fußballexperten Helmut Groß:

http://www.faz.net/aktuell/sport/fussball/im-gespraech-trainer-helmut-gross-ich-mag-das-kontrollierte-chaos-12342163.html

5.6.4 DIE SCHULUNG DER SPIELINTELLIGENZ: DAS FÜNFSTUFIGE ENTWICKLUNGSMODELL VON HORST WEIN IM DETAIL

„Fußball zu spielen, ohne zu denken, ist, wie aufs Tor zu schießen, ohne zu zielen!"

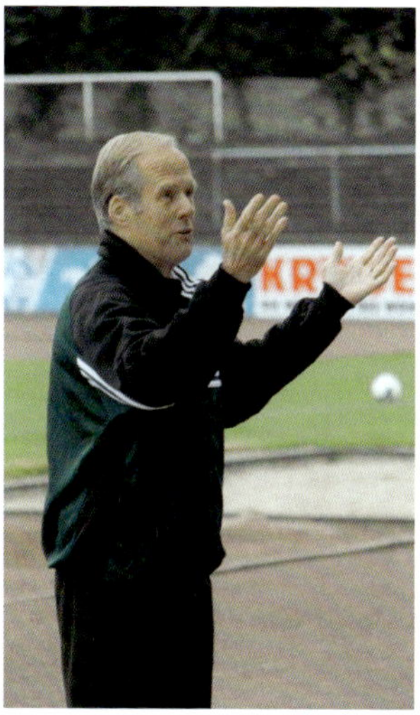

Fußball ist für Horst Wein ein „kognitives Prozentspiel des Wissens": Je mehr ein Spieler weiß, umso besser ist er.

Folgende Voraussetzungen muss ein Fußballer nach den Ideen von Wein idealerweise mitbringen:

- **er muss schnell sein (Frequenz der Schritte);**
- **Willenskraft haben und**
- **intelligent sein.**

Die Augen als Fortsetzung des Gehirns spielen eine zentrale Rolle, da jede Aktion nach Horst Wein im Fußball aus diesen vier Phasen besteht:

- **Wahrnehmung,**
- **Verstehen und Interpretieren,**
- **Entscheidungsfindung und**
- **technische Ausführung.**

Spielintelligenz im Fußball wird dabei durch das Trainieren von Übungsformen, die das Spiel simulieren, geschult.

Der Fokus sollte nach Horst Wein, wie bereits beschrieben, viel mehr spielorientiert sein und jedes Training sollte nach seinem Entwicklungsmodell mit einem Spiel beginnen.

Das Ziel dabei ist nicht nur das reine Vermitteln von Wissen, sondern vielmehr die Spieler dazu zu bringen, das gelernte Wissen richtig anzuwenden.

Reines Wissen für sich alleine bringt nichts – nur richtig angewandtes Wissen macht den Spieler erfolgreich.

Dabei geht motorisches und kognitives Lernen Hand in Hand.

In einem modernen Fußballtraining sollten Technik und Spielintelligenz immer in komplexen Übungsformen entwickelt werden.

Der Trainer konfrontiert seine Spieler dabei mit spielnahen Situationen, in denen sie eine schnelle Entscheidung treffen und diese in motorische Aktionen umsetzen müssen.

Die Entwicklung der Spielintelligenz eines jungen Fußballers wird durch die Vielzahl verschiedener Reize und Anregungen bedingt, die er im Training, aber auch im Wettspiel erhält.

Durch jeden neuen Reiz wird eine neue Verbindung zwischen den vielen Neuronen hergestellt. Wenn der Fußballer zum Zeitpunkt der Reizaufnahme aufmerksam und topmotiviert ist, und darüber hinaus auch noch interessiert und von seinen Fähigkeiten überzeugt ist, ist dies die optimale Ausgangslage für einen möglichst großen Lerneffekt.

Das Entwicklungsmodell von Horst Wein besteht aus insgesamt fünf Stufen und baut auf Spielformen auf, die die Spieler zunächst individuell schulen, um, darauf aufbauend, gruppentaktische und mannschaftstaktische Elemente zu entwickeln:

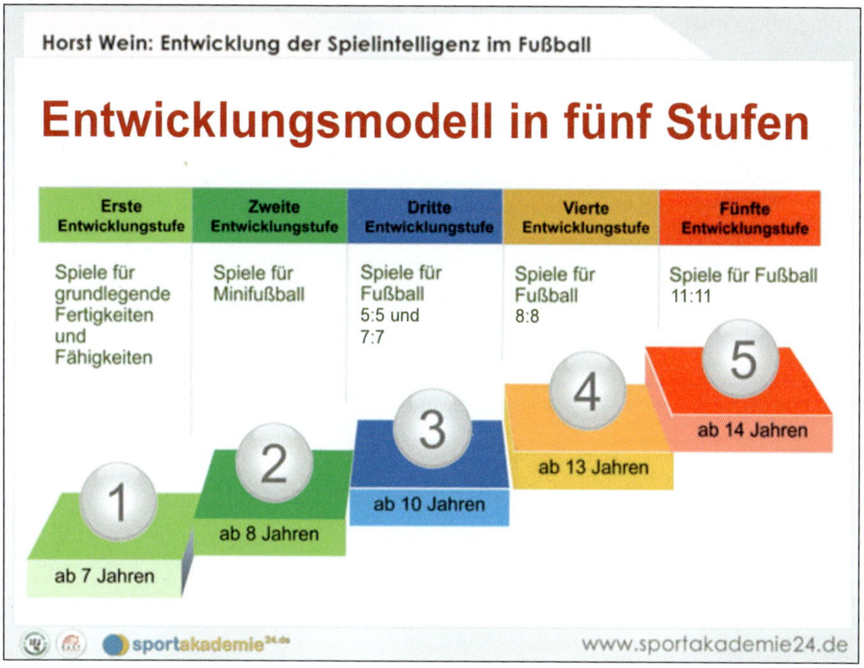

Viele tolle Produkte mit Horst Wein finden Sie auf http://www.sportakademie24.de/

Wichtig ist zunächst zu wissen, dass Horst Wein zwischen zwei Sichtweisen des Trainers unterscheidet:

Schlechte Sichtweise, bei der Trainer im Mittelpunkt steht, alles vorgibt und Druck auf die Spieler ausübt:

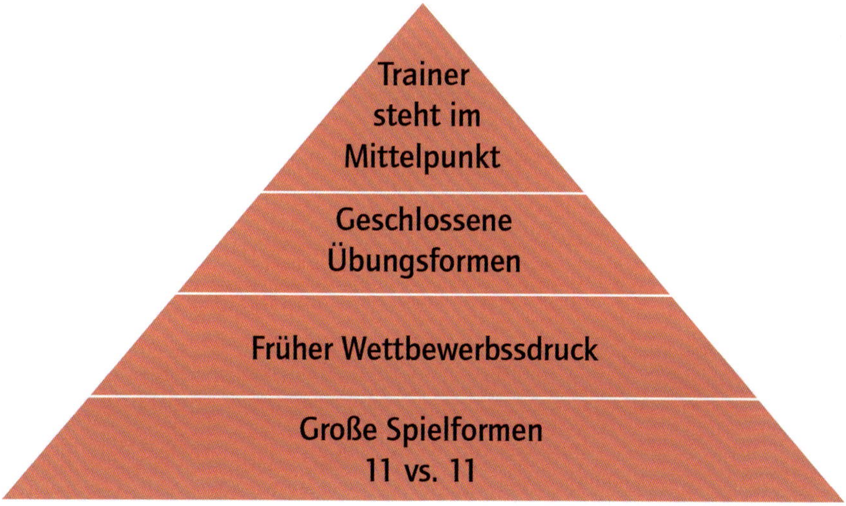

Eine **gute Sichtweise**, bei der der Spieler im Mittelpunkt steht, woraus selbstbewusste, intelligente und kreative Spieler hervorgebracht werden:

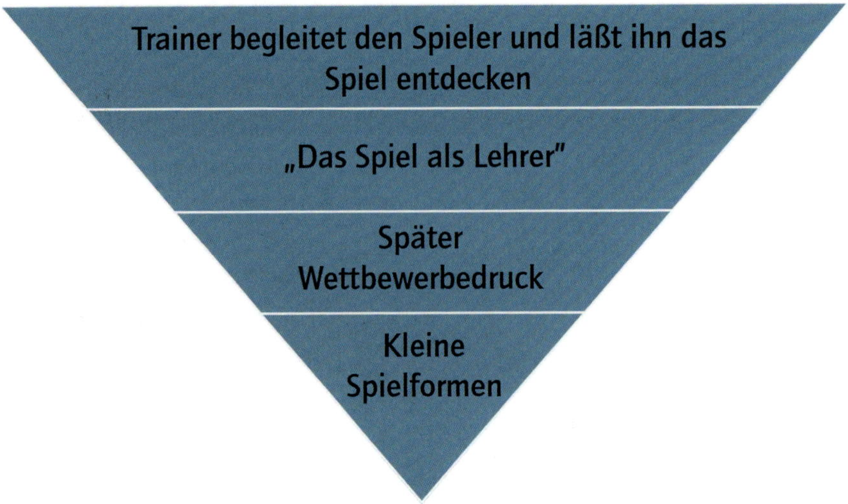

Auf dieser Grundlage aufbauend, unterteilt Horst Wein sein Jugendfußball-Entwicklungsmodell in fünf Stufen, die sich dem Wachstumsprozess eines Kindes anpassen sollen.

Ein Fußballer muss demnach vier Entwicklungsstufen durchlaufen, bis er auf der fünften Stufe ankommt, die dann dem richtigen Spiel gleicht.

Die einzelnen Stufen zeichnen sich durch eine steigende Komplexität aus, wodurch die Spieler lernen müssen, das Spiel immer schneller zu lesen.

Die zentrale Frage des Entwicklungsmodells von Horst Wein lautet:

Wie kann man am besten Schritt für Schritt das Potenzial der jungen Fußballer entwickeln?

Erste Entwicklungsstufe

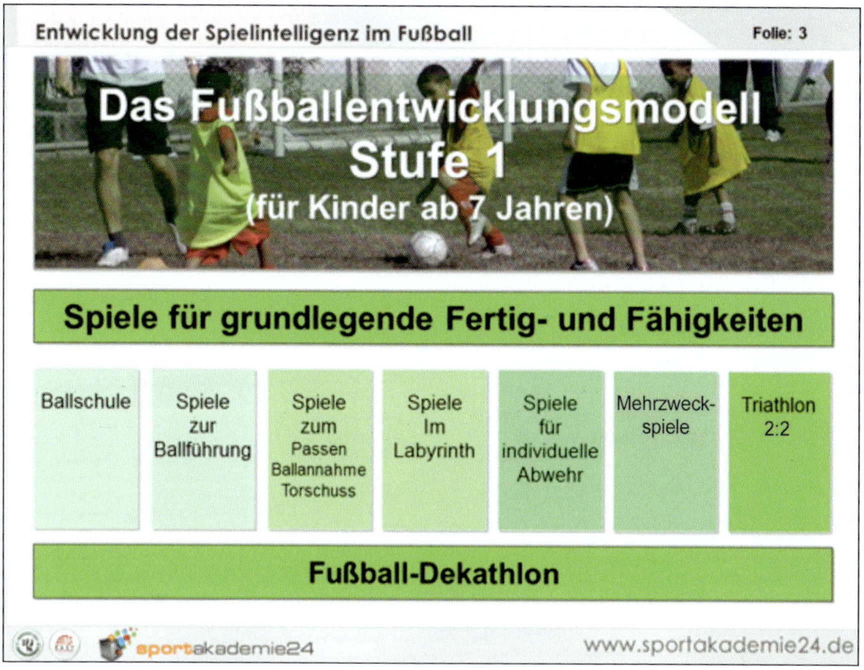

Zweite Entwicklungsstufe

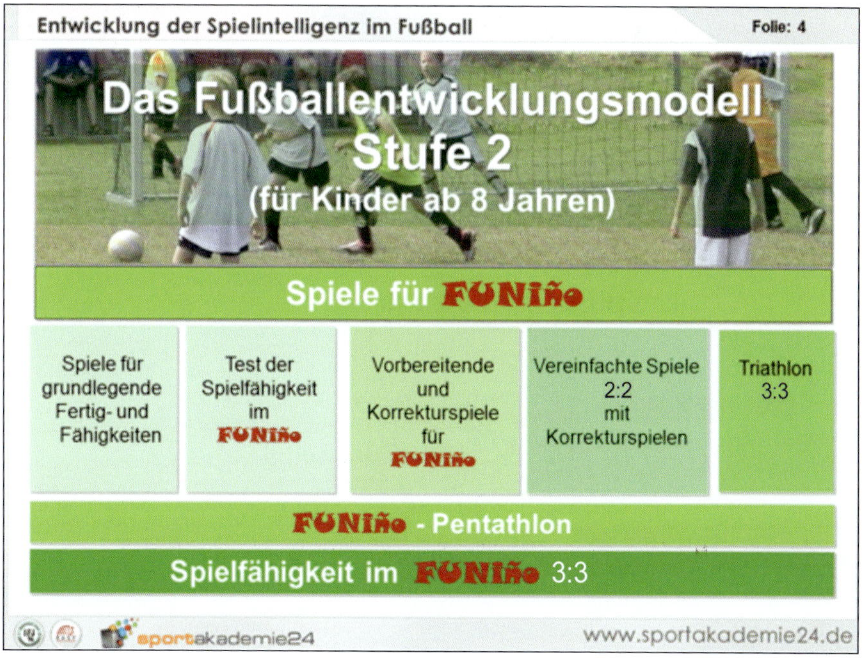

Dritte Entwicklungsstufe

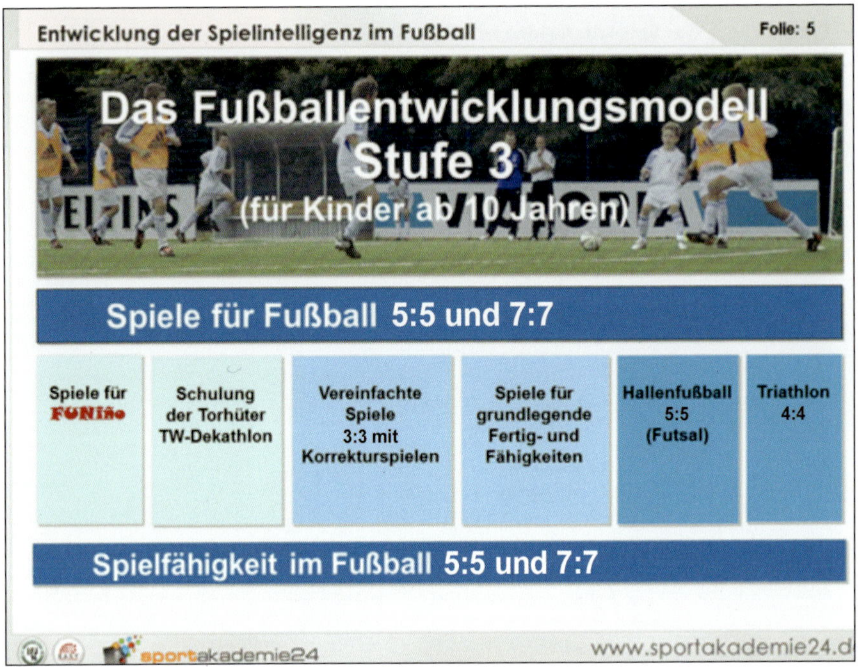

Vierte Entwicklungsstufe

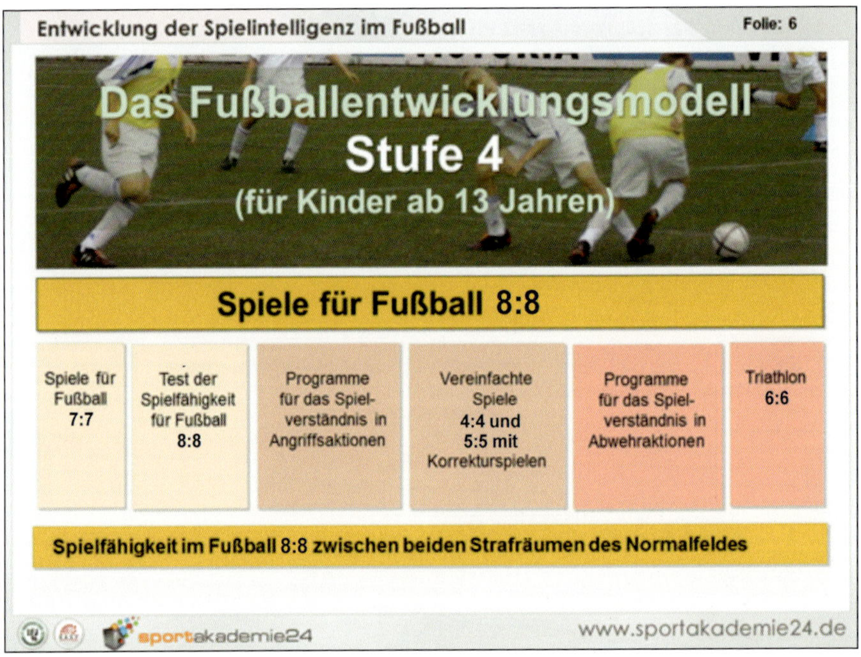

Fünfte Entwicklungsstufe

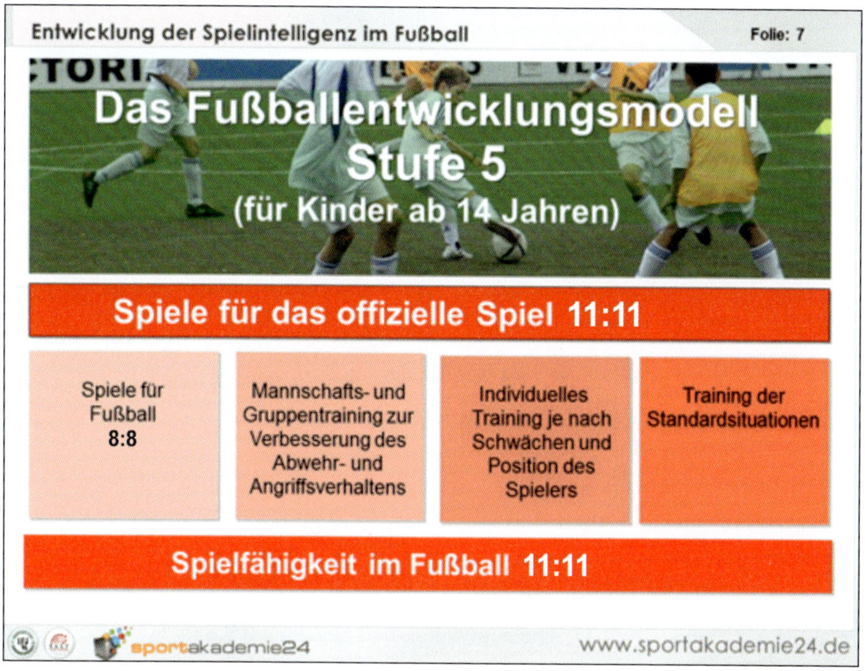

5.6.5 HORST WEINS MINI-FUSSBALLKONZEPT „FUNIÑO" UND DIE STUDIE U9 VON MANCHESTER UNITED

FUNiño

„Ein Pass muss geboren werden aus einer Notwendigkeit." – Horst Wein

Horst Wein schlägt in seinem Konzept vereinfacht folgende Spieleranzahlen und Ballgrößen für verschiedene Altersstufen vor:

U6 und < • Kein Wettbewerb • Spielen zu Hause mit dem Ball	U7-U9 • Spieleranzahl: 3:3 • Ballgröße: 3
U10 • Spieleranzahl: 5:5 • Ballgröße: 4	U11-U12 • Spieleranzahl: 7:7 • Ballgröße: 4
U13 • Spieleranzahl: 8:8 • Ballgröße: 4	U14 und > • Spieleranzahl: 11:11 • Ballgröße: 5

Wie wichtig diese von Horst Wein eingesetzten „kleinen Spielformen" sind, zeigt die **Studie der Manchester United Youth Academy U9-Mannschaft: Vergleich 8:8 vs. 4:4.**

In einer Studie mit der U9 von Manchester United von 2002-2003 untersuchte Dr. Rick Fenoglio auf Video jeweils 15 Spiele im 4:4 und 15 Spiele im 8:8.

Die Resultate sprechen für sich und können nicht deutlicher sein:

Gespielte Pässe	+ 135 % oder 585 mehr gespielte Pässe im 4:4 als im 8:8
Torschüsse	+ 260 % oder 481 mehr Torschüsse im 4:4 als im 8:8
Erzielte Tore	+ 500 % oder 301 mehr Tore im 4:4 als im 8:8
1:1-Situationen	+ 225 % oder 525 mehr 1:1- Situationen im 4:4 als im 8:8
Finten, Tricks, Dribblings	+ 280 % oder 436 mehr Finten, Tricks und Dribblings im 4:4 als im 8:8

Die Spielintelligenz im Fußball lässt sich zudem hervorragend mit Spielformen mit einem technisch-taktischen Schwerpunkt ableiten, weil bei diesen Positionsspielen den Fußballern immer mehrere Lösungsalternativen zur Auswahl stehen.

Das 4 gegen 4 stellt dabei die kleinste Form des großen 11 gegen 11 dar, bei dem bereits alle Lösungsoptionen zur Verfügung stehen, die es auch im 11 gegen 11 gibt und ist deshalb optimal für die Ausbildung junger Fußballer geeignet.

Horst Wein möchte, dass die Spieler durch offene Fragen die Lösung selbst entdecken. Folgendes Bild zeigt auf der linken Seite eine explizite Übung und auf der rechten Seite eine implizite Übung:

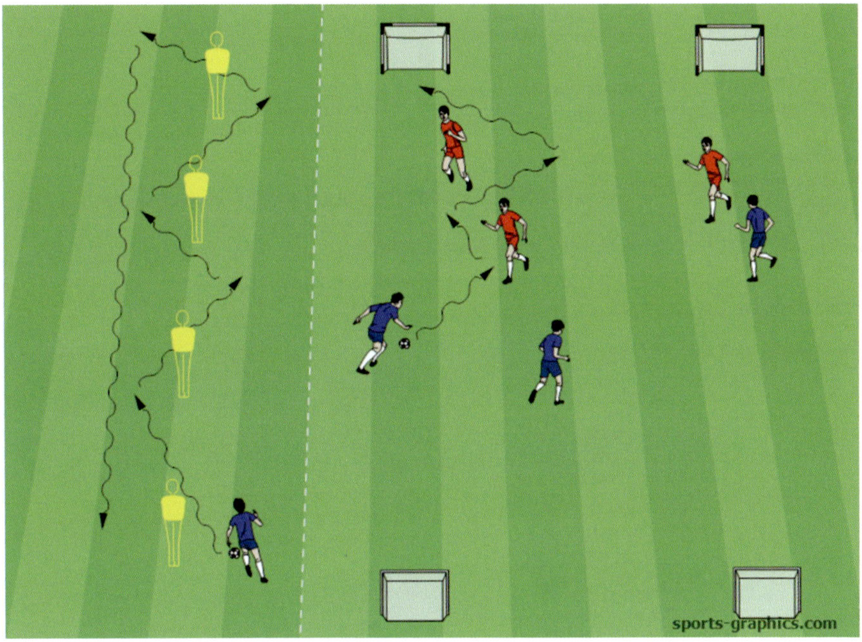

Links dribbelt der Spieler mit Finten durch den Slalomparcours, auf der rechten Seite wird der Spieler durch die Wahl der Spielform dazu „gezwungen", seine Gegenspieler zu fintieren, jedoch muss der Spieler zusätzlich die Situation immer wieder neu einschätzen.

Nur so kann sich nach Horst Wein wirkliche Spielintelligenz entwickeln.

Das methodische Vorgehen reicht dabei vom Üben ohne vorgegebenes Verhalten über das Üben mit exakt vorgegebenem Abwehr- oder Angriffsverhalten bis zum freien Spiel ohne jegliche Beschränkungen.

Hier muss nun der Spieler selbst aus den bereits gemachten Erfahrungen lernen, bei welchem Gegnerverhalten welche unter den vielen Handlungsalternativen die beste Lösung ist.

Wichtig zu wissen ist, dass es ohne Bedeutung ist, ob ein taktisch richtiges Verhalten im Wettkampf durch ein einstudiertes Verhalten oder aber durch die Kreativität des Fußballers entsteht, solange die Spielsituation möglichst optimal gelöst wird.

Noch besser als das 4 gegen 4 ist für Horst Wein das von ihm erfundene FUNiño, dessen Grundidee ein 3 gegen 3 mit vier Toren ist.

Für Horst Wein spielt vor allem das 2 gegen 1 beim FUNniño eine wichtige Rolle, da das 2 gegen 1 für ihn „das Atom des Spiels" ist.

Wein ist der festen Überzeugung, dass Spielformen auf vier Tore, die weit auseinanderstehen, besser für die Entwicklung der Spielintelligenz geeignet sind, als das Spiel auf zwei zentrale Tore, da die Spieler in dieser Form neben vielen weiteren Vorteilen von klein auf lernen, Überzahlsituationen zu erkennen:

Entwicklung der Spielintelligenz im Fußball

Spielregeln zum Mini-Fußball

Spielfeld

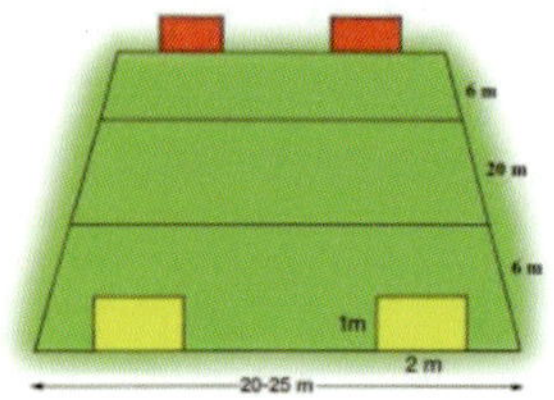

- ✓ Das Spielfeld im Mini-Fußball ist 22 x 32 m groß. Geeignet ist aber auch ein Basketballfeld von14 x 26 m oder ein Handballfeld von 20 x 40 m.
- ✓ Auf jeder Grundlinie werden 2 Tore in der Größe von 2 x 1 m aufgestellt. Zwischen den Toren sind 12 m Abstand, auf dem Basketballfeld 8 m.
- ✓ Der Strafraum bzw. die Schusszone wird durch eine parallel zur Grundlinie verlaufende Linie markiert, die 6 m von der Grundlinie entfernt ist.
- ✓ Im Handballfeld gelten die gestrichelten Schusskreise als Schusszone.
- ✓ Ein Tor ist nur dann gültig, wenn sich der Torschütze beim Torschuss innerhalb der Schusszone befindet.

Zahl der Spieler in jeder Mannschaft

- ✓ Eine Mannschaft besteht aus vier Spielern, drei Spieler sind auf dem Spielfeld. Eine Mannschaft hat verloren, wenn sie nur noch zwei Spieler hat.
- ✓ Nach jedem Tor wechseln beide Mannschaften einen Spieler in einer festen Reihenfolge (Rotation) aus. Die Auswechslung erfolgt in Höhe der Mittellinie.
- ✓ Jeder Regelverstoß beim Spielerwechsel wird mit einem "Strafangriff" (Penalty) geahndet.

Unter *www.FUNiño.ch* kann ein tolles Buch über das FUNiño-Konzept bestellt werden.

- Mit den FUNiño-Spielen entdeckt jedes Kind Verhaltensweisen, die die besten Fußballspieler der Welt mit und ohne Ball auszeichnen;
- mehr Ballkontakte;
- mehr Möglichkeiten, Techniken auszuprobieren;
- mehr offensive Optionen;
- mehr defensive Optionen;
- Steigerung der Wahrnehmungsfähigkeit;
- mehr Möglichkeiten, Spielprobleme zu lösen;
- alle sind involviert, niemand kann sich verstecken;
- mehr Tormöglichkeiten und mehr Tore sowie
- mehr Spaß und Spielfreude.

5.6.6 BEISPIELE FÜR OFFENE FRAGEN IM FUSSBALLTRAINING

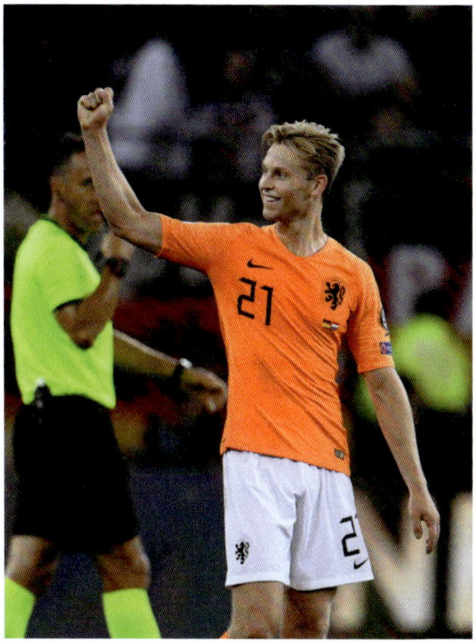

Überragende Spielintelligenz – Frenkie de Jong trifft fast immer die bestmögliche Entscheidung unter Raum- und Zeitdruck.

„Ein intelligenter Trainer regt seine Spieler dauernd zu neuen Ideen an und erlaubt es ihnen, aktiv zu lernen, denn seine Aufgabe ist es, sie zum Denken anzuregen, anstatt für sie zu denken. Um dies zu erreichen, sollte er ihnen gewisse Freiräume gewähren, und sie durch geschickte Fragestellungen anleiten, selbst ihre Probleme zu lösen und korrekte Entscheidungen zu treffen." – Horst Wein

Seminarteilnehmer von Horst Wein fragen sich oftmals, was die im Ausbildungskonzept von Horst Wein so wichtigen „offenen Fragen" im Fußball sind, weshalb nachfolgend ein paar Beispiele aufgeführt sind:

- War das gerade gut?
- Würden Sie das wieder machen?
- Was hätten Sie anders machen können?
- Wann spielen Sie den Ball am besten ab?
- Wie können Sie das verhindern?
- Wann ist der ideale Moment, wenn der ballbesitzende Spieler passen soll?
- Was ist der Vorteil von Überzahlsituationen?
- Was ist der Vorteil, wenn Sie Ihren Gegenspieler überspielen können?
- Wer muss jetzt den Ball erobern?
- Auf welches der beiden Tore ist es einfacher, ein Tor zu erzielen?
- Warum spielen Sie den Ball nach rechts und nicht nach links?
- Wie soll der Ballangreifer den ballführenden Spieler angreifen?
- Wie stellt sich der Stürmer am besten zum deckenden Verteidiger, um den Ballbesitz zu sichern?

5.7 ZUSAMMENFASSUNG DER VORGESTELLTEN PERIODISIERUNGSMODELLE

„…It is a guided discovery that happens not because I told them ‚we will go this way'. I want them to find out whether this way gets them not only a ‚know-how' (which comes from systematic repetition) but also a ‚know about know-how'…" – José Mourinho

Alle klassischen Periodisierungsmodelle bieten interessante Ansätze, geben jedoch keine für den Fußball zufriedenstellende Komplettlösung.

Die im Fußball immer noch weit verbreiteten klassischen Periodisierungsformen liefern zwar für den Fußball interessantes Basiswissen, sind jedoch sportartunspezifisch und stammen aus der Leichtathletik, dem Schwimmen und dem Gewichtheben, weshalb sie unmöglich als alleinige Grundlage für eine Periodisierung im Fußball herhalten können.

Die fußballspezifischen Methoden zur Periodisierung geben ebenfalls interessanten Input, trotzdem wird mit diesen Ansätzen nicht die komplette Komplexität im Fußball erfasst.

Mit allen Methoden wird holistisch aber nicht ganzheitlich gearbeitet, was in Individualsportarten möglich ist, aber z. B. wichtige Punkte wie die Schwarmintelligenz und Gruppendynamiken, Lerntheorien, sowie externe Einflussfaktoren werden gar nicht oder nicht ausreichend berücksichtigt. Ein praktisches Beispiel für Gruppendynamiken und Schwarmintelligenz und das Erleben, dass das Ganze mehr als die Summe seiner Teile ist, und das wohl jeder im Fußball schon einmal erlebt hat, ist, wenn eine Mannschaft auf einmal in Unterzahl agieren muss – durch beispielsweise einen Platzverweis – und dann der Gegner sogar mehr Mühe hat, ein Tor zu erzielen, als zuvor oder vielleicht sogar insgesamt besser gespielt wird. Dies widerspricht der allgemeinen Erwartung und ist in der Schnelle der Umsetzung zwischen Platzverweis und der unmittelbaren Spielfortsetzung nur durch gruppendynamische Prozesse und Schwarmintelligenz mit einem hohen Grad an Selbstorganisation zu erklären.

Der große Denkfehler, der im Fußball bei der Anwendung der klassischen Periodisierungsmodelle zu sehen ist, ist folgender:

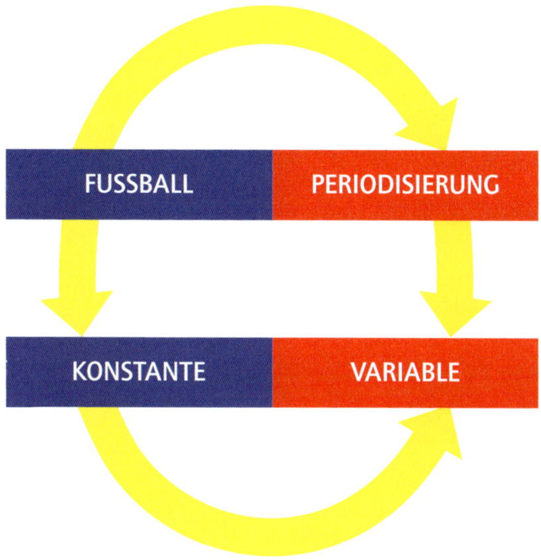

In unserem Sport Fußball soll logischerweise der Fußball periodisiert werden, also: „FUSSBALL-PERIODISIERUNG".

Fußball ist dabei die Konstante und die Periodisierung die Variable.

Fußball ist dementsprechend auch hierarchisch vor der Periodisierung angeordnet.

So logisch dieser Sachverhalt klingt, so selten wird er im Fußball richtig angewendet.

Beim Einsatz der klassischen Periodisierungsmodelle wird die Hierarchie auf den Kopf gestellt: Fußball wird nun lediglich als Variable gesehen und die Periodisierung als die Konstante, wenn z. B. die Blockperiodisierung verwendet wird, um Fußball zu periodisieren, hat man die Welt auf den Kopf gestellt.

Wie komplex der Fußball ist, zeigt sich daran, wenn man sich beispielsweise den spielklassenlimitierenden Leistungsfaktor der Schnelligkeit genauer anschaut, dann wird man feststellen, dass dieser Faktor im Fußball immer noch sehr oft mithilfe der Blockperiodisierung trainiert wird und es z. B. sogenannte Schnellkraftblöcke gibt.

Nach Weineck kann man die Schnelligkeit eines Fußballers in sieben verschiedene Bereiche unterteilen:

- Handlungsschnelligkeit,
- Aktionsschnelligkeit mit Ball,
- Bewegungsschnelligkeit ohne Ball,
- Reaktionsschnelligkeit,
- Entscheidungsschnelligkeit,
- Antizipationsschnelligkeit und in die
- Wahrnehmungsschnelligkeit.

Betrachtet man nun diese sieben Bereiche, aus denen sich die Schnelligkeit im Fußball zusammensetzt, genauer, wird deutlich, dass diese Faktoren nicht nur als rein athletische Bewegung behandelt werden können, wie es bei einem 100-m-Läufer der Fall ist.

Neben genetischen Faktoren, wie der Muskelfaserzusammensetzung oder den athletischen Komponenten, kann die Komplexität der Schnelligkeit im Fußball immer nur durch die Komplexität des Spiels trainiert werden.

So belegt wissenschaftlich der sogenannte „Köhler-Effekt", dass die Leistungserbringung in einem Gruppenkontext steigt und somit die maximale Schnelligkeit immer nur in einem Duell entfaltet wird.

Heißt also: Sprintet ein Spieler isoliert, wird er nie seine maximale Schnelligkeit entfalten.

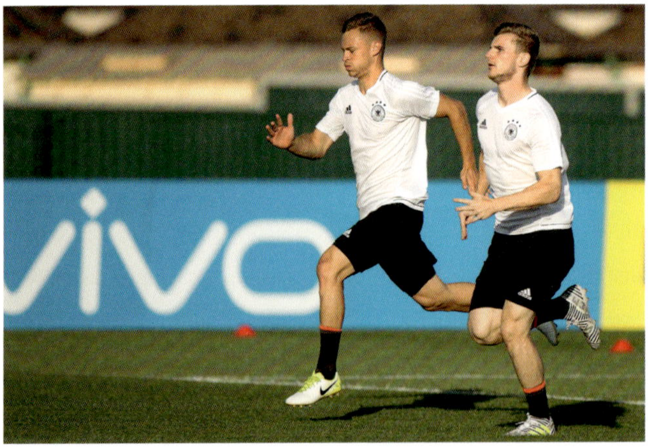

Köhler-Effekt: Timo Werner und Joshua Kimmich im Sprintduell

Um eine kleine Vorausschau auf das **Konzept der taktischen Periodisierung** zu geben, eignet sich folgendes Zitat von Mourinho:

„Who ist the fastest man in the world? Let´s assume it's Francis Obikwelu, who can run 100 meters in less than 10 seconds. He is very fast and I don't know any footballer player that could keep up with him in a 100-metre race. However, in a football match, 11 against 11, I think Obikwelu would be the slowest!"

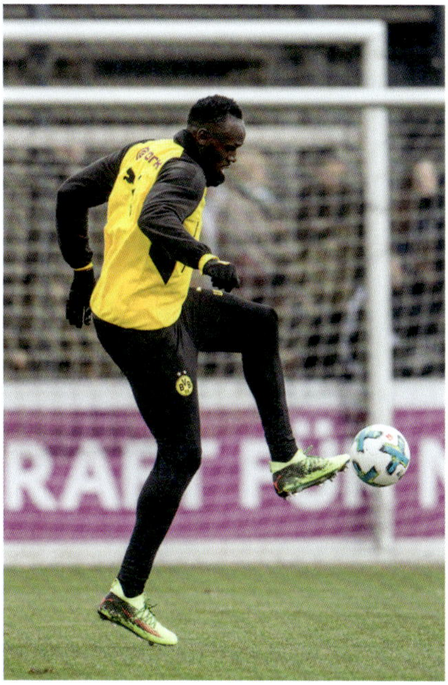

Auf einmal nicht mehr der schnellste Mann auf dem Platz im spezifischen Kontext: Sprint-Olympiasieger Usain Bolt nimmt am Training von Borussia Dortmund teil.

Weiter sagt Mourinho:

„Here's another example: textbook case of a slow player is Deco. If we were to put him in a 100-metre race with other athletes he would make a fool of himself … he's probably loaded with slow twitch muscle fibres instead of fast twitch muscle fibres. However on the pitch, he is one of the fastest players I know because pure speed has nothing to do with football speed. Speed in football is about analysis of the situation, reaction to stimulus and the ability to identify it."

„Therefore, to me, working on individualized qualities and/or out of context from the complexity of the game is a serious mistake."

Zusammengefasst: Nach der festen Überzeugung von Mourinho wäre der schnellste Sprinter der Welt, Usain Bolt, auf dem Fußballplatz der langsamste Spieler …

Daher sind auch die gängigen Testingmethoden, wie der im Fußball häufig verwendete lineare Sprinttest und der YoYo Test, kritisch zu hinterfragen.

Angenommen ein Spieler hat eine ungenügende 30-m-Sprintzeit und es wurde alles im Detail analysiert, wie man diesen Spieler schneller machen kann und nach langem, isoliertem Sprinttraining ohne Fußballkontext wurde der Spieler tatsächlich in einem Re-Test um 0,06 Sekunden auf 30 m schneller und alle Beteiligten beglückwünschen sich zu dieser Leistungssteigerung. Aber haben sie sich dabei mit folgenden Fragen auseinandergesetzt:

- Wie motiviert war der Spieler? Hat der Spieler bei beiden 30-m-Tests seine maximale Leistung erbracht? War er bei beiden Testings genau gleich erholt?
- Ist der Zugewinn tatsächlich mehr als ein möglicher Messfehler?
- Um wie viel wäre seine Performance auf dem Platz besser, wenn er fußballspezifisch statt isoliert gearbeitet hätte?
- Und ist der Spieler auch in einem Fußballkontext schneller geworden oder nur im 30-m-linear-Sprint?

Auch im Mannschaftstraining findet immer noch viel zu oft ein Schnelligkeitstraining völlig sportartfremd in isolierten Aktionen ohne Kontext statt und oftmals mit einem akustischen Auslöser.

Häufig wird auch der Begriff des integrierten Trainings verwendet, der ebenfalls nichts mit dem Konzept der taktischen Periodisierung zu tun hat, da die Integration eines Balles in eine non-kontextuelle Übung oder das Durchführen eines Krafttraining auf dem Fußballplatz statt im Gym noch keine ganzheitliche Methode mit dem Spielmodell als Ausgangspunkt ist, sondern lediglich, wie es der Name sagt, eine Integration gewisser Faktoren darstellt.

Auch die Handhabung von in der Praxis häufig eingesetzten Test wie dem YoYo-Test sollte kritisch evaluiert werden, vor allem der Zeitpunkt des Einsatzes sollte hinterfragt werden.

Ist es nicht völlig logisch, dass ein Spieler in der Saisonvorbereitung nach einer mehrwöchigen Pause, wo er ohnehin oft durch einen zu hohen Load in ein körperliches Tief trainiert wurde, wesentlich schlechter abschneidet als bei einem Re-Test mitten in der Saison?

Im Zentrum der anderen Periodisierungsmodelle steht die Physis und wird oft nicht als eine Einheit zwischen Körper und Gehirn interpretiert, weshalb sich die Denkweise eher um eine möglichst optimale Physis dreht, als um die komplexe Spielfähigkeit des Spielers. Dieses Wissen mag wahr für andere Sportarten wie für die Leichtathletik oder das Turnen, Rudern oder Gewichtheben sein, kann jedoch dem obersten Trainingsgesetz, dem Gesetz der Spezifität nach, nicht der Ausgangspunkt sein, um eine komplexe Sportart wie den Fußball zu periodisieren.

Es geht aber nicht darum, sportartfremde oder unvollständige Periodiserungsmodelle oder auch Testings schlechtzureden, ganz im Gegenteil, es geht vielmehr um eine kritische Auseinandersetzung mit dem optimalen Nutzen und der Integration dieser Denkweisen in eine eigene, den Umständen bestmöglich entsprechende Methodologie, die den Fußball als Ursprungspunkt hat.

Im Fußball treffen oft „Fundamentalisten" aufeinander, die wenig konstruktiv mit „entweder- oder" argumentieren und auf ihrem Status Quo sitzen bleiben. Es wäre für die gesamte Entwicklung des Fußballs besser, mehr in die Richtung „sowohl als auch" zu denken, um sich gegenseitig zu bereichern und so den Fußball zu entwickeln.

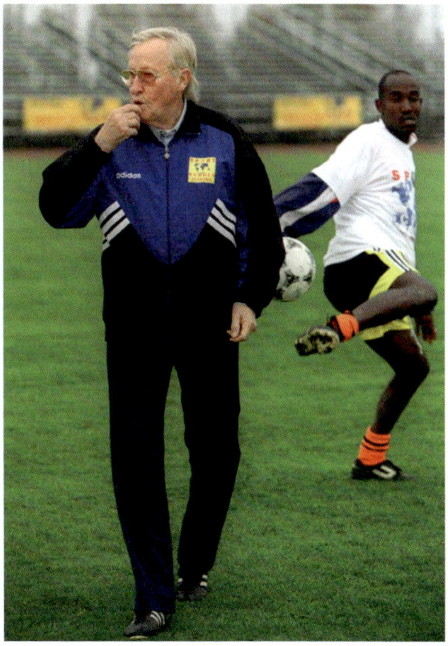

„Der Ball ist ein Sauhund."

Rekordtrainer Rudi Gutendorf

5.8 VERWENDUNG DES PARETO-PRINZIPS IM FUSSBALL

„Focus on being productive, instead of being busy."

Gerade aufgrund der Komplexität und des Ergebnisdrucks im Fußball sollte, um effizient und effektiv zu arbeiten, unbedingt die Grundlagen des Pareto-Prinzips Einfluss auf das Denken haben, so auch bei den Fragestellungen zu den beschriebenen neun Strukturen des Fußballs und den Einflussfaktoren auf das Spielmodell.

Das Pareto-Prinzip beschreibt grundlegend ein statistisches Phänomen, benannt nach dem italienischen Ökonom Vilfredo Pareto und besagt, dass 80 % der Ergebnisse mit 20 % des gesamten Aufwandes erreicht werden.

Pareto fand heraus, dass in Italien 20 % der Bevölkerung 80 % des Bodens besitzen.

Es gibt endlose weitere Beispiele, die dieses Prinzip belegen:

> 80 % der Stadtbewohner eines Landes leben in 20 % der Städte.
> 80 % der Anrufe führt man mit 20 % seiner gespeicherten Kontakte.
> 80 % des Umsatzes eines Unternehmens entfallen auf 20 % der Produkte.
> 80 % des Umsatzes von Unternehmen werden von 20 % der Kunden erzielt.

Für die Umsetzung einer erfolgreichen Strategie wird es also entscheidend sein, dass die 20 % des Inputs identifiziert werden, die 80 % des Erfolgs bringen werden:

> Welche 20 % steigern meine Chancen auf einen Sieg?
> Welche 20 % sind die Topspieler, die mir dabei helfen?
> Auf welche 20 % der Talente gilt es, sich zu fokussieren?
> Welche 20 % der Übungen machen unsere Spieler wirklich besser?
> Welche 20 % der Prinzipien führen zu 80 % des Erfolgs?
> Welche 20 % der täglichen Arbeit bringen 80 % des Erfolges?
> usw.

Wichtig in diesem Zusammenhang ist die Trennung und Erklärung der Begrifflichkeiten Effizienz und Effektivität:

> Effizienz: „Die Dinge richtig tun"
> Effektivität: „Die richtigen Dinge tun"

Es gilt, den Fokus auf das Wesentliche zu legen und permanent zu hinterfragen, ob die Tätigkeit oder die Sitzung oder die Trainingseinheit, die man gerade ausführt, einem wirklich zum Ziel führen wird.

Es gilt, auch die Arbeits- und Trainingszeit möglichst effizient und dann möglichst effektiv zu nutzen.

„Quality over Quantity."

Es geht in erster Linie um Qualität statt um Quantität, da Fußball ein Qualitätssport ist, wo nicht mehr besser ist, sondern besser besser ist.

Denn falsche Dinge, die keinen Erfolg bringen, effizient zu erledigen, führen nicht zum Ziel. So sollten z. B. auch Meetings nur stattfinden, wenn es auch wirklich die beste Variante ist, den bestmöglichen Output zu bekommen.

Es dürfen keine Meetings oder Teambesprechungen stattfinden, nur der Sitzung wegen. Genauso geht es weniger darum, wie viele Stunden man arbeitet, sondern vielmehr um die Frage, wie produktiv man diese Arbeitszeit nutzt.

Folgende drei Fragen sollte man sich dabei immer wieder vor Augen halten, um diese dann im Idealfall positiv beantworten zu können:

- Welchen Vorteil habe ich heute dem Verein verschafft?
- Was habe ich dafür getan, dass unsere Spieler besser werden?
- Was habe ich getan, damit ich besser werde?
- Welche 20 % der täglichen Arbeit bringen 80 % des Erfolges?

Deshalb:

„Fokus auf das Wesentliche: Was sind die 20 % die uns 80 % des Erfolgs bringen werden?"

Bei der Beantwortung dieser Fragen wird man in der Regel ständig auf das wichtigste Gesetz der Trainingslehre und dem sogenannten Supra-Prinzip der Taktischen Periodisierung treffen:

Das Gesetz der Spezifität = Spezifische Reize bewirken spezifische Anpassungsreaktionen Alles das nicht auf diesem Gesetz beruht kann mit hoher Sicherheit entfernt werden und es wird sich bereits eine deutliche Verbesserung der Prozesse einstellen.

KAPITEL 6

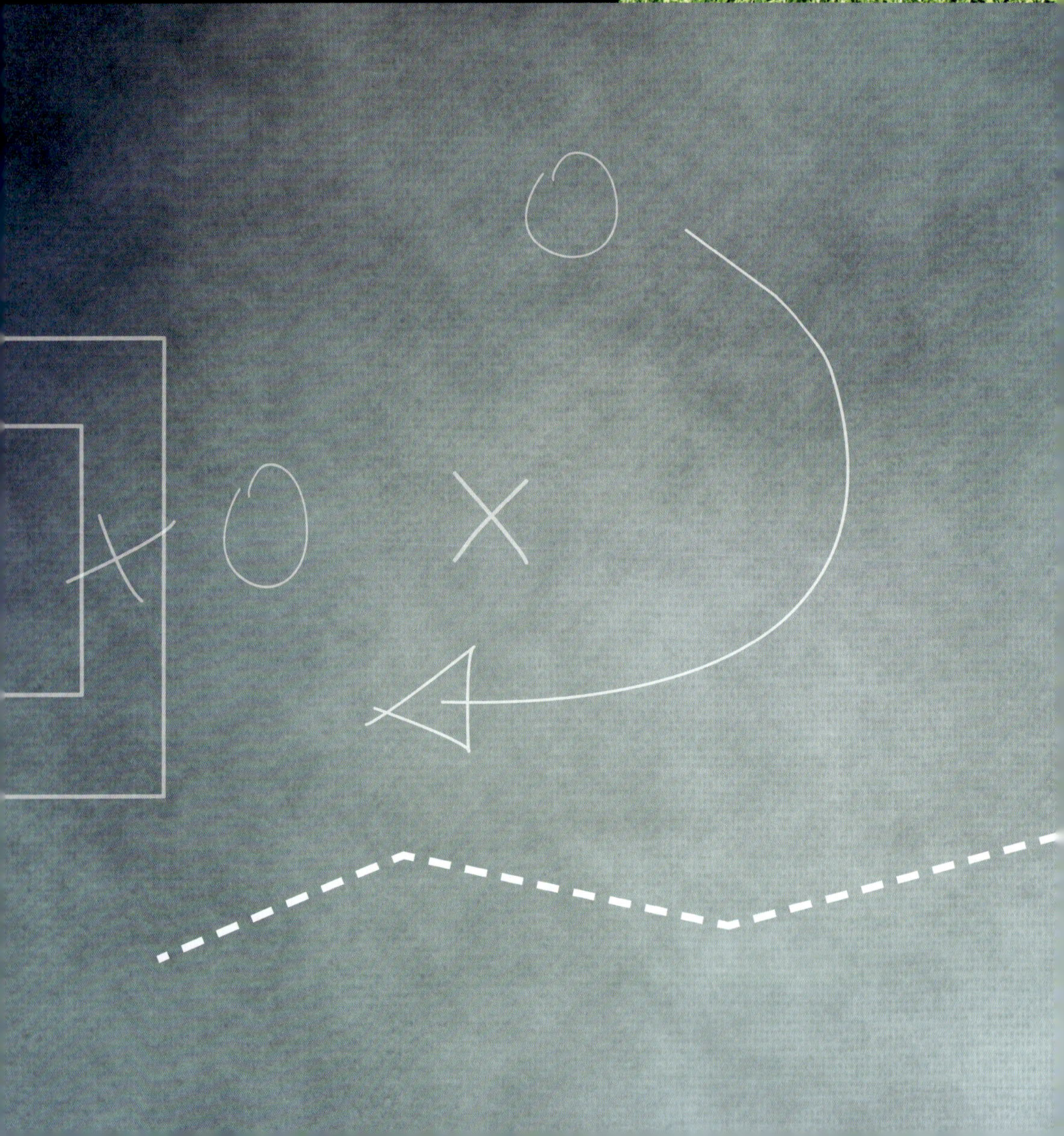

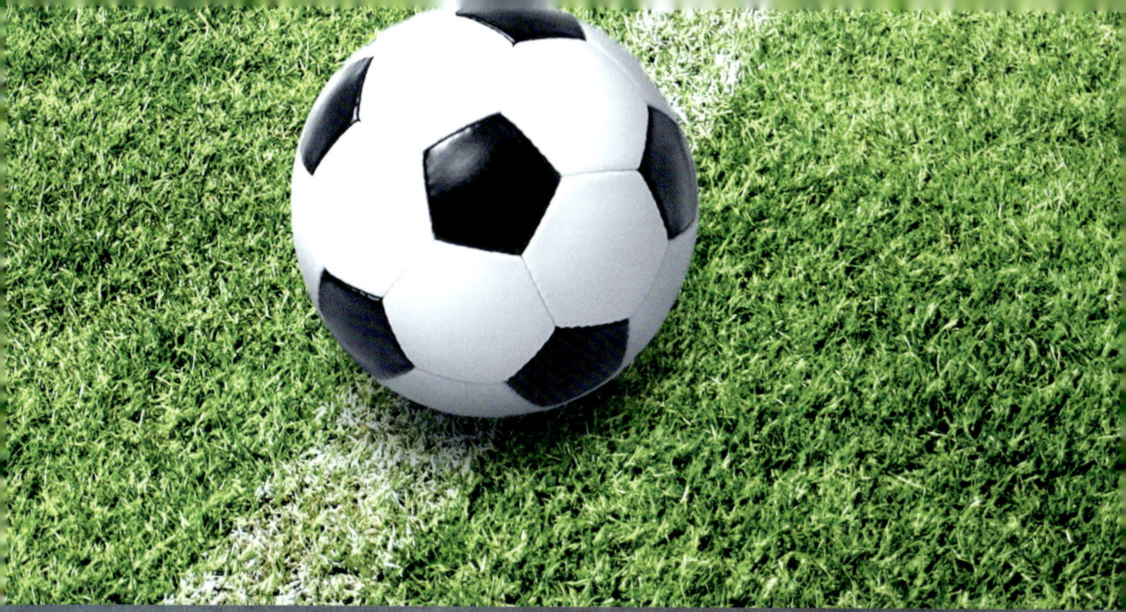

Performance statt Kompetenz

KAPITEL 6

Performance statt Kompetenz

Bevor das Konzept der taktischen Periodisierung vorgestellt wird, soll das folgende Kapitel noch einmal verdeutlichen, warum im Fußball unbedingt fußballspezifisch und ganzheitlich gearbeitet werden muss.

Dazu wird auf weitere Referenzen und Metapher eingegangen, die von Raymond Verheijen entwickelt wurden und mit denen weitere falsche subjektive Annahmen durch objektive Referenzen ersetzt werden.

Durch den französischen Philosophen René Descartes wurde im 17. Jahrhundert die Meinung geprägt, dass Geist und Körper zwei verschiedene Substanzen sind.

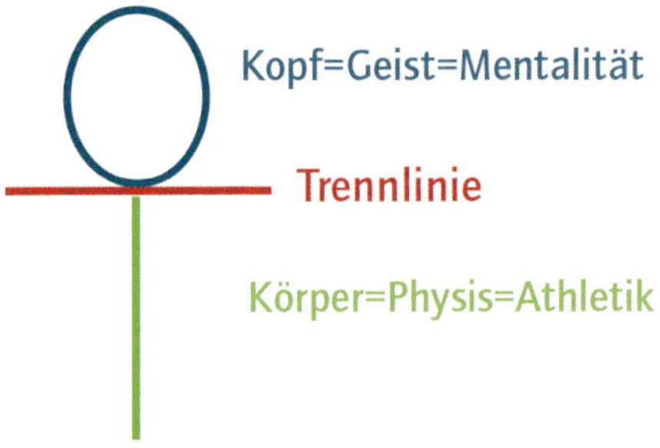

Diese Ansicht des sogenannten **Dualismus** ist mittlerweile völlig falsch, was wissenschaftlich belegt ist.

Der „Geist" ist im Gehirn und somit ein Teil des Kopfes, der wiederum ein Teil des Körpers ist.

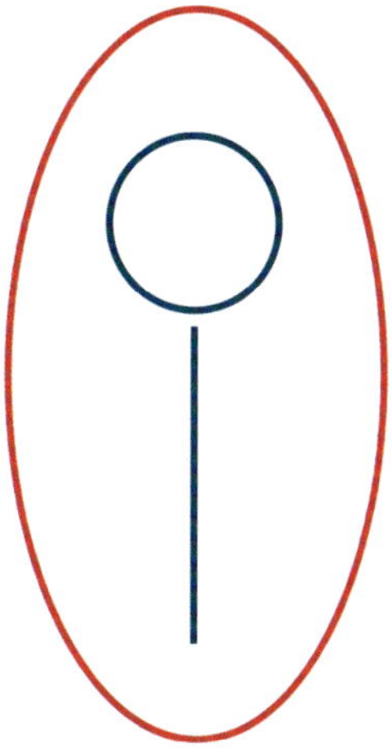

Ganzheitliche Betrachtung

Doch warum trainieren im Fußball immer noch Trainer so, als ob Körper und Geist zwei verschiedene Sachen wären, wie im 17. Jahrhundert?!

Um für diese sehr wichtige Thematik ein noch größeres Bewusstsein zu schaffen, ein Beispiel, das so oder in einer ähnlichen Form jeder Fußballinteressierte schon einmal erlebt hat.

Eine fußballinteressierte Person schaut sich ein Fußballspiel an und beobachtet das Verhalten von Team A und beschreibt dabei den für sie optisch erkennbaren Fitnesszustand:

TEAM A	TEAM B	SPIELZEIT	FITNESSZUSTAND
0	0	40 min	Fit!
0	0	50 min	Topfit!
0	1	60 min	Topfit?
0	2	70 min	Unfit!
1	2	80 min	Wieder fit?
2	2	90 min	Fit!
3	2	92 min	Topfit!!!

Sicher ist Ihnen so ein Fall bekannt...

Wie Sie sehen, ist es mit dem Trennen von „Geist" und „Körper" nicht möglich, den Vorgang zu erläutern, dass die Spieler physische Schwankungen durchlaufen:

Wie kann es nämlich sein, dass die Mannschaft in der 50. Minute noch TOPFIT ist, in der 70. Minute nach dem Rückstand dann UNFIT und in der 92. Minute dann auf einmal wieder TOPFIT ist?!

Überhaupt ist es mit einem fußballspezifischen und ganzheitlichen Ansatz gar nicht mehr nötig, von „mental" oder „physisch" zu sprechen, da der Körper als eine Einheit betrachtet wird, der im Fußball auch immer einheitlich trainiert werden muss:

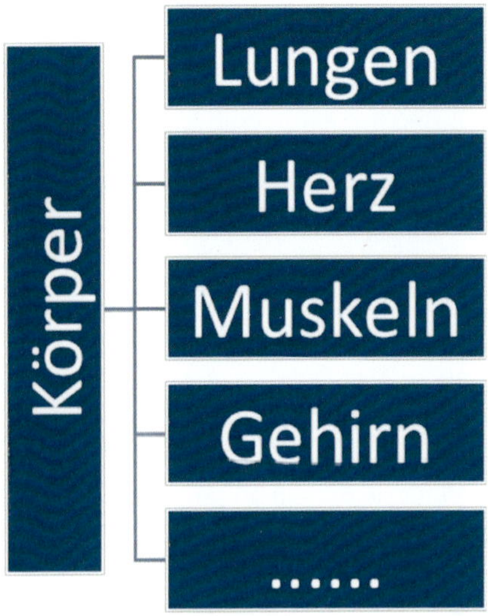

Betrachtet man einen Fußballspieler ganzheitlich, findet sich eine Erklärung:

Nach dem Gegentreffer werden durch falsches Denken an das Negative weniger Hormone wie Dopamin, Adrenalin oder Testosteron ausgeschüttet, die für die Performance im Fußball wichtig sind. Somit wirkt der Spieler nach außen scheinbar optisch unfitter.

Eine wichtige Frage im Fußball ist es also, wie man dieses Problem umgehen kann.

Die Antwort:
Durch „Fußball-Denken" und „POSITIVE PUSHING".

Was passiert ist, ist passiert und kann nicht mehr rückgängig gemacht werden, wie beispielsweise im oberen Fall ein Gegentreffer oder auch ein Fehlpass oder eine Fehlentscheidung des Schiedsrichters.

Statt sich auf das Geschehene und Negative zu konzentrieren, müssen die Spieler ein „Fußball-Denken" entwickeln, mit dem sie sich unabhängig immer nur auf die Performance konzentrieren und alle unbeeinflussbaren Geschehnisse oder externen Faktoren ausblenden, was nur durch ein fußballspezifisches Training erreicht werden kann, in dem jede Übung eine Konsequenz nach sich ziehen muss, damit die Spieler dieses „Fußball-Denken" entwickeln können.

Deshalb muss im Fußball, statt einzelne Kompetenzen wie Technik, Taktik, Athletik oder Mentalität isoliert zu trainieren, immer die Performance trainiert werden.

Verantwortlich für diese Performance ist der Cheftrainer und kein sogenannter Head of Performance. Diese fälschliche Titelbezeichnung, die im Fußball gang und gebe ist, ist einer der Gründe, warum, im Gegensatz zur wirklichen Performance, das Training von Zubringerübungen wie isolierten Bewegungen leider einen so hohen Stellenwert einnimmt und nur einen äußerst geringen Einfluss auf die Performance am Wochenende hat.

Dass man sicherlich auch im Fußball über den Tellerrand schauen muss, ist extrem wichtig, jedoch immer mit einer sogenannten Inside-out-Perspektive:

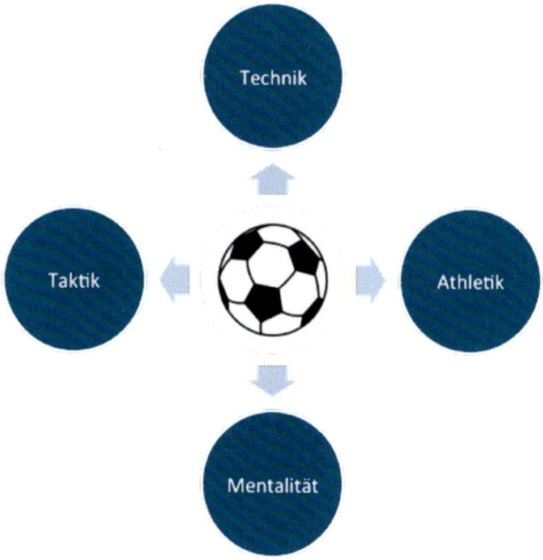

Der Fußballtrainer muss sich fragen, wie er beispielsweise wissenschaftliche Trends im mentalen Bereich für den Fußball adaptieren kann.

Leider ist die umgekehrte Version oftmals der Fall: Ein fachfremder Athletiktrainer oder Mentaltrainer bringt fachfremde Modelle von außen in den Fußball ohne Bezug zum Spiel und trainiert fachfremde Kompetenzen, die keinen Einfluss auf die Performance haben.

Wenn Sie nach Australien gehen und Sie wollen sich verständigen, dann gibt es zwei Möglichkeiten:

- Alle Australier lernen Deutsch.
- Sie lernen Englisch.

Warum sollen also alle Fußballer eine neue „Sprache" lernen, anstatt dass ein „Fremder" die „Fußballsprache" lernt, um seine Ansätze zu vermitteln!?

KAPITEL 7

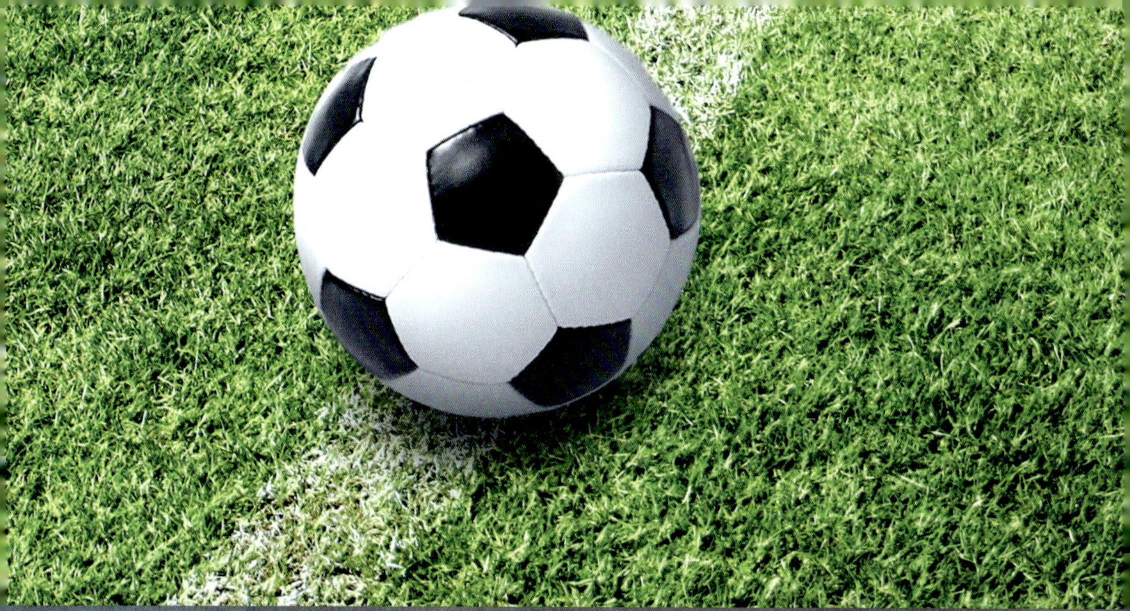

Das Erfolgskonzept der taktischen Periodisierung – ein fußballspezifischer, ganzheitlicher und taktischer Ansatz

KAPITEL 7

Das Erfolgskonzept der taktischen Periodisierung – ein fußballspezifischer, ganzheitlicher und taktischer Ansatz

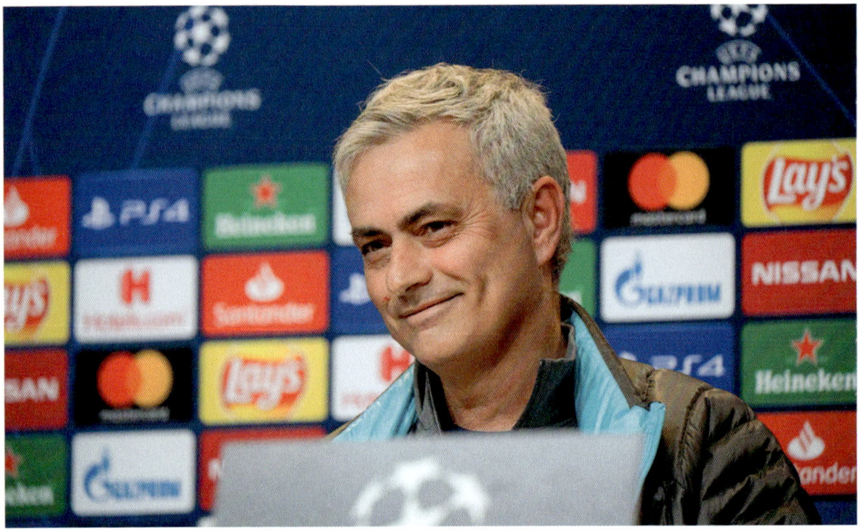

Prominentester Vertreter der taktischen Periodisierung, „The Special One", José Mourinho (zweifacher Champions-League-Sieger)

„Wir können unterscheiden zwischen traditionellem analytischen Training, wo die verschiedenen Inhalte isoliert trainiert werden, dem integrierten Training, wo zwar der Ball eingesetzt wird, es sich aber trotzdem nicht von der traditionellen Trainingsweise unterscheidet. Und dann gibt es

meine Art des Trainings, die sich taktische Periodisierung nennt. Auch wenn viele Leute glauben, dass die taktische Periodisierung etwas mit den beiden vorherigen genannten Methoden zu tun hat, ist sie ein völlig anderer Ansatz."

Bei der taktischen Periodisierung handelt es sich, wie es der Name bereits sagt, um eine fußballspezifische Periodisierung, bei der die Taktik im Vordergrund steht. Jedoch wird oftmals fehlinterpretiert, dass es sich nur um die Taktik handelt, welche viel mehr einen chronologischen Ausgangspunkt einnimmt, der alle weiteren Faktoren beeinflusst.

In einem Satz zusammengefasst, ist das Ziel der taktischen Periodisierung die Konzeptionalisierung der Umsetzung einer Spielidee.

Dabei wird durch eine Mischung aus strategischen und taktischen sowie trainings- und sportwissenschaftlichen Erkenntnissen ein klares Konzept mit entsprechenden Prozessen geschaffen, mit dem die taktischen Grundprinzipien einer Spielidee wiedergegeben werden soll.

Ursprünglich basiert die „periodização táctica" auf den Ideen des portugiesischen Sportwissenschaftlers Vitor Frade, der dieses Modell in den 1990er-Jahren ausgearbeitet hat und der u. a. Lehrmeister von José Mourinho und André Villas-Boas ist.

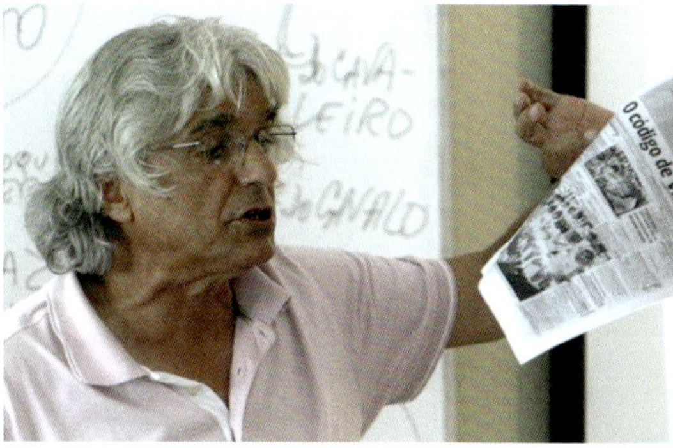

Vitor Frade – geistiger Vater der „periodização tática"

Auch wenn einige große Trainer in der Vergangenheit, wie ein Ernst Happel, bereits ähnliche Ideen verfolgten, ist das Konzept der taktischen Periodisierung in seiner Komplettheit einmalig.

Zuvor lieferten Louis van Gaal und Guus Hiddink mit ihren Ideen ebenfalls interessanten und wichtigen Input und sogar in Deutschland gab es mit Volker Finke, der damals beim SC Freiburg tätig war, einen Trainer, der sein Training bereits auf der Taktik aufbaute und bereits damals den impliziten Lernansatz nutzte.

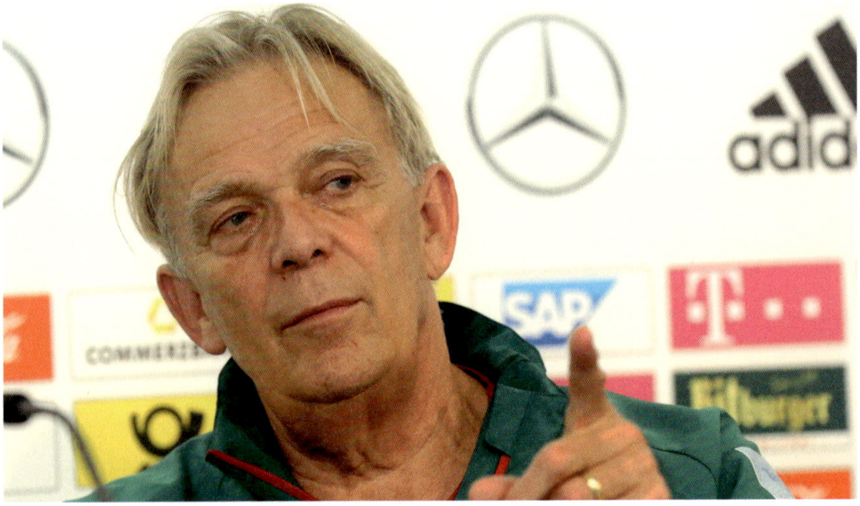

Der Nationaltrainer von Kamerun von 2013-2015, Volker Finke, war einer der ersten Trainer in Deutschland, der sein Training damals beim SC Freiburg nach taktischen Gesichtspunkten periodisierte.

Der bekannteste Vertreter der **taktischen Periodisierung** ist sicherlich José Mourinho, da dieser auch der erfolgreichste Vertreter dieses Konzepts ist.

Bei der taktischen Periodisierung steht, wie bereits erwähnt, die Taktik immer im Mittelpunkt der Planung und Trainingsgestaltung, da erst durch die Taktik andere Leistungsfaktoren, wie Technik oder Athletik, in ein Fußballspiel übertragen werden können.

Die Taktik wird grundsätzlich in drei aufeinander aufbauende Bereiche unterteilt:

- **Mannschaftstaktik**
- **Gruppentaktik**
- **Individualtaktik.**

Wie man an dieser Aufstellung sehen kann, baut die Taktik zu Beginn immer auf dem großen Ganzen, also auf der Mannschaftstaktik, auf und kann dann in gruppen- und individualtaktische Maßnahmen heruntergebrochen werden.

Dies hat wiederum zur Folge, dass Spieler, die individualtaktisch hervorragend ausgebildet und perfekt im 1-gegen-1-Verhalten sind, eine entsprechend größere Chance haben, dazu beizutragen, dass gut ausgebildete Gruppenprozesse und entsprechend die Komplexität im 11 gegen 11 besser umgesetzt werden kann.

Oder wie es José Mourinho auf den Punkt bringt:

"It is omelettes and eggs. No eggs - no omelettes! It depends on the quality of the eggs. In the supermarket you have class one, two or class three eggs and some are more expensive than others and some give you better omelettes. So when the class one eggs are in Waitrose and you cannot go there, you have a problem."

Das Wichtigste im Modell der taktischen Periodisierung ist dabei die Idee eines ganzheitlichen Ansatzes, mit dem die Komplexität des Spiels abgebildet werden soll.

Vielfach werden die vier Leistungsfaktoren des Fußballs getrennt voneinander trainiert und es werden in den einzelnen Bereichen isoliert Schwerpunkte gesetzt, wodurch unmöglich die Komplexität des Spiels abgebildet werden kann:

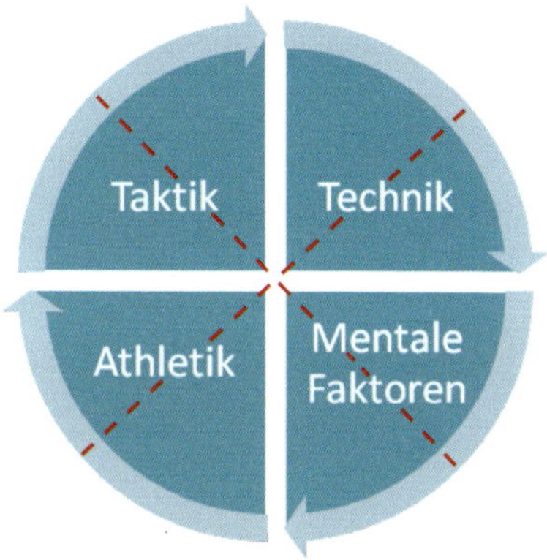

Veraltete und isolierte Betrachtungsweise der vier Leistungsfaktoren im Fußball, mit der lediglich Kompetenzen trainiert werden.

Ohne diese Abbildung der Komplexität können dann natürlich die einzelnen Komponenten, wie beispielsweise die Technik und Schnelligkeit, unmöglich in einen Gesamtkontext im Spiel eingefügt werden.

Schnell laufen ist gut ...

Aber was bringt es beim Fußball, wenn ich immer am falschen Ort zur falschen Zeit bin?

So betonte bereit Johan Cruyff, dass man im Fußball nicht schnell, sondern rechtzeitig da sein muss. Deshalb geht es bei der taktischen Periodisierung darum, eine komplexe, integrierte Methodologie zu erschaffen und keine einzelnen Bausteine zu trainieren.

Dabei wird der Begriff holistisch oftmals falsch verwendet, da viele Trainer glauben, dass sie holistisch, also ganzheitlich, trainieren würden.

Das Problem dabei ist, dass zwar alle Bausteine trainiert werden, jedoch nicht im Gesamtzusammenhang als ein komplexes dynamisches Gebilde, in dem sich die Faktoren gegenseitig mit Wechselwirkungen beeinflussen.

Ein hoch komplexes Spiel wie Fußball wird in allen Bestandteilen zerlegt und isoliert betrachtet, was nur zu einer kompletten Fehleinschätzung führen kann, da das Ganze immer mehr als die Summe seine Teile ist.

Wichtig zu erwähnen ist, dass der Begriff „taktische Periodisierung" gerade im deutschsprachigen Raum oftmals in die Kategorie eines sogenannten *Misnomer* (eine in die Irre führende Bezeichnung) gesteckt wird und deshalb oftmals ebenfalls fehlinterpretiert wird.

Die Fehlinterpretation des Begriffs ist, dass viele denken, es würde ausschließlich um die Taktik gehen, dabei ist die Idee dahinter so viel mehr wie Vitor Frade in einem hervorragenden Artikel in der New York Times beschreibt:

https://www.nytimes.com/2017/04/26/sports/soccer/cybernetics-cesarean-sections-and-soccers-most-magnificent-mind.html

Für Frade ist der Begriff Methodologie entscheidend, der im deutschsprachigen Raum noch nicht sehr gängig ist.

Methodologie kommt vom griechischen méthodos und bedeutet „Weg zu etwas hin" oder auch „die Kunst des planmäßigen Vorgehens".

Auf den Fußball bezogen ist eine Methodologie die Gesamtheit aller Methoden, die innerhalb dieser Fachrichtung angewendet werden können.

Zur Methodologie gehören theoretische Modelle, die Logik und Philosophie, Naturwissenschaften und Anatomie, sowie idealtypische Verfahren und Regeln, die sowohl wissenschaftlich als auch durch praktische Erfahrungen entstanden sind und dadurch erfolgbringende Prozesse reproduzierbar machen.

Es geht weiter auch darum, mit dem Fußball als Ausgangspunkt, aus den ganzen komplexen Faktoren und einem breiten Wissen, das für den Fußball von nutzen sein kann, eine passende Methodologie aus einer Vielzahl von geeigneten Methodologien zu entwickeln.

Die taktische Periodisierung ist nicht statisch, sondern hoch dynamisch und bewegt sich innerhalb komplexer Systeme, um sich immer den aktuellen Gegebenheiten bestmöglich anzupassen, jedoch immer startend mit dem Fußballspiel selbst.

Eine Vielzahl wissenschaftlicher Theorien bilden dabei ein Gedankengerüst, mit dem versucht wird, durch möglichst objektive Fakten eine Grundlage zu schaffen, um der Komplexität des Spiel entgegenzuwirken.

Die Idee, die dahinter steckt: Wer den Fußball und einen Fußballer verstehen will, muss den Menschen und das Leben verstehen, da ein Fußballer eine Sub-Kategorie eines Menschen im Generellen ist. Deshalb auch die bekannte Aussage, dass eine der vielen Faszinationen darin liegt, dass Fußball immer ein Abbild der Gesellschaft ist.

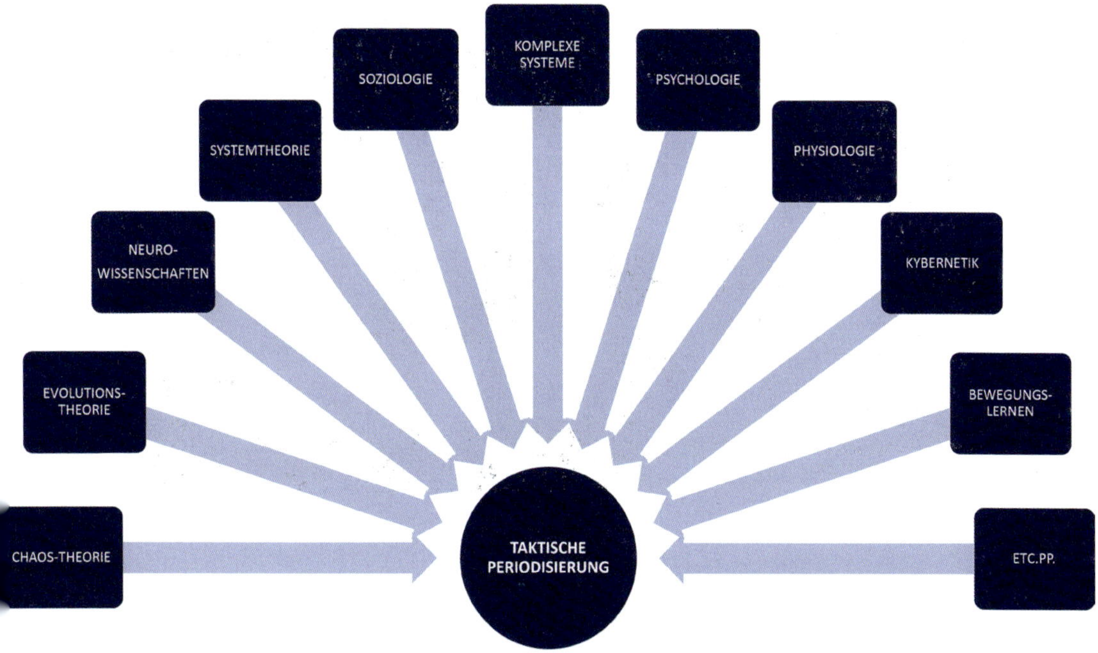

Objektives Know-How als Grundlage: Wissenschaftliche Einflussfaktoren auf das Konzept der taktischen Periodisierung

Der Anpassungsprozess, den ein komplexes und spielnahes Fußballtraining auslöst, wird als Teleonomie bezeichnet, was die wissenschaftliche Erklärung für ein zielgerichtetes und zweckmäßiges Verhalten organischer Systeme ist, bei denen Notwendigkeit und Zufall miteinander verbunden sind.

Übrigens für alle, die denken, dass das Modell der taktischen Periodisierung nur für den Profibereich geeignet ist:

Dieses Modell kann hervorragend in allen Alters- und Leistungsstufen umgesetzt werden, so werden auch die Jugendmannschaften der Profiteams, die José Mourinho trainiert, nach einem einheitlichen Konzept, aufbauend auf den benötigten Fähigkeiten der Profimannschaft, trainiert.

7.1 DIE VIER (FÜNF) PHASEN DES SPIELS UND DIE BEDEUTUNG DES UMSCHALTVERHALTENS

„Laufen ist für Tiere. Fußball ist mit Gehirn und Ball."

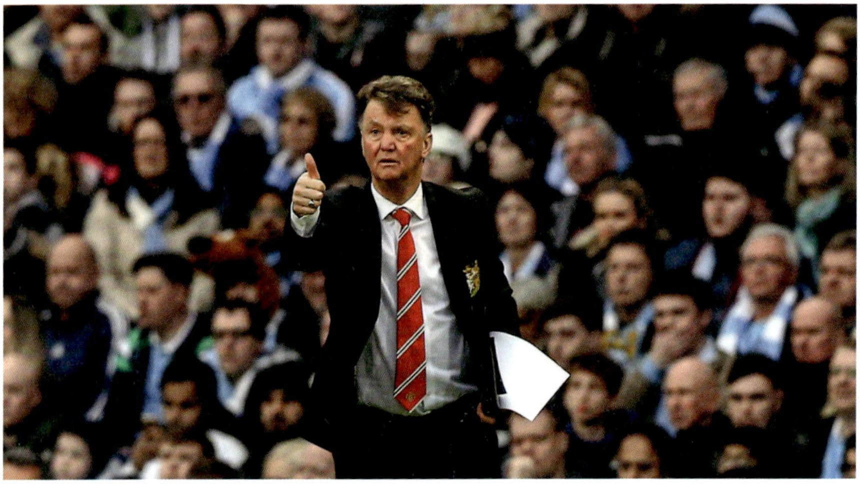

Louis van Gaal – aktuell Trainer der niederländischen Nationalmannschaft

Ein Trainer, der taktisch periodisieren will, muss sowohl die theoretischen Aspekte der taktischen Periodisierung beherrschen als auch die methodologischen Prinzipien verstehen, wobei den Ausgangspunkt aller Überlegungen ein vom Trainer erstelltes Spielmodell bildet.

Zu Beginn ist die wichtigste Frage, die sich jeder Trainer stellen sollte, bevor er sein Spielmodell entwickelt:

Wie verhalte ich mich in den vier (fünf) Phasen des Spiels und vor allem in den spielentscheidenden Umschaltmomenten?

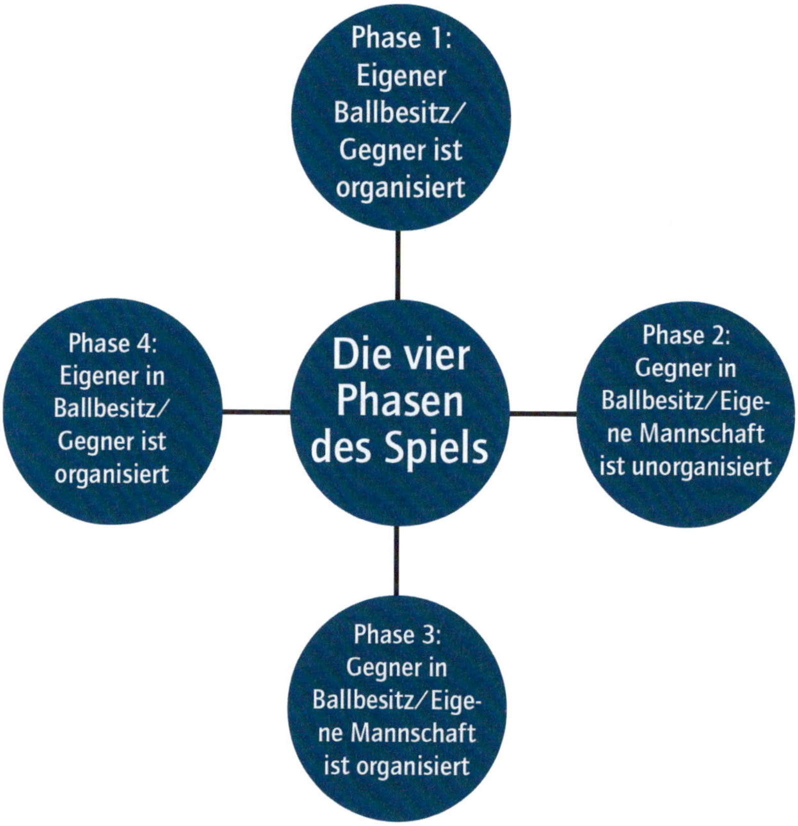

Die vier bzw. fünf Phasen des Spiels in Anlehnung an Louis van Gaal

Die Spieler erhalten durch dieses Modell die Antworten auf Fragen, die sie auf dem Spielfeld beantworten müssen:

- **Wie verhalten wir uns, wenn wir den Ball haben gegen Mannschaft X und diese organisiert bzw. unorganisiert ist?**
- **Wie verhalten wir uns, wenn Gegner X den Ball hat und wir organisiert bzw. unorganisiert sind?**
- **Wie verhalten wir uns, wenn wir gegen Gegner X von Defensive auf Offensive umschalten?**
- **Wie verhalten wir uns, wenn wir gegen Gegner X von Offensive auf Defensive umschalten?**

Sieht man sich Mannschaften genauer an, die nach dem Konzept der taktischen Periodisierung trainieren, ist es auffällig, dass ein ganz wichtiger Aspekt für die meisten Trainer die Defensive ist, gefolgt von den Umschaltmomenten, aus denen die meisten Tore entstehen.

Die Topteams, die nach diesem Konzept trainieren, zeichnen sich alle durch sehr wenige Gegentreffer sowie durch ein perfekt organisiertes Defensivverhalten mit einstudierten Pressingvarianten aus, die sie je nach Spielsituation und Gegner flexibel anpassen können.

Der Vorzeigetrainer dieses Modells, José Mourinho, gibt seinen Teams grundsätzlich zuerst immer eine perfekte Defensivstruktur.

Die Logik, die dahintersteckt:

Steht die Null, kann der Gegner schon einmal unmöglich gewinnen.

Aufbauend auf stabilen Defensivmustern und einer guten Restverteidigung, mit der man nie in ein offenes Messer läuft, können dann wesentlich leichter offensive Muster entwickelt werden, zumal diese Muster dann in Situationen auf hohen Niveau im Training stattfinden, da sie auf eine sehr gute defensive Organisation treffen.

Zudem gilt es an dieser Stelle kritisch zu hinterfragen, ob mit der Tatsache der enormen Bedeutung der Standardsituationen und dass diese in den allermeisten Fällen immer noch nicht optimal in Spielmodelle geschweige denn in Trainingsprozesse integriert werden, diese eine eigenständige fünfte Phase darstellen und wie diese in ein Modell integriert werden kann:

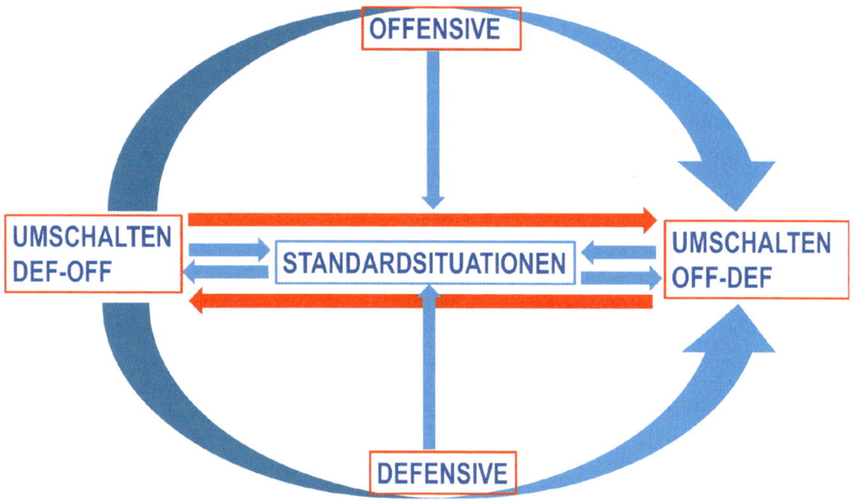

Fünf-Phasen-Modell mit der direkten Verknüpfung der Umschaltmomente

Zudem wird in der Darstellung des Vier-Phasen-Modells bisher kein Bezug darauf genommen, dass auch die beiden Umschaltphasen nach Ballverlust und Ballgewinn miteinander verknüpft sein können, ihnen sogar eine immer wichtigere Rolle zukommt, da sich eine Großzahl an Torchancen z. B. aus gewonnenen Bällen in Gegenpressingmomenten ergibt, die sofort in einen Konter münden.

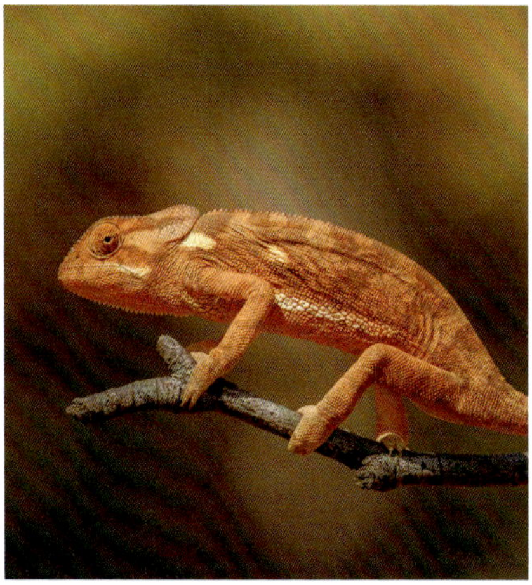

Auf dem Grundgerüst dieses Modells, das später in Prinzipien in verschiedensten Ebenen heruntergebrochen wird, werden die Spieler bis in das kleinste Detail geschult, wie sie sich in den vier bzw. fünf Phasen zu verhalten haben.

Höchstes Ziel dabei ist das bestmögliche Beherrschen aller Phasen und das flexible Anwenden von Spiel zu Spiel und Situation zu Situation.

„A chameleon changes colours – but never forgets it is a chameleon." – Vitor Frade

7.2 BEDEUTUNG UND ENTWICKLUNG EINES SPIELMODELLS IM KONZEPT DER TAKTISCHEN PERIODISIERUNG

„Ein großartiger Klavierspieler rennt nicht um das Klavier herum oder macht Liegestütze auf seinen Fingern. Er spielt das Klavier."

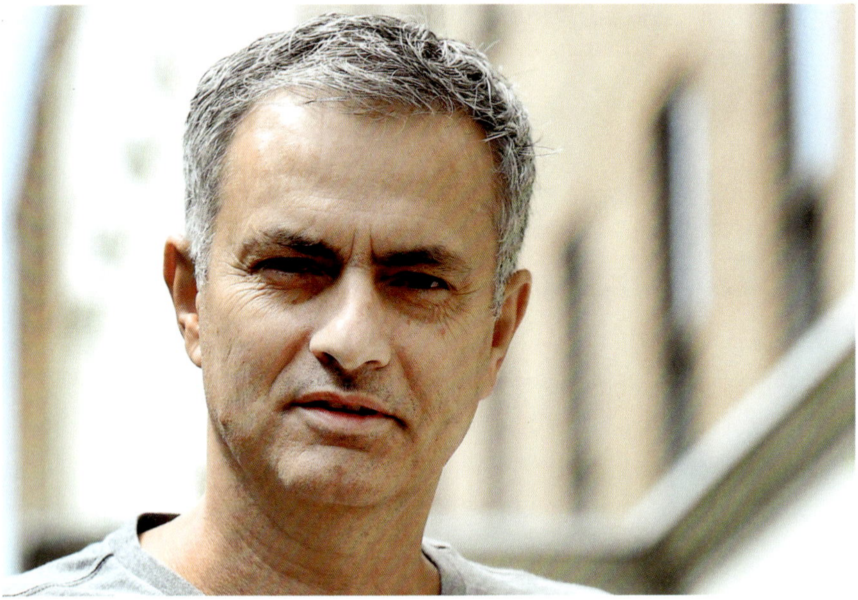

José Mourinho

Das Spiel ist der beste Lehrmeister ...

Bei der Nutzung der taktischen Periodisierung ist es wichtig, dass zwischen einem Training mit einem Fußball und einem Fußballtraining unterschieden wird.

Die meisten denken, dass man einfach nur alle Übungen mit Ball abhalten müsste und schon würde man nach den Prinzipien der taktischen Periodisierung trainieren.

Das Geheimnis der taktischen Periodisierung ist nicht der Ball, sondern vielmehr das taktische Ziel, in jeder angewendeten Übung.

Alle Übungen werden hierbei so aufgebaut, dass sie einen taktischen Schwerpunkt haben, der auf einem vorab festgelegten Spielmodell aufbaut!

Viele Trainer wollen verschiedene konditionelle Faktoren spielnah trainieren und vergrößern beispielsweise das Feld bei einer Spielform, um gewisse Ausdaueraspekte zu betonen oder verkleinern das Feld, um schnellkräftige Aktionen zu provozieren.

Dies hat nicht viel mit dem Ansatz der taktischen Periodisierung gemeinsam, wo man der festen Überzeugung ist, dass die Taktik im Vordergrund steht, auf der alles aufbaut.

Bei diesem Ansatz wird angenommen, dass man das Training von physischen Faktoren niemals einzeln aufgliedern kann, sondern dass alle Faktoren immer sportartspezifisch und mit den Prinzipien, die aus einem Spielmodell entwickelt werden, miteinander trainiert werden müssen.

Wichtig ist es hierbei, nicht viel zu laufen, sondern richtig zu laufen.

Um den Spielern das bestmögliche Training zu ermöglichen, ist es unabdingbar, ein eigenes Spielmodell zu erstellen.

Kommt ein Trainer zu einem neuen Verein, muss er zunächst eine Ist-Analyse der Gegebenheiten durchführen. Hierfür gibt es in Anlehnung an den Spanier Albert Rude, einem Profitrainer und Gründer der MBP Academy & School of Coaches, ontologisch betrachtet neun verschiedene Fußballstrukturen:

- Meta-Spiel: Faktoren, die nicht unmittelbar mit dem 11 gegen 11 auf dem Platz zu tun haben, wie beispielsweise Sponsoren, Fans, Medien, etc. Aber auch Fragen, wie der Verein strukturiert ist, welche Historie er hat und welche Ziele verfolgt werden sind hier wichtig.
- Spiel: Das Spiel als solches, das während der 90 Minuten oder länger auf dem Platz stattfindet.
- Mannschaft: Einflussfaktoren sind hier z. B. der Spielstil oder die Fähigkeiten der Spieler.
- Konstellationen: Das ganze Kollektiv, sektoriales- und intersektoriales Verhalten sowie Gruppenkonstellationen und individuelle Muster.
- Spieler: Die Protagonisten des Spiels, die gemeinsam ihre individuellen Stärken in den bestmöglichen Konstellationen im Teamkontext auf den Platz bringen müssen.
- Trainer: Ihm kommt eine Schlüsselrolle zu, da er die acht anderen Strukturen simultan managen können muss.

- Infra-Mannschaft: Tabellenplatz, Spielstand, Emotionen usw.
- Infra-Spieler: Status in der Mannschaft, Emotionen aus dem Umfeld des Spielers, wie Familie, Berater etc.
- Infra-Coach: Emotionale Aspekte, die den Trainer betreffen, wie das Warten auf eine Vertragsverlängerung oder beispielsweise abgelehnte Spielerverpflichtungen.

Nach einer gründlichen Analyse dieser Faktoren und mit dem daraus resultierenden Wissen gilt es dann, ein Spielmodell zu entwickeln, das auf die jeweilige Situation passt, wobei nun folgende Faktoren genauer betrachtet werden:

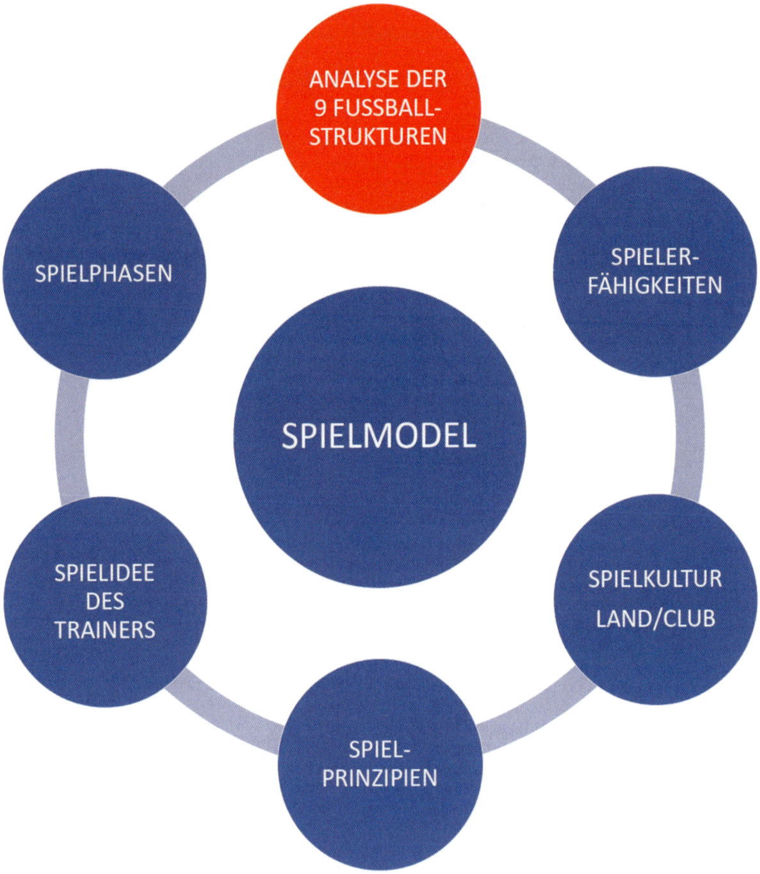

Dabei müssen beispielsweise folgende Fragen beantwortet werden:

- Welche Fähigkeiten besitzen die aktuellen Spieler, welche sollte sie besitzen?
    - Wie ist der Kader strukturiert, wie sieht er idealerweise aus?
- Was kennzeichnet die historische Spielkultur des Vereins, welchen Spielstil erwarten die Fans?
- Welche positiven wie negativen Muster sind in den einzelnen Spielhasen zu erkennen?
- Aufbauend auf der eigenen Spielidee des Trainers: Wie können eigene Stärken und Wissen optimal mit der Situation verbunden werden?
- Mit welchen Spielprinzipien sind die Spieler vertraut, welche Spielprinzipien können ergänzend wirken?

José Mourinho bemerkte beispielsweise bei seiner Analyse zu seinem ersten Amtsantritt bei Chelsea London, dass die vorhandenen Spieler nicht zu seinem geplanten Spielmodell passten.

Für Mourinho ist diese Analyse auch wichtig, damit er weiß, welche Atmosphäre er schaffen muss, damit sich seine Spieler wohlfühlen.

Seiner Meinung nach müssen die Spieler übrigens in allen Bereichen des Lebens glücklich sein, um eine optimale Leistung abrufen zu können.

Nach dieser ersten Analyse wird dann ein für die aktuelle Situation möglichst optimales Spielmodell erstellt, welches die oben dargestellten Punkte bestmöglich miteinander verbindet.

„First is philosophy. The start of everything is you decide the style of play.“ – (José Mourinho)

7.2.1 DIE ENTWICKLUNGSSCHRITTE EINES SPIELMODELLS IM DETAIL

„Der Wettkampf ist der beste und einzige Test für einen Fußballer."

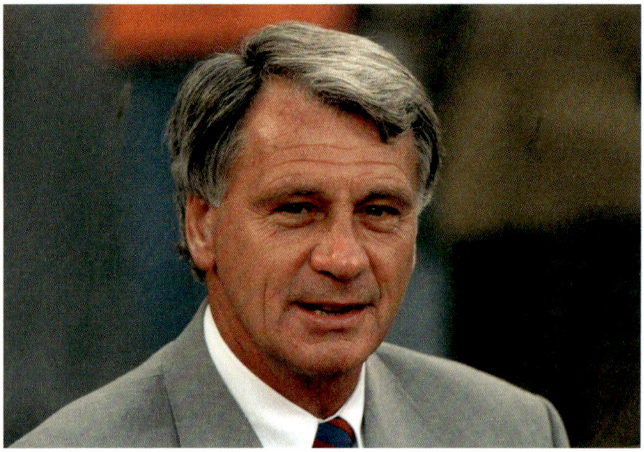

Sir Bobby Robson – Cheftrainer vom damaligen Assistenten José Mourinho beim FC Barcelona

Da kein Land, keine Liga, kein Verein und keine Mannschaft gleich sind, kann es nie ein universal gültiges Spielmodell geben, sondern immer nur ein ideales Spielmodell für eine Mannschaft.

Das Spielmodell ist die „DNA" einer Mannschaft und gibt jeder Mannschaft ihre spezielle Einzigartigkeit.

Dabei ist das Spielmodell so zu wählen, dass alle Spieler innerhalb dieses Modells ihr Potenzial am besten maximieren können.

Der Trainer muss nach seiner Analyse sein Spielmodell und seine Visionen dem Spieler vermitteln, weshalb es wichtig ist, dass das Spielmodell auch zum Charakter der Mannschaft passt.

Im Idealfall antizipiert dann die komplette Mannschaft in gleicher Art und Weise am Spieltag, da sie durch das Spielmodell weiß, was sie in welcher Situation zu tun hat.

Durch ein Spielmodell gibt der Trainer den Spielern also eine Struktur, durch die die Spieler dann alle auf dem Platz einheitlich denken und handeln.

Will der Trainer sein Spielmodell etablieren, muss er sowohl das Konzept planen wie auch die Umsetzung des Konzepts ausarbeiten.

Das angestrebte Spielmodell entsprechend zu vermitteln, stellt wohl die größte Herausforderung im Konzept der taktischen Periodisierung dar, da eine Vielzahl von verschiedenen Verhaltensweisen beachtet werden muss.

Zunächst muss, wie ausführlich beschrieben, eine Spielidee ausgearbeitet werden, bei der auch immer die kulturellen Umstände des jeweiligen Landes berücksichtigt werden.

Wie dies im Idealfall aussehen könnte, zeigte der Schweizer Fußballverband unter der Führung des Technischen Direktors Hansruedi Hasler: Die Spielergeneration, die 2009 sogar den U-17-WM-Titel feierte und auch die nachfolgenden Jahrgänge inspirierte, bildete das Grundgerüst der Schweizer A-Nationalmannschaft, die sich seitdem souverän für die EM- und WM-Endrunden qualifizieren konnte.

Erfolgsgrundlage war eine einheitliche Ausbildungs- und Spielidee, deren Eckpfeiler kurz und prägnant wie folgt definiert wurden:

Wir spielen ein dynamisches und offenes Zonenspiel:

- **Dynamik:** Unsere Spieler laufen, kämpfen und geben alles, um unser Spiel durchzusetzen.
- **Offensive:** Unsere Spieler greifen an und suchen bei jeder Gelegenheit den Abschluss.
- **Zonenspiel:** Unsere Teams sind gut organisiert, kompakt und zwingen den Gegner zu Fehlern.

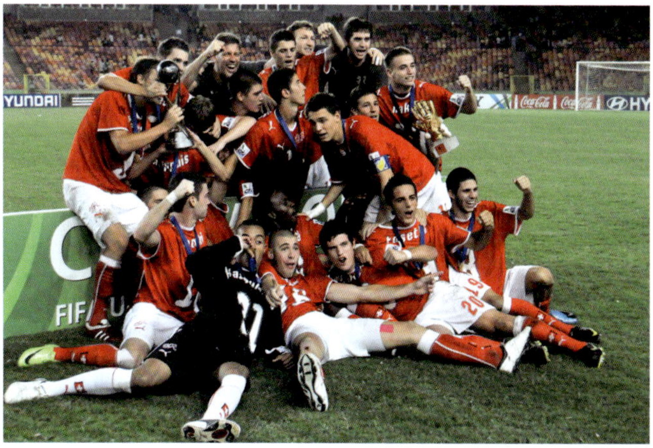

Schweizer Juniorennationalmannschaft: U17-Weltmeister 2009 dank hervorragender Ausbildungskonzepte und einer einheitlichen Spielidee

Um die Vermittlung des Spielmodells zu vereinfachen, werden, nachdem eine Spielidee festgelegt und die Prinzipien aus den fünf Phasen des Spiels ausgearbeitet wurden, sowie Grundordnungen und Spielsysteme passend auf die Spielertypen zugeschnitten wurden, einzelne Elemente des Spiels in immer kleinere Strukturen heruntergebrochen.

Dabei arbeitet der Trainer unter Berücksichtigung dieser Punkte die gewünschten Verhaltensweisen aus, um im Anschluss die erwünschten taktischen Verhaltensweisen immer detaillierter zu untergliedern:

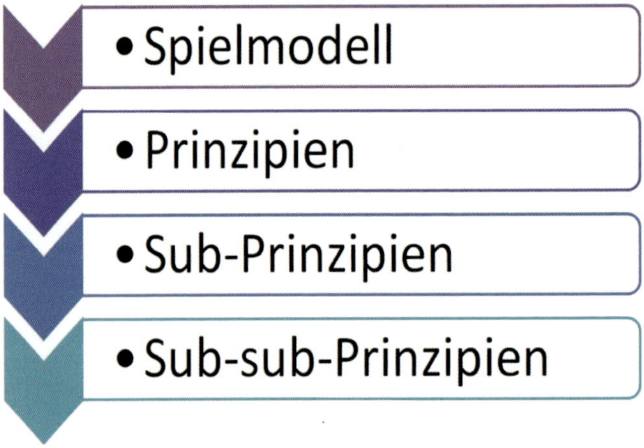

1. Spielmodell als übergeordnete Größe
2. Prinzipien
   - Unterstruktur des Spielmodells
   - Mannschaftstaktik
3. Sub-Prinzipien
   - Unterstruktur der Prinzipien
   - Gruppentaktik
4. Sub-sub-Prinzipien
   - Unterstruktur der Sub-Prinzipien
   - Individualtaktik

Nach der Festlegung dieser Prinzipien müssen, aufbauend auf dem Spielermaterial und den vorhandenen Charakteren, Grundordnungen und Spielsysteme ausgearbeitet werden, die zu der Spielidee, den Prinzipien und den Spielern passen.

Wenn Sie zum Thema Grundordnungen und Spielsysteme mehr erfahren möchten, eignet sich hierfür ideal mein erstes Buch *Matchplan Fußball – Mit der richtigen Taktik zum Erfolg*:

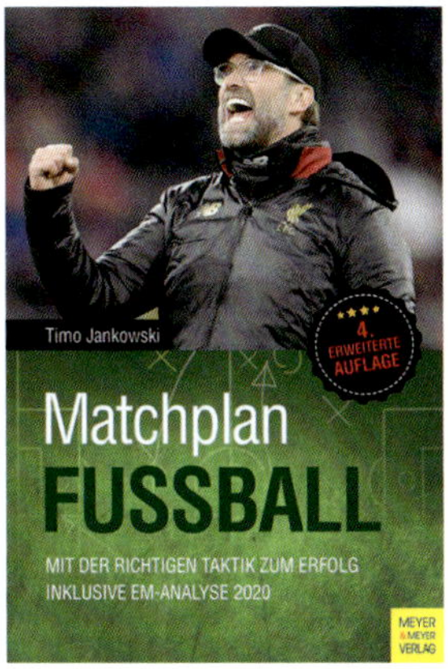

Das Buch kann über www.dersportverlag.de bezogen werden.

7.2.2 BEISPIEL FÜR DIE UNTERGLIEDERUNG TAKTISCHER VERHALTENSWEISEN

- **Spielidee**

In Anlehnung an den Schweizer Fußballverband:

Zonenspiel: Unsere Teams sind gut organisiert, kompakt und zwingen den Gegner zu Fehlern.

Oder:

Aus einer perfekt organisierten und kompakten Defensive die Initiative zu übernehmen und den Gegner zu Fehlern zu zwingen.

- **Prinzip**

> Mannschaftstaktik:

Wie will ich das machen?

> Dominanz in Phase 3: Gegner in Ballbesitz/eigene Mannschaft ist organisiert.
> Wie wollen wir uns idealerweise verhalten?

Beispielsweise mit einem gelenkten Mittelfeldpressing. Wie hat sich die Mannschaft zu verhalten?

Wo genau will ich den Ball erobern oder wie positioniert sich die Mannschaft beim Abstoß des Gegners?

- **Sub-Prinzip**

> Gruppentaktik: Wie haben sich bei Ballbesitz des Gegners beispielsweise die Stürmer in der Organisation zu verhalten, wie die Halbpositionen, wie die Viererkette?

- **Sub-sub-Prinzip**

> Individualtaktik: Wie haben sich die einzelnen Spieler in dieser Phase zu verhalten? Ein Beispiel wäre hier die Abkippbewegung des ballfernen Stürmers auf die Nummer 6 des Gegners.

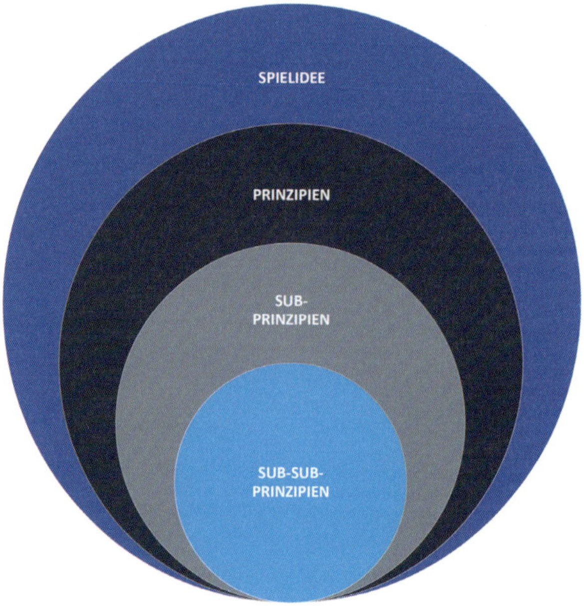

Zusammenfassung:
Ziel eines Spielmodells ist es, die komplexen Situationen für die Spieler zu vereinfachen, indem die Situation wie ein Puzzel zunächst auseinandergebaut wird und dann Schritt für Schritt wieder zusammengesetzt wird.

Von Mourinho ist bekannt, dass er ein sogenanntes **Color-Box-System** benutzt.

Ruft Mourinho im Spiel beispielsweise „Blue Box", weiß die Mannschaft, dass sie jetzt den Gegner intensiv pressen muss.

Ruft Mourinho „Green Box", so sollen die Spieler den Ball in den eigenen Reihen halten, um sich zu erholen.

Außerdem achtet Mourinho bei der Umsetzung seines Spielmodells, wie bereits angedeutet, darauf, dass das Spielmodell für den Jugendbereich dementsprechend an die Profimannschaft angepasst wird.

Das Spielmodell muss dynamisch betrachtet werden und kann so immer weiter verfeinert werden, was einem ständigen Prozess unterliegt:

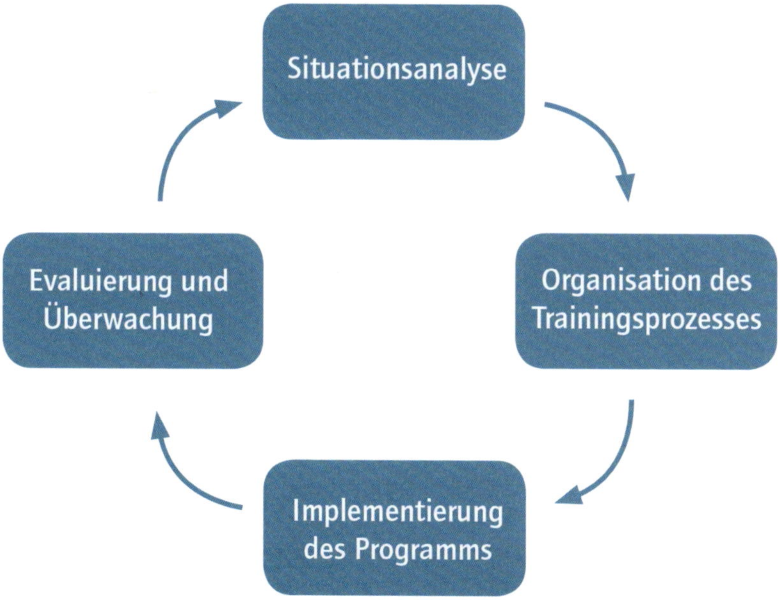

1. **Situationsanalyse: Diagnose und Prognose**
2. **Organisation des Trainingsprozesses: Programmplanung**
3. **Implementierung des Programms: Training**
4. **Evaluierung und Überwachung: Produktanalyse**

Nach einem absolvierten Spiel dient das ausgearbeitete Spielmodell auch als Bewertungsinstrument für das Spiel und die kommende Trainingswoche:

- Wie gut hat die Mannschaft das Spielmodell auf dem Feld realisiert?
- Wie muss die neue Trainingswoche aufgrund des Spielmodells und des kommenden Gegners gestaltet werden?

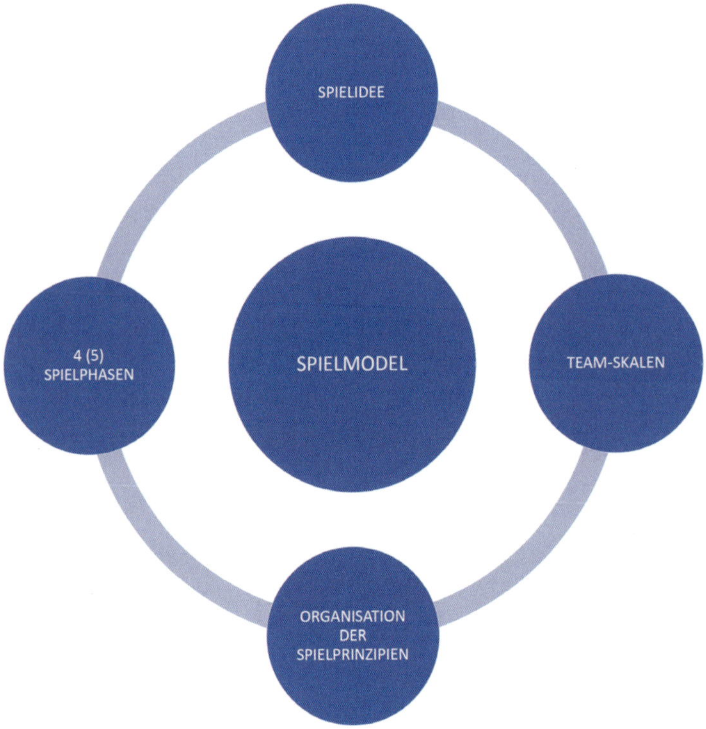

Die vier Kategorien, mit denen das Spielmodell organisiert wird: Die generelle Spielidee, die vier bzw. mit den Standardsituationen fünf Spielphasen, die Spielprinzipien und ihre Organisation und die sogenannten Team-Skalen, die zu einem späteren Zeitpunkt detailliert erklärt werden.

Ist das Spielmodell komplett erst einmal ausgearbeitet, ist auch die Planung der Saison gleichzeitig stark vorangeschritten, da alle benötigten Faktoren innerhalb des Spielmodells berücksichtigt werden und das

Spielmodell nun mit Hilfe eines sogenannten Morphozyklus (der Morphozyklus ist der zeitliche Raum zwischen zwei Spielen) periodisiert wird, was im Buch nachfolgend mit einem sieben Tage langen Standardmorphozyklus erklärt wird.

Ist das Spielmodell komplett ausgearbeitet, ist die komplette Saison so gut wie geplant, da alle Faktoren der Spielfähigkeit innerhalb des Spielmodells eine Rolle spielen und somit das ganze Jahr über durchgehend trainiert werden.

Nun kann das Spielmodell im Training umgesetzt werden, wobei die acht methodologischen Prinzipien und die 10 größten Fehler, die man bei diesem Konzept machen kann, eine wichtige Rolle spielen.

7.3 DAS SUPRA-PRINZIP DER SPEZIFITÄT UND DIE METHODOLOGISCHEN PRINZIPIEN DER TAKTISCHEN PERIODISIERUNG MIT IHREN HÄUFIGSTEN FEHLERQUELLEN

„A good coach is one who helps his players maximize or discover their potential. That is his principle function.“

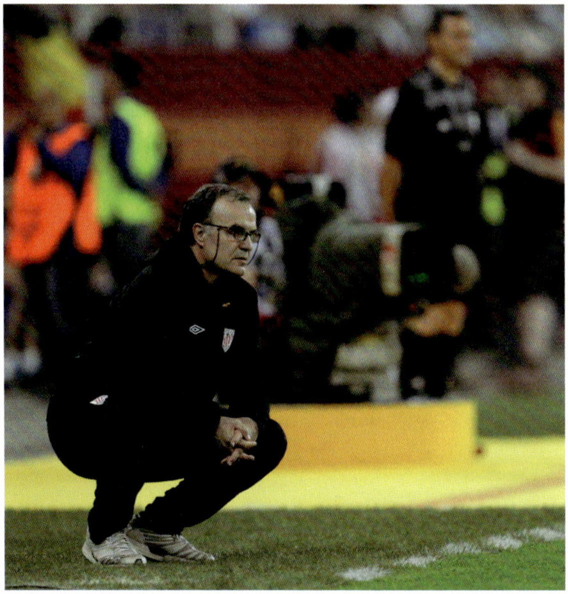

Marcelo Bielsa (Trainergenie u. a. Leeds United, Olympic Marseille, Olympiasieger mit Argentinien, Nationaltrainer von Chile und Trainer von Atlético Bilbao)

Im folgenden Kapitel werden die wichtigsten methodologischen Prinzipien genauer erklärt, mit denen das Spielmodell periodisiert wird. Ebenso werden Fehler vorgestellt, die bei der Umsetzung auftreten können.

Das Konzept der taktischen Periodisierung sieht acht sogenannte *methodologische (wissenschaftliche Methoden) Prinzipien* vor, die es bei der Planung und Umsetzung zu beachten gilt.

7.3.1 DIE ACHT METHODOLOGISCHEN PRINZIPIEN

Das Konzept der taktischen Periodisierung baut auf einer konzeptuellen Matrix, dem Spielmodell, auf (das bereits erläutert wurde) und auf einer Matrix des Trainings, auf den sogenannten methodologischen Prinzipien, die nachfolgend vorgestellt werden.

Dabei ist eine bestmögliche Verzahnung dieser beiden Bereiche anzustreben, da immer genau so trainiert werden soll, wie man am Spieltag agieren möchte.

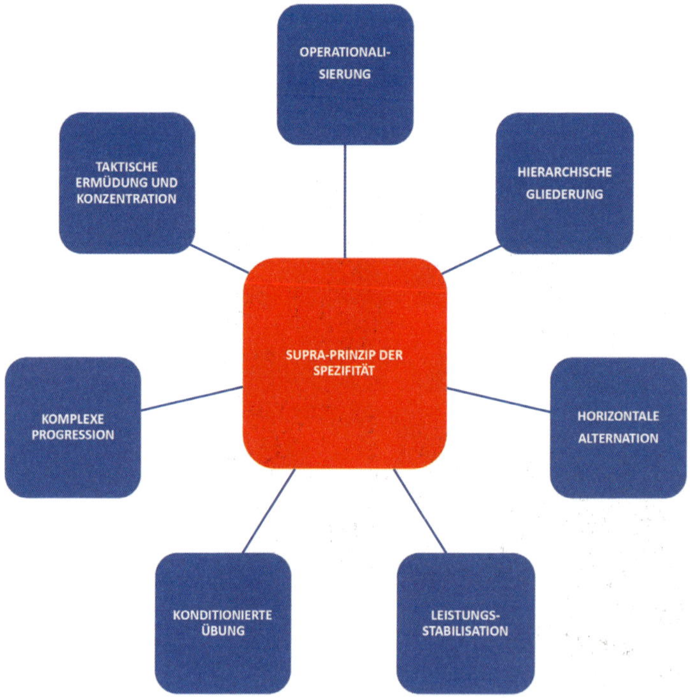

Die acht methodologischen Prinzipien der taktischen Periodisierung mit dem Supra-Prinzip der Spezifität als Herzstück.

Vorab ist grundlegend festzuhalten, dass die vorgestellten, methodologischen Prinzipien nicht voneinander zu trennen sind und als eine komplexe Einheit betrachtet werden müssen, die sich selbst und somit den Trainingsprozess beeinflussen.

Ursprünglich untergliedert Frade die methodologischen Prinzipien wie folgt:

Die im folgenden vorgestellten Prinzipien beinhalten diese vier Prinzipien, wurden aber auf acht Prinzipien aufgeteilt, um die komplexen Inhalte besser wiedergeben zu können.

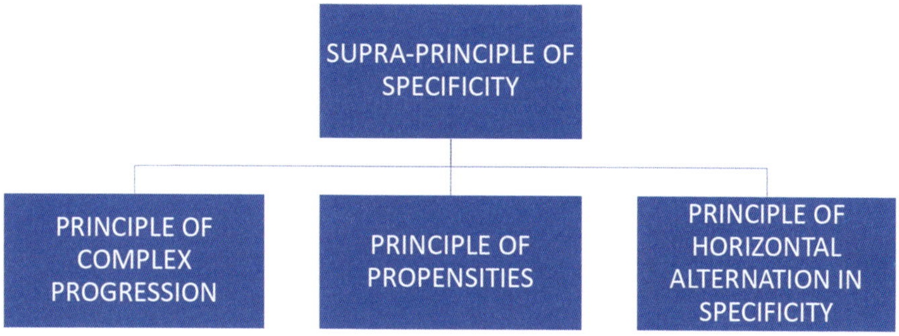

1. Das Supra-Prinzip der Spezifität

„Nichts ist mehr spezifisch als das Spiel als solches im 11 gegen 11".

Ziel jeder Trainingseinheit muss es sein, die Leistung der Spieler im Spiel zu verbessern.

Deshalb müssen die Übungen alle einen Bezug zum Spiel haben, wodurch das Prinzip der Spezifität zu einem Supra-Prinzip wird. Frade beschreibt es auch als „kategorischen Imperativ".

Bei diesem Prinzip geht es darum, dass die jeweilige Trainingsübung die Sportart, die Situationen in dieser Sportart und die Trainingsziele abbilden soll. Darum gelten beispielweise sehr abstrakte oder zu sehr vereinfachte Übungen nicht als spezifisch.

Jedes Training ist dabei eine Simulation von Situationen, die dem Spielmodell entnommen wurden. Bei der Umsetzung von Sub-Prinzipien und Sub-Sub-Prinzipien sollte diesem Prinzip entsprechend auch bei der Gestaltung der Spielfelder darauf geachtet werden, dass diese dem großen Spiel entsprechend in Rechtecken stattfinden.

Mehr Spezifität als in einem 11 gegen 11 gibt es also im Fußball nach diesem Supra-Prinzip nicht. In der Analyse des bisherigen Trainingsprozesses sollte also zwingend hinterfragt werden, wie oft eine Mannschaft in einer Trainingswoche wirklich maximal spezifisch trainiert!

2. Prinzip der Operationalisierung

Von enormer Bedeutung ist die Operationalisierung des Spielmodells und der taktischen Prinzipien.

- Was ist meine Spielidee?
- Wie verhalte ich mich in den fünf Phasen des Spiels?
- Welche Übungen kann ich nutzen, um das gewünschte Verhalten zu trainieren?

Je besser und spezifischer der Grad der Operationalisierung ist, desto höher ist der Grad der Spezifität.

3. Prinzip der hierarchischen Gliederung

Mit diesem Prinzip werden die vom Spielmodell ausgehenden taktischen Prinzipien unterteilt, um taktische Übungen dann auf Grundprinzipien herunterzubrechen, auf denen dann die Übungen schrittweise aufgebaut werden können:

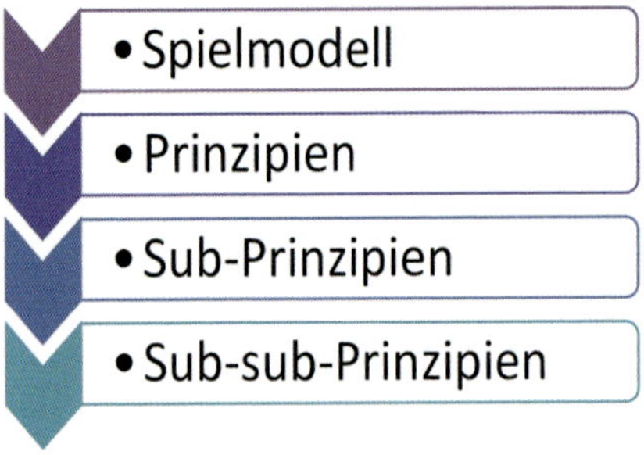

Je besser die hierarchische Gliederung aufgebaut ist, desto leichter können die Spieler die Prinzipien dann umsetzen.

4. Prinzip der horizontalen Alternation der Spezifität

Bei diesem Prinzip stellt man sich, vereinfacht gesagt, die Frage, an welchem Trainingstag innerhalb eines Morphozyklus welcher Inhalt trainiert werden soll.

Dieses Prinzip hilft dabei, dass die Prinzipien aus dem Spielmodell auf die optimale Umsetzung betreffend Intensität und Dauer zum richtigen Zeitpunkt treffen, die im Trainingsprozess über einen Morphozyklus hinweg eingesetzt werden.

Das Training soll dabei so aufgebaut werden, dass sich sowohl das Gehirn als auch der Körper, die in diesem Konzept untrennbar miteinander verbunden sind, immer wieder optimal erholen können und gleichzeitig für das kommende Spiel optimal vorbereitet werden.

Dabei wird der Mikrozyklus in einer wellenförmigen Art periodisiert, mit dem Ziel, die wichtigen Komponenten bestmöglich aufeinander abzustimmen.

Dabei werden drei konditionelle Fähigkeiten in der Planung berücksichtigt:

- Spezifische Kraft (viele kurze, explosive Aktionen wie Richtungswechsel, Schüsse, Sprünge etc. in kleinen Räumen mit wenig Spielern)
- Spezifische Ausdauer (große Räume mit hoher Spieleranzahl wie in einem 11 gegen 11)
- Spezifische Schnelligkeit (schnelles Reagieren und Treffen von Entscheidungen, Sprints, etc.)

5. Prinzip der Leistungsstabilisation

Das Erbringen stabiler Leistungen nimmt gerade im Profibereich eine enorm wichtige Stellung ein.

Die taktische Periodisierung wirkt dabei auch als Stabilisierungsprozess der Prinzipien des Spielmodells, das wiederrum hilft, die Leistung zu stabilisieren.

Barcelonas Konditionsexperte Francisco Seirullo hat die Aussage getroffen, dass es das Ziel beim FC Barcelona ist, dass sich die Spieler zwischen 70 % bis 80 % ihres optimalen Leistungszustandes bewegen, ohne große Abweichungen, um sie dann in den entscheidenden Phasen der Meisterschaft im März und Mai auf 80 % bis 90 % zu heben.

Um dies zu erreichen, wird bei der taktischen Periodisierung der konzeptionelle Aufbau der Trainingswoche mit Hilfe des Morphozyklus immer gleich gestaltet, was durch das bereits vorgestellte Prinzip der horizontalen Alternation der Spezifität beschrieben wird.

Zudem kommt es im Konzept der taktischen Periodisierung auch zu einer Leistungsstabilisation durch die Stabilität von Morphozyklus zu Morphozyklus über eine ganze Saison oder sogar mehrere Jahre.

6. Prinzip der konditionierten Übung

Es ist wichtig, dass Bewegungen, die im Spiel häufiger vorkommen, auch dementsprechend häufig trainiert werden. So kann zum Beispiel eine Trainingseinheit, in der die Prinzipien des Defensivspiels verbessert werden sollen, von der Grundidee so aufgebaut werden, dass die Spieler in der Defensive entsprechend in Unterzahlsituationen agieren, wodurch sie die entsprechenden Prinzipien häufiger anwenden müssen.

Zudem müssen die Übungen auch positionsspezifisch konditioniert werden. Ein Innenverteidiger benötigt andere Bewegungsabläufe als ein Flügelspieler.

Stell dir vor, der über 90 kg schwere Boateng trainiert die selben Ausdauerläufe wie Lionel Messi. Die vermutliche Folge: Boateng wird überfordert sein. Vollzieht aber Messi das selbe Training wie Boateng, wird selbst Messi überfordert sein.

Deshalb sollen bei der taktischen Periodisierung Bewegungen verwendet werden, die die Spieler auch im Spiel ausüben.

Da alle Übungen von einem Spielmodell ausgehen, werden die Spieler in allen Übungen ihrem Anforderungs- und Positionsprofil entsprechend eingesetzt.

Während beim „Straßenfußball" keine klaren Strukturen vorhanden sind ...

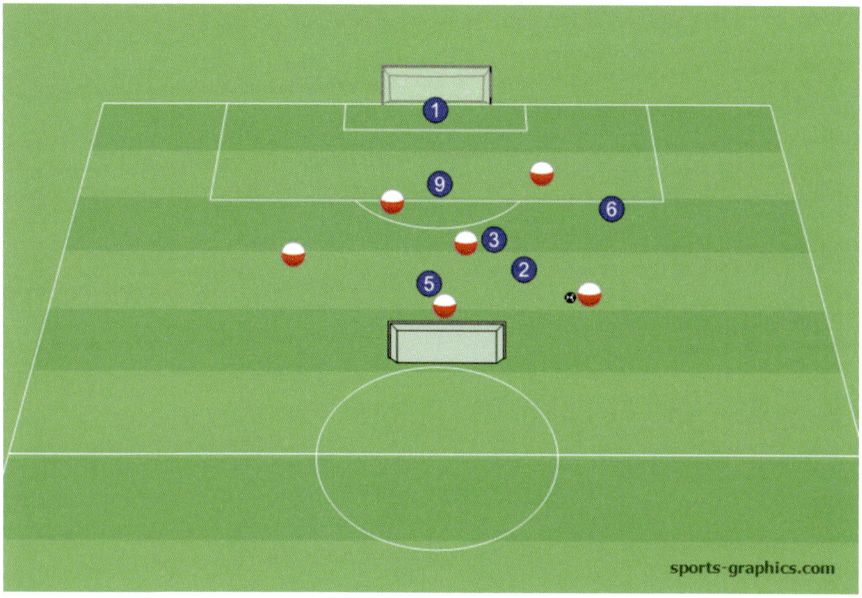

... wird bei der taktischen Periodisierung jede Übung positionsspezifisch umgesetzt:

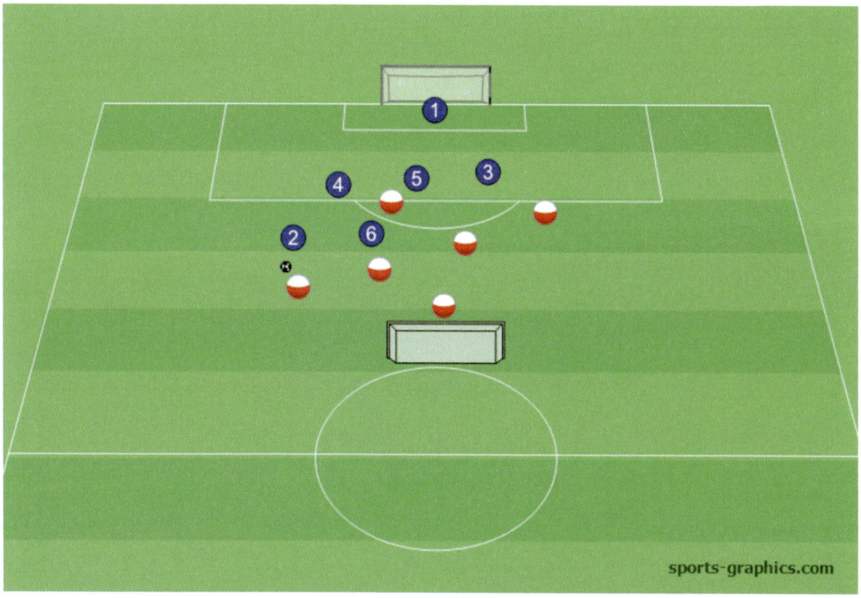

7. Prinzip der komplexen Progression

Hierbei geht es hauptsächlich um die Frage: Was will man trainieren?

Das Prinzip der komplexen Progression kann auch als Reduktionsprinzip der Komplexität des Spielmodells gesehen werden:

Die allgemeinen Prinzipien werden auf Sub-Prinzipien heruntergebrochen und diese werden dann auf Sub-sub-Prinzipien vereinfacht, um dann durch das Vereinfachen später wieder das große Ganze mit „Zement zwischen den einzelnen Bausteinen" zu einem noch stabileren Gebilde wachsen zu lassen.

Von weniger komplex zu mehr komplex, jedoch statt herkömmlich mit den Steuerungsgrößen Quantität und Volumen zu arbeiten, liegt der Fokus auf Qualität und Intensität, da Fußball ein Qualitäts- und kein Quantitätssport ist.

Hier wird der geplante Fortschritt aufgezeichnet und zwar in erster Linie natürlich wieder im Hinblick auf die aus dem Spielmodell abgeleiteten Prinzipien.

Dabei wird vor allem der hierarchische Aufbau der Prinzipien des Spielmodells untersucht, um zu gewährleisten, dass die Spieler die verschiedenen Prinzipien verstehen, um optimale Lernfortschritte zu erzielen.

Die komplexe Progression kann kurzfristig innerhalb eines einzelnen Trainings auftreten, aber auch innerhalb eines Morphozyklus von Spiel zu Spiel und auch auch bei der langfristigen Planung innerhalb einer ganzen Saison oder sogar über mehrere Jahre in der Ausbildung junger Spieler.

Hierbei ist es wichtig, die Prozesse und Prinzipien „konstant zu wiederholen ohne zu wiederholen", sodass die Prinzipien sich unbewusst festigen können, da der Spieler am Spieltag im Idealfall in einem Flow-Zustand agiert, wo er so schnell wie möglich die bestmöglichen Entscheidungen trifft. „Wiederholen ohne zu wiederholen" deshalb, weil die subjektive Anwendung eines Prinzips nie zweimal identisch sein kann.

Ein wichtiger Hinweis bei diesem Prinzip ist, sich bewusst zu machen, dass jedes Prinzip, das ich trainiere, immer ein „Gegen-Prinzip" hat. Zum Beispiel soll als Schwerpunkt nach einer Balleroberung ein schneller Konter mit all seinen Prinzipien forciert werden. Dies bedeutet, dass automatisch das Sparringteam im Training an den „Gegen Prinzipien" eines kontrollierten Spielaufbaus mit einem guten Positionsspiels arbeitet, damit der Gegner den Ball nicht erobert und falls dies doch passieren sollte, z. B. in ein schnelles Gegenpressing geht und auf eine Kontersicherung etc. achtet. Nur durch das simultane Arbeiten mit „Gegen-Prinzipien" der konträren Spielphase wird das Coachingteam wie gewünscht maximal spielnah gefordert.

8. Prinzip der taktischen Ermüdung und Konzentration

„Our identity is our intensity"

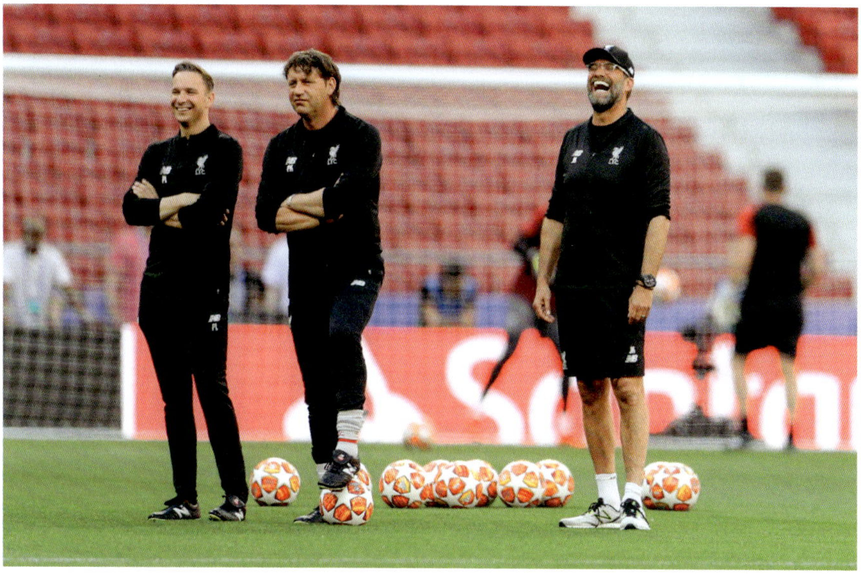

FC Liverpool Co-Trainer Pepijn Lijnders, der mehrere Jahre beim FC Porto die Ideen der taktischen Periodisierung von Vitor Frade kennenlernte, über die Identität des FC Liverpool.

Um die bestmögliche Leistung abrufen zu können, spielt die Konzentrationsfähigkeit eine wichtige Rolle. Damit ist gemeint, dass ein Spieler in der Lage ist, egal was gerade im Spiel oder Training passiert, immer im Moment zu bleiben, um die nächste Aktion bestmöglich lösen zu können.

Bei der taktischen Periodisierung geht man davon aus, dass Kopf und Körper unmittelbar miteinander verbunden sind. Ist der Kopf müde, wird es schwer, sich zu konzentrieren, worunter dann die Leistung leiden wird.

Bei Trainingstagen oder Übungen mit einem hohen taktischen Anspruch muss dementsprechend der taktische Ermüdungsgrad gesteuert werden, wie es Liverpools Co-Trainer Pep Lijnders verdeutlicht:

„We are preparing for 95 minutes of being able to play with full energy, we are increasing step by step the volume of this intensity...“

Mit der Intensität ist die Intensität der taktische Konzentration gemeint und mit dem Volumen entsprechend das Volumen der Intensität der taktischen Konzentration.

Nach Prof. Frade soll diese Intensität immer in der „realen Zeit" stattfinden, was z. B. mit Hilfe des Prinzips der konditionierten Übung genau geplant werden kann.

7.3.2 FEHLERQUELLEN BEI DER ANWENDUNG DER TAKTISCHEN PERIODISIERUNG

„Ein kluger Mann macht nicht alle Fehler selbst. Er gibt auch anderen eine Chance.“ – Winston Churchill

> Es herrscht keine vertrauensvolle Lernumgebung, in der Fehler passieren dürfen, gleichzeitig die Spieler aber maximal gefördert werden.
> Missachten der Pareto-Regel und dadurch Zeitverschwendung mit übertriebener Vorbereitung und Umsetzung mit Inhalten, die nicht zu den 20 % gehören die später 80 % des Erfolges bringen.
> Verlust der Glaubwürdigkeit als Führungsperson aufgrund von fehlendem Wissen oder schlechtem zwischenmenschlichen Verhalten.
> Eine ungenaue Beschreibung des Spielmodells liegt vor. (Der Trainer hat selbst keine klaren Referenzen im Kopf, was er sehen möchte.)
> Den Spielern und dem Trainer fehlt nach dem Training das Gefühl, Spaß gehabt und etwas gelernt zu haben.
> Ungenügende Planung der Woche, eines Trainings oder einer Trainingsübung auch im Hinblick auf das Antizipieren möglicher Umstände.
> Das Coaching findet nicht in Fußballsprache ohne einen Kontext statt.
> Die Anforderung an die Spieler ist zu gering oder viel zu hoch (Im Idealfall kommt ein Spieler in jedem Training von 100 % auf 101 %)

- Monotone Trainingsgestaltung, bei der sich die Spieler langweilen.
- Es werden lediglich Übungen statt Spielprinzipien aus dem Spielmodell trainiert.
- Der zu eine Spielphase gehörende Umschaltmoment wird isoliert.
- Fehlende Reflektion und Verbesserung der Prozesse.

7.4 DIE TEAMSKALEN

„Wenn du den Ball hast, musst du das Spielfeld so groß wie möglich machen. Wenn du ihn nicht hast, dann musst du das Spielfeld so klein wie möglich machen." – Johan Cruyff

Ein weiterer wichtiger Aspekt für die Integration in den Trainingsprozess sind die sogenannten *Teamskalen*, mit denen die Prinzipien, die Sub-Prinzipien und Sub-sub-Prinzipien aus dem Spielmodell übertragen werden und die auch einen wichtigen Aspekt für die Belastungssteuerung darstellen.

„Wenn wir eine Flasche mit Wasser in einen Becher einschenken, ändert sich nichts an der Substanz des Wassers, wir haben lediglich eine kleinere Menge des Wassers im Becher." – Vitor Frade

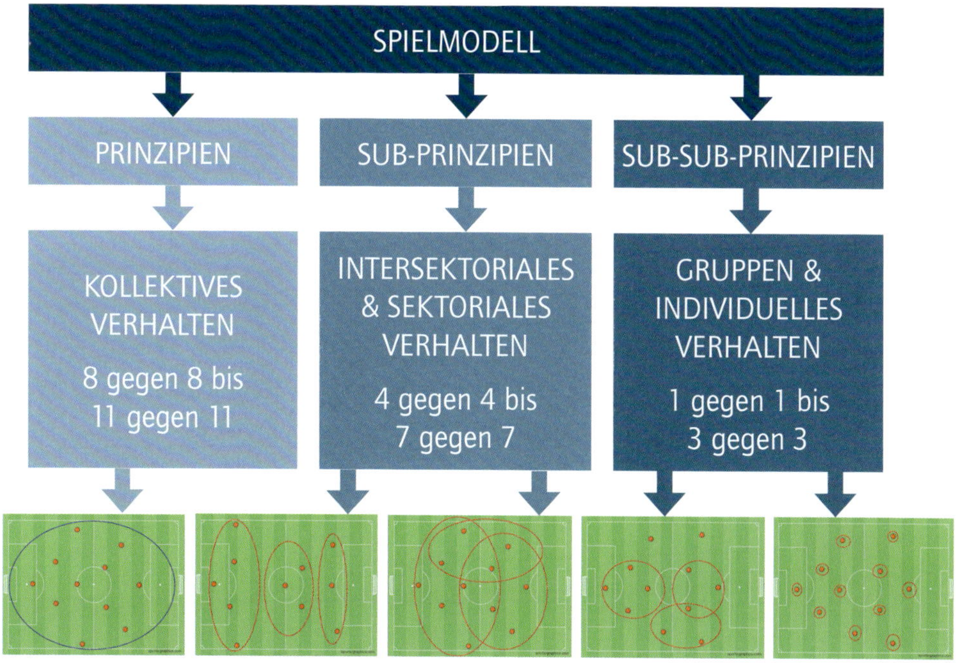

Erste Hierarchische Ebene: Kollektives Verhalten im 9 gegen 9 bis 11 gegen 11

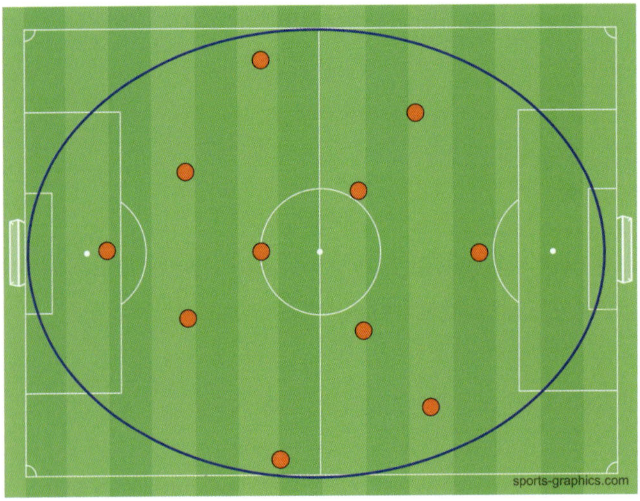

Mit Hilfe der ersten hierarchischen Ebene wird auf die großen Prinzipien eingegangen, die die generellen Verhaltensweisen der Mannschaftstaktik in den einzelnen Spielphasen und Situationen als ganzes Team verbessern sollen.

Die Chancen auf Erfolg steigen stark an, wenn möglichst viele Spieler einer Mannschaft wissen, wann und wie sie simultan aufeinander abgestimmt in den einzelnen Situationen der jeweiligen Spielphasen agieren sollen.

Im Fußball müssen von Anpfiff bis Abpfiff Nonstop Entscheidungen getroffen werden und desto klarer die Spielprinzipien in den auftretenden Situationen definiert und praktisch verankert sind, desto schneller können die Spieler Entscheidungen treffen.

Durch das systematische Training in den verschiedenen Team-Skalen wird die Komplexität des Spiels methodisch verringert und wieder aufgebaut und die Anzahl an Wiederholungen der Spielprinzipien, kann mit Hilfe dieser Team-Skalen ebenfalls sehr gut gesteuert werden.

Zu oft wird die wichtigste Teamskala auf der höchsten hierarchischen Ebene im Trainingsprozess nicht berücksichtigt, doch jeder Trainer sollte sich permanent vor Augen halten, dass nichts spezifischer als ein 11 gegen 11 ist und auch die Ausbildung von Fußballern zum Ziel hat, Spezialisten für das große Spiel zu entwickeln.

Eine Ebene darunter ist die zweite hierarchische Ebene für die Implementation in den Trainingsprozess vorgesehen:

Sektoriales Verhalten im 4 gegen 4 bis 8 gegen 8

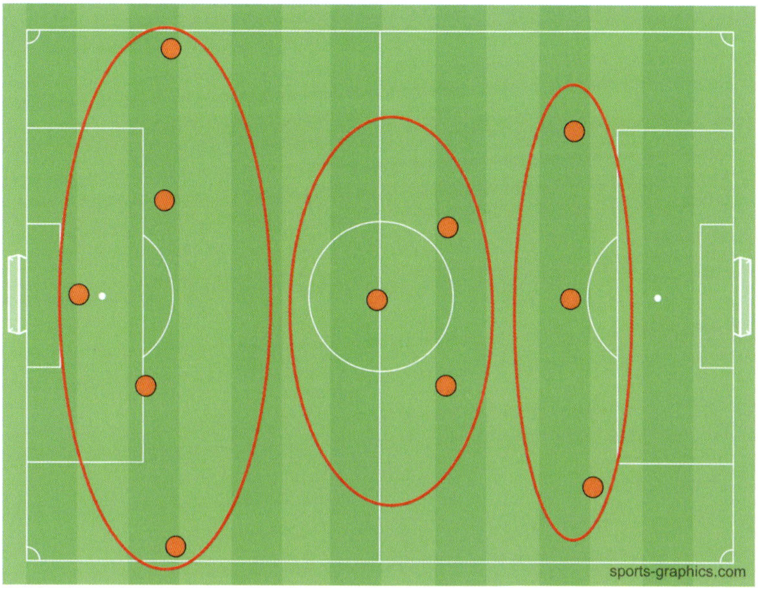

Hierbei liegt das Augenmerk auf das nun spezifischere Eingehen auf die Sub-Prinzipien.

Und...

Intersektoriales Verhalten im 4 gegen 4 bis 8 gegen 8

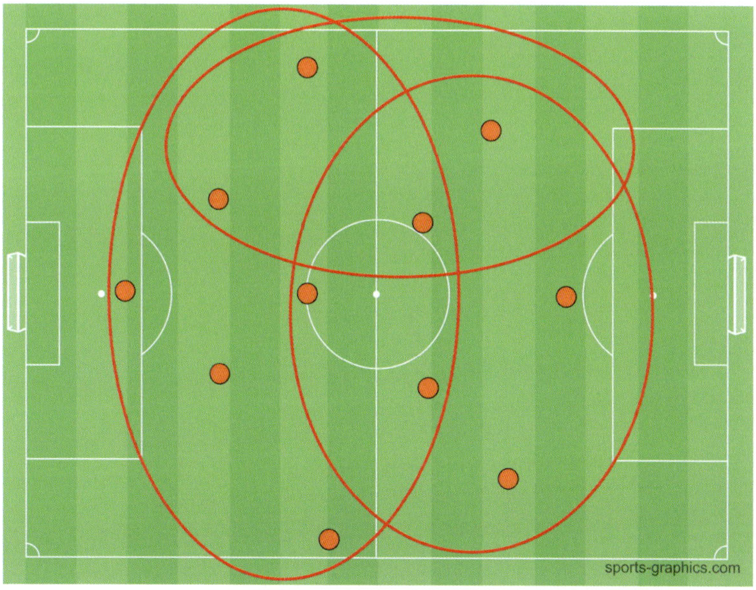

In der dritten hierarchischen Ebene wird das Gruppen- und das individuelle Verhalten für den Trainingsprozess abgebildet:

Gruppenverhalten im 1 gegen 1 bis 3 gegen 3

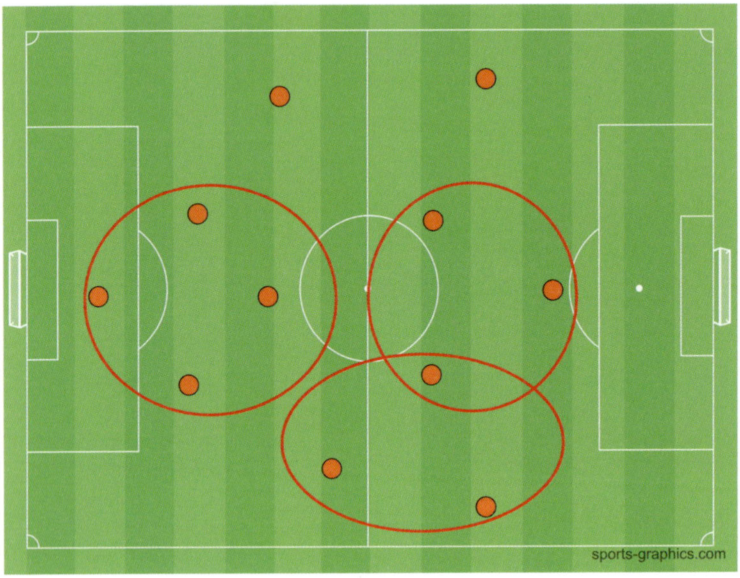

Und...

Individuelles Verhalten im 1 gegen 1 bis 3 gegen 3

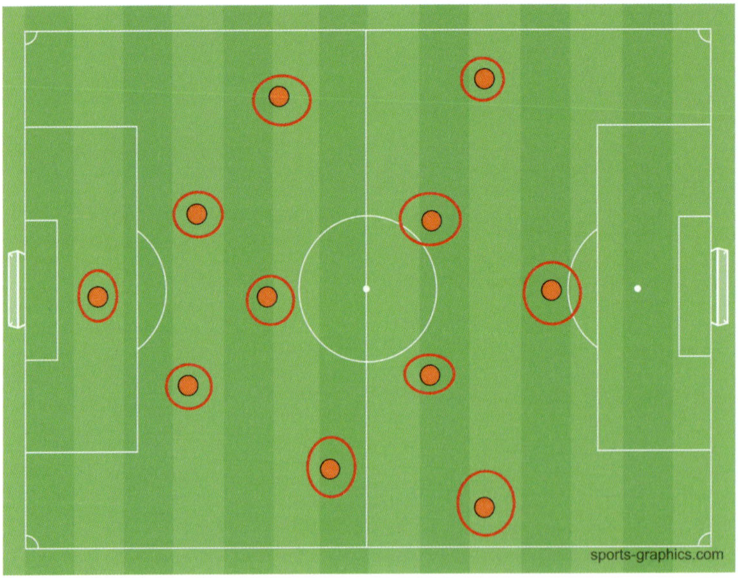

Hier wird sehr detailliert auf die Sub-sub-Prinzipien eingegangen.

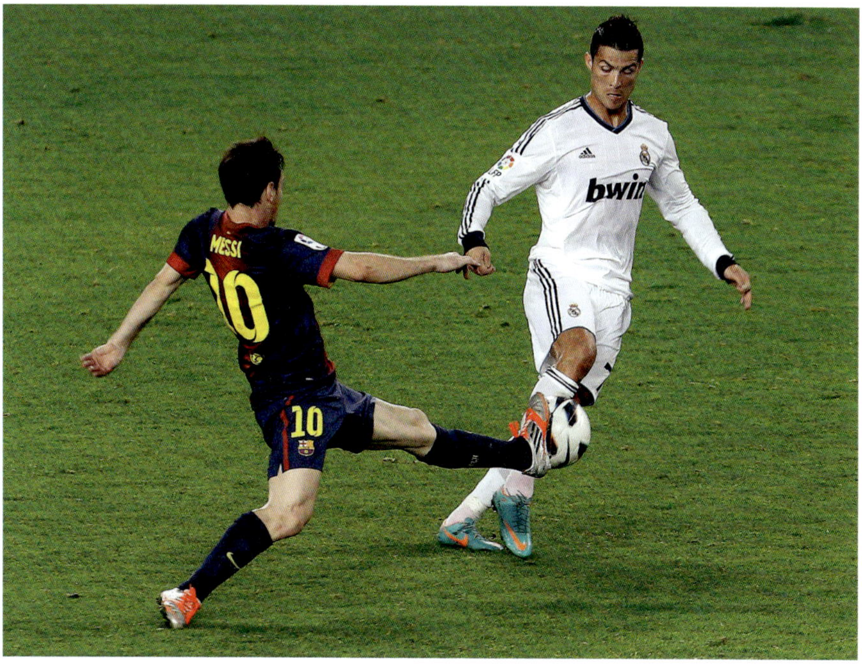

Gesetz der Spezifität: „Intensive Intervalle" werden am besten spezifisch im 1 gegen 1 trainiert.

Grundsätzlich ist zu erwähnen, dass innerhalb dieser Skalen auch Unter- und Überzahlsituationen abgebildet werden können, sollte dies für bestimmte Trainingsziele erforderlich sein, wobei dem Gesetz der Spezifität entsprechend gleiche Anzahlen zu bevorzugen sind. Auch der Einsatz von sogenannten Jokern, beispielsweise in Positionsspielen, sollte diesem Supra-Prinzip nach kritisch überdacht werden.

Wie zu Beginn des Kapitels erwähnt, können mit Hilfe dieser Skalen nun innerhalb der Entwicklung einer eigenen Methodologie wichtige Elemente der Belastungssteuerung abgedeckt werden:

„Extensive Ausdauer" → 8 gegen 8 bis 11 gegen 11
„Intensive Ausdauer" → 5 gegen 5 bis 7 gegen 7"
„Extensive Intervalle" → 3 gegen 3 bis 4 gegen 4
„Intensiven Intervalle" → 1 gegen 1 bis 2 gegen 2

Mit diesen Skalen können nun logische Schlüsse gezogen werden, wann innerhalb des Morphozyklus die Prinzipien des Spielmodells mit welche Skalen wie eingesetzt werden unter Berücksichtigung des Superkompensationseffekts und einer maximalen Frische für den Spieltag.

„Es gibt kein Kollektiv ohne gute Spieler und es gibt keinen Erfolg ohne Kollektiv." – Pepijn Lijnders

7.5 TAKTISCHE KONZENTRATION: DIE WICHTIGKEIT DER SPEZIFITÄT UND DER SPIELNAHEN INTENSITÄT

Beim Fußball sprechen viele Trainer von einem „Fehlerspiel": Die Mannschaft, die mehr Fehler macht, wird in der Regel auch verlieren.

Auf höchstem Niveau befinden sich die Spieler innerhalb ihrer Fähigkeiten oftmals auf Augenhöhe.

Die Bedeutung des 1:0 bestätigt diesen Trend: In der UEFA Champions League 2019/2020 hat die Mannschaft, die das erste Tor erzielt hat, zu 69,6 % auch das Spiel gewonnen und zu 86,1 % mindestens unentschieden gespielt.

Aus diesem Grund wird an dieser Stelle nochmal das methodologische Prinzip der taktischen Konzentration und die Bedeutung einer spezifischen und spielnahen Umsetzung erwähnt.

Wann immer José Mourinho eine neue Mannschaft übernimmt, händigt er ihnen seine Erfolgsformel aus:

We are a TEAM.
Motivation + Ambition + Team + Spirit = Erfolg

Diese Formel bestätigt die Wichtigkeit eines starken Gehirns.

Resilienz, Konzentrationsfähigkeit, maximale Aufmerksamkeit und kognitive Fähigkeiten sind sehr wichtig für dieses Konzept und werden in jedem Training geschult, was sich oft auch sehr positiv auf andere Lebensbereiche auswirkt.

Die Konzentrationsfähigkeit der Spieler ist hierfür elementar, denn aufgrund der hohen Komplexität des Fußballs müssen sich die Spieler über 90 Minuten durchgehend konzentrieren können, um ständig in der Lage zu sein, an die nächste kommende Aktion zu denken, unabhängig vom Spielstand, den Fans oder anderen externen Faktoren.

Deshalb ist es nach Frade wichtig, dass die Trainer von ihren Spielern verlangen, mit der „authentischen Geschwindigkeit des Spiels" zu trainieren.

Aus der Konzentration ergibt sich dann die Intensität, die es braucht, um spielgerecht zu trainieren:

Intensität = taktische Konzentration

Nur durch die spielnahe Intensität kommen die Spieler überhaupt an den Punkt, wo sich die taktische Konzentration spielnah in den Köpfen abspielt.

Die Intensität ist also die Basis der Konzentration und jeder Trainer sollte bestrebt sein, eine hohe Intensität in seinem Training zu haben.

Laut Professor Vitor Frade muss diese Intensität unbedingt immer in der „realen Zeit" umgesetzt werden, was nur durch spielnahe Übungen gewährleistet werden kann.

Hierbei spielen auch technische Fertigkeiten eine wichtige Rolle, da die Spieler durch eine gut geschulte Technik ihre Aufmerksamkeit erhöhen und sich besser konzentrieren.

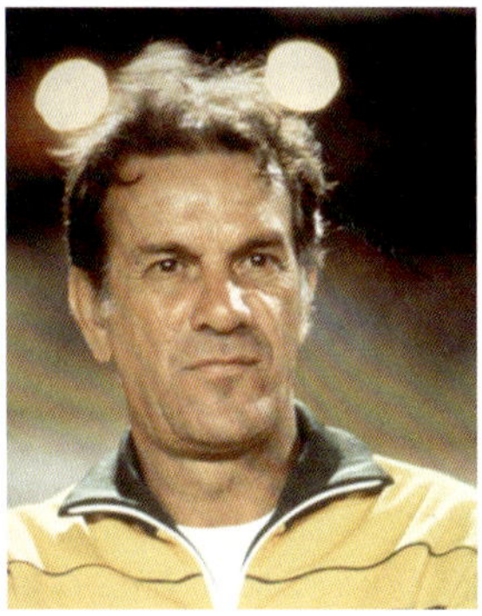

„The ideal training session is that which reproduces the intensity and the emotions of competition."

Têle Santana (Nationaltrainer Brasiliens bei der WM 1982 und bei der WM 1986)

7.6 VERMITTLUNG DER LERNINHALTE BEI DER TAKTISCHEN PERIODISIERUNG

„Every coach knows about football. The difference is made in other areas."

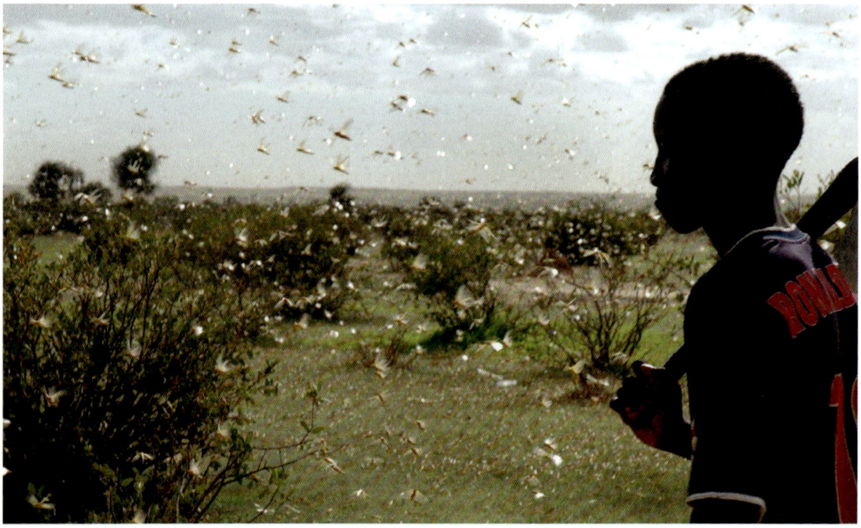

Die Macht der Schwarmintelligenz: Seit Menschengedenken konnte kein probates Mittel gegen Heuschreckenschwärme gefunden werden.

Den Lehrmeistern zufolge sollen die Lerninhalte beim Konzept der taktischen Periodisierung mit dem *impliziten Lernansatz* und der *differenziellen Lernmethode* vermittelt werden.

7.6.1 DIE DIFFERENZIELLE LERNMETHODE

Da die taktische Periodisierung, wie beschrieben, keine einzelne Methode, sondern eine Methodologie ist, die auch Lerntheorien beinhaltet, werden nachfolgend die differenziellen Lernmethode nach Prof. Schöllhorn sowie der implizite und explizite Lernansatz betrachtet, die weitere interessante Aspekte für den Aufbau einer eigenen Methodologie liefern.

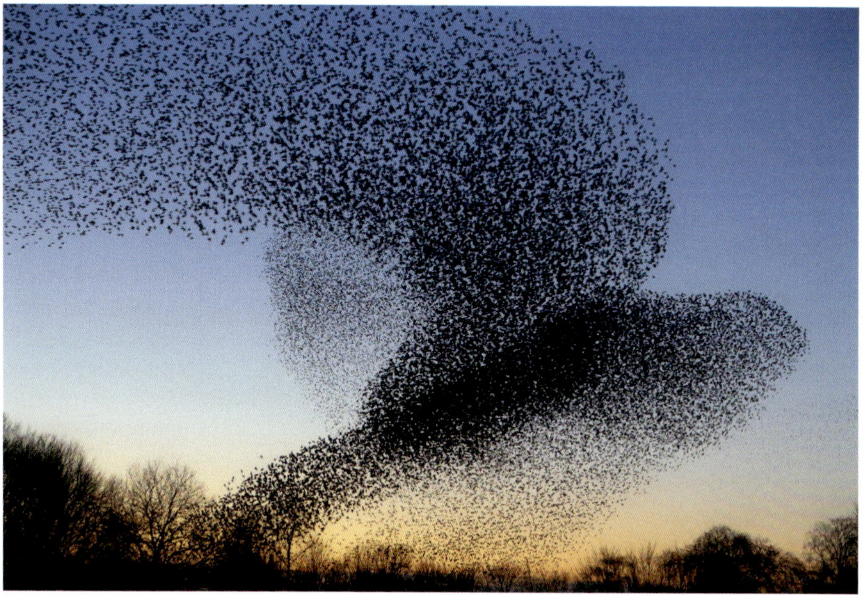

Die Schwarmintelligenz, bei der der gezielte Einsatz von Fähigkeiten von Individuen und die Macht der Masse zur Lösung von komplexen Situationen herangezogen werden, ist ein wichtiger Impulsgeber für die differenzielle Lernmethode wie auch für das Konzept der taktischen Periodisierung.

Jede Sportart ist durch spezielle Bewegungsabläufe gekennzeichnet.

Diese Bewegungen können durch Techniktraining geschult werden, was eine wichtige Grundlage für die spätere Leistungsfähigkeit bildet.

Um die Technik zu verbessern, gibt es zwei verschiedene Lernmethoden:

- das „Einschleifen" und
- die differenzielle Lernmethode.

Jede Technik im Fußball-ABC sollte zwar zunächst durch das *Einschleifen* einer Idealbewegung gelernt werden, es sollte so schnell wie möglich der *differenzielle Lernansatz* zur Geltung kommen.

Ein guter praktischer Ansatz beim Fußball ist sicherlich die Verknüpfung herkömmlicher Trainingsmethoden in Verbindung mit dem differenziellen Lernansatz.

Das *differenzielle Lernen* ist ein neuer bewegungswissenschaftlicher Lernansatz, bei dem Grundbewegungen variabel trainiert werden.

Es geht also nicht um das reine Einschleifen einer Bewegung, sondern um die Bewegungsvielfalt.

Fehler erscheinen auf einmal in einem anderen Licht.

Fehler, die nach herkömmlichen Trainingsmethoden zu vermeiden waren, werden beim differenziellen Lernen ganz bewusst eingebaut.

Wissenschaftler begründen den Ansatz des differenziellen Lernens damit, dass die exakt gleiche Wiederholung einer ausgeführten Bewegung – wie beispielsweise eines Freistoßes in den Winkel – mit einer ziemlich hohen Wahrscheinlichkeit nicht möglich ist und jeder Fußballer so oder so über stark individuell ausgeprägte Bewegungen verfügt.

Ein weiteres Beispiel wäre der Außenristpass, den viele Trainer verfluchen.

Was aber, wenn ein Spieler diesen Pass gut beherrscht und er sich wohler fühlt, als mit dem Innenrist zu passen?

Das differenzielle Lernen geht dabei von zwei wichtigen Punkten aus:

1. Alle Bewegungen unterliegen immer Schwankungen und können deshalb gar nicht wiederholt werden.
2. Alle Bewegungen sind in hohem Maße individuell geprägt.

Im Gegensatz zu traditionellen Ansätzen wurde deshalb beim differenziellen Lernen der Begriff *Fehler* durch den Begriff *Schwankung* ersetzt.

Beim differenziellen Lernen werden Schwankungen in der Bewegungsausführung als notwendig angesehen, um den Lernprozess voranzutreiben und ganz bewusst eingesetzt.

Im Idealfall erfolgt beim Training einer Technik bei jeder einzelnen Bewegung eine Veränderung.

Dadurch wird man gezwungen, sich variabel auf neuartige Situationen einzustellen, was gerade beim Fußball eine wichtige Rolle spielt.

Der große Vorteil ist eine verstärkte Reaktion des zentralen Nervensystems, das aufgrund der ständig veränderten Abläufe stark angesprochen wird und so besser in der Lage ist, auf die ständig wechselnden und neuen Anforderungen im Spiel reagieren zu können.

Ein konkretes Beispiel wäre es, die Prinzipien von einem schnellen Vertikalspiel und diagonalen Pässen in einer großen Spielform wie folgt umzusetzen:

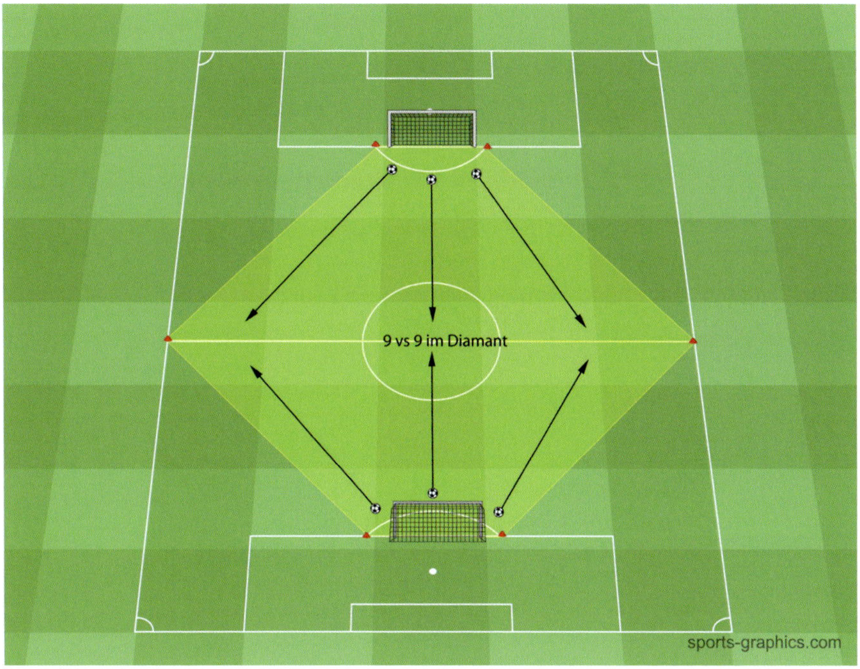

Das Spielfeld wird entsprechend der Spieleranzahl ausgewählt und die Seitenlinie zu einem Diamanten geformt, wodurch die Spieler implizit die gewünschten Prinzipien umsetzen.

Ein weiterer Vorteil ist der Umgang mit den Spielern: Man könnte auch 9 gegen 9 in einem Rechteck spielen, wodurch jedoch der Trainer in der Regel viel öfters explizit verbal die Prinzipien einfordern muss, wodurch sich rasch eine Abnutzung einstellt.

Noch besser wäre es, die Spieler zunächst im Rechteck spielen zu lassen und dann ohne etwas zu sagen im nächsten Durchgang in die Raute zu wechseln, um dann im

Anschluss die Spieler durch Fragestellung das implizite Erlebnis beschreiben zu lassen, wodurch sich der Lernprozess noch besser festigen wird, da sich der Spieler im Mittelpunkt der Situation erlebt.

Ein individuelles Beispiel im Teamkontext ist von Thomas Tuchel aus seiner Zeit bei Mainz 05 bekannt. Aus dieser Zeit weiß man auch, dass sich Tuchel mit dem ebenfalls in Mainz ansässigen Prof. Schöllhorn und seiner Lernmethode intensiv auseinandersetzte.

So gab Tuchel einem Spieler, der zu oft überflüssige Fouls durch ein Ziehen am Trikot des Gegners verursachte und bei dem verbale Hinweise nicht geholfen haben, einen Tennisball in beide Hände, wodurch das Problem schnell und effizient gelöst wurde.

Ein weiteres, ausführliches Beispiel für den differenziellen Lernansatz aus dem Fußball anhand des Torschusses:

Durch folgende Variationen könnte man den Torschuss nach dem differenziellen Lernansatz trainieren:

- Ein Auge ist geschlossen (Augenklappe).
- Die Arme kreisen.
- Einen Arm hochhalten.
- Standbein vor bzw. hinter dem Ball.
- Der Ball wird zugerollt, zugespielt, gedribbelt vor dem Schuss.
- Verschiedene Schussarten (Spann, Innenseite, Spitzkick etc.).
- Den Anlauf variieren: Skippings, Anfersen, Hopserlauf etc.
- Torschuss nach dem Jonglieren.
- Der Spieler wirft zusätzlich zum Torschuss einen Tennisball in die Luft und fängt diesen wieder.
- Verschiedene Bälle benutzen.
- Etc. → der Kreativität sind beim differenziellen Lernen keine Grenzen gesetzt.

Schwankungen können darüber hinaus vor allem mit Spielformen erzeugt werden, da der Gegnerdruck dafür sorgt, dass die Idealtechnik aus der Theorie praktisch nie eins zu eins in die Praxis übernommen werden kann.

Bei Untersuchungen wurden Vergleiche zwischen der Wirksamkeit des differenziellen Lernens und traditionellen Ansätzen unternommen.

Im Fußball konnten durch den Ansatz des differenziellen Lernens große Leistungssteigerungen erzielt werden:

- Gut geeignet für große Trainingsgruppen, wie es beim Fußball der Fall ist.
- Motivation der Fußballer durch viel Abwechslung.
- Erhöhte Effektivität im Vergleich zu herkömmlichen Methoden.
- Im Spiel ist der Spieler in der Lage, auf neue und unbekannte Situationen schnell zu reagieren.
- Steigerung der Kreativität im Spiel.

7.6.2 IMPLIZITES LERNEN

Im Ausbildungsmodell von Horst Wein wurde bereits auf diese Thematik eingegangen, jedoch möchten wir nochmals genauer auf den impliziten Lernansatz eingehen, da dieser eine wichtige Rolle im Konzept der taktischen Periodisierung einnimmt.

Im Fußball sind explizite – also analytische – Methoden weit verbreitet, damit die Spieler sich neue Lerninhalte aneignen.

Dabei wird das Lernziel vorab demonstriert oder verbal beschrieben und viel gecoacht.

Durch aufeinander aufbauende Übungsfolgen mit steigendem Schwierigkeitsgrad werden dadurch die Grundmuster erlernt.

Durch Üben und Anwenden im Spiel will man dem Endziel dann immer näherkommen.

Um jedoch seinen Spielern ein Spielmodell zu vermitteln, wird diese Methode nicht ausreichen, denn die Komplexität im Fußball ist zu groß, als dass jede einzelne Situation analytisch erklärt werden kann.

Daher werden die Spieler im Training vielen verschiedenen Spielsituationen ausgesetzt, in denen sie Probleme selbstständig entdecken müssen.

Der Trainer soll dabei so wenig wie möglich analytisch coachen, sondern durch die Gestaltung der Trainingsform die Spieler dazu bringen, dass sie die Situation selbst kennenlernen.

So kann der Trainer beispielsweise einer Mannschaft vorgeben, dass sie innerhalb einer gewissen Zeit zum Torabschluss kommen muss, wodurch das schnelle Spiel in die Spitze und das schnelle Umschalten von Defensive auf Offensive fokussiert wird.

Eine weitere Möglichkeit wäre es, die Übung durch die Anzahl der Ballkontakte zu steuern, wodurch ein steigender Komplexitätsdruck erzeugt werden kann.

Durch das Kombinieren dieser verschiedenen Steuerungsgrößen kann ein extrem hoher Komplexitätsdruck erzeugt werden, wodurch die für die taktische Periodisierung wichtige Konzentrationsfähigkeit der Spieler geschult wird.

Um die gewünschten Ziele durch diese Methodik zu erreichen, bedarf es eines hohen taktischen Verständnisses des Trainers.

Ziel jeder Veränderung ist es, dass die Spieler implizit das gewünschte Trainingsziel erlernen, ohne dass der Trainer sie explizit darauf hinweist.

Dadurch werden die Spieler zum Denken angeregt und lernen, selbst die Entscheidungen zu treffen.

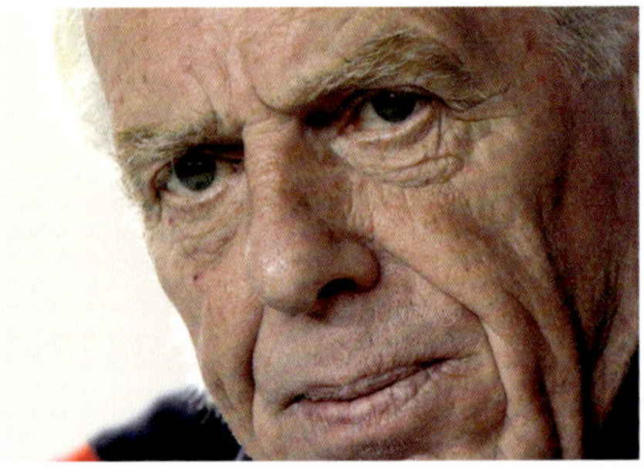

„Das Erfolgsgeheimnis im Fußball ist immer im Training zu suchen." – Leo Beenhakker – Trainerlegende und u. a. dreimal in Folge Meister mit Real Madrid

7.7 DER MORPHOZYKLUS – DER WOCHENAUFBAU DER TAKTISCHEN PERIODISIERUNG IM DETAIL

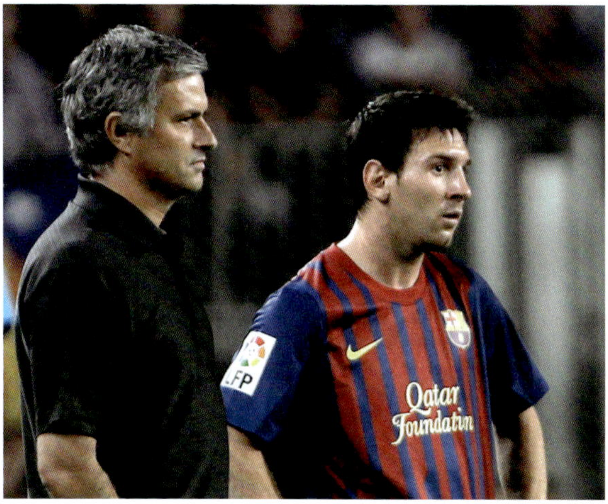

„Players at this level don't accept what they're told simply because of the authority of the person who's saying it. We have to show them that we're right." – José Mourinho

Nachdem die Grundideen der taktischen Periodisierung vorgestellt wurden und auf den Aufbau eines Spielmodells und die wichtigsten Gegebenheiten und Voraussetzungen detailliert eingegangen wurde, wird im nächsten Schritt die Basis eines sogenannten *Morphozyklus* aus diesem Konzept vorgestellt.

Mit einem Morphozyklus ist die Zeit zwischen zwei Spielen gemeint und er weist auf die Wichtigkeit hin, dass im Fußball, anders als beispielsweise im Trainingszyklus eines Ringers, der sich vier Jahre auf die Olympischen Spiele vorbereitet, jedes Wochenende „Olympische Spiele" anstehen.

Der Aufbau dieses Morphozyklus spielt eine sehr wichtige Rolle für den Aufbau des kompletten Trainingsprozesses, da der Trainer nach jedem Spiel die Situation analysiert und wichtige Punkte für den kommenden Gegner am Wochenende festlegen kann.

Das Basisgebilde dieser Trainingswoche muss unbedingt konstant sein, da dieses nach dem Prinzip der Leistungsstabilisation zu einer konstanten Leistung der Spieler führt.

Bei Mourinho wissen die Spieler zudem bereits fünf Tage vor dem nächsten Spiel, wer auflaufen wird, wodurch sich die Spieler vor allem rechtzeitig einstellen können.

Durch die einzelnen Trainingseinheiten und Inhalte des Wochenplans wissen die Spieler dann genau, was sie zu tun haben und wie sie gegen den Gegner spielen müssen.

Es gibt auch keine Vorbereitungszeit im klassischen Sinne, es wird vielmehr in der ersten Woche der Saisonvorbereitung mit dem Morphozyklus gestartet, mit dem Ziel, einen Spielstil zu konditionieren und die Leistungsfähigkeit der Spieler beständig nach oben zu schrauben. Auch gegen Saisonende, weshalb neben hohen spielnahen Intensitäten innerhalb jedes Morphozyklus darauf geachtet wird, dass die Spieler maximal frisch in jedes Spiel gehen und nicht wie in vielen anderen Konzepten beispielsweise mit schweren Beinen Testspiele bestreiten müssen.

7.7.1 DER MORPHOZYKLUS IM DETAIL

Der Wortstamm „Morpho" bedeutet ursprünglich so viel wie Gestalt oder Form. Im Bezug auf die taktische Periodisierung versteht man darunter die Form oder Gestaltung der Trainingseinheiten zwischen zwei Spielen.

Ausgehend von einem siebentägigen Standardmorphozyklus zwischen zwei Spieltagen, die jeweils am Sonntag stattfinden, wird auf die verschiedenen Schwerpunkte an jedem Trainingstag unter Berücksichtigung der methodologischen Prinzipien eingegangen.

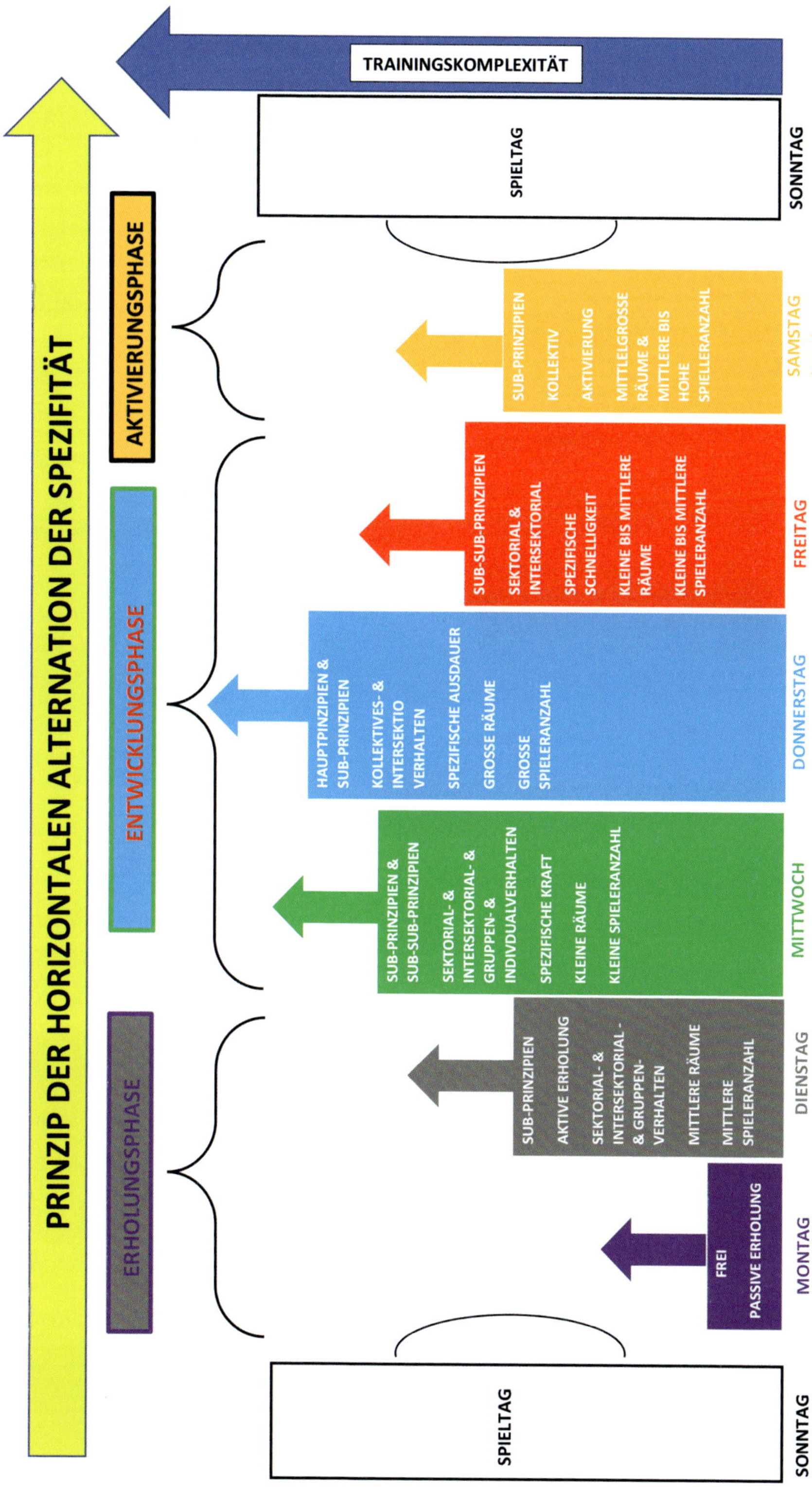
PRINZIP DER HORIZONTALEN ALTERNATION DER SPEZIFITÄT
TRAININGSKOMPLEXITÄT
ERHOLUNGSPHASE
ENTWICKLUNGSPHASE
AKTIVIERUNGSPHASE
SPIELTAG
SONNTAG
FREI
PASSIVE ERHOLUNG
MONTAG (M+1)
SUB-PRINZIPIEN
AKTIVE ERHOLUNG
SEKTORIAL- & INTERSEKTORIAL- & GRUPPEN-VERHALTEN
MITTLERE RÄUME
MITTLERE SPIELERANZAHL
DIENSTAG (M+2)
SUB-PRINZIPIEN & SUB-SUB-PRINZIPIEN
SEKTORIAL- & INTERSEKTORIAL- & GRUPPEN- & INDIVDUALVERHALTEN
SPEZIFISCHE KRAFT
KLEINE RÄUME
KLEINE SPIELERANZAHL
MITTWOCH (M-4)
HAUPTPINZIPIEN & SUB-PRINZIPIEN
KOLLEKTIVES- & INTERSEKTIO VERHALTEN
SPEZIFISCHE AUSDAUER
GROSSE RÄUME
GROSSE SPIELERANZAHL
DONNERSTAG (M-3)
SUB-SUB-PRINZIPIEN
SEKTORIAL & INTERSEKTORIAL
SPEZIFISCHE SCHNELLIGKEIT
KLEINE BIS MITTLERE RÄUME
KLEINE BIS MITTLERE SPIELERANZAHL
FREITAG (M-2)
SUB-PRINZIPIEN
KOLLEKTIV
AKTIVIERUNG
MITTELGROSSE RÄUME & MITTLERE BIS HOHE SPIELERANZAHL
SAMSTAG (M-1)
SPIELTAG
SONNTAG

Matchday +1: passive Erholung

Von José Mourinho ist bekannt, dass er seinen Spielern nach einem Spiel einen freien Tag gibt, obwohl er sich im Klaren ist, dass es aus physiologischer Sicht sicherlich nicht optimal ist.

Jedoch denkt Mourinho auch hier global und weiß, dass jedes Spiel für die Spieler höchste Anforderungen in allen Bereichen stellt und die Spieler durch einen freien Tag stark entlastet werden und Energie tanken können.

An diesem Tag spielt vor allem die richtige Ernährung und ausreichender Schlaf eine entscheidende Rolle.

Wenn dieser Tag nicht frei ist, würde sich dementsprechend der komplette Morphozyklus verändern, jedoch sei durch eigene Erfahrungen aus der Praxis hier kritisch angemerkt, dass man die Vor- und Nachteile gut abwägen sollte.

Mögliche Faktoren, die für ein Training statt einen freien Tag am Tag nach dem Spiel sprechen könnten:

- Angeschlagene Spieler werden schnellstmöglich versorgt.
- Das vergangene Spiel kann analysiert und abgeschlossen werden.
- Der Regenerationsprozess kann schnellstmöglich optimiert werden.
- Spieler, die nicht oder nur kurz zum Einsatz gekommen sind, bekommen ein sogenanntes Spielausgleichtraining (passiert im Idealfall direkt nach dem Spiel).
- Am zweiten Tag nach dem Spiel ist die Ermüdung in der Regel am größten.

Matchday +2: aktive Erholung/Sub-Prinzipien

Am zweiten Tag werden die Sub-Prinzipien trainiert. An diesem Tag können sowohl Situationen vom vergangen Spieltag wie auch des kommenden Spieltages in die Überlegungen mit einbezogen werden, ohne jedoch die Spieler zu intensiv zu fordern, da sie noch nicht vollständig erholt sind.

Das heißt, gemäß dem Gesetz der Spezifität und taktischen Konzentration aber nicht, dass die Spieler nicht in jeder Übung 100 % geben, es sollte jedoch die Dauer und Intensität entsprechend angepasst werden und den Spielern genügend Raum für eine maximale Erholung gegeben werden.

Neben dem Einsatz von Passübungen eignen sich Positionsspiele und Spielformen in größeren Räumen und mit klaren Überzahlsituationen, die nicht zu viel Stress und Duelle erfordern.

Torschusstraining sollte an diesem Tag vermieden werden, genau so wie extreme Richtungswechsel und maximal explosive Aktionen.

Bis auf das Abschlusstraining ist die Trainingsdauer in jedem Training spielnah und geht in der Regel 90 Minuten – genausolange wie ein Spiel, wobei je nach Situation am Wochenende an diesem Tag die Dauer auch situativ Richtung 60-75 Minuten verkürzt werden kann.

Matchday-4: Sub- und Sub-sub-Prinzipien und spezifische Kraft

Im Profibereich zeigt die Erfahrung, dass Spieler nach drei Tagen zwar physisch erholt sind, jedoch psychisch noch nicht bei 100 % sind.

An diesem Tag werden deshalb Sub-Prinzipien und Sub-sub-Prinzipien geschult, da diese die Spieler psychisch nicht überfordern und diese Unterprinzipien zur Folge haben, dass die Trainingsinhalte in kleinen Gruppen vermittelt werden, wodurch die Spieler vermehrt schnellkräftige Aktionen haben.

Hierbei werden vor allem Gleichzahlspiele mit wenigen Spielern wie einem 2 gegen 2 oder einem 5 gegen 5 genutzt, natürlich wie immer mit taktischem Bezug auf das Spielmodell.

Matchday-3: Prinzipien und Sub-Prinzipien und spezifische Ausdauer

Im Training am vierten Tag nach dem Spiel ist die Trainingskomplexität am höchsten, da an diesem Tag in erster Linie im Kollektiv und in größeren Spielfeldgrößen und Distanzen gearbeitet wird.

Hierbei wird vor allem auf die großen Prinzipien geachtet, die komplett mit dem ganzen Team umgesetzt werden, da es wichtig ist, bei den großen Prinzipien 11-gegen-11-Situationen zu haben.

An diesem Trainingstag wird in der Regel auch bereits spezifisch auf den kommenden Gegner eingegangen, da das letzte Spiel weit genug weg ist und die Spieler maximal erholt sind und das kommende Spiel in 72 Stunden stattfindet, wodurch die Spieler emotional und kognitiv optimal bereit für neue Informationen sind.

Matchday-2: Sub- und Sub-sub-Prinzipien und spezifische Schnelligkeit

Am fünften Tag geht es um Sub-Prinzipien und um fußballspezifische Schnelligkeit, wobei hier die schnelle Entscheidungsfindung eine wichtige Rolle spielt.

Hierfür werden Situationen kreiert, in denen sich weniger Gegenspieler als im richtigen Spiel befinden, wie beispielsweise bei einem 6 gegen 3 im Warm-up, das dann beispielsweise in ein 8 gegen 4 oder 9 gegen7 übergeht.

Eine andere Möglichkeit, die eingesetzt wird, um die schnelle Entscheidungsfindung zu schulen, wären Übungsformen im 8 gegen 8 oder 10 gegen 10 in verkleinerten Feldern, genauso wie Positionsspiele, die von der Komplexität reduziert werden, aber viele schnelle Entscheidungen mitsichbringen.

Zudem wird auch bereits auf wichtige Details bei Standardsituationen eingegangen.

Wenn Sprintübungen in den Trainingstag integriert werden, dann sollte darauf geachtet werden, dass lediglich linear gesprintet wird, mit wenigen Richtungswechseln.

An diesem Tag sollte der Load auf keinen Fall zu intensiv sein, da ansonsten die Regeneration bis zum Spieltag nicht ausreichen wird.

Matchday-1: Aktivierung

Am Tag vor dem Spiel geht es nur noch um die Vorbereitung auf den Spieltag selbst. Es wird noch einmal auf wichtige Abläufe für das Spiel am nächsten Tag eingegangen, genauso wie auf Standardsituationen, oft auch in einem 11-gegen-11-Format wofür das Feld aber auf eine Platzhälfte oder maximal einen Zweidrittelplatz reduziert werden sollte.

Alles, was stören könnte, wird dabei eliminiert:

Die Komplexität der Übungen wird reduziert, die Räume werden vergrößert und die Erholungszeit wird verlängert.

Hintergrund ist, dass, je näher die Trainingswoche Richtung Spieltag geht, eine hohe Konzentrationsfähigkeit wichtig ist, die durch ein zu intensives Training abnehmen würde, weshalb auch die Trainingszeit deutlich auf 60 Minuten statt 90 Minuten reduziert wird.

Abschließend ist anzumerken, dass auch eine Saisonvorbereitung konsequenter und logischerweise genau gleich mit einem Morphozyklus startet, mit dem Ziel, von Beginn an mit jedem Morphozyklus das Spiel zu trainieren und das Niveau der Mannschaft immer weiter systematisch zu steigern. Lediglich in der ersten Woche des Saisonstarts wird mehr Zeit darauf verwendet, das Spielmodell in seiner ganzen Komplexität vorzustellen und auf die großen Prinzipien einzugehen und darauf zu achten, schnellstmöglich eine emotionale Verbindung zwischen den Spielern und dem Trainerteam zu erreichen.

7.8 TAKTISCHE PERIODISIERUNG VON TRAININGSINHALTEN UND DIE ENORMEN VORTEILE VON POSITIONSSPIELEN

„Der schnellste Spieler ist nicht der Spieler, der am schnellsten rennen kann, es ist der Spieler, der die Probleme des Spiels am schnellsten lösen kann."

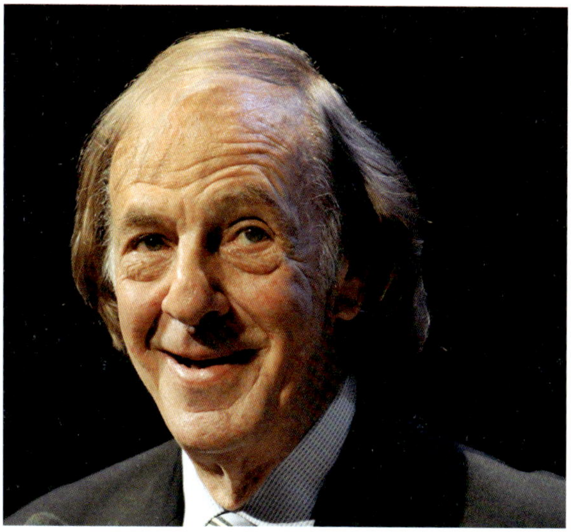

Cesar Luis Menotti (Weltmeister 1978 mit Argentinien)

Von der strategischen Ausrichtung, über die Entwicklung eines Spielmodells und der Erstellung einen Morphozyklus gilt es nun, die einzelnen Einheiten zu planen.

Nach dem Prinzip der Spezifität hat jede Einheit (bis auf das Abschlusstraining) eine Dauer von 90 Minuten.

Bei der Planung der Trainingseinheiten wird auch hier das Spielmodell zurate gezogen.

Hier finden Sie ein Beispiel, wie taktische Inhalte periodisiert werden könnten:

Periodisierung von Trainingsinhalten	Morphozyklus 1	Morphozyklus 2	Morphozyklus 3	Morphozyklus 4
OFFENSIVE				
Spielaufbau im hinteren Drittel	x		x	x
Spielaufbau im mittleren Drittel		x		x
Finale im letzten Drittel			x	x
UMSCHALTEN AUF DEFENSIVE				
Gegenpressing		x	x	
„Sich fallen lassen"	x			x
DEFENSIVE				
Zonenverteidigung Ball in Zentrale		x		
Zonenverteidigung Ball am Flügel	x			
Angriffspressing			x	x
Mittelfeldpressing			x	x
UMSCHALTEN AUF OFFENSIVE				
Konterspiel			x	x
STANDARDS				
Offensiv		x		x
Defensiv	x		x	
POSITIONSTRAINING	x	x	x	x

Sieht es das entwickelte Spielmodell z. B. vor, den Gegner durch ein Kurzpassspiel mit kurzen Ballkontaktzeiten und im richtigen Moment gewählten Spielverlagerungen und blitzschnellen Pässen in die Tiefe sowie ein schnelles Gegenpressing zu dominieren, müssen entsprechende Übungen entwickelt werden.

Hierzu sind Positionsspiele in allen Varianten geeignet, die Trainer wie z. B. Pep Guardiola in jedem Training einsetzen.

„Alles, was im Spiel vorkommt, mit Ausnahme des Torschusses, kann man auch in einem Rondo machen. Der Aspekt des Wettbewerbs, der Kampf darum, Raum zu schaffen, das Verhalten in Ballbesitz und das Verhalten bei Ballverlust, wie man „One-Touch"-Fußball spielt, wie man sich aus dem Deckungsschatten löst und wie man den Ball zurückerobert."

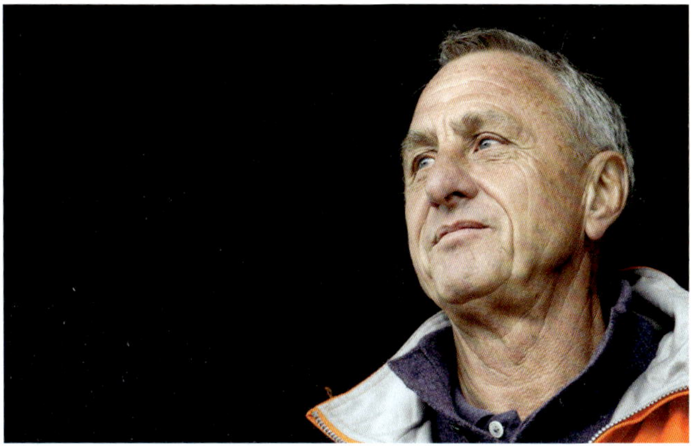

Starker Befürworter von Rondos: Johan Cruyff – Fußballlegende

Wie es der Name bereits sagt, wird beim Positionsspiel der Spieler für sein Positionsverhalten geschult.

Bei diesen *Rondos*, die auch beim FC Barcelona zahlreich zum Einsatz kommen, wird in engen Räumen der Ball gegen zahlenmäßig unterlegene Gegner in den eigenen Reihen gehalten, wodurch, neben der eigenen Überzahl in Ballnähe, das Kurzpassspiel mit kurzen Ballkontaktzeiten trainiert wird.

Das dabei am häufigsten eingesetzte Rondo ist das 5 gegen 2, bei dem die Spieler in einem 8 m x 8 m großen Feld den Ball direkt zirkulieren lassen.

Warum gerade 8 m x 8 m? Diese 8 m x 8 m sind kein Zufall, sondern haben den Hintergrund, dass diese Distanz ideal ist für schnelle Ballzirkulationen zum einen und zum anderen sind die 8-m-Abstände auch ideal im Defensivblock.

Ziel ist es auch, dass die Spieler die Situationen in diesem extrem verknappten Feld noch schneller wahrnehmen und so die üblichen 0,3 Sekunden Reaktionszeit eines Topathleten um die Hälfte auf 0,15 Sekunden reduzieren, um so dem Gegner gedanklich und physisch immer einen Schritt voraus zu sein.

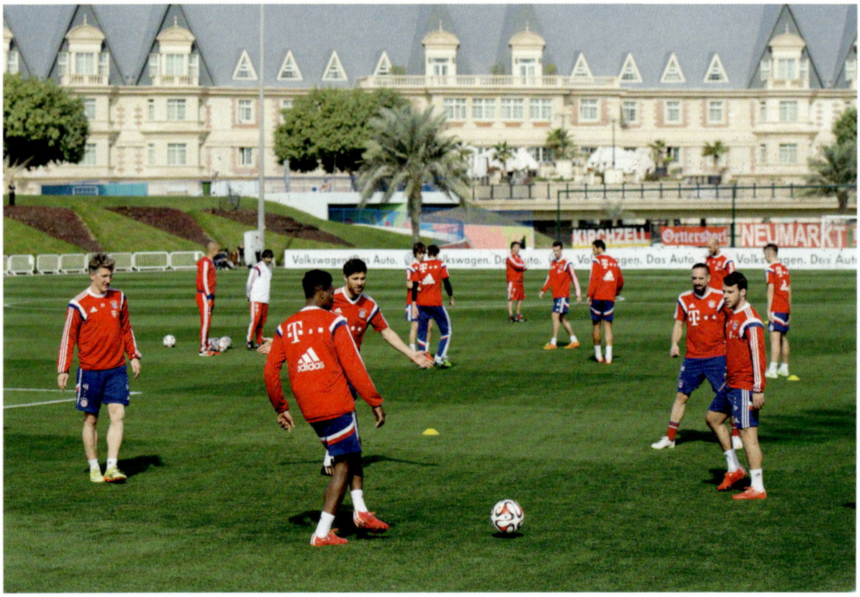

Bayern-Profis beim „RONDO"

Neben kurzen Ballkontaktzeiten kann hierbei auch hervorragend das Gegenpressing trainiert werden.

Je nach Trainingsschwerpunkt können diese Positionsspiele durch Spielfeldgröße, Spieleranzahl oder die Coachingpunkte gezielt gesteuert werden.

Folgende Coachingpunkte müssen neben einer hohen Intensität und Konzentration grundsätzlich beim Training der „Rondos" beachtet werden:

Das Lösen aus dem Deckungsschatten des Gegners

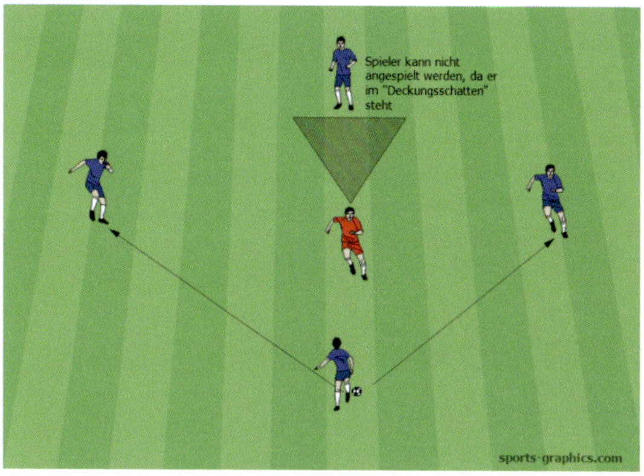

Das richtige Freilaufverhalten nimmt eine wichtige Rolle beim Coaching von „Rondos" ein. Dabei ist darauf zu achten, dass sich die Spieler nicht im Deckungsschatten des Gegners befinden.

Das Erzeugen von guten Winkeln

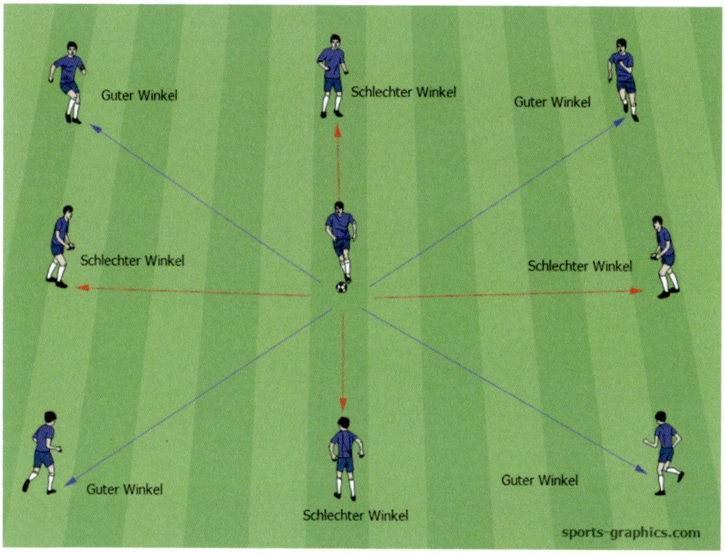

Die Spieler sollten zum Ballbesitzer, wann immer es möglich ist, einen 45°-Winkel einnehmen, da dieser Winkel optimal für eine gute Spielfortsetzung ist. Wichtig dabei ist dann natürlich ein gutes Passspiel über den Winkel.

Offene Körperhaltung und Bereitschaftsstellung

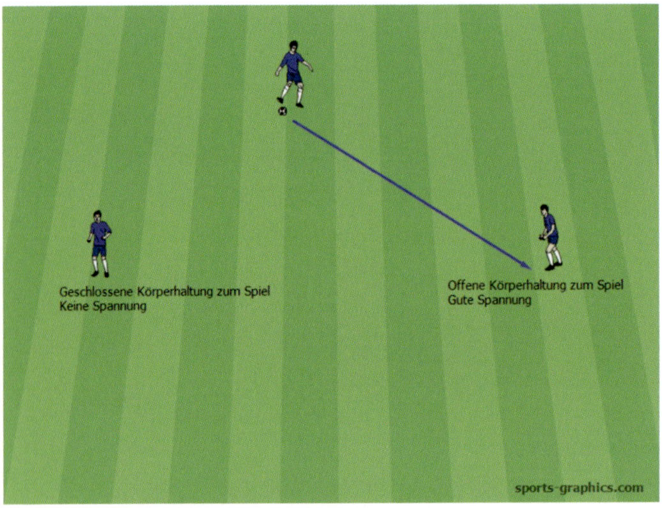

Eine offene Körperhaltung ist von hoher Wichtigkeit, damit ein Spieler angespielt werden kann, damit er möglichst viel von der Situation wahrnimmt, um dadurch die bestmögliche Entscheidung für eine Spielfortsetzung zu treffen.

Zudem müssen die Spieler permanent bereit sein und eine gute Körperspannung haben.

Eine orientierte Ballmitnahme

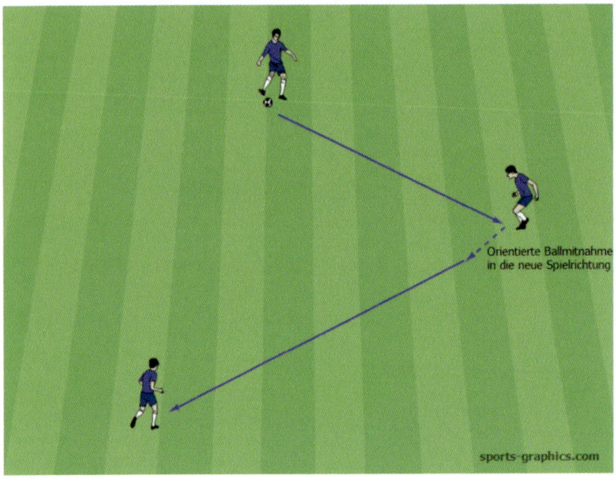

Um das Tempo des Balls hochzuhalten und damit sich der Spieler nicht bereits selbst bei der Ballannahme unter Druck bringt, ist eine orientierte Ballmitnahme absolut notwendig, welche perfekt mit „Rondos" geschult werden kann.

„Es gibt 36 verschiedene Arten der Kommunikation durch einen Pass."

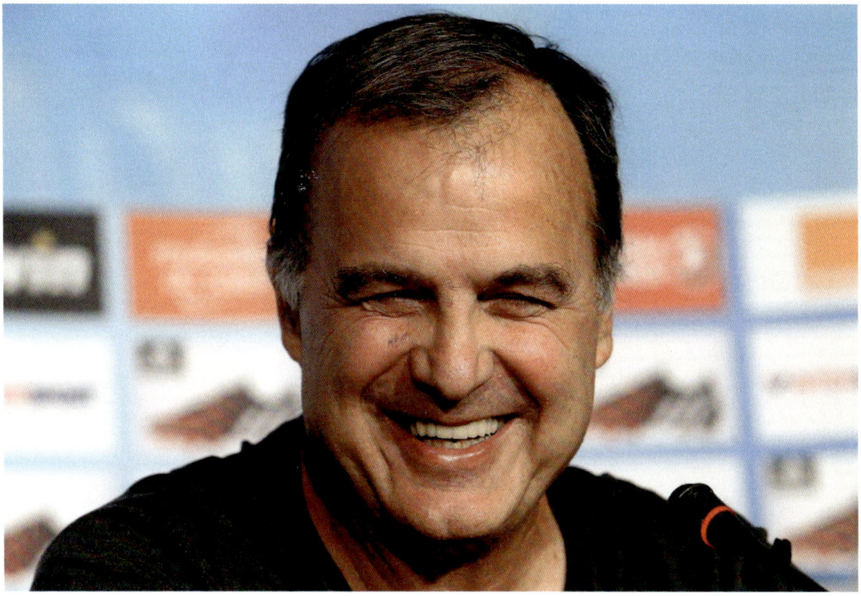

Marcelo Bielsa – Fußballvisionär

Aus diesen Positionsspielen können dann wiederum Spielformen abgeleitet werden, in denen zunächst in engen Räumen auf Ballbesitz gespielt wird, um dann, nach einer Kontaktvorgabe des Trainers, so schnell wie möglich ein Tor zu erzielen oder das Spiel zu verlagern.

Auch das Warm-up wird, neben der Funktion als Verletzungsprävention, bereits dazu genutzt, um taktisch zu arbeiten:

Die Spieler werden beispielsweise durch entsprechende Passübungen, die der Trainer an das Spielmodell und den Gegner angepasst hat, optimal auf den weiteren Verlauf der Trainingseinheit vorbereitet.

Bereits bei diesen ersten Passübungen werden die Spieler nach dem Prinzip der konditionierten Übung positionsentsprechend eingeteilt.

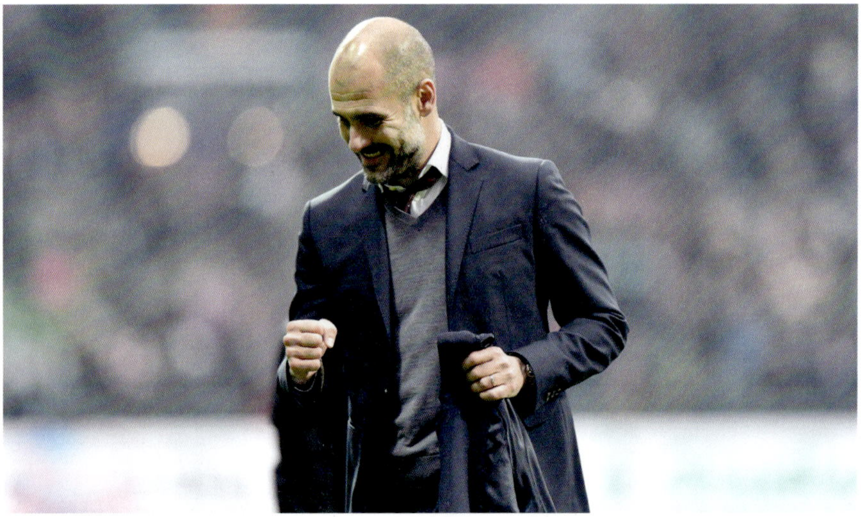

„The intention ist not to move the ball, rather to move the opposition." – Pep Guardiola

So könnte beispielhaft vereinfacht das erste Training (Matchday+2) nach einem Spieltag und einem passiven Trainingstag mit dem Spielmodell von Guardiola für 18 Feldspieler plus 2 Torspieler aussehen:

TRAININGSZIEL: VERBESSERUNG DES SPIELAUFBAUS IM MITTLEREN DRITTEL UND DES GEGENPRESSINGS					
KW 26	22. Juni	Dienstag Matchday +2	Sektoriales-/ Intersektioriales & Gruppenverhalten	Aktive Erholung	90 Minuten
	ÜBUNG 1	ÜBUNG 2	ÜBUNG 3	ÜBUNG 4	ÜBUNG 5
Art der Übung	Passübung: 3 x 6 Spieler mit 12 m Distanz	Positionsspiel: 3 x 4 gegen 2; 8 x 8 m in der Raute	Positionsspiel: 2 x 6 gegen 3; 28 x 16 m	Positionsspiel: 1 x 9 gegen 9 + 60 x 40 m	9 gegen 9 plus Torspieler auf einem 2/3- Platz
SUB-PRINZIPIEN	Spiel über den Dritten; Spiel in die Tiefe	Orientierte Ballmitnahme; freie Räume erkennen	Überzahl schaffen; Gegenpressing, Räume kreieren und verengen	Überzahl schaffen; Gegenpressing, Räume kreieren und verengen	Defensive: kollektive Schiebebewegung; Offensive: Umsetzen Übung 1 bis 3
SUB-SUB-PRINZIPIEN	Orientierte Ballmitnahme; Passtiming	Defensivverhalten in Unterzahl	Umschalten und freie Räume erkennen, Abkippbewegung	Umschalten und freie Räume erkennen	Spiel in die Tiefe: Linien überspielen Duelle im individualtaktischen Raum
DAUER	15 Minuten	20 Minuten	20 Minuten	20 Minuten	15 Minuten

„It is positional play, not a possession game!"

Eine weiteres Musterbeispiel für diesen Trainingstag, das u. a. Pep Guardiola nutzt, um das Positionsspiel zu schulen, ist das 7 gegen 7 plus 3, bei dem die Grundvoraussetzung ist, und wie es der Name bereits sagt, dass die Spieler aus ihrer Position agieren. Des Weiteren kommen auch alle vier Spielphasen innerhalb dieses Positionsspiels vor, das sich optimal eignet um die Komplexität des Spiels zusammen mit den methodologischen Prinzipien umzusetzen:

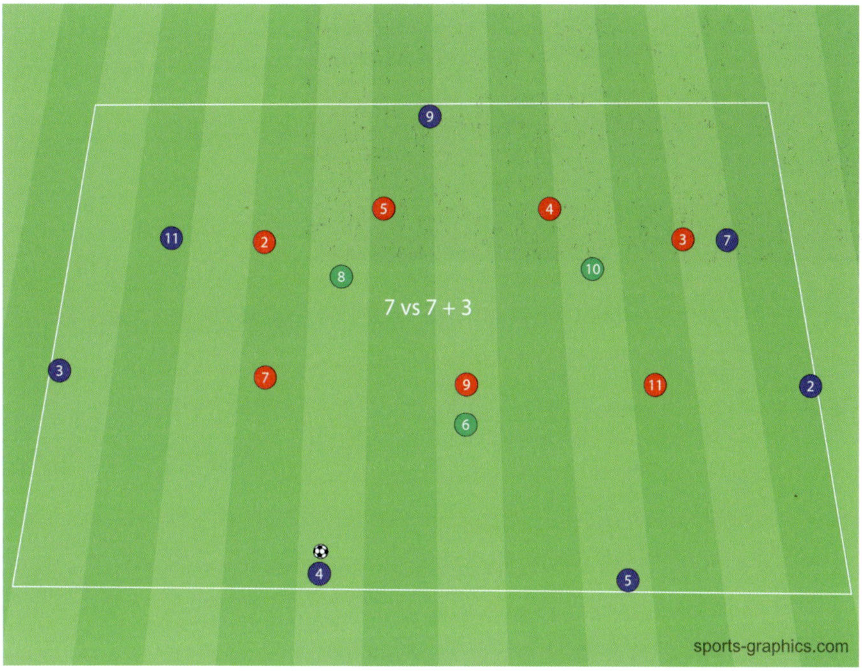

7.9 ABSCHLUSSBETRACHTUNG UND ÜBERLEGENHEIT DER TAKTISCHEN PERIODISIERUNG

„Mein Milan-Team rannte nicht mehr als die anderen. Wir rannten nur besser." – Sacci

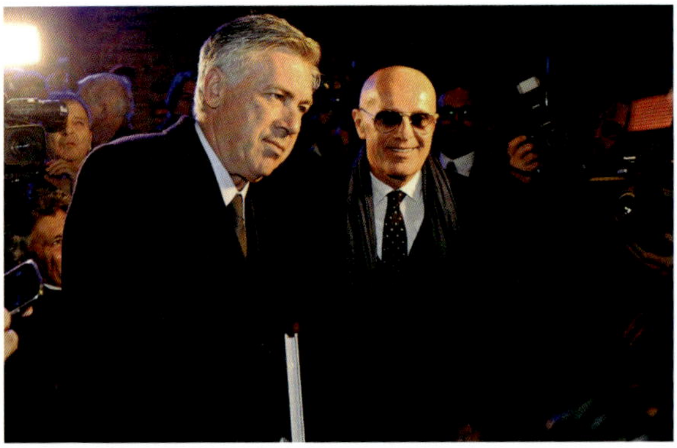

Carlo Ancelotti (links) mit seinem Mentor, Trainer-Legende Arrigo Sacchi

Der größte Unterschied zwischen einem Trainer, der mit den Ideen und Inhalten der taktischen Periodisierung arbeitet und anderen Trainern ist, dass dieser Trainer bei seinen Planungen den Fußball in seiner ganzen Komplexität als Ausgangspunkt hat.

Mithilfe logischer Konstrukte und einer ganzheitlichen Betrachtungsweise, in die die vollumfängliche Komplexität von internen und externen Faktoren Einfluss findet, kann ein Trainer oder ein ganzer Verein eine spezifische Methodologie entwickeln, die dynamisch ist und ständig weiterentwickelt wird.

Außerdem zählen am Ende vom Tag gerade im Fußball immer die Fakten und diese zeigen, dass das Modell der taktischen Periodisierung das momentan am erfolgreichsten eingesetzte Konzept ist.

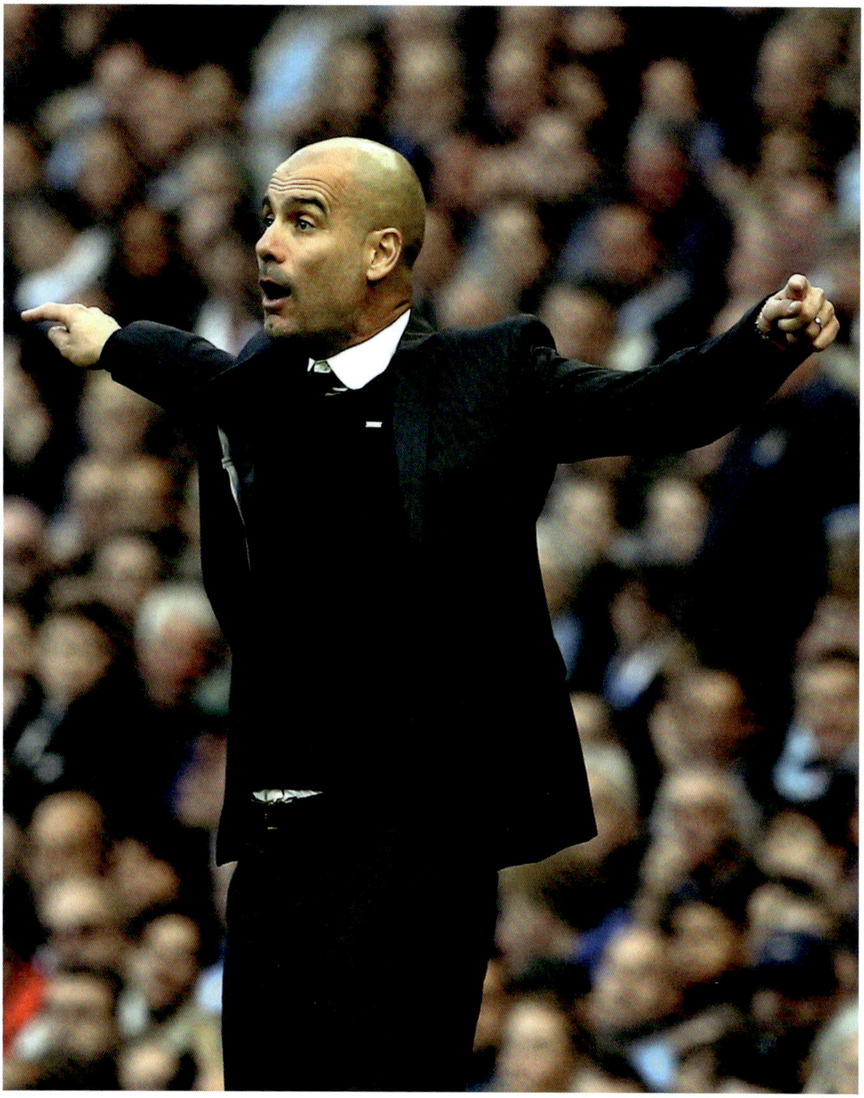

Erfolgstrainer und Taktikgenie: Pep Guardiola, dessen Methodologie auf einer klaren Spielidee, analytischer Arbeit und auf dem komplexen Modell von Paco Seirulo aufbaut.

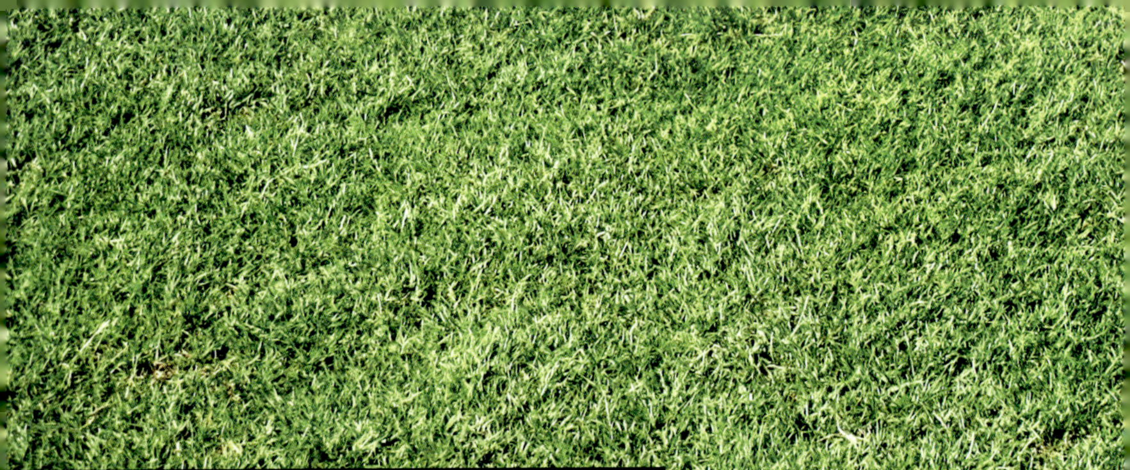

KAPITEL 8

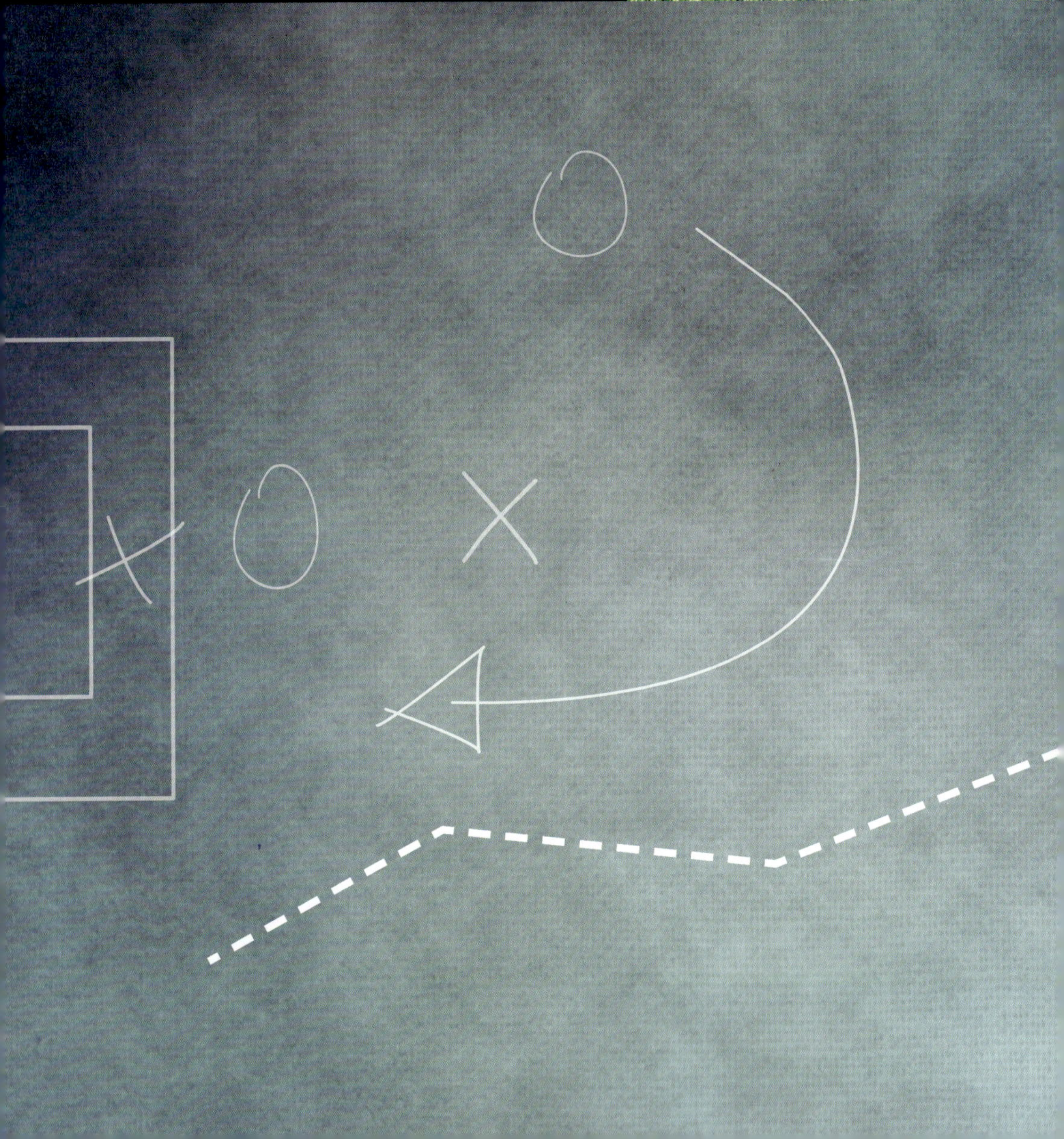

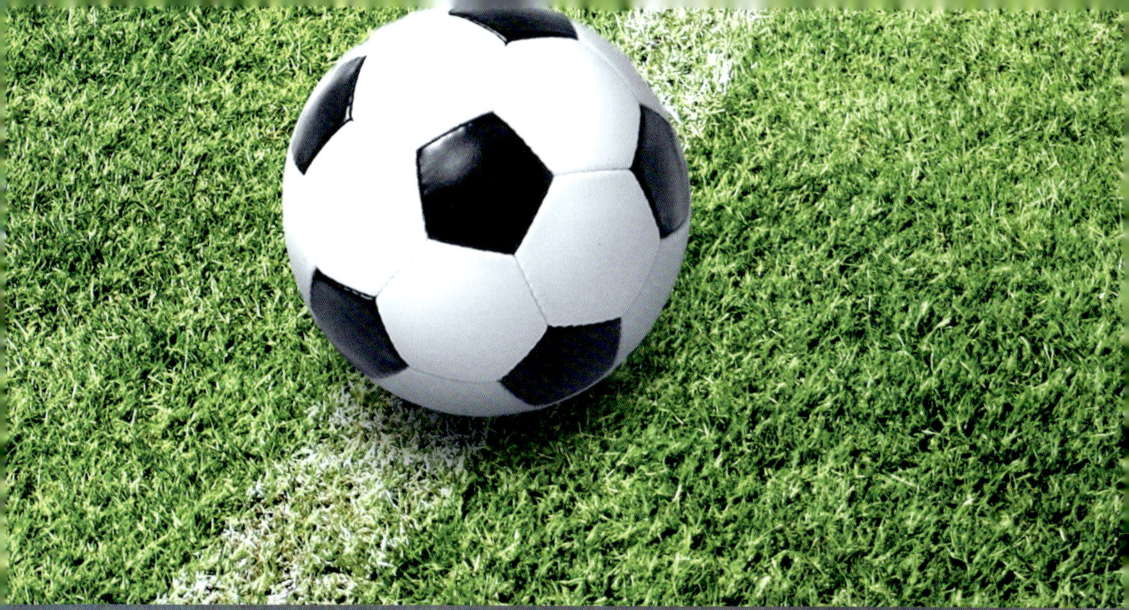

Beispiel einer in der Praxis erfolgreich erprobten Methode

KAPITEL 8

Beispiel einer in der Praxis erfolgreich erprobten Methode

Prozessorientiertes Denken und Handeln ist einer der größten Schlüsselfaktoren zum Erfolg.

Dafür braucht es, wie es der Name schon sagt, die bestmöglichen Prozesse.

Jeder Trainer und Ausbilder auf der Welt will Fußball weiterentwickeln, seine Mannschaft und die Spieler kontextuell verbessern.

Dafür müssen die Trainer bestmöglich ausgebildet werden, indem ihnen das bestmögliche Wissen, im Idealfall durch ein Curriculum, zur Verfügung steht.

Je besser der Trainerausbilder ausgebildet ist, der dieses Konzept verfasst und die Trainer schult, desto höher ist die Chance, dass die richtigen Prozesse in Gang kommen.

Auch dieser Trainerausbilder braucht die bestmögliche Trainerausbilder-Ausbildung, damit er sich ständig weiterentwickelt, denn Stillstand bedeutet Rückschritt:

BESSERE TRAINERAUSBILDER-AUSBILDUNG =
BESSERE TRAINERAUSBILDER =
BESSERES KONZEPT =
BESSERE TRAINER =
BESSERE SPIELER =

BESSERER FUSSBALL

Im zweiten Teil des Buchs wird nun ein detaillierter Einblick in ein in der Praxis sehr erfolgreich umgesetztes Konzept gegeben, mit dem aufgezeigt werden soll, wie die im ersten Teil des Buchs dargestellten Inhalte und Bausteine zu einer eigenen Methodologie vernetzt werden können.

Die dargestellten Inhalte sind ein erprobtes theoretisches Konzept, aus dem das Spielmodell sowie Spiel- und Trainingsprinzipien vorgestellt werden und aus dem anschließend methodische Vorgehensweisen auch in Bezug auf verschiedene Altersstufen mit über 100 ausgewählte Trainingsübungen präsentiert werden.

Da es auf dem Platz mehr denn je Spieler braucht, die selbstständig denken, braucht es natürlich auch Trainer, die selbstständig denken und nicht einfach komplett vorgegebene Trainingseinheiten wiedergeben, was sich aus der Erfahrung negativ auf die Motivation der Trainer niederschlägt.

Vorgaben wie beispielsweise, dass in Kalenderwoche xy die Thematik xy trainiert werden soll sind wenig sinnvoll, denn niemand kann wissen, ob die Spieler die geforderten Inhalte bereits längst perfekt können, oder Nachholbedarf in anderen Bereichen haben, die dann aber nicht mehr abgedeckt werden.

Dies ist jedoch nicht zu verwechseln mit langfristigen Entwicklungszielen. Da diese jedoch niemals linear verlaufen, braucht es eine gewisse Flexibilität, die niemand besser einschätzen kann als die Person, die am nächsten an der Mannschaft ist – der Trainer.

Je klarer das Konzept und die Umsetzung, desto besser können Vor- und Nachteile später evaluiert und angepasst werden. Es geht darum, sich gemeinsam innerhalb eines Konzepts zu bewegen und aufbauend auf einer Tool-Box und Rahmenbedingungen das bestmögliche Training für ein Team als auch den einzelnen Spieler zu kreieren.

Das Spielmodell inklusive der Spielprinzipien sowie gewisser Trainingsgrundsätze bildet einen Rahmen, innerhalb dessen sich die Trainer aber frei und kreativ bewegen können und sollen.

Aufbauend auf den bestmöglichen Referenzen, die versuchen, die bestmöglichen Startvoraussetzungen für die Trainingsgestaltung und die Entwicklung der Spieler zu bieten, sollen Trainer Übungen und Konzepte weiterentwickeln und neue Referenzen einbringen, diese testen und evaluieren.

Der Trainer überprüft am Wochenende den Leistungsstand seiner Mannschaft, aufbauend auf den Rahmenbedingungen, evaluiert diese und passt dann flexibel den neuen Morphozyklus an.

„Das beste Konzept, die besten Trainer, die besten Spieler und die besten Gegner."

AUFBAU UND DARSTELLUNG EINES LANGFRISTIGEN ERFOLGSMODELLS IM FUSSBALL

Im ersten Schritt geht es darum, ein Modell mit Prozessen zu erstellen, an dem sich alle Beteiligten orientieren können und das somit auch einen wichtigen Handlungsrahmen vorgibt.

Modelle spielen eine wichtige Rolle, um komplexe Vorgänge leicht verständlich darzustellen und helfen generell dabei, dass man durch den Entwurf eines Modells selbst die Sachverhalte bis ins kleinste Detail versteht.

Das folgende Modell, inspiriert durch den Dänen Mads Davidsen, zeigt auf, wie ein Gedankenprozess in logischen Schritten aussehen könnte, um in einem Verein oder Nationalverband langfristig Erfolg zu haben:

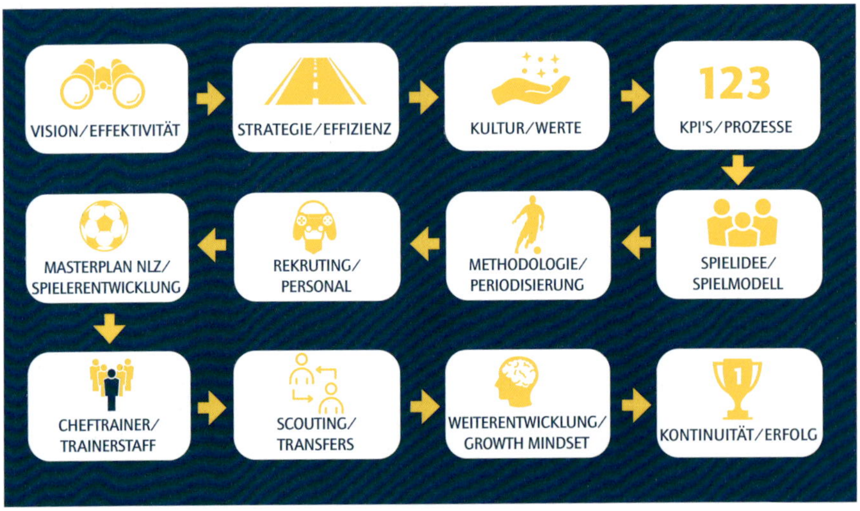

Eine gemeinsame Vision ist der Startschuss, damit dann schnellstmöglich eine Strategie umgesetzt werden muss, die den Ball ins Rollen bringt.

Dabei muss unbedingt auf kulturelle Gegebenheiten und Werte eines Landes oder eines Clubs eingegangen werden, die wiederum einen wichtigen Einfluss auf das Erstellen von Key-Performance, Indikatoren und der Bildung von Prozessen haben.

Aus diesen KPIs und Prozessen werden eine Spielauffassung und Spielprinzipien erstellt, die ein wichtiges Herzstück bilden, aber auch so angegangen werden, dass man herausarbeitet, wie Spiele wirklich gewonnen werden und nicht nur zu schauen, wie man den gerne spielen würde.

Das Spielmodell und die Spielprinzipien definieren die Traininigsstruktur und die Arbeit auf dem Platz und am Spieltag.

Erst wenn diese Punkte klar definiert sind, kann man überhaupt das richtige Personal in allen Belangen auswählen, die wiederum entscheidend sind für die Spielerentwicklung und die Umsetzung des Masterplans in der Nachwuchsakademie, die mehr denn je als Proficenter aufgebaut werden muss, wenn man langfristig am Markt bestehen will, ohne sich zu sehr in Abhängigkeit von Investoren zu begeben.

In die Auswahl strategischer Entscheidungsträger, wie beispielsweise einem Technischen Direktor, muss extrem viel Aufwand gesteckt werden, da diese als Komitee die bestmöglichen Trainer und Personal auswählen müssen, die den Prozess bis hierhin tagtäglich umsetzen.

Gemeinsam aus der strategischen und operativen Ebene werden dann, auf den Prozessstrukturen aufbauend, das Scouting, die Kaderzusammenstellung und Transfers getätigt.

Im Idealfall sind möglichst viele Mitarbeiter mit einem Growth Mindset ausgestattet und evaluieren die Prozesse kritisch und sind innerhalb dieser Leitplanken flexibel, wodurch eine ständige Weiterentwicklung stattfindet. Es wird eine Frage der Zeit sein, bis sich langfristiger Erfolg einstellen wird.

Die Kultur ist in diesem Prozess ein absolutes Killerkriterium, das über Erfolg und Misserfolg entscheidet. Gerade wenn zu Beginn des Prozesses Krisen auftreten, sind die definierten Werte, die in der Praxis tagtäglich gelebt werden müssen, entscheidend.

Als Empfehlung gilt „Klasse statt Masse". Hier im Beispiel wurden die Werte „Positiv, Team, Respekt" und „Ambition" ausgewählt.

Die Auswahl sollte unbedingt in einem Gremium, dass mit den internen und externen Gegebenheiten vertraut ist, erstellt werden.

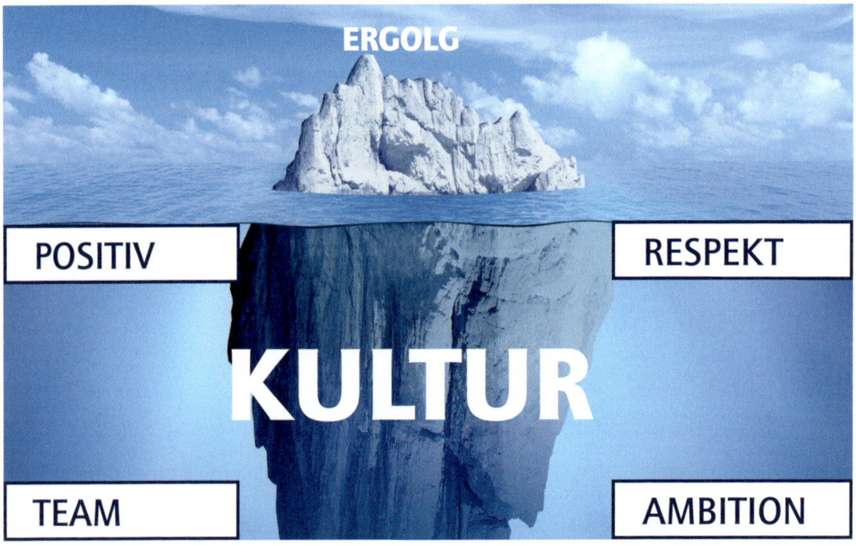

Diese vier Werte können auch sehr gut zur Mitarbeiterauswahl von Trainern genutzt werden. So könnte man festlegen, dass mindestens drei der vier Werte von der entsprechenden Person gelebt werden, da es ansonsten mit großer Sicherheit auf lange Sicht in diesem Umfeld zu Problemen kommen wird.

SPIELAUFFASSUNG UND SPIELMODELL

„First is philosophy. The start of everything is you decide the style of play." – José Mourinho

Die strategische Ausrichtung eines Vereins oder Verbands muss sich in der Spielauffassung wiederfinden.

Aufbauend auf objektiven Referenzen und Fakten des Fußballs, muss eine Weltstandsanalyse mit Spielfakten und internationalen Trends erstellt werden:

Beispiel einer in der Praxis erfolgreich erprobten Methode

Was machen die weltbesten Mannschaften und Trainer und warum sind sie so erfolgreich?

Für diese Analyse wurden neben der Sichtung und Analyse von Videomaterial und Fachliteratur auch viele der führenden Nachwuchsabteilungen und Vereine besucht und der gezielte Austausch mit Spezialisten wie z. B. Standardtrainern gesucht, aber auch der fachfremde Austausch mit führenden Leuten aus anderen Sportarten, Wissenschaft und Wirtschaft fand Einfluss in diese Weltstandsanalyse.

Dabei müssen zwingend auch Spielelemente des internationalen Spitzenfußballs berücksichtigt werden, die eine erkennbar höhere Spieleffizienz und damit Spielerfolge aufweisen und nicht die eigene subjektive Auffassung, welchen Fußball man gerne sehen würde.

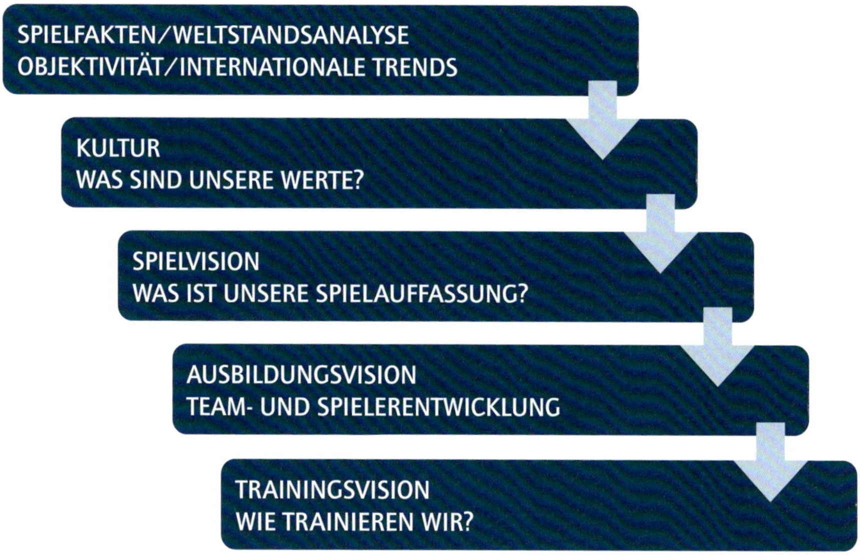

Die Kultur und wie man Fußball spielen lassen möchte, also die Anwendung dieser objektiven Fakten, ist dann die subjektive Kunst jedes einzelnen Vereins und der passenden Kultur mit klar definierten Werten, die jeden Tag sichtbar gelebt werden.

Um dann auf diesen Werten aufbauend im nächsten Schritt eine einheitliche Spielauffassung und klare Prinzipien durch ein Spielmodell zu erstellen.

Die gemeinsame Spielauffassung ist strategisch und damit etwas Dauerhaftes, aber auch gleichzeitig ein dynamischer Prozess, der jedoch nie den Kern der Spielauffassung verändert, sondern vielmehr detaillierte Optimierungen vornimmt.

Wichtigster Ausgangspunkt für eine einheitliche Spielvision ist es, klare Handlungsmuster für die strategische Ausrichtung auf dem Platz sowie für alle Spielphasen und Spielmomente in Form von Prinzipien zu definieren:

- Wie wollen wir ein Spiel angehen?
- Wie verhalten wir uns in der Defensive?
- Wie verhalten wir uns bei Ballverlust?
- Wie verhalten wir uns in der Offensive?
- Wie wollen wir Kontersituationen optimal lösen?
- Wie agieren wir bei Standardsituationen?

Aussagekräftige Leitlinien in Form von Prinzipien beschreiben, wie Spielsituationen gelöst und trainiert werden. Diese Prinzipien zur Schulung von Spielern und Trainern werden im Idealfall in einem sogenannten *Playbook* dokumentiert:

Prinzip – Best-Pratice-Beispiel als Videosequenz – Übungspool – Übung im Training als Videosequenz – hauseigenes Best-Practice-Beispiel.

Aus dieser Spielvision werden dann im nächsten Schritt Anforderungen von der U9 bis zur ersten Mannschaft abgeleitet, wie eine einheitliche Ausbildungs- und Trainingsvision gestaltet werden soll:

- Was muss ein Fußballer in seiner Ausbildung erfahren, damit er sich auf höchstem Niveau durchsetzen kann?
- Was ist die optimale Weise, um die Ausbildungsvision im Training umzusetzen?

Jeder Trainer muss dann diese gemeinsame Spielauffassung mit den einzelnen Prinzipien verinnerlichen und als klare Referenzen in seinem Gehirn abspeichern. Nur so kann ein Verein oder Verband gemeinsam in dieselbe Richtung gehen und kann die bestmögliche Qualität auf den Platz gebracht werden.

Alle Verantwortlichen werden sich dadurch gegenseitig besser machen, da alle von denselben Sachverhalten reden!

Gemeinsam aufbauend auf dieser wichtigen Grundlage, wird das Spiel permanent weiterentwickelt und man sollte gleichzeitig innovativ sein, um wichtige Trends zu erkennen und im Idealfall bereits zu antizipieren und dann das Konzept an diese Trends anzupassen.

Dafür braucht es proaktive und mitdenkende Trainer!

Will man Mannschaften und Spieler entwickeln, muss immer proaktiv, positiv und offensiv agiert werden, ohne dabei aber die Realität aus den Augen zu verlieren und den objektiven Ausgangspunkt des Spiels zu vernachlässigen.

Spitzenteams sind extrem flexibel geworden und sind immer mehr in der Lage, verschiedene Spielstile und Systeme sogar innerhalb eines Spiels zu mischen.

„Großartige Mannschaften dominieren Raum und Ball. Das bedeutet, dass du das Spiel diktierst, wenn du den Ball hast und wenn du verteidigst, kontrollierst du den Raum." – Arrigo Sacchi

BEISPIELHAFTE DARSTELLUNG EINES SPIELMODELLS IN PRINZIPIEN

Für die Darstellung der Prinzipien eines Spielmodells gibt es viele verschiedene Möglichkeiten.

Wichtig ist es jedoch dabei, dass es auf einer Seite dargestellt werden kann, wie Albert Einstein verdeutlicht: „Wenn du es nicht einfach erklären kannst, hast du es nicht gut genug verstanden."

Nachfolgend ein Beispiel aus meiner Zeit als Ausbildungschef des Schweizer Rekordmeisters Grasshopper Club Zürich:

GRASSHOPPER CLUB ZÜRICH - UNSER FUSSBALL

GC SPIRIT			
RESPEKT	POSITIV	TEAM	AMBITION

UNSERE ÜBERGEORDNETE PRINZIPIEN								
WIR SIND GC - WIR SPIELEN UM ZU GEWINNEN	STARKES GEHRIN - NIEMAND SCHLÄGT UNS AUFGRUND EINER BESSEREN EINSTELLUNG	WIR SIND POSITIV AGGRESSIV UND SPIELEN UM ANZU-GREIFEN. IMMER. GEGEN JEDEN	VORWÄRTS DENKEN. VOR-WÄRTS SCHAUEN. VORWÄRTS SPIELEN	WIR COACHEN UND PUSHEN UNS GEGENSEITIG ZUM ERFOLG	WIR DOMINIEREN UNSERE 1 VS 1 SITUATIONEN	HOHE TAKTISCHE FLEXIBILITÄT UND TOPORGANISATION	PERFEKTES UMSCHALTSPIEL	IMMER +1 - WIR ÜBERLADEN UNSERE GEGNER IN JEDER SITUATION

SPIELPHASE	SPIELIDEE	ZONENZIEL	PRINZIPIEN	SPIELPHASE	SPIELIDEE	ZONENZIEL	PRINZIPIEN
OFFENSIVE ORGANISATION: GC BALL - GEGNER ORGANISIERT	SPIELKONTROLLE DURCH ZIELGERICHTETE BALLKONTROLLE UM TORE ZU ERZIELEN	ZONE 1: KONSTRUKTIVER SPIELAUFBAU	- OPTIMALE RAUMAUFTEILUNG - KONSTRUKTIV ERÖFFNEN - PLUS 1+ IM ZENTRUM	DEFENSIVE ORGANISATION: GEGNER BALL - GC ORGANISIERT	AUS EINEM KOMPAKTEN BLOCK TORE VERHINDERN UND DURCH STRUKTURIERTES ANLAUFEN DEN BALL EROBERN	ZONE 1: FINALISIERUNG UND TORE VERHINDERN	- TORSICHERUNG - MANNORIENTIERUNG - TIEFENSTAFFELUNG
		ZONE 2: TORCHANCEN KREIEREN	PACKING 1: SPIELER IN ZWISCHENRÄUMEN SPIELOFFEN IN POSITION BRINGEN PACKING 2: SPIELER IN HALBRÄUMEN SPIELOFFEN IN POSITION BRINGEN PACKING 3: SPIELER AM FLÜGEL SPIELOFFEN IN POSITION BRINGEN			ZONE 2: KREIEREN VON TORCHANCEN VERHINDERN	- KOMPAKTE BLOCKBILDUNG - PRINZIP DER DREI KREISE - BALLORINTIERTES VERSCHIEBEN
		ZONE 3: FINALISIEREN UND TORE ERZIELEN	- KILLERRUN - KILLERPASS - KILLERMOVE/ KILLERABSCHLUSS			ZONE 3: SPIELAUFBAU UNTERBINDEN	- BALLORIENTIERTES ANGRIFFSPRESSING - STELLEN/LENKEN/ STEHLEN - NACHARBEITEN
UMSCHALTEN NACH BALLVERLUST: OFF-DEF	OFFENSIVE UNORGANISIERTHEIT DES GEGNERS MIT DER 4 SEKUNDEN-REGEL AUSNUTZEN UM DEN BALL ZURÜCK ZUGEWINNEN		- GEGENPRESSING - ÜBERSPIELEN VERHINDERN - TRICHTERFÖRMIGES SPRINTEN HINTER DEN BALL	UMSCHALTEN NACH BALLGEWINN: DEF-OFF	DEFENSIVE UNORGANISIERTHEIT DES GEGNERS MIT DER 8-SEKUNDEN-REGEL AUSNUTZEN UM EIN TOR ZU ERZIELEN		- TIEFE VOR BREITE - CENTERSPUR NUTZEN - OVERLAP-RUN

STANDARDSITUATIONEN OFFENSIV	STANDARDSITUATIONEN DEFENSIV

„Our style of play is an algorithm of what happens in a TOP level game."

Die Grundlage bilden die Werte, die ein wesentlicher Bestandteil der Kultur sind.

Darauf aufbauend, wurden neun übergeordnete Prinzipien definiert, die unabhängig von Spielphasen und Zonen umgesetzt werden sollen.

In der nächsten Ebene werden die Spielphasen durch eine Spielidee, Ziele in den jeweiligen Zonen innerhalb dieser Phase und die Prinzipien definiert. Die Sub-Prinzipien und Sub-sub-Prinzipien werden an dieser Stelle nicht aufgeführt, da dies den Rahmen sprengen würde. Sie sind im Idealfall in einem sogenannten *Playbook* visuell mit Videoclips verankert, um die Spieler zu schulen.

Damit ein logischer Aufbau besteht, ist rechts und links die organisierte Spielphase immer mit der anschließenden Umschaltphase gekoppelt, genauso wie die entsprechenden Standardsituationen.

Ausgehend von den Werten, ist es das Ziel, durch diesen Prozess die Mannschaft und Spieler so gut zu entwickeln, dass sie automatisch Spiele gewinnen werden.

Die Definition des Fußballs ist es, zu gewinnen, dies soll jedoch, wenn man Mannschaften und Spieler entwickeln will, immer über einen definierten Prozess geschehen.

Für untere Altersstufen und Partnervereine wird dieses Modell dann heruntergebrochen und auf die wichtigsten Bausteine reduziert, da entsprechend weniger Trainingszeit zur Verfügung steht.

Bedeutsam bei der Definition der Prinzipien ist dabei der Gebrauch einer positiven Sprache, vor allem bei den Phasen gegen den Ball, die völlig natürlich bei den Spielern im Ranking unter den Phasen im Ballbesitz stehen, wie z. B. Ballangriff statt Verteidigen oder Offensive statt Defensive.

Diese Prinzipien bilden auch den Ausgangspunkt für eine gemeinsame Sprache und sollten den Spielern auf verschiedene Art und Weise verbal und visuell und, am allerwichtigsten, durch eigene Erfahrungen auf dem Platz vermittelt werden, um einheitliche Referenzen und stabile Muster zu entwickeln.

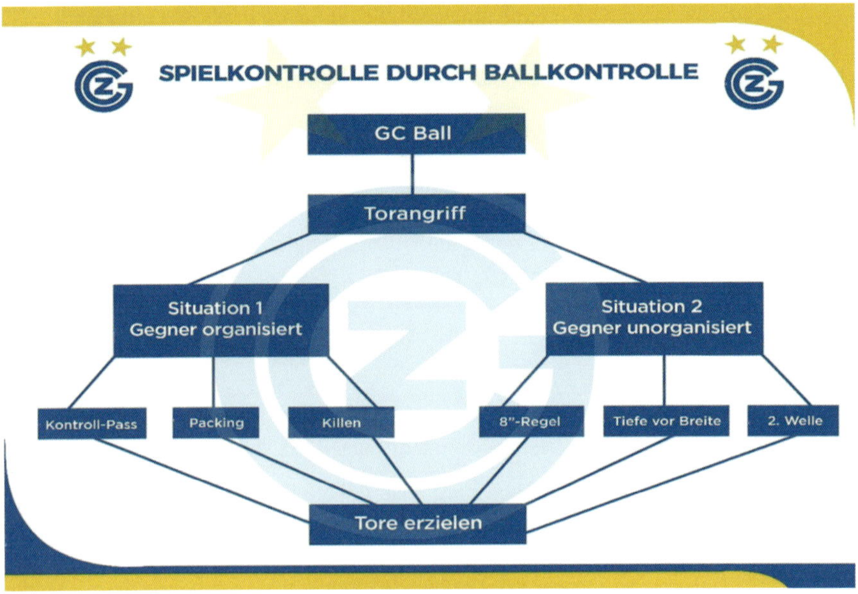

Vereinfachung eines Spielmodells mit Prinzipien für die Phasen in Ballbesitz

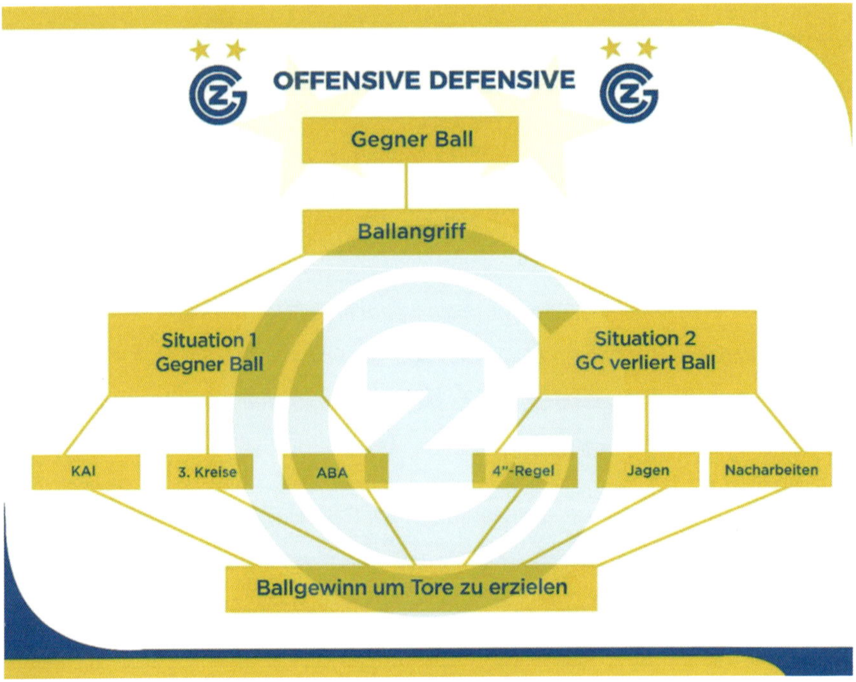

Vereinfachung eines Spielmodells mit Prinzipien für die Phasen bei der Arbeit gegen den Ball

TRAININGSKONZEPT – WICHTIGE GEDANKEN UND BAUSTEINE

Wie im ersten Teil des Buchs erklärt, besteht eine Fußballaktion aus den Teilkomponenten Taktik, Spielintelligenz und Technik, die so oft und lang wie möglich mit maximaler Qualität in einem Spiel aufrechterhalten werden sollen.

Weitere wichtige Faktoren, wie Wille, Motivation, Denken, Einstellung, die Steuerung von Bewegungen oder die Konstitution, bilden gemeinsam ein komplexes System, das auf unterschiedliche Weise miteinander zusammenhängt und voneinander abhängt.

Die Performance im Spiel entsteht also nicht aus der Summe der einzelnen Komponenten, sondern erst durch ihr Zusammenwirken.

Erst die wechselseitige Beeinflussung der perfekt aufeinander ausbalancierten Leistungskomponenten führt zu gewünschten Synergieeffekten und somit zu einer funktionierenden Fußballaktion:

„Das Ganze ist mehr als die Summe seiner Teile."

Bei jeder Mannschaft wird der Erfolg also weniger von den Fähigkeiten eines einzelnen Spielers, als vielmehr von einem koordinierten Zusammenwirken (Synergie) bestimmt.

Leider wird im Fußball immer noch nahezu ausschließlich nach der Kompensationstheorie trainiert, ohne dass sich die Verantwortlichen dessen oftmals überhaupt bewusst sind.

Eine gute Technik soll mangelhafte Schnelligkeit ausgleichen können oder umgekehrt. Diese Kompensationstheorie kann falscher nicht sein! Es geht darum, mit Optimierungsstrategien Fußballaktionen im Ganzen zu verbessern.

Ziel ist es, keine Einzelkönner auszubilden, sondern Spezialisten im 11 gegen 11.

Wichtige Bausteine in einem Trainingskonzept sollten das implizite und differenzielle Lernen sein.

- Kannst du genau beschreiben, wie du Fahrrad fährst?
- Wie du das Gleichgewicht hältst, wie du den Lenker drehst, wie sich dein Oberkörper im Verhältnis zum Unterkörper bewegt etc. und das inklusive aller motorischen und neuronalen Prozesse?

Nein?

Aber du kannst trotzdem Fahrrad fahren, oder?

Die differenzielle Lernmethode und das implizite Lernen geben uns die Möglichkeit, hochkomplexe Informationen zu verarbeiten. Fehler sind also gut, da sie einen Lerneffekt schaffen.

Unter implizitem Lernen wird die unbewusste oder spielerische Aneignung von Fertigkeiten und Wissen beim Ausüben einer Tätigkeit verstanden.

Das Lernen findet dabei in Situationen statt, in denen die Struktur einer komplexen Reizumgebung verarbeitet und aufgefasst wird, ohne dass dies vom Lernenden notwendigerweise bewusst wahrgenommen oder beabsichtigt wird.

Bei diesem Ansatz müssen in jedem Training komplexe Situationen geschaffen werden, die für die Spieler immer wieder neu zu lösen sind.

Je mehr Entscheidungs- und Handlungsmöglichkeiten angeboten werden, desto mehr steigen die Anforderungen.

Spieler müssen komplexen Situationen ausgesetzt werden, die niemals gleich sind.

Dadurch können sich die Spieler schneller an neue Situationen anpassen und werden nur so auf das wirkliche Spiel am Wochenende vorbereitet, da am Spieltag nur der Spieler die Entscheidungen trifft.

Die Wissensaneignung findet beim impliziten Lernen unbewusst statt, wogegen beim dem expliziten Lernen (z. B. isolierte Passübungen) Wissen schneller erlangt wird und weniger anfällig ist, wieder vergessen zu werden.

Um die ganzheitlichen und komplexen Anforderung, die ein Fußballspiel mit sich bringt, abzubilden, soll so oft wie möglich in spielnahen Situationen gearbeitet werden.

Statt zu instruieren, sollen die Spieler begleitet und ihnen dabei geholfen werden, das Spiel selbst zu entdecken. Die Spieler erleben immer zuerst spielnahe Situationen, wodurch wir als Trainer ein Feedback bekommen.

Positive Fußballaktionen sollten lautstark mit Lob belohnt werden, damit Dopamin im Gehirn des Spielers erzeugt wird, wodurch sich die erfolgreich gemeisterte Aktion im Gehirn einprägt. Aktionen, die negativ korrigiert werden müssen, werden so in ein korrektes Handlungsmuster umgewandelt!

„Erkläre es mir und ich werde es vergessen. Zeige es mir, und ich werde mich vielleicht erinnern. Lass es mich selbst tun und ich werde es verstehen." – Konfuzius

Damit unsere Spieler intuitiv handeln können, müssen sie möglichst viele Fußballaktionen erleben.

Im Pubertätsalter ist der präfrontale Kortex dann zunehmend voll ausgebildet, womit ab diesem Moment der Anteil an gezielten Übungen unter Anleitung (Deliberate Practice) zunehmen kann.

Das vom Trainer gesteuerte Entdecken des Spiels in situationsorientierten Spielformen ist, aufbauend auf dem Lernverhalten des Menschen in der Evolution nachgewiesen die beste Methode, um Fußballspieler zu entwickeln.

Der Trainer stimuliert und führt durch offene und geschlossene Fragen zur Lösung eines Problems.

Mit dem impliziten Lernansatz in Verbindung mit differenziellem Lernen werden, neben der Verbesserung von Fußballaktionen, vor allem auch wichtige motivationale Vorzüge erreicht:

- Erhöhung der Übungs- und Trainingsqualität;
- abwechslungsreiches Üben und Trainieren sowie
- mehr Spaß und dadurch eine niedrigere Drop-out-Quote.

Generell ist jedes Kind zunächst intrinsisch motiviert und hat Freude am Spiel.

Zu unseren wichtigsten Aufgaben gehört es, bis in den Aktivbereich hinein diese Freude und intrinsische Motivation zu erhalten!

Ein weiterer wichtiger Fakt ist, dass die ideale Technik nicht existiert!

Jede Technik ist funktionell, situationsabhängig, vielfältig und hochgradig individuell!

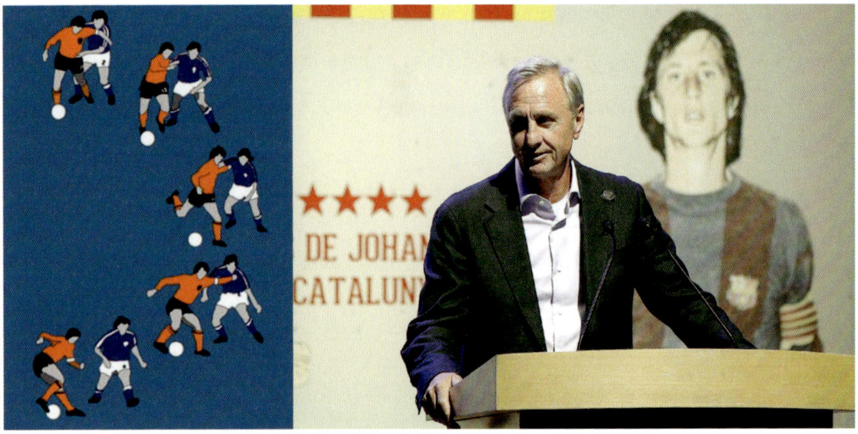

Technik muss im Fußball funktionell und erfolgreich sein und nicht schön aussehen.

Auch hier verspricht der differenzielle Lernansatz, ausgehend von zwei Grundideen, neue Möglichkeiten:

1. Bewegungen unterliegen aufgrund ständig sich ändernder Situationen Schwankungen und können deshalb gar nicht exakt wiederholt werden.
2. Jede Bewegung ist individuell! Kein Mensch bewegt sich exakt wie ein anderer!

Nur wenn das Gehirn unerwartet neue Fähigkeiten erlernt, werden Glückshormone wie Dopamin ausgeschüttet und Lernprozesse positiv beeinflusst und der sogenannte *Feel-Good-Effect* setzt ein!

Abschließend der Hinweis, dass die Grundlagen der Systemdynamik einen unglaublichen Schatz an Ideen bieten, gerade was den Umgang mit „Fehlern" betrifft.

Als Voraussetzung für selbstorganisierende Systeme bedarf es Dynamik, Offenheit und Komplexität.

Dynamische Systeme sind immer im Fluss und verändern sich fortwährend in Raum und Zeit. Durch die Offenheit komplexer Systeme ist ein ständiger Energie- und Informationsaustausch möglich.

Durch diese Offenheit wiederum ergeben sich Differenzen, mit deren Hilfe sich das System selbst Lösungen sucht. Klassisch wird dies negativ als Fehler verstanden.

Diese „Fehler" sind es jedoch, die zu einer Verbesserung des Systems führen, da diese den Lernerfolg unterstützen, indem sie mögliche Lösungsräume eingrenzen und damit den Weg zur situativ optimalen Lösung aufzeigen.

„What good is to learn something, if you cannot transfer the knowledge to other situations?"

TRAININGSPRINZIPIEN

Im Folgenden sind aus dem im ersten Teil des Buchs und den im vorangegangenen Kapitel beschriebenen Ideen und Referenzen 13 Trainingsprinzipien definiert worden, die natürlich je nach subjektiver Anwendung variieren können.

Diese Trainingsprinzipien bilden eine hervorragende Checkliste, um bei der Vor- und Nachbereitung zu prüfen, ob das ausgewählte Training diese Trainingsprinzipien beinhaltet.

SYNERGETISCH

Alle Aspekte müssen sich gegenseitig beeinflussen, damit die Spieler aus der Komfortzone kommen und einen Overload erfahren.

Die Spieler müssen sich extrem schnell zwischen zwei Aktionen entscheiden und jede Entscheidung muss eine Folgeaktion haben.

EFFEKTIV UND EFFIZIENT

Wir bauen unser Training so effektiv (die richtigen Dinge tun) und so effizient (die Dinge richtig tun) wie möglich auf und haben klare Trainingsziele, die wir überprüfen!

FUSSBALLSPEZIFISCH

Jedes Training muss die Aspekte eines Fußballspiels und seine Ziele beinhalten.

KOMPLEX

Je höher die spielnahe Komplexität, desto besser die Adaption der Spieler. So sind Small Sided Games immer einem Parcours vorzuziehen.

QUALITÄT ÜBER QUANTITÄT

Fußball ist ein Intensitätssport und kein Ausdauersport.

WIEDERHOLEN, OHNE ZU WIEDERHOLEN

Wir „packen" unsere Prinzipien in Übungen. Jede Woche gibt es neue Prinzipien und gleichzeitig werden unsere Prinzipien ständig wiederholt. Die Trainingseinheiten dürfen sich jedoch nie 100 % identisch wiederholen. Jede identische Wiederholung zeigt nämlich lediglich auf, was der Spieler schon mal gemacht hat.

FREEZE

Situationen einfrieren und situativ mit klaren Referenzen coachen!

GAMESPEED

Das Training immer mit der authentischen Geschwindigkeit des Spiels durchzuführen. Alles, was wir lernen, lernen wir, um dann den Gamespeed zu erhöhen.

KONZENTRATIONSFÄHIGKEIT

Aufgrund der hohen Komplexität des Fußballs müssen sich die Spieler über 90 Minuten durchgehend konzentrieren können.

INTENSITÄT

Aus der Konzentration ergibt sich dann die Intensität, die es braucht, um spielgerecht zu trainieren.

Intensität = taktische Konzentration

SCHALTEN

Bei jeder gewählten Übung ist zwingend darauf zu achten, dass Umschaltmomente mit einbezogen wurden.

POSITIONSSPEZIFISCH

Statt Chaos wie im Straßenfußball wird jede Übung positionsspezifisch umgesetzt.

ENTSCHEIDUNGS- STATT AUSFÜHRUNGSTRAINING

Unsere Spieler müssen innerhalb des Rahmens unserer Prinzipien in unseren Trainingseinheiten so oft wie möglich selbst gute Entscheidungen treffen, anstatt blind auszuführen, was wir ihnen vorgeben!

BESSERES TRAINING

„A man paints with his brain not with his hands." – Michelangelo

BESSERES TRAINING = WENIGER RAUM UND WENIGER ZEIT

Diese simple, aber logische Formel muss bei der Planung jeder Trainingseinheit berücksichtigt werden, damit für jeden Spieler der optimalen Anforderungsgrad für jedes Training genutzt wird.

Alle jungen Spieler, die einmal mit den Profis trainieren, bemerken, wie viel schneller das Spiel dort ist!

Die Spieler müssen also lernen, sehr schnell zu denken, das heißt, sie müssen auf dem Platz ähnlich wie beim Autofahren auf Autopilot agieren, also nicht bewusst darüber nachdenken, die Kupplung zu drücken und vom zweiten in den dritten Gang zu schalten und gleichzeitig dabei den Verkehr beobachten.

Hierbei müssen wir ihnen systematisch helfen, mit weniger Raum und weniger Zeit zurechtzukommen, damit sie auch auf höchstem Niveau in der Lage sind, auf Autopilot zu agieren!

Zu viele Trainer trainieren, gleichgültig mit welcher Alters- und Leistungsstufe, immer mit exakt den gleichen Spielfeldgrößen. Dies spricht erstens dafür, dass keine Trainingssteuerung stattfindet und zweitens somit so gut wie nie, oder wenn, dann nur zufällig, ein systematischer Aufbau eines, besseren Trainingserfolg erfolgt.

Jedes neue Training muss besser sein als das Training zuvor und immer optimal an den aktuellen Entwicklungsstand angepasst sein.

Nehmen wir eine der im nachfolgenden Übungskatalog beschriebenen Übungen, ein simples 6 gegen 3, um zu verdeutlichen, wie die Steuerung eines besseren Trainings ablaufen sollte:

24 m x 18 m → U15
22 m x 16 m → U16
20 m x 14 m → U18
18 m x 12 m → U21

In der U15 ist die Feldgröße im 6 gegen 3 bei 24 m x 18 m, was zu Saisonbeginn dieser Altersstufe ein interessanter Ausgangspunkt sein sollte.

Da sich unsere U15-Spieler nach einiger Zeit durch unser Coaching und die Übungszeit in dieser Übung entwickelt haben, müssen wir ihnen nun ein „besseres Training" bieten.

Dazu können wir genau dieselbe Übung nutzen, die wir als eine unserer Königsübungen identifiziert haben, jedoch reduzieren wir die Spielfeldgröße.

Durch dieses reduzierte Spielfeld müssen die Spieler nun bessere und mehr Entscheidungen pro Minute treffen, was für ein höheres Spieltempo, einen höheren Puls und für bessere Fußballaktionen sorgen wird, da weniger Zeit zur Verfügung steht.

Adaptieren die Spieler dann diesen kleineren Raum, müssen wir ihnen erneut ein besseres Training bieten, da ansonsten logischerweise keine optimale Entwicklung stattfindet.

Wenn Spieler auf der anderen Seite mit den ausgewählten Übungen völlig überfordert sein sollten, gehen wir natürlich in umgekehrter Richtung vor und machen den Raum größer, wodurch sie mehr Zeit haben, ihre Entscheidungen zu treffen und richtig auszuführen.

Bereits U9-Spieler können perfekt ein 3 gegen 1 spielen, lediglich in einem größeren Raum wie beispielsweise eine U13.

Es sollte jedem klar sein, dass der Ausgangspunkt der Spielfeldgröße von Mannschaft zu Mannschaft schwanken kann und es ein wichtiger Bestandteil unserer Arbeit ist, eine Systematik und klare Dokumentation der Spielfeldgrößen vorzunehmen, da wir unseren Spielern nur so ein immer noch besseres Training garantieren können!

FREEZING UND OFFENE FRAGEN

„Die Qualität deiner Fragen bestimmt die Qualität deiner Antworten."

Eine der wichtigsten Fähigkeiten eines Trainers ist es, die richtige Situation im richtigen Moment anzuhalten (FREEZING), und dann durch offene Fragen die Spieler dazu zu bringen, dass sie selbst das richtige Verhalten aufgrund dieser Fragen erklären, um so den Lernprozess zu beschleunigen.

Zur Hilfestellung eine Auswahl offener Fragen:

- Willst du dem Team helfen?
- Erzielst du gerne Tore?
- Was musst du als Erstes machen?
- Und dann?
- Weißt du, wie wichtig es ist, ins Gegenpressing zu gehen, wenn du den Ball verloren hast?
- Wo ist die Chance größer, ein Tor zu erzielen, wenn du von 30 m schießt oder von 10 m?
- War das gerade gut?
- Wie ist deine Position?
- Wie scharf musst du den Ball spielen?
- Wie deutest du seine Körpersprache?
- Würdest du das wieder machen?
- Was hättest du anders machen können?
- Wann spielst du den Ball am besten ab?

- Wie kannst du das verhindern?
- Wann ist der ideale Moment, wenn der ballbesitzende Spieler passen soll?
- Was ist der Vorteil von Überzahlsituationen?
- Was ist der Vorteil, wenn du deinen Gegenspieler überspielen kannst?
- Wer muss jetzt den Ball erobern?
- Auf welches der beiden Tore ist es einfacher, ein Tor zu erzielen?
- Warum spielst du den Ball nach rechts und nicht nach links?
- Wie soll der Ballangreifer den ballführenden Spieler angreifen?
- Wie stellt sich der Stürmer am besten zum deckenden Verteidiger, um den Ballbesitz zu sichern?

Wenn die gewünschte Situation in der Spielfortsetzung funktioniert, sofort positives Feedback geben, z. B. „Hast du das gesehen, hervorragend!", um Dopamin im Gehirn der Spieler anzuregen, was bei der Abspeicherung der guten Lösung helfen wird.

TRAININGSÜBUNGEN

„Nur wenn man vorher wie ein Berserker in die letzten Details gegangen ist, wird man manchmal mit kleinen Momenten der Leichtigkeit belohnt. Das ist wie bei einem großen Musiker, der Geige spielt – wenn er leicht Geige spielt und alle das Gefühl haben, man kann ein bisschen fliegen. Dann hat er geübt wie ein Schwein." – Christian Streich, SC Freiburg

Um die Spielauffassung und Prinzipien optimal zu vermitteln, braucht es neben der richtigen Kultur und dem richtigen Coaching geeignete Trainingsübungen, in denen alle aufgezeigten Punkte, die es für eine TOP-Übung braucht, integriert sind.

Dafür findest du nachfolgend einen Pool mit über 100 „KÖNIGSÜBUNGEN", die nach Schwerpunkten einzelner oder mehrerer Prinzipien gewichtet sind.

Eine Königsübung wird dadurch definiert, dass sie an das Spielmodell mit den entsprechenden Prinzipien gekoppelt ist, die aufgezeigten Trainingsprinzipien beinhaltet und der Schwierigkeitsgrad in der Übung schnell variiert werden kann.

Zudem kommt der Name „KÖNIGSÜBUNG" auch daher, dass darüber gesprochen wird und die Trainer motiviert werden, neue Übungen zu kreieren, die es in den Pool dieser Königsübungen schaffen.

Der Übungspool wurde dabei in fünf verschiedene Pools unterteilt:

> SKILLS,
> 1 GEGEN 1,
> SSG (SMALL SIDED GAMES) PLUS GAMESPEED,
> POSITIONSSPIELE SOWIE
> SITUATIONSÜBUNGEN.

Nachfolgend wird eine Übersicht mit Steuerungsmöglichkeiten für die einzelnen Übungen vorgestellt, die ein weiteres hilfreiches Tool sein soll, an dem man sich orientieren kann, um aus einer Übung das Maximum herauszuholen.

STEUERUNGS-VARIABLE	STEUERUNGSMITTEL	AUSWIRKUNGEN
Spieleranzahl	• Vom 1 gegen 1 bis zum 11 gegen 11 • Überzahl/Unterzahl: fixe Teams oder mit Neutralen • Mit (neutralen) Anspielern außerhalb des Feldes • Spieler mit Sonderaufgaben	**Weniger:** mehr Spielanteile, höhere Belastung, mehr Aktionszeit/-raum **Mehr:** weniger Anteile, geringere Belastung, Gruppen-/Mannschaftstaktik **Überzahl:** einfacher, Zusammenspiel **Unterzahl:** schwerer, Dribblings
Spielfeld	• Variation in Länge und Breite	**Kleiner:** kürzere Laufstrecke, mehr Schnelligkeitsaktionen, höherer Zeit- und Gegnerdruck **Größer:** längere Laufstrecke, weniger Schnelligkeits-, mehr Ausdauerbelastung, geringerer Zeit- und Gegnerdruck

STEUERUNGS-VARIABLE	STEUERUNGSMITTEL	AUSWIRKUNGEN
Zonen	• Vertikal: Flügel- und Zentralzonen • Horizontale Zonen • Sonderzonen, z. B. Ecken des Spielfeldes	**Vertikal:** durch das Zentrum, in die Tiefe, Flügelspiel, defensiv einrücken **Horizontal:** Spiel in die Breite, Aufbau, Mittelfeld, Abschluss, Pressing usw. **Mit Aufgaben:** Flanke, Dribbeln, One-Touch, Zone ohne Gegnerdruck u. Ä.
Spielziel	• Toralternativen akzentuieren die verschiedenen Abschlusstechniken	**Normaltore:** Groß-, Jugend-, Mini- und Hütchentor: Abschlüsse immer präziser **Dribbeltore:** je größer, desto leichter **Durchgangstore:** Spielfluss **Sondertore:** Technik, bewegliche Tore **Mehr Tore:** Umschalten, Verlagern usw.
Wertung	• Akzentuierung des Trainingsinhaltes	**Mehrfachwertung:** Bonuswertung, doppelte Wertung oder Verdreifachung für bestimmte Treffer oder gefordertes Verhalten (z. B. 10 Stationen Ballhalten = 1 Punkt)
Druck	• Zeitvorgaben • Kontaktvorgaben • Torvorsprung • Spielvorgaben	**Zeitdruck:** Abschluss 10 Sek. o. Ä. **Beschränkungen:** Kontakt- oder Stationenlimit **Ergebnisdruck:** Rückstand aufholen, Spielvorgaben **Spielvorgaben:** Spiel auf Ballhalten trotz pressendem Gegner; Konter u. Ä.
Coaching	• Korrektur und Bewertung der Haupttrainingsinhalte • Synchroncoaching, Schnellinformation, Spätinformation im Mannschafts- oder Einzelgespräch	**Inhaltlich:** Technik, Taktik, Athletik **Motivational:** Lob, Anfeuern, Willensschulung **Spielercoaching:** Kooperation, Hilfen **Ohne Coaching:** Eigenverantwortung, Kreativität, Selbstregulation

TRAININGSINHALTE IN DEN EINZELNEN ALTERSTUFEN

„Stets muss die Praxis auf guter Theorie beruhen." – Leonardo da Vinci

Um einen systematischen und altersgerechten Aufbau zu gewährleisten, ist es wichtig, dass, wie im Buch beschrieben, die Prinzipien zunächst zur Vereinfachung heruntergebrochen und dann Schritt für Schritt dem individuellen Lernfortschritt entsprechend angepasst werden, bis sich am Ende von Klein bis Groß alles perfekt zusammenfügt.

Auf den folgenden Seiten werden die Ausbildungsziele in den verschiedenen Entwicklungsabschnitten erklärt und eine prozentuale inhaltliche Verteilung der Trainingsschwerpunkte, die aus den Ausbildungszielen abgeleitet werden, dargestellt.

Dabei stand ein Pool von am Ende über 300 „Königsübungen" zur Verfügung, die nach Trainingskategorien und innerhalb der Kategorien mit den Prinzipien, die die Schwerpunkte in der Übung bilden, versehen wurden.

Die Spiel- und Trainingsprinzipien und ein positives Coaching bilden die klaren Leitplanken, genauso wie die im Nachfolgenden beschriebene prozentuale Verteilung der Inhalte.

Diese prozentualen Verteilungen bauen auf Kenntnissen und Erfahrungen auf, wie die Spieler in den entsprechenden Altersstufen am besten lernen.

Welche Übungen jedoch aus dem Pool gewählt werden und welche Prinzipien und Schwerpunkte im jeweiligen Training gewichtet werden, genauso wie die richtige Trainingssteuerung, liegt in den Händen der Trainer, die nicht wie ein Roboter agieren sollen, sondern als topausgebildete Trainer mit viel Menschlichkeit und Hingabe.

Für gute Ideen, den Pool der „Königsübungen" zu erweitern oder neue Übungen in den Katalog aufzunehmen, sollte Offenheit herrschen, aber auch mit dem wichtigen Hinweis, dass es sinnvoll ist, auch manchmal viel von einem statt von allem ein bisschen zu machen, um Lernfortschritte wirklich beurteilen zu können.

Unabhängig von der Jahrgangstufe, vom jeweiligen Entwicklungstand und von den gewählten Schwerpunkten, sollte jeder Spieler von einer Trainingseinheit in die Kabine gehen und die folgenden drei Punkte müssen erfüllt sein:

1. Er hat ein körperliches und geistiges intensives Training erlebt.
2. Er hatte Freude.
3. Er hat etwas Neues gelernt und sich weiterentwickelt.

U7 bis U10

Grundordnung: 1-2-3-1/1-3-2-1
Die Spieler rotieren ständig zwischen drei „verwandten" Positionen.
Alle Spieler bekommen die identische Spielzeit.
Sie lernen das „ABC" unserer übergeordneten Prinzipien.
„Fußball spielen lernen durch Fußball spielen!" Basistechniken werden spielerisch erlernt.
Jedes! Training startet und endet mit einem Spiel.
In jedem! Training: fünf Minuten Fangspiele.
In jedem! Training: 1 gegen 1.
In jedem! Training: Torschuss.
In jedem! Training: SSG Schwerpunkt: FUNINHO mit seinen Abwandlungen.
2 x pro Woche 20 Minuten „flexible Körperbeherrschung": Mix aus Koordination, Life Kinetik®, Turnen und spielerischen Kämpfen.
Sie führen zusätzlich 2 x pro Woche 30 Minuten unsere Body Moves und Skills aus.
Regelmäßiger Einsatz von Motivationsvideos, um die Spieler zu begeistern und spielerisch auf die Videoanalyse vorzubereiten.
Scouting!!!Wir wollen bereits in diesem Alter die besten Spieler bei GC haben!

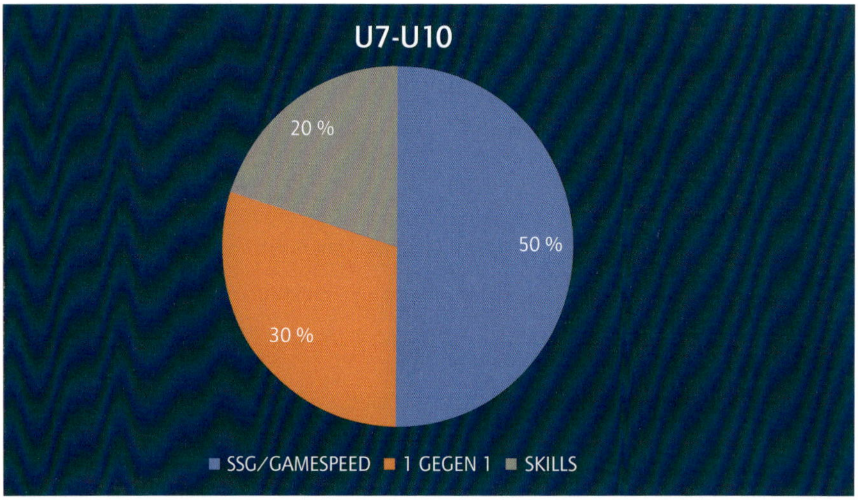

U11 bis U14

Grundordnung: 1-2-3-2-1/1-3-2-3
Die Spieler rotieren ständig zwischen zwei miteinander „verwandten" Positionen derselben Linie.
Alle Spieler bekommen Einsatzzeit; Performance und Potenzial werden jedoch bereits berücksichtigt!
Perfektionieren der übergeordneten Prinzipien bis Ende FE12. Ab der FE13 werden die Zonenziele erlernt und in der Hinrunde der FE14 perfektioniert!
SKILLS: Aufbau einer dynamischen Technik und funktionellen Technik mit passiven, teilaktiven und Vorteilssituationen.
Jedes! Training startet mit einem Fangspiel oder Wettbewerb.
In jedem! Training: First Touch.
In jedem! Training: 1 gegen 1.
In jedem! Training: Torschuss (variable Stoßtechniken und Kopfball).
In jedem! Training: SSG/Umschaltmomente hervorheben!
Jedes Training endet mit einem Spiel!
2 x pro Woche: Königsübung „Taktisches Chaos" einsetzen.
2 x pro Woche 10 Minuten „flexible Körperbeherrschung": Mix aus Koordination, Life Kinetik®, Turnen und spielerischen Kämpfen.
Sie führen zusätzlich 2 x pro Woche 45 Minuten unsere Body Moves und Skills aus.
Ab der FE12 wird neben den Motivationsvideos 1 x pro Monat ein Spiel gefilmt und analysiert. Unser FE14-Campus-Team filmt jedes Heimspiel!
Testspiele und Turniere gegen Topgegner!!!
Zusätzliche Morgentrainingseinheiten ab der FE13!

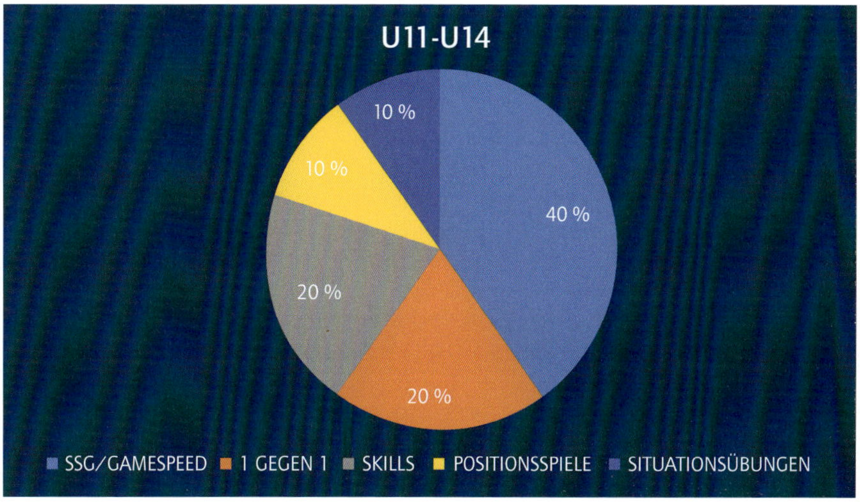

U15 bis U16

Grundordnung: 1-4-3-3/1-4-2-3-1/1-4-1-4-1 1-3-4 Raute-3/1-3-4 flach-3
Die Spieler haben ein klares Positionsprofil und werden innerhalb dieses Profils gefördert.
Ab der U15 leistungs- und potenzialbezogene Einsatzzeit.
Ab der Rückrunde FE14 werden im 11er-Fußball unsere 24 Spielprinzipien erlernt und bis Ende der U16 perfektioniert!
SKILLS: Ab der U15 nur noch unter kompetitiver Umsetzung.
Beginn der „Athletisierung" ab der U15!
Prävention und funktionelles Krafttraining als fixer Bestandteil vor jedem Training!
Jeden Dienstag: Schnellkraft und Schnelligkeitstraining.
Systematischer Aufbau der Fußballkondition.
In jedem! Training: taktische Passübungen und taktische Positionsspiele.
2 x pro Woche: 1 gegen 1.
In jedem! Training: SSG/Umschaltmomente hervorheben!
Jedes Training endet mit einem Spiel!
1 x pro Woche: Königsübung „Taktisches Chaos" einsetzen.
1 x pro Woche: Situationsübungen.
10-Minuten-Regel greift vor und nach dem Training.
Unser FE14-Campus-Team filmt jedes Heimspiel und ab der U15 filmen wir jedes! Spiel und bauen die Videoanalyse systematisch in den Wochenplan ein, um mannschafts-, gruppen- und individualtaktische Verhaltensmuster zu schulen.
Testspiele und Turniere nur gegen Topgegner!!!
Spezifisches Morgentraining nach Positionsprofilen.

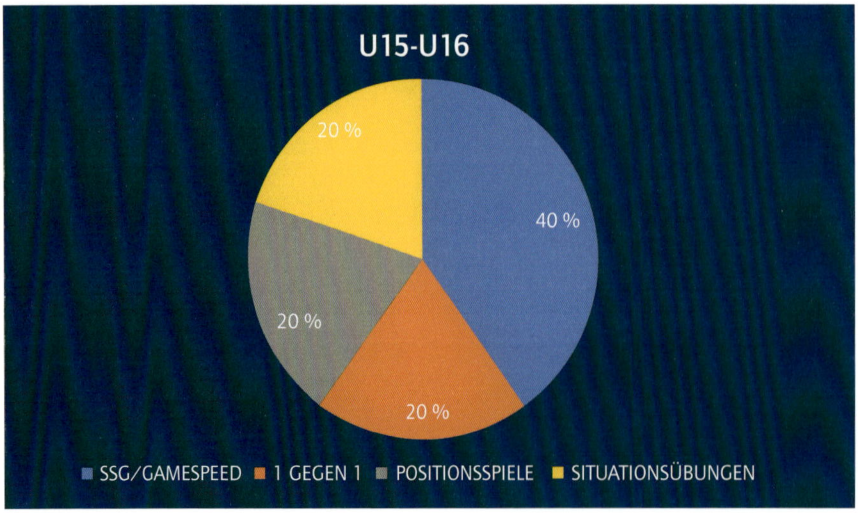

U17-U19-Aktive

Grundordnung: freie Wahl der Grundordnung unter Berücksichtigung der Prinzipien.
Die Spieler haben ein klares Positionsprofil und werden innerhalb dieses Profils gefördert.
Leistungs- und potenzialbezogene Einsatzzeit.
Perfektionieren aller Prinzipien.
Perfektionierung der Athletisierung.
Prävention und funktionelles Krafttraining als fixer Bestandteil vor jedem Training!
2 x pro Woche: Königsübung „Taktisches Chaos" einsetzen.
2 x pro Woche 10 Minuten „flexible Körperbeherrschung": Mix aus Koordination, Life Kinetik®, Turnen und spielerischem Kämpfen.
Sie führen zusätzlich 2 x pro Woche 45 Minuten unsere Body Moves und Skills aus.
Jedes Spiel wird gefilmt und die Videoanalyse systematisch in den Wochenplan eingebaut, um mannschafts-, gruppen- und individualtaktische Verhaltensmuster zu schulen.
1 x pro Monat Testspiel gegen 1. Liga Promotion, Challenge League oder internationale Topgegner.
10-Minuten-Regel greift vor und nach dem Training: Jeder Spieler entwickelt eine „Waffe".
Spezifisches Morgentraining nach Positionsprofilen.

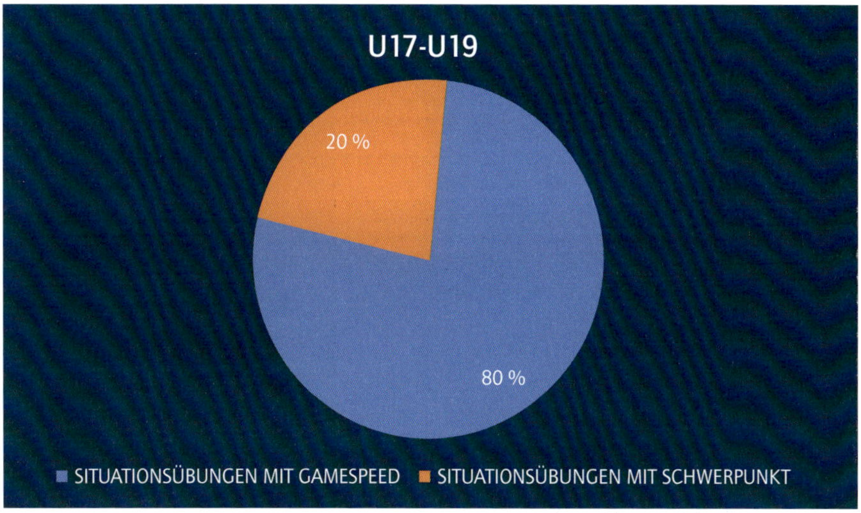

Nachfolgend als Orientierung ein Screenshot einer professionellen Trainingsvorbereitung einer U14-Mannschaft:

Grasshopper Club Zürich

U15 **Saison 2019/20**

31.07.2019	**T1TLMI19**			
Anwesenheitskontrolle	[illegible] ☒ [illegible] ☒ [illegible] ☒ [illegible] ☒ [illegible] ☒ [illegible] ☒ [illegible] ☒ [illegible] ☒ [illegible] ☒	[illegible] ☐ [illegible] ☒ [illegible] ☐ [illegible] ☐ [illegible] ☒ [illegible] ☒ [illegible] ☒ [illegible] ☒ [illegible] ☒	[illegible] ☒ [illegible] ☒ [illegible] ☒ [illegible] ☒ [illegible] ☒ [illegible] ☒	
Besprechung / Thema	19 + 2 Spieler Team rot : [illegible] Team grün: [illegible] Joker: Samu			
Lernziele	**DEF:1 vs 1 / Blockbildung / Raumaufteilung**			
Lektionsteil				
Teil 1: Selbständiges Warum-Up	**EWU** **Organisation:** 30 m / alle 6 m eine Markierung **Wer:** 5 Spieler pro Kolonne **Ablauf:** Übungen gemäss Vorgabe Serie 1 und Serie 2 (Übungsinhalte: Generlle HK-Aktivierung, Laufschule, Movement Preps, Präv.-Übungen, Frequenzierung, Körperkontakt, Schnelligkeit, Explosivität). Dazwischen 10 m Körperkontakt stossen > Steigerungslauf bis 100%.	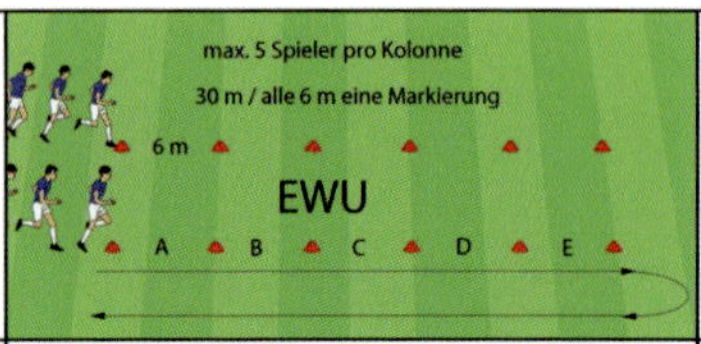	7'	5 Spieler pro Kolonne
Teil 2: Verlängertes Einlaufen	**Technisches & koordinatives Einlaufen**		10'	RC
Teil 3-1: SSG 1. Team rot / 2. Team grün	**4 x 1 vs. 1 in der Zone plus Joker** **Organisation:** 40 x 20 m **Wer:** 9 Spieler **Ablauf:** In jeder Zone agieren ein blauer gegen einen roten Spieler mit dem Ziel den Ball im Tor das in der eigenen Zone steht, unterzubringen. Jeder Spieler bleibt in seiner Zone, jedoch können die Mannschaften untereinander und mit dem Joker den Ball zielgerichtet zirkulieren.	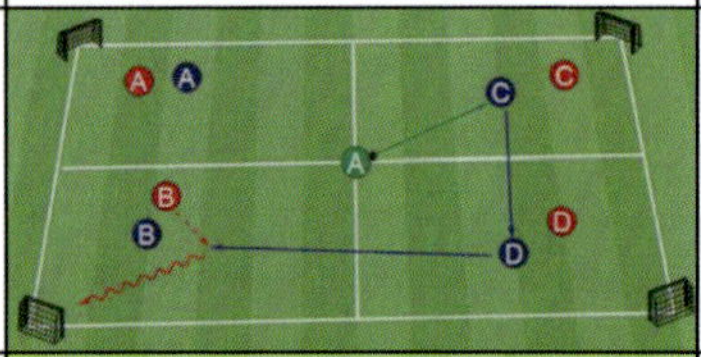	12'	RC
Teil 3-2: 1 vs 1 1. Team grün / 2. Team rot	**1 vs. 1 > Ballbehauptung & Freilaufen** **Organisation:** 20 m x 20 m **Wer:** 15 Spieler **Ablauf:** 7 Grüne positionieren sich gemäss der Abbildung ausserhalb des Feldes, wobei 4 Spieler von Grün einen Ball besitzen. 4 rote Verteidiger und 4 blaue Angreifer verteilen sich (ohne Ball) im Feld und spielen Mann gegen Mann. Blau fordert den Ball von Grün, indem sie sich mit Hilfe von Freilaufbewegungen Raum verschaffen. Sollte Blau einen Pass erhalten, so wird der Ball unter Druck abgeschirmt, in den freien Raum geführt, via Direktspiel zu einem neutralen Grünen zurückgespielt etc. Der blaue Passempfänger darf den Ball jedoch nicht zum gleichen grünen Passgeber zurückspielen.	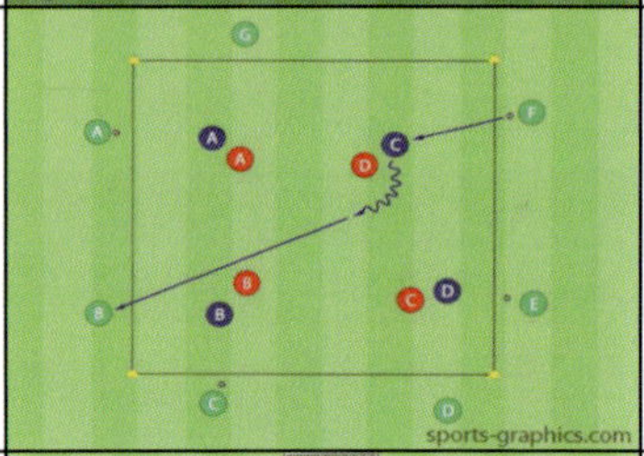	12'	DB
Teil 4-1: SSG 1. Team rot / 2. Team grün	**Vom 4 vs 2 zum 6 vs 4** **Organisation:** Kreis 10 m Radius / Torabstand Kresi 12 m **Wer:** 10 Spieler **Ablauf:** 4 vs 2 im Kreis. Nach 12 erfolgreichen Kontakten kann Blau auf beide Seiten ein Tor erzielen, Gewinnt Rot vorher den Ball, spielen sie 6 vs 4 im ganzen Feld. Nach 12 erfolgreichen Kontakten können sie ein Tor erzielen, gewinnt Blau vorher den Ball, können sie auf beide Tore einen Treffer erzielen. **Variation:** 1. Auf 2 Grosstore	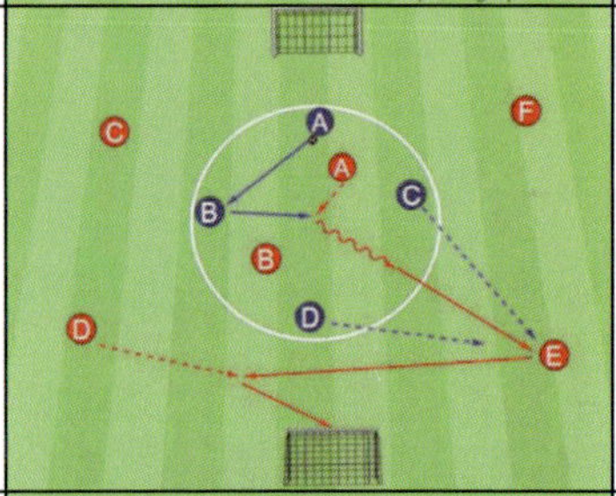	12'	DB
Teil 4-2: 1 vs 1 1. Team grün / 2. Team rot	**1 vs 1 > defensiver Fokus** **Organisation:** 30 m x 50 m **Wer:** min. 10 + 1 Spieler **Ablauf:** Diese Übung stärkt v.a. das Defensivverhalten im 1:1. Blau A spielt einen Pass auf Blau C, der sich im Voraus vom Dummy löst und mit einer offenen Körperstellung den Ball in Richtung Tor mitnimmt. Sein Ziel ist es, aus der linken Plazhälfte aus ein Tor zu erzielen, ohne die rechte Hälfte zu betreten. Rot A steuert (mit den Schultern) seinen Gegnerso, dass der Schusswinkel von Blau C möglichst spitz wird.	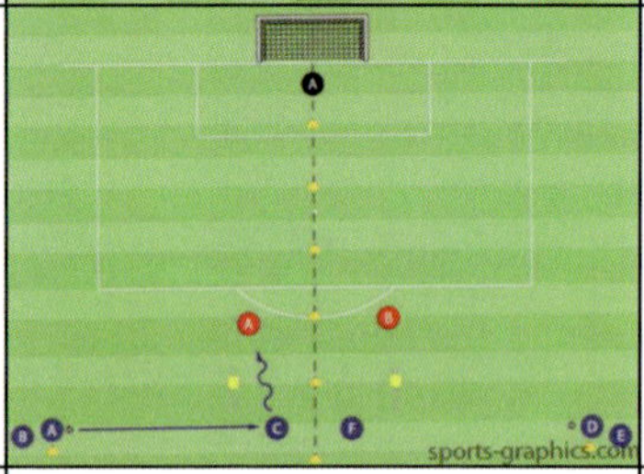	12'	RC
Teil 5: Spiel 11:11 Pressing gegen Ballkontrolle	**Spiel**		30'	

Dabei ist anzumerken, dass jede Mannschaft vor dem Training eigenständig ein sogenanntes *EWU – einheitliches Warming-up*, das circa acht Minuten dauert, absolviert und das nicht auf dem Trainingsplan zu finden ist.

Dieses EWU wurde von den Konditionstrainern und Physiotherapeuten ausgearbeitet, mit dem Ziel, die Spieler funktionell zu erwärmen und dabei gleichzeitig präventiv vorzusorgen.

Zudem war es eine wichtige Erkenntnis, dass kurze „Fun-Games" direkt im Anschluss an dieses EWU für einen hohen Qualitätsschub im ersten Übungsteil sorgen.

Wenn jedes Training, aufbauend auf dem Spielmodell und den Trainings- und Lernprinzipien konsequent professionell schriftlich ausgearbeitet und bestmöglich umgesetzt wurde und im Anschluss immer evaluiert wurde, lässt sich nach einer Saison bereits eine enorm hochwertige eigene Methodologie entwickeln.

KAISERÜBUNG „360°"

Die folgende Übung wurde als „Kaiserübung" bezeichnet, da nahezu jedes Team in der Analyse fast einmal pro Woche die Grundidee der Übung, kognitive 360°-Spieler zu entwickeln, angepasst auf die entsprechende Altersstufe, angewendet hat und nach Feedback der Spieler die Übung mit einem extrem hohen Spaßfaktor bewertet wurde.

Dabei wird mit 4-6 Toren oder auch mehr agiert, die je nach Prinzip immer neu angeordnet werden, sodass sich die Spieler immer wieder neu anpassen müssen.

Der Kreativität sind dabei keine Grenzen gesetzt:

„It's players game, so let the players play!"

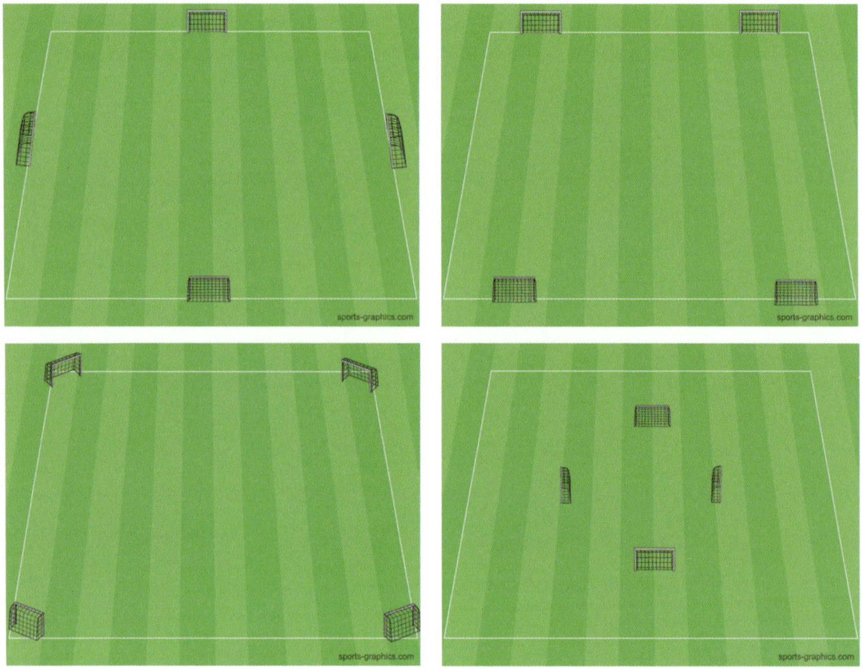

ÜBUNGSPOOL „SKILLS“

Skills – methodischer Aufbau

1. Aufbau eines stabilen Programms

Ohne Gegner (Ballhandling, Ballkontrolle, Dribbling, Fintieren etc.).

Von der U9 bis zur FE14 absolvieren unsere Kinder in diesem Bereich „Hausaufgaben" aus einem Skillprogramm, die sie per Videoclip bekommen haben!

2. Umsetzung unter erleichterten Bedingungen

Dynamische Technik; funktionelle Technik mit passiven, teilaktiven und Vorteilssituationen (funktionelle Anwendung der erlernten Technik im Zusammenhang mit individualtaktischem Verhalten).

3. Kompetitive Umsetzung

Wettbewerb, Gewinnen und Spielfreude, maximaler Gegnerdruck 360° aus allen Winkeln üben

(1 gegen 1; 2 gegen 2; 3 gegen 3; 4 gegen 4)

Reißverschlussverfahren

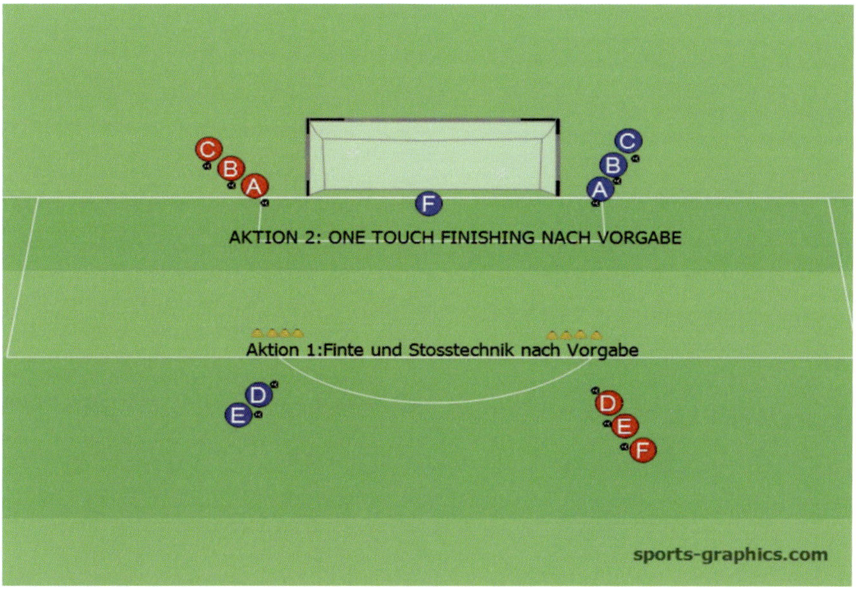

Organisation

Spielfeldgröße: Box

Anzahl Spieler: 6-22 Spieler

Altersstufe: U9-U21

Ablauf

Blau und Rot treten im Wettbewerb gegeneinander an. Jeder Spieler hat in der Offensive eine Doppelaktion. Aktion 1 ist immer eine vorgegebene Finte und eine vorgegebene Stoßtechnik, mit der er versucht, den ersten Treffer zu erzielen. Direkt im Anschluss kommt Aktion 2, wo der Spieler mit einer vorgegebenen Stoßtechnik oder per Kopfball versucht, den zweiten Treffer zu erzielen, um dann schnell als neuer Torspieler umzuschalten, bevor ein Spieler aus der anderen Mannschaft mit Aktion 1 beginnt. Wechsel: Schütze wird Torspieler, Torspieler wird Werfer und Werfer wird Schütze.

Prinzipien

Killerabschluss, perfektes Umschaltspiel. Wir spielen, um zu gewinnen!

Kopfball-Postenlauf

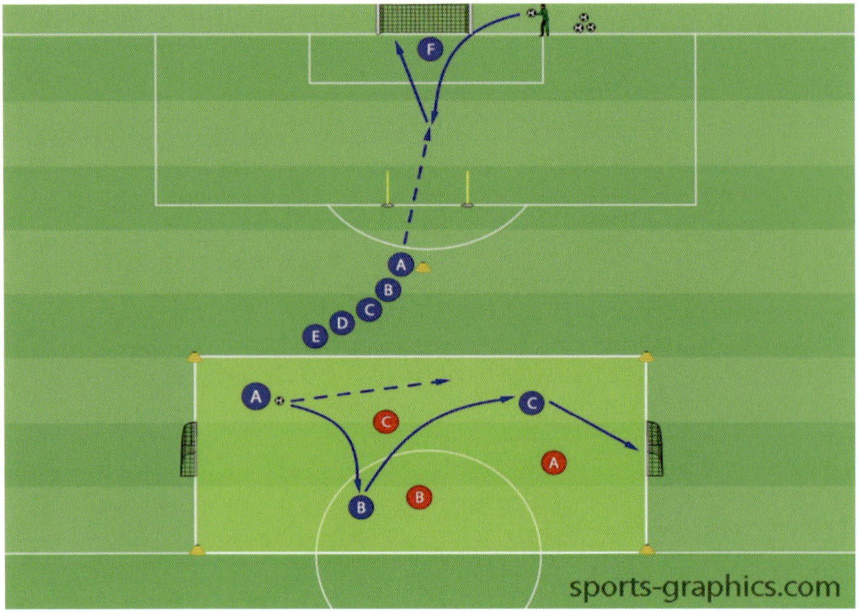

Organisation

Spielfeldgröße: 50 x 30 m

Anzahl Spieler: 12

Dauer: FE12-U21

Ablauf

Im unteren Feld spielen drei Rote gegen drei Blaue auf zwei Minitore. Das Team in Ballbesitz spielt sich mit den Händen den Ball zu und versucht, mit dem Kopf ein Tor zu erzielen. Vor dem Kopfballtor muss jedoch mindestens ein Zuspiel mit dem Kopf erfolgen.

Im Strafraum steht ein Feldspieler im Tor, die anderen reihen sich (gemäß der Abbildung) ein. Die Spieler rennen nach vorne und versuchen, eine Flanke (oder einen Ballwurf) des Trainers mit dem Kopf zu verwerten. Der Spieler, dessen Versuch nicht im Netz landet, fungiert nun so lange als TS, bis der nächste Spieler wieder verschießt.

Prinzipien

Wir dominieren unsere 1-gegen-1-Situationen.

Kontrollierter Kopfball

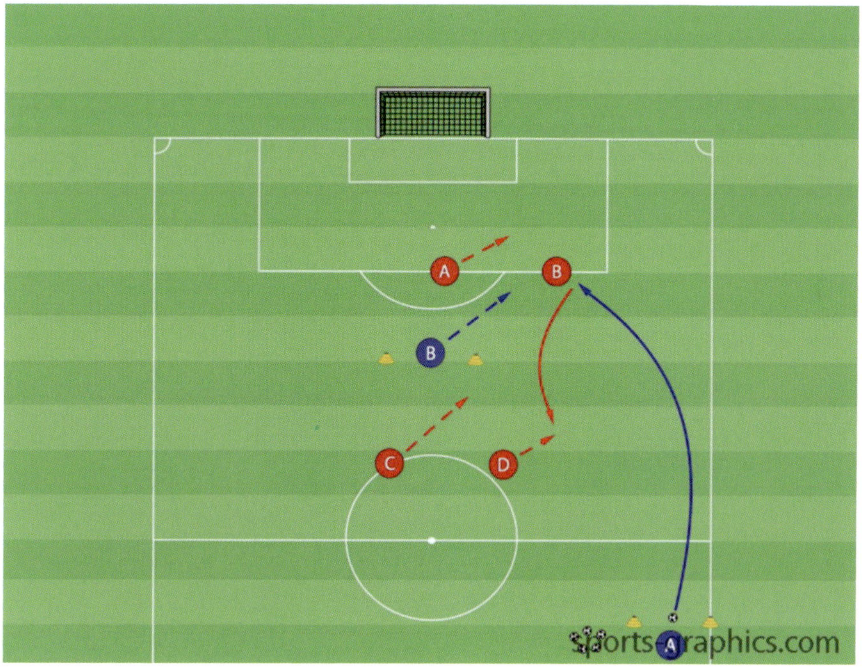

Organisation

Spielfeldgröße: 60 m Länge

Anzahl Spieler: 6

Altersstufe: U15-U21

Ablauf

Die Übung startet mit einem langen Ball von Blau A. Die roten Verteidiger richten sich nach dem Ball und sichern sich gegenseitig ab, während Blau B Druck auf sie ausübt. Das Ziel der Verteidiger ist, mit einem kontrollierten Kopfball ihre Mitspieler (Rot C und D) einzusetzen, welche ihrerseits wieder zu Blau A passen.

Prinzipien

Tiefenstaffelung, konstruktives Eröffnen.

Schusstraining

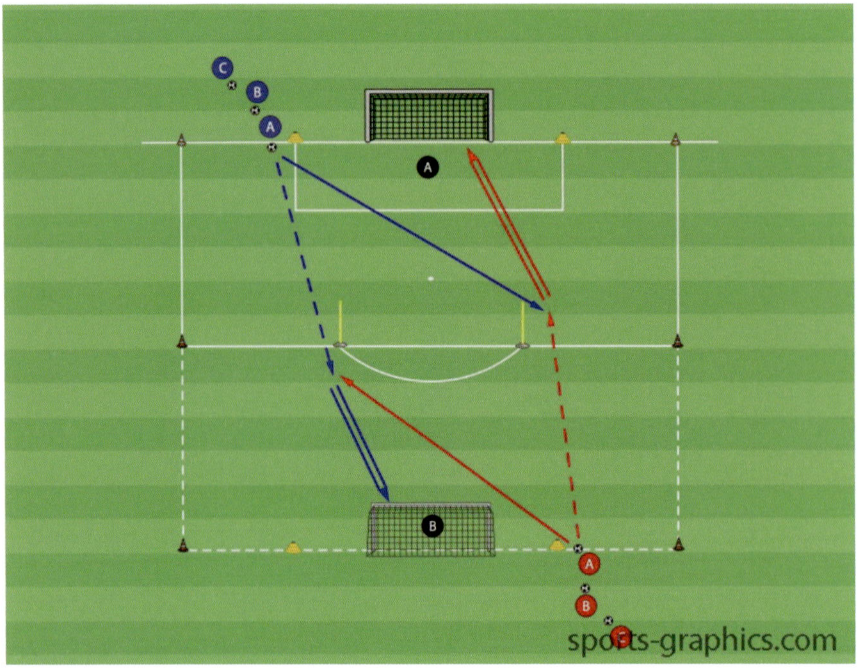

Organisation

Spielfeldgröße: Doppelter 16-m-Raum

Anzahl Spieler: mind. 6 + 2 TS

Altersstufe: U9-FE14

Ablauf

Die Spieler stellen sich jeweils rechts neben den beiden Toren auf. Rot A und Blau A spielen gleichzeitig einen Querpass in Richtung Zentrum (linker Malstab) und sprinten daraufhin los zum vorderen Malstab. Dort nehmen sie den Ball im Lauf unter Kontrolle und schießen (nach maximal ein Kontakt) aufs Tor.

Prinzipien

Killerrun, Killerabschluss.

Torschuss unter Druck → First Touch

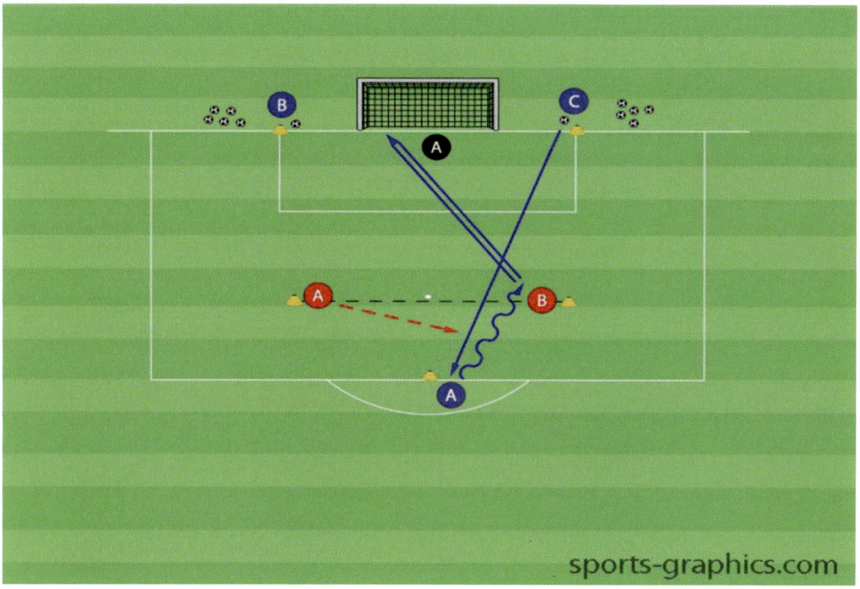

Organisation

Spielfeldgröße: Im 16-m-Raum

Anzahl Spieler: mind. 5 + 1 TS

Altersstufe: FE12-U21

Ablauf

Innerhalb des Strafraums positionieren sich die Spieler gemäß der Abbildung. Sobald Blau C einen scharfen Pass auf Blau A gespielt hat, sprintet Rot A los, um den Torschuss zu unterbinden. Blau A versucht, sich mit einem optimalen First Touch vom Gegner zu distanzieren, ohne dabei seine vorteilhafte Schussposition zu beeinträchtigen. Er hat drei Sekunden Zeit, um aufs Tor zu schießen.

Prinzipien

1 gegen 1 dominieren, Torsicherung, Killerabschluss.

First Touch und Passspiel

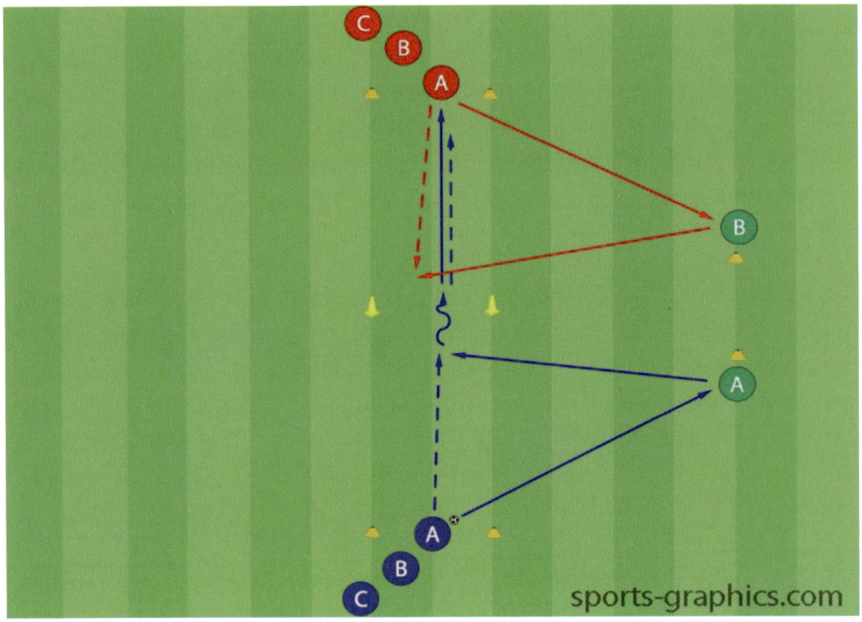

Organisation

Spielfeldgröße: 16 x 8 m

Anzahl Spieler: mind. 6

Altersstufe: U9-FE14

Ablauf

Blau A passt zum Wandspieler Grün A, der dann wieder quer in den Lauf von Blau A spielt. Blau A kontrolliert den Ball und läuft durch das Hütchentor. Danach spielt Blau A weiter zu Rot A, folgt dem Ball und übt Druck auf den Passempfänger aus. Dieser spielt direkt auf den Wandspieler, umläuft Blau A und spielt den Ball (abgegeben von Grün B) direkt auf Blau B. Die Wandspieler nach einer bestimmten Zeit auswechseln.

Variation: Wandspieler Grün A spielt quer in den Lauf von Blau A, hinterläuft ihn und stellt sich auf der anderen Seite des Hütchentors zum Passspiel wieder bereit.

Prinzipien

Vorwärts denken. Vorwärts schauen. Vorwärts spielen!

„Pass-Doppelpass"

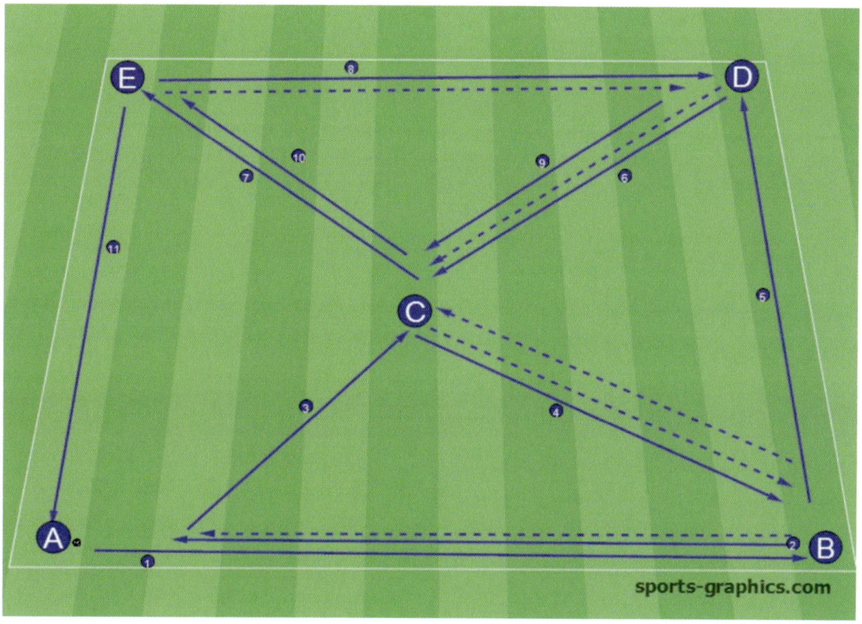

Organisation

Spielfeldgröße: Quadrat 10 x 10 m

Anzahl Spieler: 5-8

Altersstufe: U11-U21

Ablauf

A spielt auf B; B zurück zu A und presst A, der einen Doppelpass mit C um B herumspielt.

A spielt auf D und wird von C gepresst und nimmt die Position von C ein.

A spielt auf E und E zu D. E presst D, der einen Doppelpass mit A um E herumspielt.

D spielt auf die Startposition.

Prinzipien

Konstruktiv eröffnen, Gegenpressing, Fluidität, Dreieck-Rautenbildung, Spiel über den Dritten, Doppelpässe.

ÜBUNGSPOOL „1 GEGEN 1“

„If you're a great dribbler but don't know when to dribble, then you're not actually a great dribbler.“ – Juanma Lillo

Spieler auf Topniveau müssen 1-gegen-1-Situationen offensiv wie defensiv dominieren!

Dies ist eine der wichtigsten Fähigkeiten im modernen Fußball!

Dabei ist zu beachten, dass die besten Spieler im offensiven 1 gegen 1 gerade einmal knapp mehr als die Hälfte ihrer 1 gegen 1 Situationen gewinnen:

SPIELER	ANZAHL DRIBBLINGS	ERFOLGSQUOTE
Andrés Iniesta	739	61 %
Lionel Messi	1950	57 %
Eden Hazard	1220	57 %
Roberto Firmino	754	57 %
Neymar	790	50 %
Franck Ribery	945	48 %
Sergio Aguero	838	47 %
Cristiano Ronaldo	838	44 %

(QUELLE: FOOTYROOM.COM)

Trainer müssen diese Werte kennen und folglich positiv bleiben, wenn ein Spieler einmal nicht am Gegenspieler vorbeikommt!

Die häufigste 1-gegen-1-Situation ist, dass ein Gegner von hinten angreift.

Dies ist die am häufigste vorkommende Situation im modernen Fußball mit circa 75 % von allen 1-gegen-1-Situation, dementsprechend muss hier auch im Training der richtige Fokus gelegt werden. Beherrscht ein Spieler diese Fähigkeit, ist er in der Lage, den Ball in Räumen zu fordern und zu behaupten, in denen maximaler Druck herrscht.

Diese Fähigkeit muss im Training immer zwingend mit einer weiteren Situation, die nach vorne geht, verbunden werden, wie beispielsweise einem Tempodribbling oder einem Killerpass, da Topspieler in 61 % der Situationen in der Lage sind, die Spielfortsetzung nach vorne auszuführen.

Zudem sollten unbedingt auch Situationen mit mehr als zwei Spielern trainiert werden, da es wichtig für den Lernprozess des Spielers ist, dass er neben dem 1 gegen 1 die Option auf einen Pass hat, um so spielnah beide Optionen zu haben, was sich positiv auf die Umsetzung im Spiel auswirken wird. Ebenso lernt der Verteidiger im 1 gegen 1 die Körpersprache des Angreifers besser zu lesen, ob dieser z. B. statt dem 1 gegen 1 situativ den Doppelpass sucht.

1 gegen 1 → First Touch

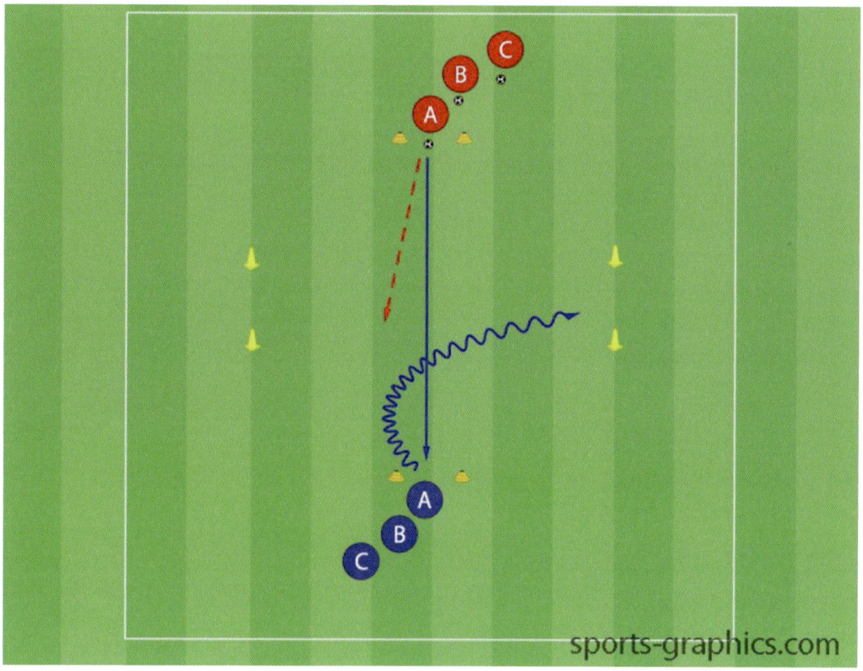

Organisation

Spielfeldgröße: 15 x 15 m

Anzahl Spieler: mind. 8

Altersstufe: U9-FE14

Ablauf

Rot A spielt einen scharfen Pass zu Blau A und versucht, ihn sofort unter Druck zu setzen. Blau A muss mit einem optimalen First Touch den Raum angreifen und dann im 1 gegen 1 in eines der beiden Hütchentore dribbeln. Der Angreifer soll durch seine Fintenvielfalt den Gegner täuschen.

Prinzipien

Wir dominieren unsere 1-gegen-1-Situationen.

1 gegen 1 auf zwei isolierte Tore

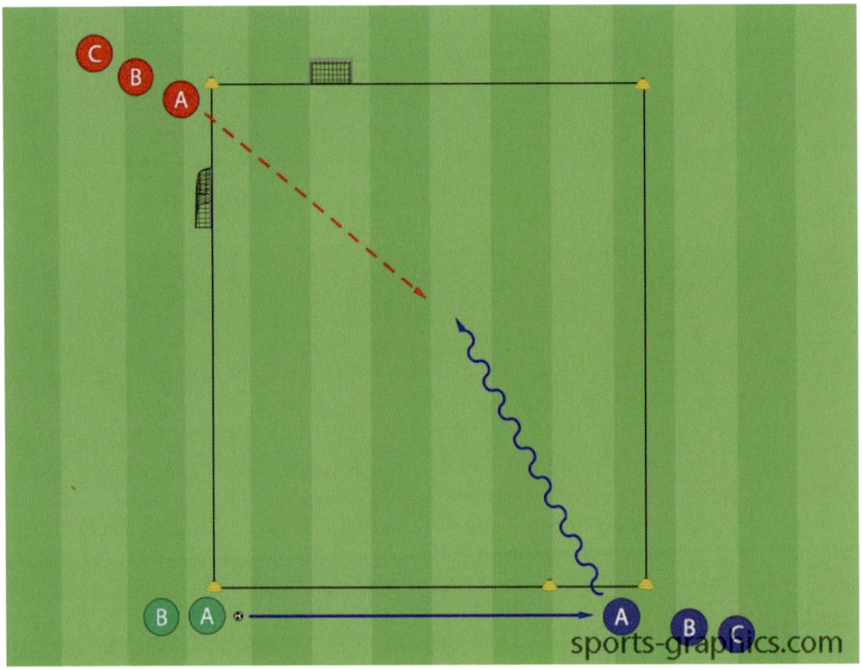

Organisation

Spielfeldgröße: 15 x 10 m

Anzahl Spieler: mind. 8

Altersstufe: FE12-U21

Ablauf

Grün spielt einen scharfen Pass zu Blau. Blau nimmt den Ball mit einer offenen Körperstellung mit und führt ihn durch das Hütchentor und gegen den anstürmenden, roten Verteidiger. Der Angreifer versucht im 1 gegen 1, in eines der beiden „isolierten" Minitore (je 3 m von der Ecke entfernt) zu treffen. Der Verteidiger steuert seinen Gegner in eine ungünstige Schusslage und setzt im richtigen Moment zum Tackling an.

Prinzipien

Wir dominieren unsere 1-gegen-1-Situationen.

1 gegen 1 → Ballbehauptung und Freilaufbewegungen

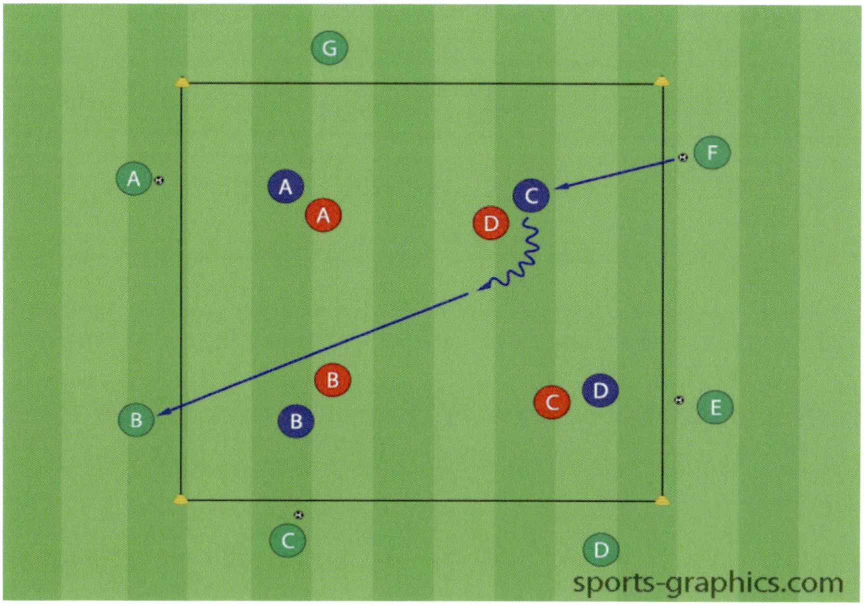

Organisation

Spielfeldgröße: 20 x 20 m

Anzahl Spieler: 15

Altersstufe: FE12-U21

Ablauf

Sieben Grüne positionieren sich gemäß der Abbildung außerhalb des Feldes, wobei vier Spieler von Grün einen Ball besitzen. Vier rote Verteidiger und vier blaue Angreifer verteilen sich (ohne Ball) im Feld und spielen Mann gegen Mann. Blau fordert den Ball von Grün, indem die Spieler sich mithilfe von Freilaufbewegungen Raum verschaffen. Sollte Blau einen Pass erhalten, so wird der Ball unter Druck abgeschirmt, in den freien Raum geführt, via Direktspiel zu einem neutralen Grünen zurückgespielt etc. Der blaue Passempfänger darf den Ball jedoch nicht zum gleichen grünen Passgeber zurückspielen.

Prinzipien

Wir dominieren unsere 1-gegen-1-Situationen.

1 gegen 1 → defensiver Fokus

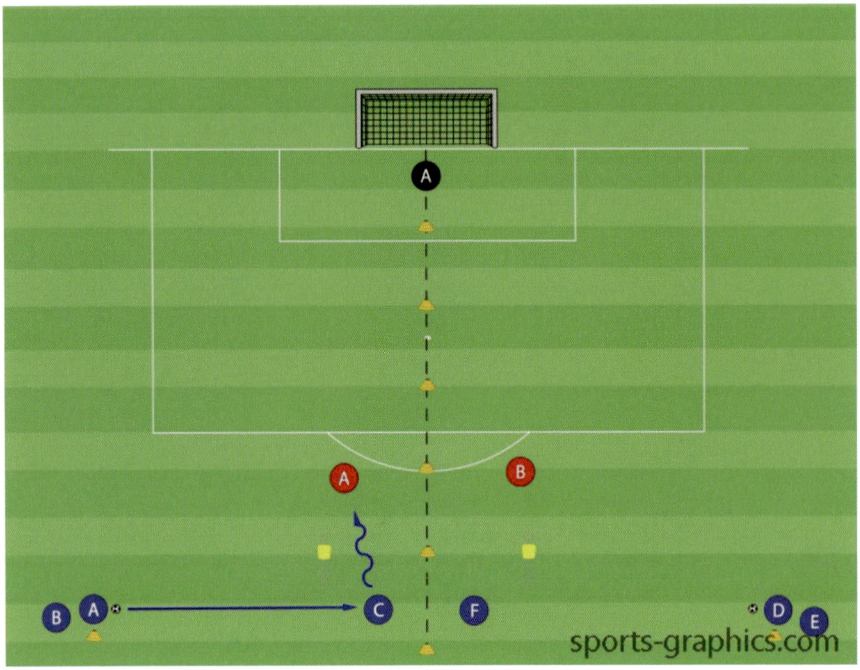

Organisation

Spielfeldgröße: 30 x 50 m

Anzahl Spieler: mind. 10 + 1 TS

Altersstufe: FE12-U21

Ablauf

Diese Übung stärkt vor allem das Defensivverhalten im 1 gegen 1. Blau A spielt einen Pass auf Blau C, der sich im Voraus vom Dummy löst und mit einer offenen Körperstellung den Ball in Richtung Tor mitnimmt. Sein Ziel ist es, aus der linken Platzhälfte ein Tor zu erzielen, ohne die rechte Hälfte zu betreten. Rot A steuert (mit den Schultern) seinen Gegner so, dass der Schusswinkel von Blau C möglichst spitz wird.

Prinzipien

Wir dominieren unsere 1-gegen-1-Situationen; Mannorientierung.

1 gegen 1 → OFF-DEF

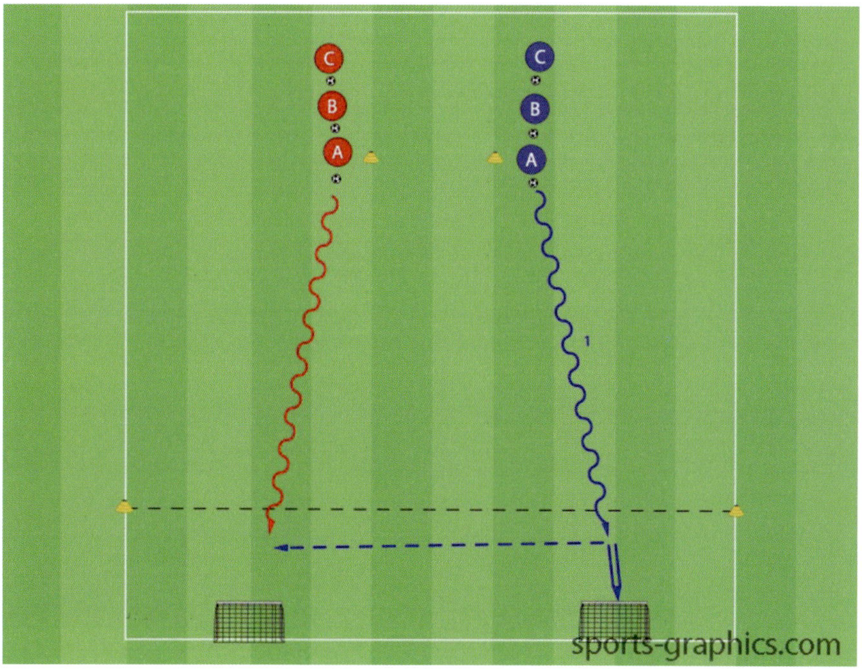

Organisation

Spielfeldgröße: 16 x 12 m

Anzahl Spieler: mind. 8

Altersstufe: U9-U21

Ablauf

Blau A führt den Ball in die Abschlusszone (5 m) und schießt aufs Minitor. Danach startet Rot A mit dem Ball am Fuß und kämpft im 1 gegen 1 gegen Blau A an. Sollte Blau A den Ball erobern, so versucht er, den Ball aus dem Feld (außerhalb der Abschlusszone) zu dribbeln. Tore können nur in der Abschlusszone erzielt werden.

Prinzipien

Umschalten OFF-DEF, Gegenpressing.

2 gegen 1 → Umschalten und Dribbeln

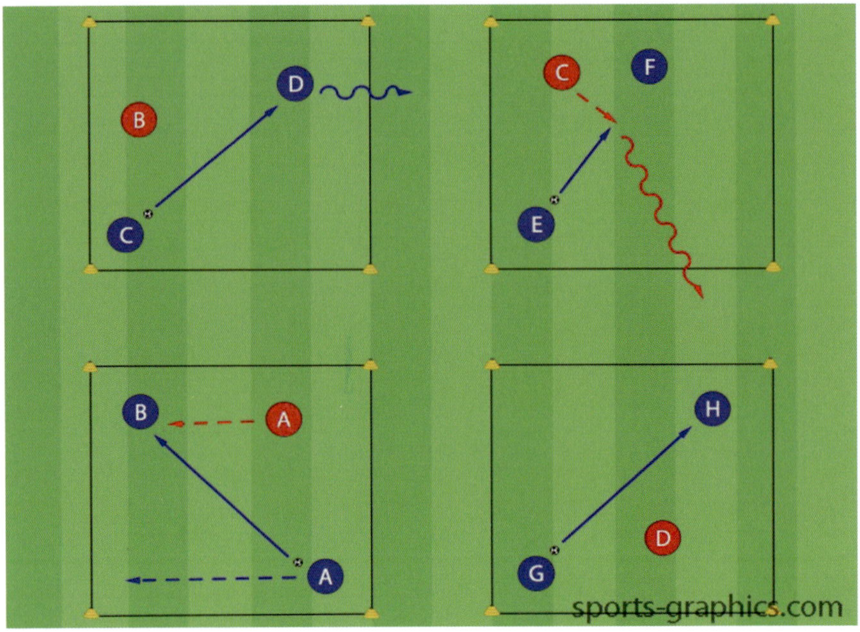

Organisation

Spielfeldgröße: Vier Felder à 8 x 8 m

Anzahl Spieler: 12

Altersstufe: U9-FE14

Ablauf

Ein Spieler jeder Gruppe steht als Verteidiger zunächst an einem Eckhütchen. Sobald Blau den ersten Pass spielt, darf der Verteidiger die Gegner unter Druck setzen, die sich aus dem Deckungsschatten lösen bzw. versuchen müssen, den Partner freizuspielen.

Gelingen Blau fünf Pässe in Folge, darf Blau über eine beliebige Grundlinie des Feldes dribbeln (ein Punkt). Erobert hingegen der Verteidiger den Ball, darf er sofort eine der vier Begrenzungslinien überdribbeln (ein Punkt).

Prinzipien

Immer Plus 1+, 1 gegen 1 dominieren.

1 gegen 1 → Doppelaktion

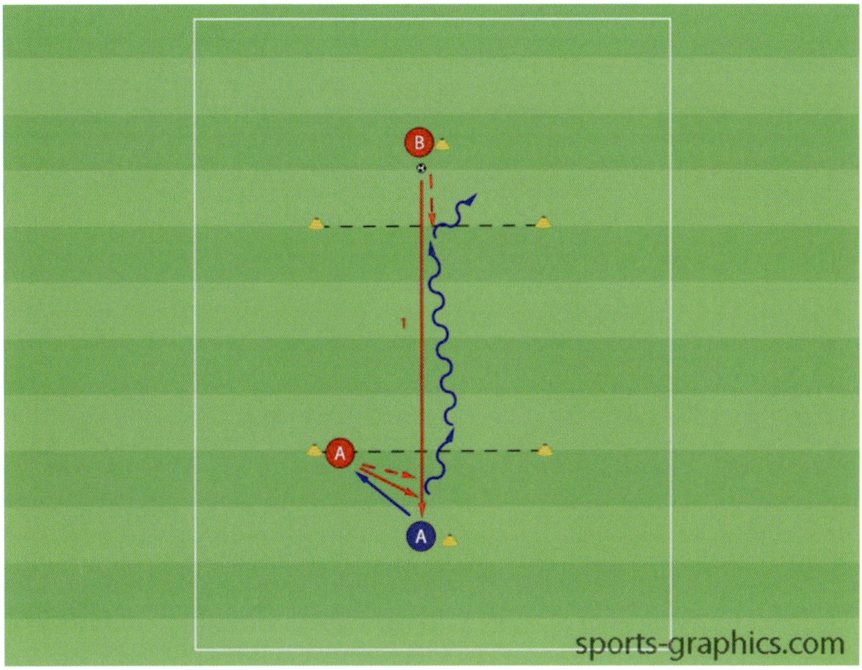

Organisation

Spielfeldgröße: 12 x 6 m

Anzahl Spieler: mind. 5

Altersstufe: FE12-U21

Ablauf

Rot B spielt einen Pass auf Blau A und rennt in Richtung Mittelzone. Blau A spielt einen Doppelpass mit Rot A, wobei Letzterer den Angreifer sogleich unter Druck setzt. Blau A führt anschließend den Ball in Richtung Rot B, mit dem Ziel (durch Finten, Laufwegtäuschungen etc.), in die Endzone zu kommen. Rot hingegen versucht, ihn daran zu hindern. Die Spieler rotieren ständig, damit alle abwechselnd angreifen und verteidigen müssen.

Prinzipien

Wir dominieren unsere 1-gegen-1-Situationen.

1 gegen 1 auf der Flügelseite

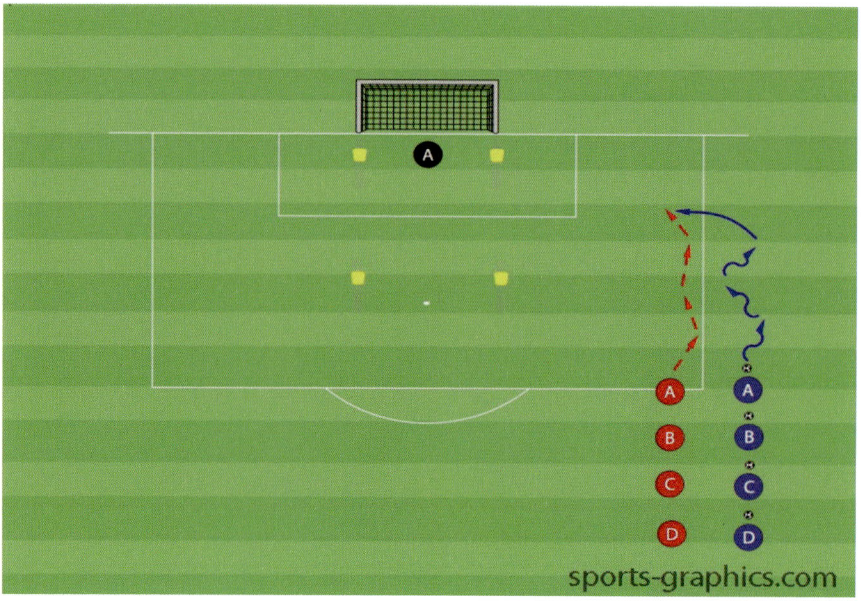

Organisation

Spielfeldgröße: 20 x 50 m

Anzahl Spieler: Ab 6

Altersstufe: U15-U21

Ablauf

Blau A startet mit dem Ball am Fuß (außerhalb des Strafraums) in Richtung Grundlinie. Nach verschiedenen Täuschungsmanövern versucht er, seinen Gegner zu irritieren und dabei eine gezielte Flanke in die Box (zwischen die vier Dummys) zu spielen. Der rote Verteidiger nimmt das Tempo auf (innerhalb des Strafraums) und versucht, die Flanke zu blocken. Dabei setzt er u. a. sein Bein (im richtigen Winkel) ein.

Prinzipien

1 gegen 1 dominieren, Torsicherung.

2 gegen 1 – 1 gegen 2

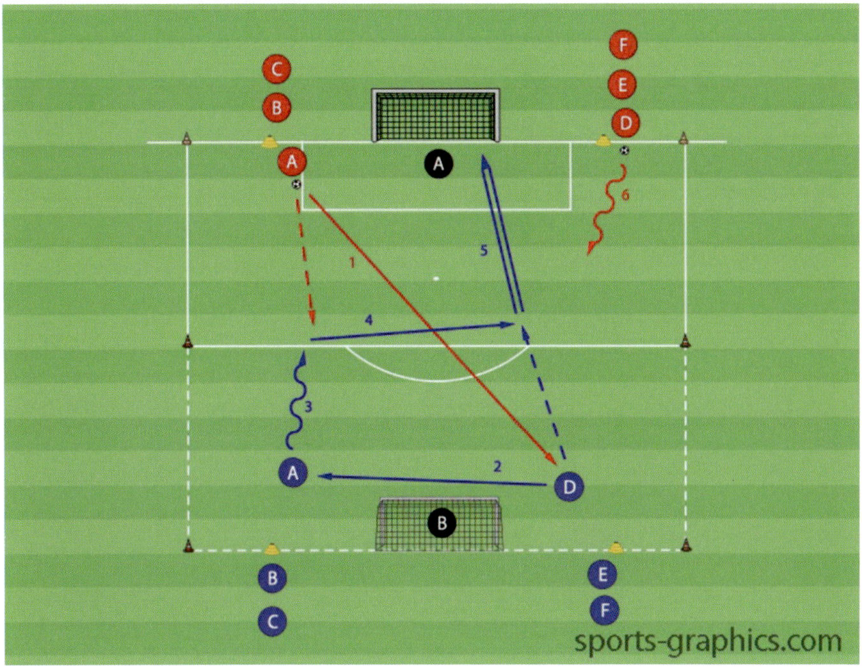

Organisation

Spielfeldgröße: Doppelter 16-m-Raum

Anzahl Spieler: 12 + 2 TS

Altersstufe: U9-U21

Ablauf

Die Spieler der Roten und Blauen positionieren sich gemäß der Abbildung links und rechts neben den beiden Toren. Rot A passt den Ball zu Blau D und rückt auf. Blau D und Blau A suchen im 2 gegen 1 den Torerfolg. Sobald der Angriff beendet wurde, startet Rot D sofort einen Angriff in Unterzahl (1 gegen 2) auf das andere Tor.

Prinzipien

1 gegen 1 dominieren, Killerrun, Killerpass, Killerabschluss.

2 gegen 1 – 3 gegen 2

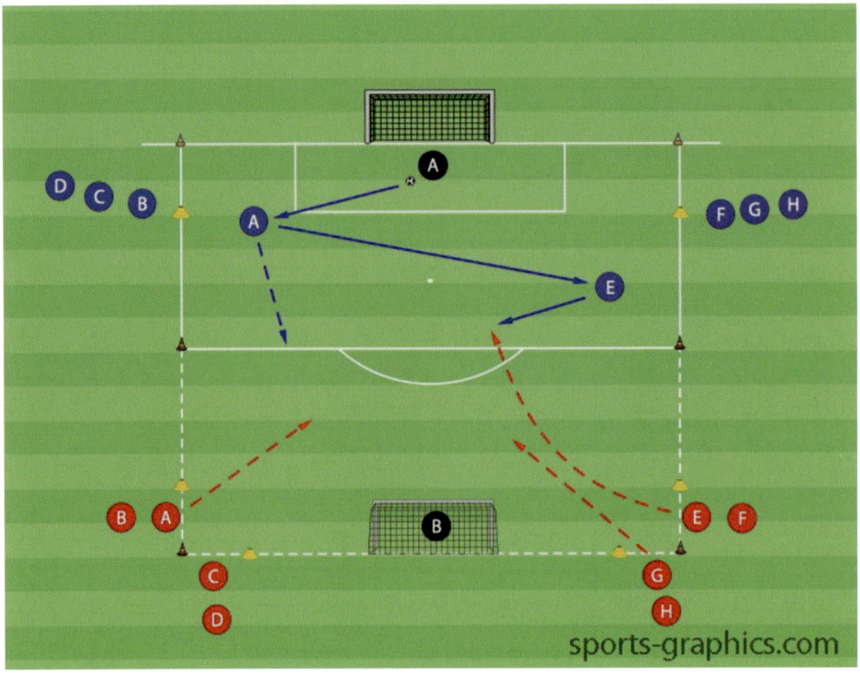

Organisation

Spielfeldgröße: Doppelter 16-m-Raum

Anzahl Spieler: 16 + 2 TS

Altersstufe: U9-U21

Ablauf

Ausgehend vom TS, wird Blau A angespielt. Danach treten Blau A und Blau E im 2 gegen 1 gegen Rot E an und suchen den Torerfolg. Sollte Rot E den Ball erobern, so wird von der Defensive in die Offensive umgeschaltet. Dabei dürfen sofort zwei weitere Mitspieler (hier Rot A und G) als Unterstützung im 3 gegen 2 gegen Blau antreten.

Prinzipien

Plus 1+, Killerrun, Killerpass, Killerabschluss.

2 gegen 2

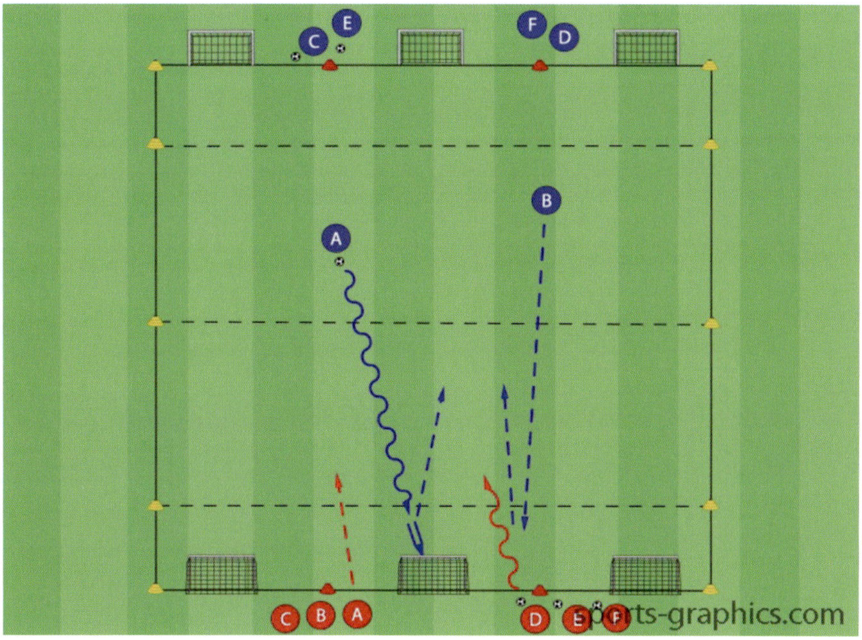

Organisation

Spielfeldgröße: 30 x 20 m – Abschlusszone 5 m

Anzahl Spieler: mind. 12

Altersstufe: U9-U21

Ablauf

Blau A und B schießen den Ball aus der Abschlusszone in eines der drei Minitore und schalten sofort von der Offensive zur Defensive um. Denn unmittelbar nach dem Torschuss bzw. Ball-out starten zwei Rote, mit dem Ziel, in die gegenüberliegende Abschlusszone zu dringen und in eines der drei Tore zu schießen. Sollte der Ball von den Blauen erobert werden, wird nach schnellem Umschalten versucht, ein Minitor zu treffen. Jedes Pärchen wird zuerst immer angreifen, verteidigen und sich erst danach eine kurze Erholung gönnen.

Prinzipien

Killerpass, perfektes Umschaltspiel.

Flanke verhindern im 2 gegen 1

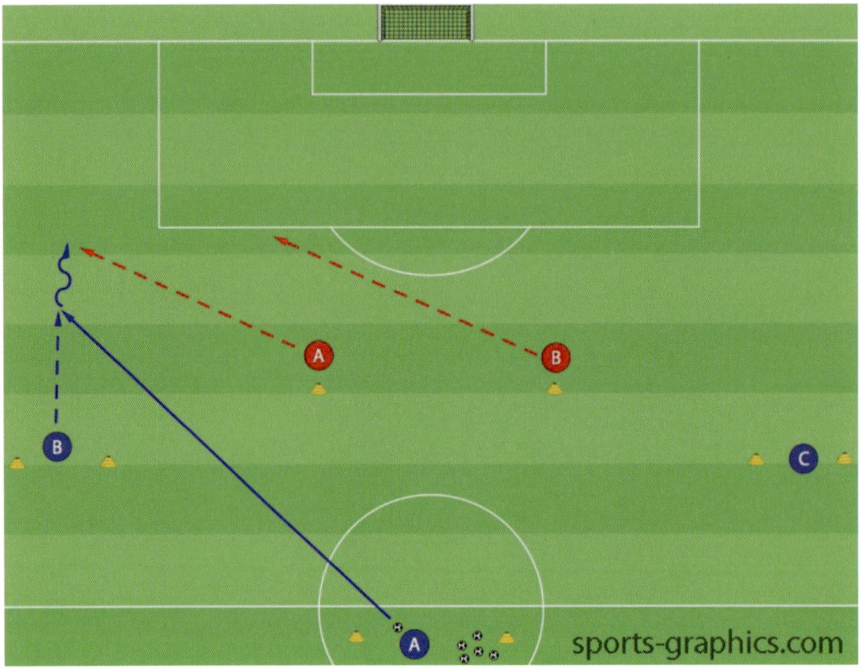

Organisation

Spielfeldgröße: 50 m Länge

Anzahl Spieler: 5

Altersstufe: U15-U21

Ablauf

Die Übung startet mit einem Pass von Blau A in den Lauf von Blau B. Die roten Verteidiger A und B verschieben in Richtung des Ballführers und versuchen, eine Flanke in die Box zu verhindern bzw. den Ball zu erobern.

Prinzipien

Packing 3, ballorientiertes Verschieben, Torsicherung, 1 gegen 1 dominieren.

Highspeed im 2 gegen 1

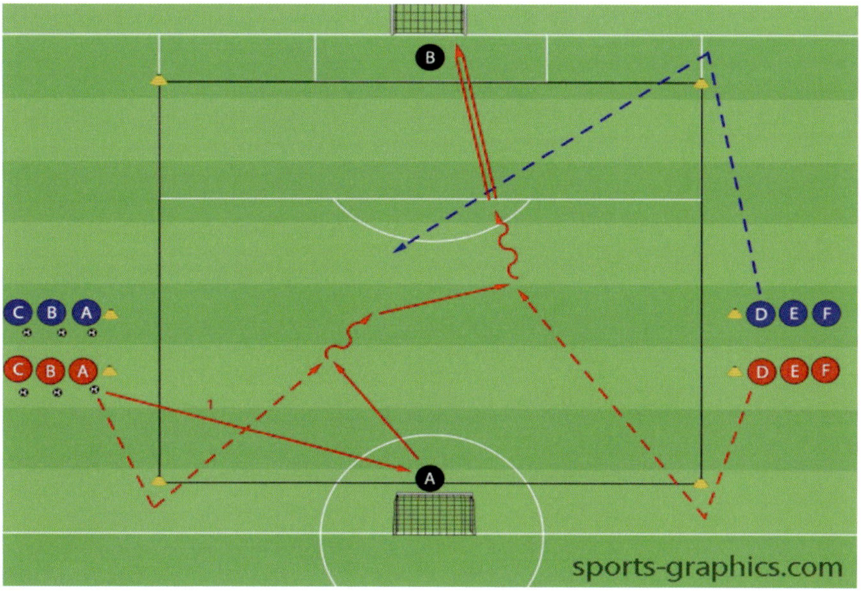

Organisation

Spielfeldgröße: 50 x 40 m

Anzahl Spieler: 12 + 2 TS

Altersstufe: FE14-U21

Ablauf

Im gelb markierten Feld startet Rot A mit einem Pass zum Torspieler A, sprintet um das gelbe Hütchen in der Ecke. Zur selben Zeit sprinten auch Rot D und Blau D um die entsprechenden Hütchen in den Ecken (siehe Abbildung). Der Torspieler spielt den Ball Rot A in den Lauf, der anschließend mit Rot D im 2 gegen 1 gegen Blau D antritt. Die Angreifer haben für den Abschluss, nachdem der TS den Ball freigegeben hat, lediglich acht Sekunden Zeit.

Variation: 2 gegen 2 – das heißt, vier Spieler starten gleichzeitig und rennen um das entsprechende Hütchen.

Prinzipien

Wir dominieren unsere 1-gegen-1-Situationen, Acht-Sekunden-Regel.

2 gegen 1 in drei Zonen

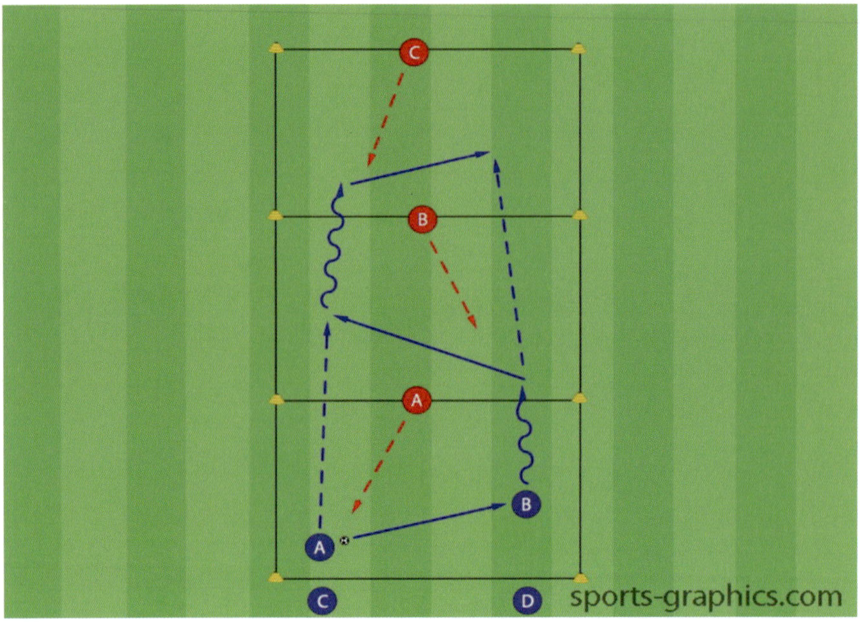

Organisation

Spielfeldgröße: 24 x 12 m in drei Zonen unterteilen

Anzahl Spieler: mind. 9

Altersstufe: FE12-U21

Ablauf

Gemäß der Abbildung sollten jeweils zwei Angreifer jede Zone, welche durch einen Verteidiger „bewacht" wird, durchlaufen. Der Verteidiger darf sich erst von der hinteren Linie lösen, wenn die Angreifer die Zone betreten haben. Die Rollen nach einer bestimmten Zeit tauschen.

Prinzipien

Immer Plus 1+, Packing.

2 gegen 2 + 1

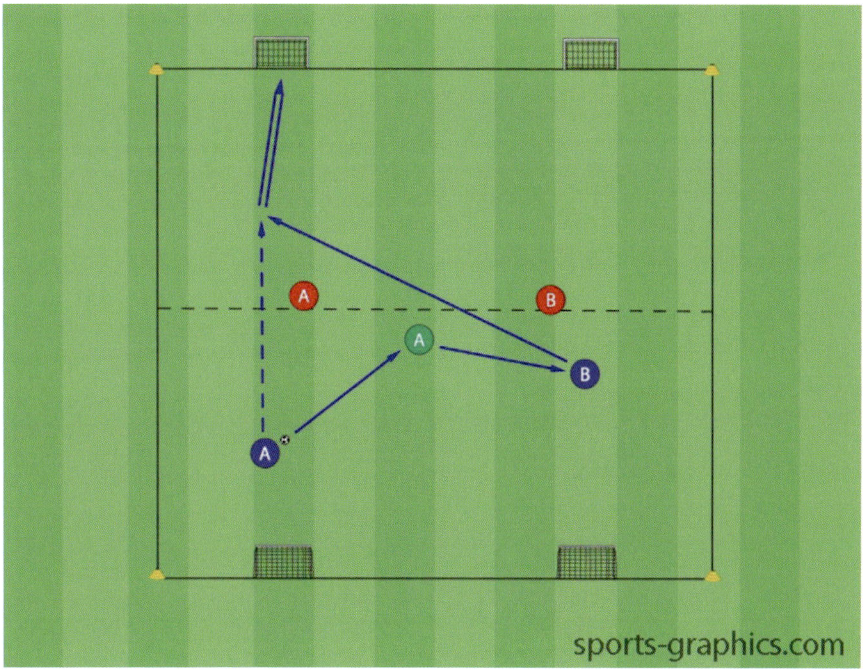

Organisation

Spielfeldgröße: 15 x 10 m

Anzahl Spieler: 5

Altersstufe: U9-FE14

Ablauf

Im Spiel sollen die Angreifer zusammen mit dem neutralen Grünen auf eines der zwei Minitore abschließen. Die Aktion startet jeweils mit einem Pass des Trainers zu den Angreifern. Die Aktion ist beendet, wenn der Abschluss erfolgt ist, die Verteidiger den Ball erobert haben oder der Ball ins Aus rollt.

Variation: Das Tor zählt nur, wenn alle Angreifer in der Abschlusszone sind.

Prinzipien

Immer Plus 1+; Killerrun, Killerpass, Tiefenstaffelung, Packing 1.

2 gegen 2 → defensiver Fokus

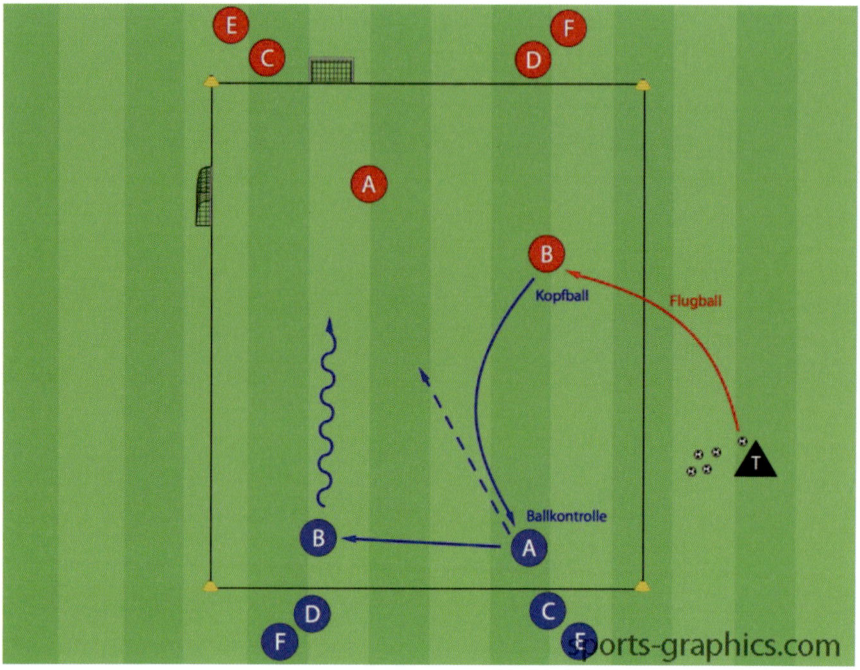

Organisation

Spielfeldgröße: 20 x 12 m

Anzahl Spieler: 12

Dauer: U15-U21

Ablauf

Diese Übung stärkt das taktische Defensivverhalten und die Technik in der Luft. Der Trainer spielt einen Flugball auf Rot B, der sich mit einem Kopfball aus der Gefahrenzone befreit. Rot A sichert dabei seinen Mitspieler ab, indem er sich sofort hinter ihm positioniert. Sollte Blau A den Ball unter Kontrolle bringen, dann startet Blau (im 2 gegen 2) gegen Rot einen Angriff auf die zwei Tore. Wenn nicht, dann spielt der Trainer einen neuen Ball (via Flachpass) zu Blau A.

Prinzipien

Gegenpressing, das Überspielen verhindern, Tiefenstaffelung.

3 x 1 gegen 1 + 1 N

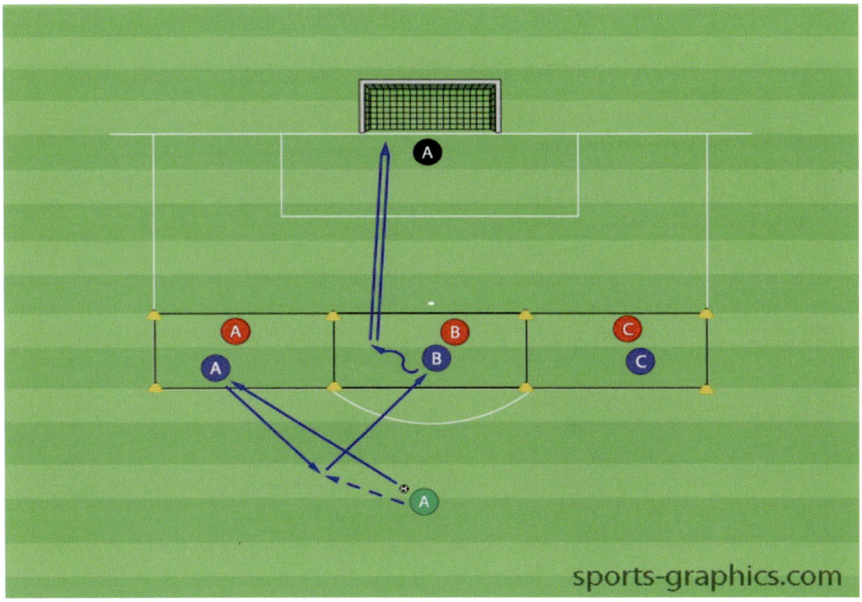

Organisation

Spielfeldgröße: 40 x 25 m

Anzahl Spieler: 7 + 1 TS

Altersstufe: U15-U21

Ablauf

Blau spielt gegen Rot im 4 gegen 3. Die Blauen erhalten Pässe von Grün A und versuchen, im 1 gegen 1 (in ihren entsprechenden Zonen) in eine günstige Schussposition zu kommen oder den Ball wieder zurückzuspielen bzw. prallen zu lassen. Die Roten verteidigen im 1 gegen 1 und verhindern Schüsse aufs Tor. Der Grüne hat für die Ballzirkulation lediglich zwei Kontakte zur Verfügung und muss somit das Spiel schnell verlagern.

Prinzipien

1 gegen 1 dominieren, Killerrun, Mannorientierung, Torsicherung.

Vom 2 gegen 1 zum 3 gegen 2

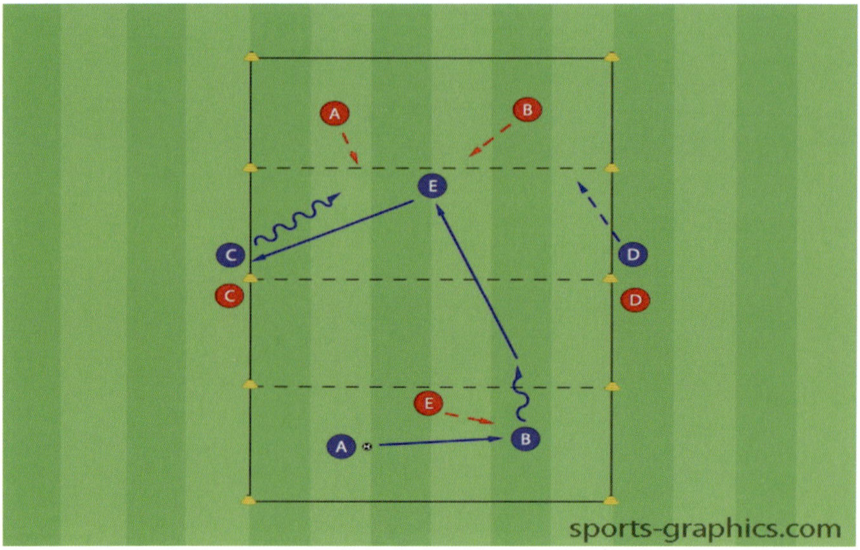

Organisation

Spielfeldgröße: 4 x 8 x 16 m

Anzahl Spieler: 10

Altersstufe: FE14-U21

Ablauf

In einem Feld mit vier Zonen werden zwei Teams mit je fünf Spielern gebildet. In der ersten Zone wird 2 gegen 1 gespielt und der Ball soll in die zweite Zone gebracht werden. Aus der zweiten Zone soll der Stürmer angespielt werden, der auf einen Flügelspieler klatschen lässt. Im 3 gegen 2 soll nun die Grundlinie überdribbelt werden. Danach wird in die andere Richtung gespielt. Gewinnen die Verteidiger den Ball, so geht der Stürmer ins Gegenpressing und die Flügelspieler werden passiv. Gewinnt ein Stürmer im Pressing den Ball, so werden die Flügelspieler sofort aktiv.

Prinzipien

Plus 1+ kreiieren, Packing 1.

1 gegen 1 → Antizipation

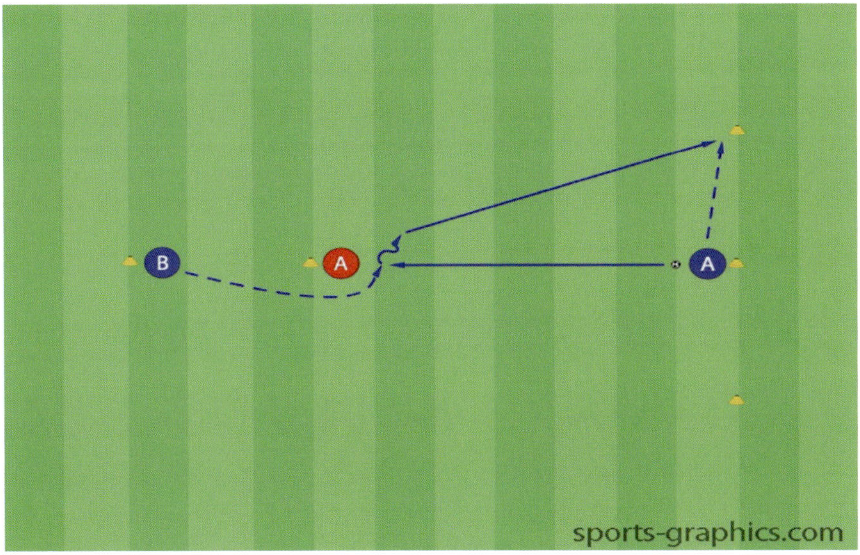

Organisation

Spielfeldgröße: 12 x 6 m

Anzahl Spieler: 3

Altersstufe: FE12-FE14

Ablauf

Blau A spielt einen Pass auf Rot A und bewegt sich zu einem Hütchen nach links oder rechts, wo er einen Rückpass von Rot A oder Blau B erwartet. Sobald der Pass gespielt wurde, muss Blau B sofort antizipieren, ob der Zugriff (bevor Rot A den Ball berührt) Erfolg versprechend ist oder nicht. Entscheidet sich Blau B, nicht einzugreifen, so versucht er zumindest, einen Rückpass (von Rot A auf Blau A) zu verhindern. Entscheidet sich Blau B doch, einzugreifen, so versucht er seinerseits, einen Pass auf Blau A zu spielen. Rot A und Blau B müssen dabei mindestens 2-3 Ballkontakte absolvieren, bevor sie den Ball auf Blau A zurückspielen.

Prinzipien

Vorwärts denken. Vorwärts schauen. Vorwärts spielen!

1 gegen 1 + 1 → sich vom Gegner lösen

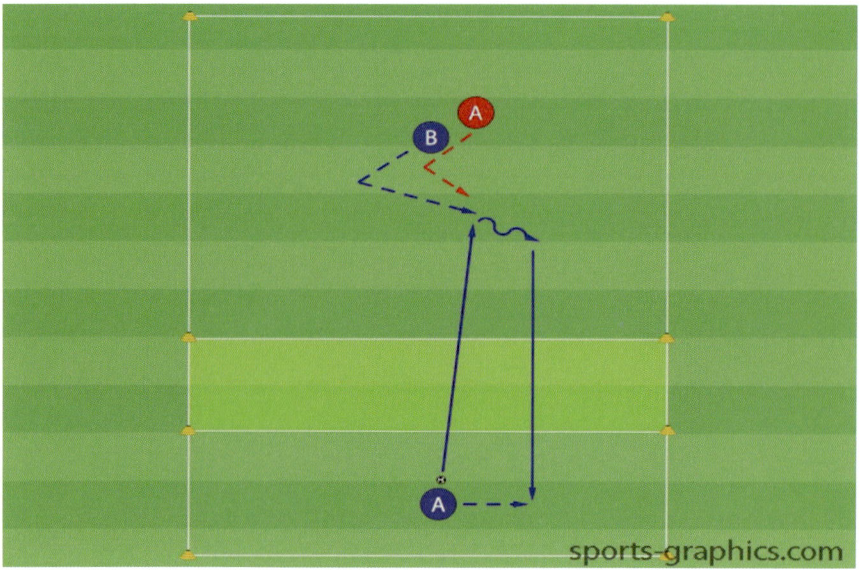

Organisation

Spielfeldgröße: 20 x 10 m in drei Zonen unterteilen

Anzahl Spieler: 3

Altersstufe: U9-FE14

Ablauf

In der ersten Zone (gemäß der Abbildung) steht Blau A mit dem Ball bereit. Die neutrale, gelbe Mittelzone darf von keinem Spieler betreten werden. In der großen Zone spielt ein Angreifer (Blau B) gegen einen Verteidiger (Rot A). Blau B fordert den Ball, indem er sich mithilfe von Freilaufbewegungen Raum verschafft. Nach dem Zuspiel muss er den Ball abschirmen, behaupten und wieder zu Blau A zurückspielen. Rot A versucht, ihn daran zu hindern.

Prinzipien

1 gegen 1 dominieren, immer Plus 1+.

5 gegen 3 mit drei Bällen

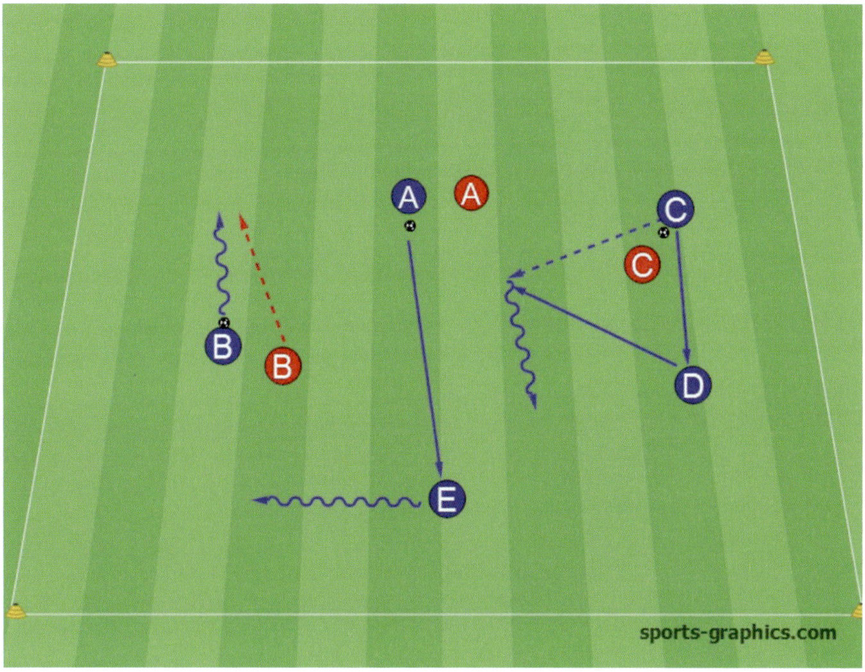

Organisation

Spielfeldgröße: 15 x 15 m

Anzahl Spieler: 5 Offensive/3 Defensive

Altersstufe: U9-U21

Ablauf

Fünf blaue Spieler behaupten gleichzeitig drei Bälle gegen drei rote Verteidiger, situativ sowohl durch das geschickte Zusammenspiel untereinander wie auch durch individuelle Aktionen im 1 gegen 1.

Prinzipien

Immer Plus 1+, 1 gegen 1 dominieren.

ÜBUNGSPOOL „SMALL SIDED GAMES + GAME SPEED"

Je mehr Spielerfahrung und verschiedene Entscheidungswege unsere Spieler kennen, desto bessere Entscheidungen können sie dann im Spiel auch treffen.

Fehlt diese Entscheidungsqualität und eine entsprechende Handlungsschnelligkeit, ist dies im Fußball nicht kompensierbar!

Fußball ist ein Entscheidungssport und statt einem „Durchführungstraining" müssen wir unseren Spielern so oft wie möglich ein „Entscheidungstraining" anbieten.

Hierzu sind Small Sided Games perfekt geeignet.

Wie wichtig diese Small Sided Games sind, zeigt die Studie der Manchester United Youth Academy U9-Mannschaft: Vergleich 8 gegen 8 vs. 4 gegen 4.

In einer Studie mit der U9 von Manchester United von 2002-2003 untersuchte Dr. Rick Fenoglio auf Video jeweils 15 Spiele im 4 gegen 4 und 15 Spiele im 8 gegen 8.

Die Resultate sprechen für sich und können nicht deutlicher sein:

GESPIELTE PÄSSE	+ 135 % oder 585 mehr gespielte Pässe im 4 gegen 4 als im 8 gegen 8
TORSCHÜSSE	+ 260 % oder 481 mehr Torschüsse im 4 gegen 4 als im 8 gegen 8
ERZIELTE TORE	+ 500 % oder 301 mehr Tore im 4 gegen 4 als im 8 gegen 8
1-GEGEN-1-SITUATIONEN	+ 225 % oder 525 mehr 1-gegen-1-Situationen im 4 gegen 4 als im 8 gegen 8
FINTEN, TRICKS, DRIBBLINGS	+280 % oder 436 mehr Finten, Tricks und Dribblings im 4 gegen 4 als im 8 gegen 8

Das 4 gegen 4 stellt dabei die „kleinste Form des großen 11 gegen 11 dar, bei dem bereits alle Lösungsoptionen zur Verfügung stehen, die es auch im 11 gegen 11 gibt und ist deshalb optimal für die Ausbildung junger Fußballer geeignet.

Das methodische Vorgehen reicht dabei von vorgegebenem offensiven und defensiven Verhaltensweisen bis zum freien Spiel ohne jegliche Beschränkungen.

Hier muss nun der Spieler selbst aus den bereits gemachten Erfahrungen lernen, bei welchem Gegnerverhalten welche unter den vielen Handlungsalternativen die beste Lösung ist.

Wichtig zu wissen ist, dass es ohne Bedeutung ist, ob ein taktisch richtiges Verhalten im Wettkampf durch ein einstudiertes Verhalten oder aber durch die Kreativität des Fußballers entsteht, solange die Spielsituation möglichst optimal gelöst wird.

Noch besser als das 4 gegen 4 ist das von Horst Wein erfundene SSG FUNiño, dessen Grundidee ein 3 gegen 3 mit vier Toren ist.

Für Horst Wein spielt vor allem das 2 gegen 1 beim FUNiño eine wichtige Rolle, da das 2 gegen 1 für ihn „das Atom des Spiels" darstellt.

Wein war der festen Überzeugung, dass Spielformen auf vier Tore, die weit auseinanderstehen, besser für die Entwicklung der Spielintelligenz geeignet sind, als das Spiel auf zwei zentrale Tore, da die Spieler in dieser Form neben vielen weiteren Vorteilen von klein auf lernen, Überzahlsituationen zu erkennen.

Funiño 3 gegen 1 Grundform

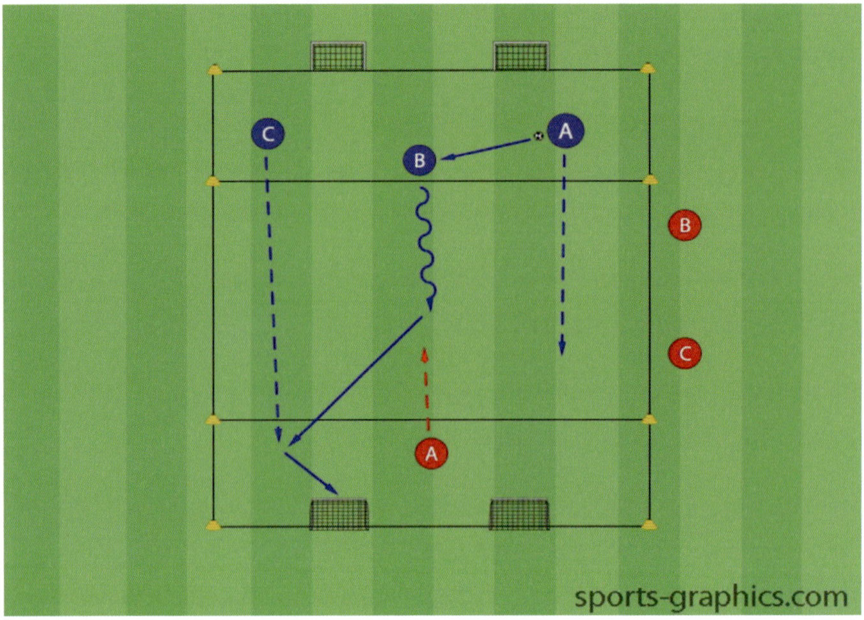

Organisation

Spielfeldgröße: 32 x 22 m – die Mittelzone ist 20 m breit

Anzahl Spieler: 6

Altersstufe: U9-U11

Ablauf

In diesem Spiel, bei dem die Tore 12 m voneinander entfernt sind, gibt es kein Abseits, keine Ecke und keinen Elfmeter. Das Spiel wird mit einem Pass oder einer Ballführung aus der Verteidigungszone begonnen (auch bei einem Tor- bzw. Seitenaus), der Abwehrspieler startet dabei aus seinem eigenen Strafraum. Ein Treffer zählt nur dann, wenn sich der Torschütze innerhalb der Abschlusszone befindet. Sollte der Verteidiger den Ball erobern, versucht er sofort, umzuschalten und auf die gegenüberliegenden Tore zu schießen. Rollenwechsel nach jedem Angriff und bei Bedarf die Zeit für einen Angriff beschränken.

Prinzipien

Packing, Killerrun, Killerpass, optimale Raumaufteilung.

3 gegen 1 + 1

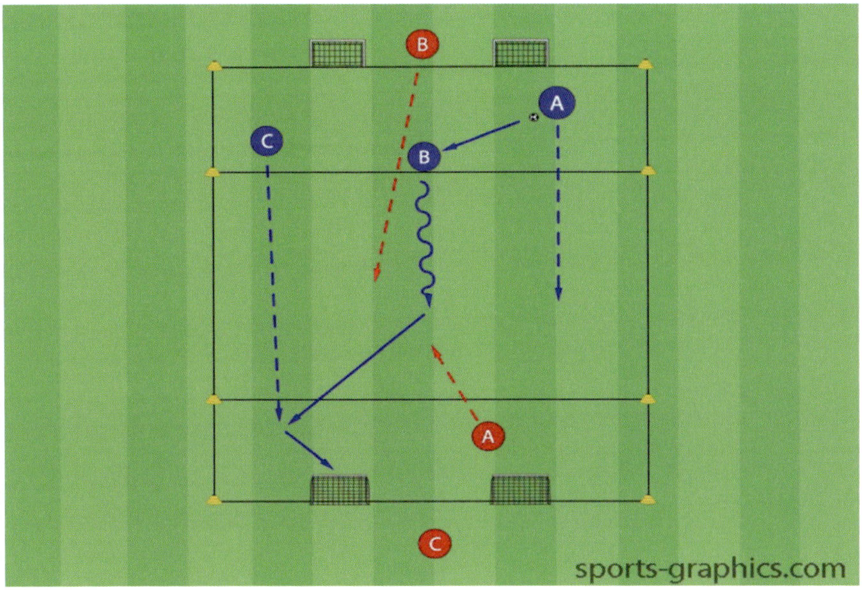

Organisation

Spielfeldgröße: 32 x 22 m – die Mittelzone ist 20 m breit

Anzahl Spieler: 6

Altersstufe: U9-FE13

Ablauf

In diesem Spiel, bei dem die Tore 12 m voneinander entfernt sind, gibt es kein Abseits, keine Ecke und keinen Elfmeter. Das Spiel wird mit einem Pass oder einer Ballführung aus der Verteidigungszone begonnen (auch bei einem Tor- bzw. Seitenaus). Sobald der Ball die Abwehrzone verlassen hat, startet ein zusätzlicher Verteidiger von der Grundlinie aus. Ein Treffer zählt nur dann, wenn sich der Torschütze innerhalb der Abschlusszone befindet. Sollten die Verteidiger den Ball erobern, versuchen sie sofort, umzuschalten und auf die gegenüberliegenden Tore zu schießen. Rollenwechsel nach jedem Angriff und bei Bedarf die Zeit für einen Angriff beschränken.

Prinzipien

Killerrun, Killerpass, Packing.

3 gegen 1 + 1 + 1

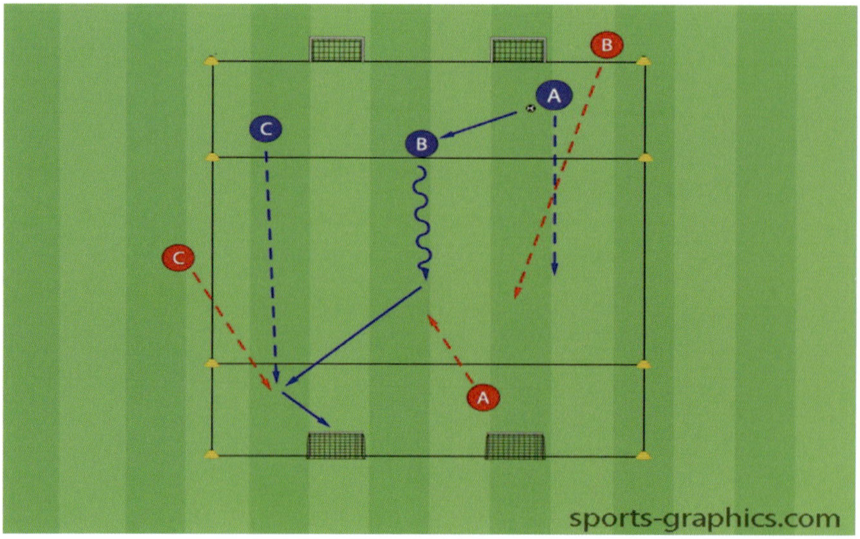

Organisation

Spielfeldgröße: 32 x 22 m – die Mittelzone ist 20 m breit

Anzahl Spieler: 6

Altersstufe: U11-FE14

Ablauf

In diesem Spiel, bei dem die Tore 12 m voneinander entfernt sind, gibt es kein Abseits, keine Ecke und keinen Elfmeter. Das Spiel wird mit einem Pass oder einer Ballführung aus der Verteidigungszone begonnen (auch bei einem Tor- bzw. Seitenaus). Sobald der Ball die Abwehrzone verlassen hat, starten zwei zusätzliche Verteidiger von der Grundlinie und von der Seite aus. Ein Treffer zählt nur dann, wenn sich der Torschütze innerhalb der Abschlusszone befindet. Sollten die Verteidiger den Ball erobern, versuchen sie sofort, umzuschalten und auf die gegenüberliegenden Tore zu schießen. Rollenwechsel nach jedem Angriff und bei Bedarf die Zeit für einen Angriff beschränken.

Prinzipien

Killerrun, Killerpass, Overlap-Run, Tiefe vor Breite.

Sprint und Abschluss im Duell

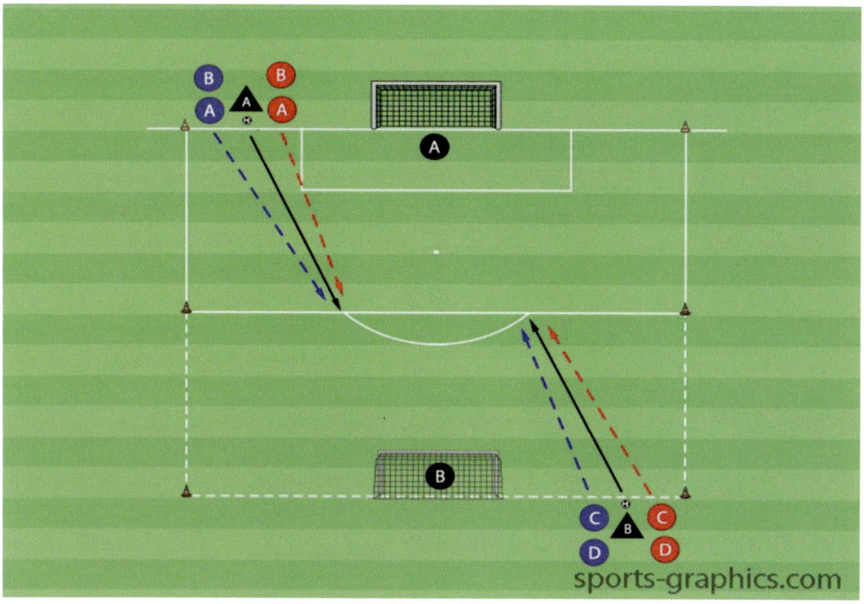

Organisation

Spielfeldgröße: Doppelter 16-m-Raum

Anzahl Spieler: Beliebig viele Pärchen

Altersstufe: FE14-U21

Ablauf

Ein Roter und ein Blauer stellen sich nebeneinander auf der Grundlinie (neben dem Tor) auf. Der Passgeber steht zwischen den Duellierenden. Sein Vertikalpass ist das Signal für die Sprinter, um den Ball zu erhaschen und auf das Tor zu schießen. Die Vertikalpässe können differenziert werden (scharf, hoch etc.).

Prinzipien

Sprintbereitschaft.

3 gegen 3 + 4 → lebende Ecken

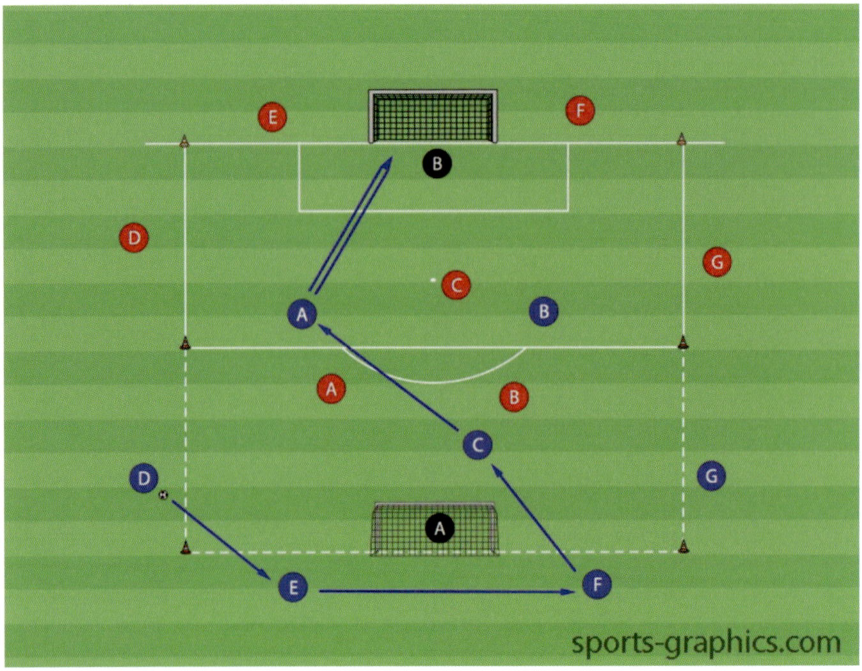

Organisation

Spielfeldgröße: Doppelter 16-m-Raum

Anzahl Spieler: 14 + 2 TS

Altersstufe: FE13-U21

Ablauf

Dieses Spiel funktioniert am besten, wenn die Tore aus Malstäben bestehen oder 5 m hinter der Grundlinie platziert werden. Dies erlaubt die Ballzirkulation von IV zu IV, da die Viererkette als Wandspieler in der defensiven Zone zur Verfügung steht. Im Feld wird 3 gegen 3 gespielt, wobei die Wandspieler den Spielaufbau unterstützen. Die zentralen Spieler verschieben sich so, dass der Torerfolg begünstigt wird.

Prinzipien

Killerabschlüsse, Plus 1+ kreieren, perfektes Umschaltspiel, Torsicherung.

4 + 3 N gegen 4 zum 1 gegen 1

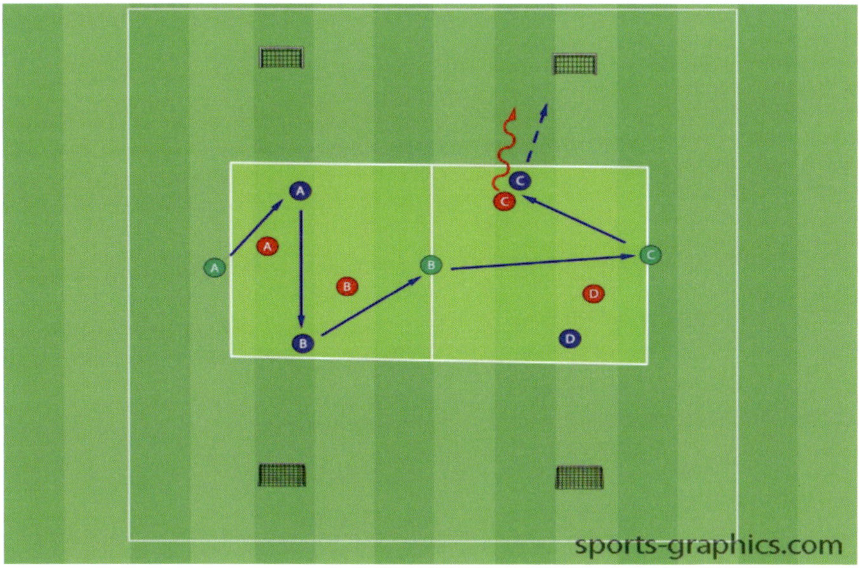

Organisation

Spielfeldgröße: 25 x 20 m, die Tore sind 8 m von den Seitenlinien entfernt

Anzahl Spieler: 11

Altersstufe: FE14-U21

Ablauf

Blau spielt im linken Feld im 4 gegen 2 mit Grün A und B gegen Rot. Im rechten Feld sind zwei weitere Blaue sowie zwei Rote und ein neutraler Grüner an der Stirnseite positioniert. Ziel ist es, über den mittleren Neutralen B ins andere Feld zu wechseln. Erobert Rot den Ball, spielt der Balleroberer über eine Linie gegen einen Blauen im 1 gegen 1 auf ein Minitor. Der Blaue darf dabei nicht hinter der Linie verteidigen. Blau erhält einen Punkt für acht Kontakte und drei zusätzliche Punkte für Kombinationen von Grün A über Grün C zurück zu Grün A. Rot erhält drei Punkte für ein Tor.

Prinzipien

Packing, Gegenpressing.

9 gegen 9 → POWERBOX

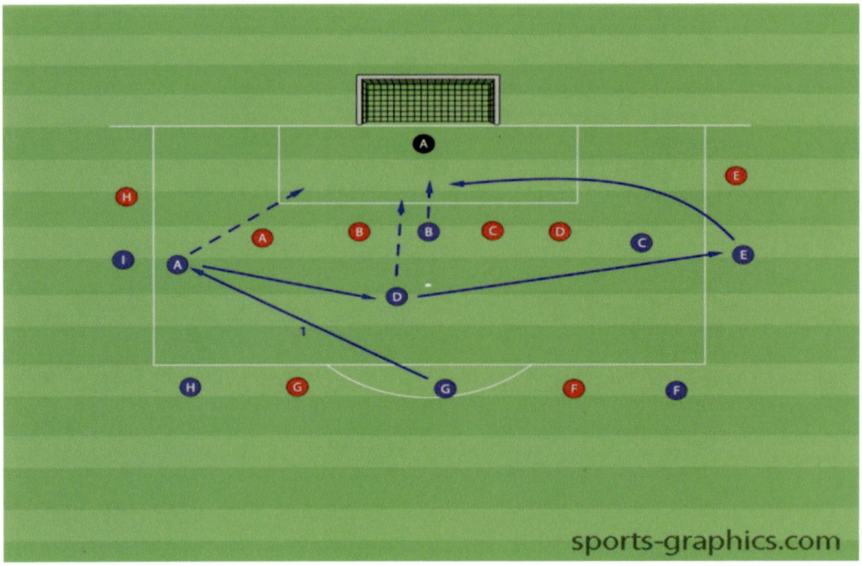

Organisation

Spielfeldgröße: 36 x 16 m

Anzahl Spieler: 17 + 1 TS

Altersstufe: FE12-U21

Ablauf

Blau spielt gegen Rot, wobei sie mit zwei Flügelspielern (A und C), einem Stürmer (B) und dem 10er (D) im Strafraum gegen die rote Viererkette ankämpfen. Die Roten verteidigen, während die Blauen (in Kooperation mit ihren Wandspielern) versuchen, sich durchzusetzen, um ein Tor zu erzielen. Sollte Rot den Ball erobern, versuchen sie, ihn im Zusammenspiel mit den roten Wandspielern zu halten. Die Blauen helfen sich mit Flanken, 1-gegen-1-Duellen, Überzahlsituationen, Doppelpässen, Weitschüssen etc.

Prinzipien

Killerrun, Killerpass, Killerabschluss.

7 gegen 6 + 2 N

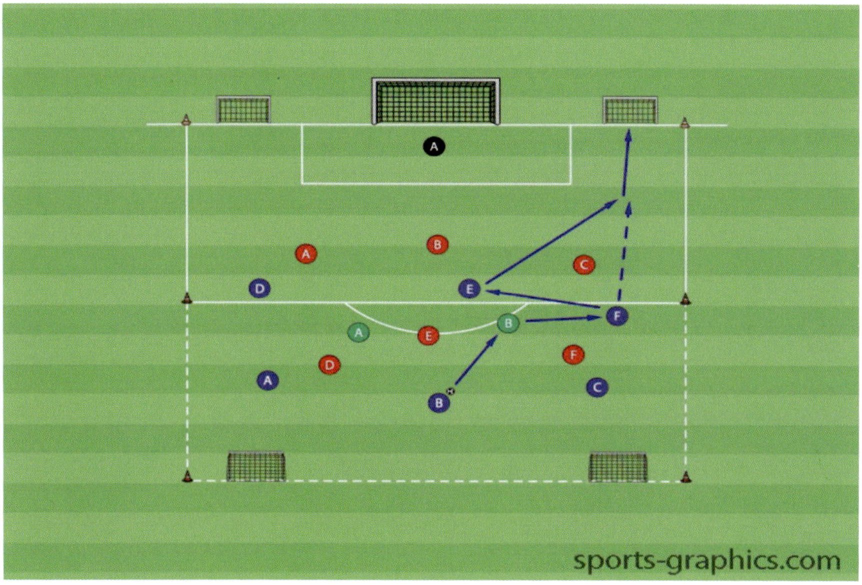

Organisation

Spielfeldgröße: Doppelter 16-m-Raum

Anzahl Spieler: 14 + 1 TS

Altersstufe: U15-U21

Ablauf

Die angreifende Mannschaft hat folgende Möglichkeiten, um Punkte zu sammeln: großes Tor = drei Punkte; kleine Tore an der Seite = ein Punkt; 10 Pässe = ein Punkt.

Die verteidigende Mannschaft hat folgende Möglichkeiten, um Punkte zu sammeln:

Ein Kontertor auf derselben Feldseite wie die Balleroberung = zwei Punkte; ein Kontertor, das nach einer Verlagerung auf die andere Feldseite erzielt wurde = ein Punkt.

Wenn die Joker für die angreifende Mannschaft spielen, haben sie unbegrenzte Ballkontakte und dürfen Tore erzielen. Wenn die Joker für die verteidigende Mannschaft spielen, haben diese nur einen Ballkontakt.

Prinzipien

Killerrun, Killerpass, Killertorabschluss, Gegenpressing.

Vom 7 gegen 1 bis zum 7 gegen 7 → Jagen

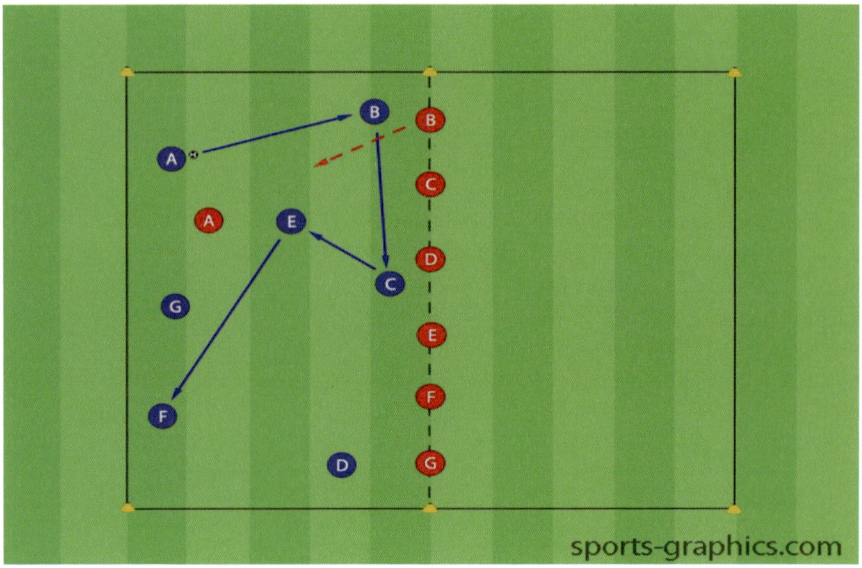

Organisation

Spielfeldgröße: 25 x 25 m, in zwei Hälften unterteilen

Anzahl Spieler: 14

Altersstufe: FE12-U21

Ablauf

In Feld 1 beginnt Blau im 7 gegen 1 gegen einen Roten mit maximal zwei Kontakten. Sechs weitere Rote positionieren sich auf der Mittellinie und sind von 2-7 durchnummeriert, ohne dass Blau die Reihenfolge weiß. Nach jeweils sieben Pässen kommt ein weiterer Roter ins Feld, sodass ein 7 gegen 2 bis hin zum 7 gegen 7 entsteht. Sobald Rot den Ball erobert (bzw. Ball im Aus), positionieren sich alle Roten in Feld 2 und beginnen gegen Blau (Nr. 1) im 7 gegen 1, während sich die übrigen Blauen auf der Mittellinie positionieren.

Prinzipien

Wir sind positiv aggressiv und spielen, um anzugreifen. Immer. Gegen jeden!

Vom 7 gegen 3 zum Umschalten im 10 gegen 7

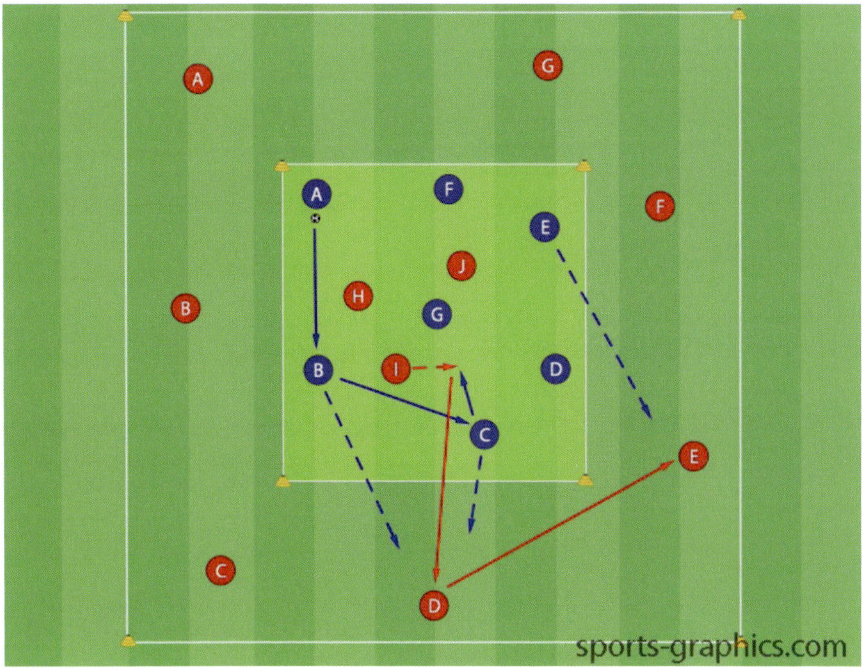

Organisation

Spielfeldgröße: 25 x 20 m – Mittelzone 15 x 15 m

Anzahl Spieler: 17

Altersstufe: FE13-U21

Ablauf

Im kleinen, inneren Feld spielen sieben blaue gegen drei rote Spieler im freien Spiel ohne Kontaktbegrenzung. Bei Ballgewinn der drei Roten spielen diese raus ins große Feld auf die roten Mitspieler, wo das Spiel im 10 gegen 7 weitergeht. Blau versucht, den Ball zurückzuerobern und ins innere Feld zurückzuspielen. Gelingt Blau dort ein weiterer Pass, pausiert das Spiel kurz und Blau spielt im kleinen inneren Feld wieder im 7 gegen 3 gegen Rot weiter.

Prinzipien

Perfektes Umschalten, Nacharbeiten.

4 x 1 gegen 1 in der Zone plus Joker

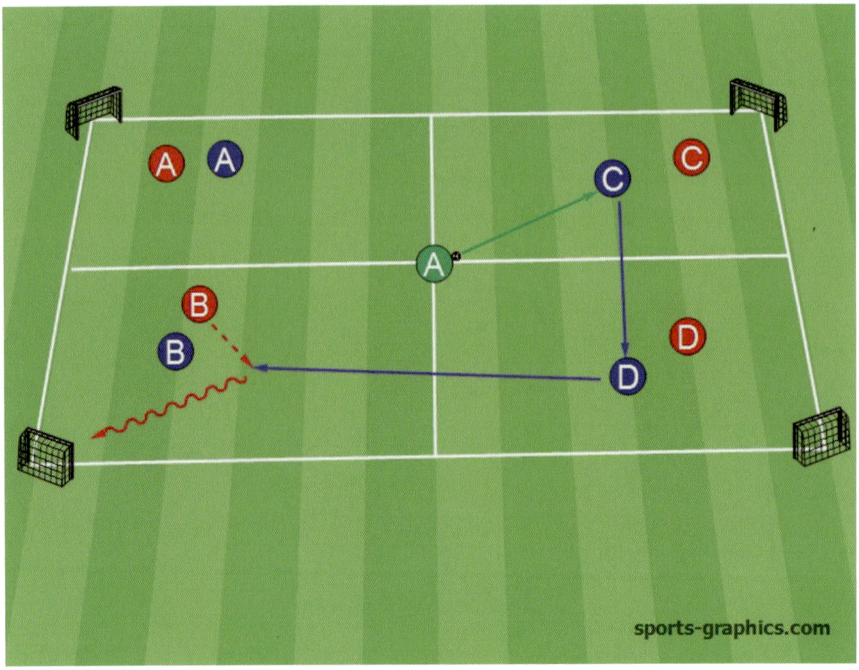

Organisation

Spielfeldgröße: Ein 40 x 20 m großes Rechteck in vier gleich große Zonen aufteilen.

Anzahl Spieler: 9

Altersstufe: FE12-U21

Ablauf

In jeder Zone agiert ein blauer gegen einen roten Spieler mit dem Ziel, den Ball im Tor, das in der eigenen Zone steht, unterzubringen. Jeder Spieler bleibt in seiner Zone, jedoch können die Mannschaften untereinander und mit dem Joker den Ball zielgerichtet zirkulieren lassen.

Prinzipien

Immer Plus 1+, 1 gegen 1 dominieren, Mannorientierung.

Vom 4 gegen 2 zum 6 gegen 4

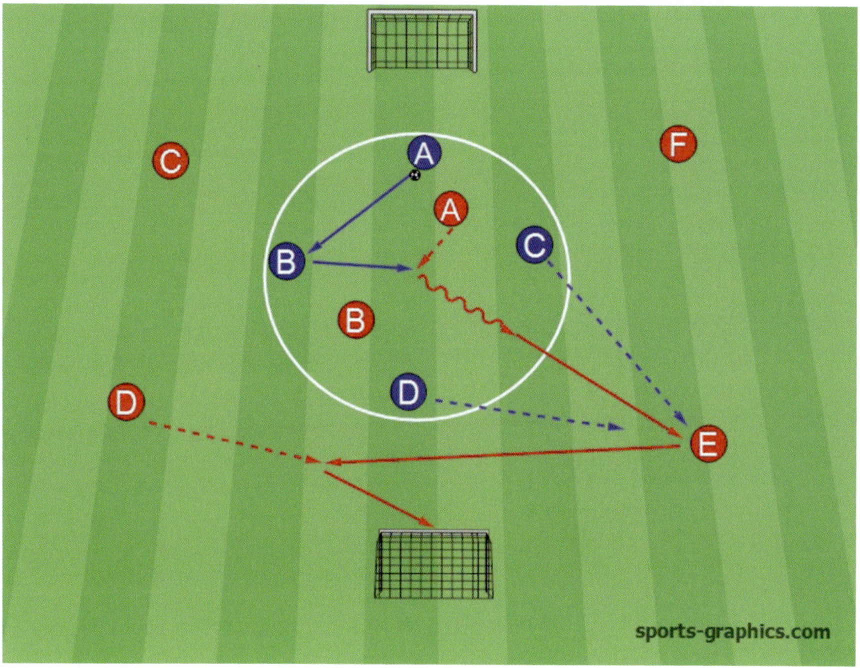

Organisation

Spielfeldgröße: Kreis mit 10 m Radius, Torabstand vom Kreis 12 m

Anzahl Spieler: 10

Altersstufe: FE12-U21

Ablauf

4 gegen 2 im Kreis. Nach 12 erfolgreichen Kontakten kann Blau auf beiden Seiten ein Tor erzielen. Gewinnt Rot vorher den Ball, spielen sie 6 gegen 4 im ganzen Feld. Nach 12 erfolgreichen Kontakten können sie ein Tor erzielen, gewinnt Blau vorher den Ball, können sie auf beide Tore einen Treffer erzielen.

Prinzipien

Optimale Raumaufteilung, Gegenpresssing, Killerpass, Packing.

Vom 7 gegen 7 zum 7 gegen 3 → „Schalten"

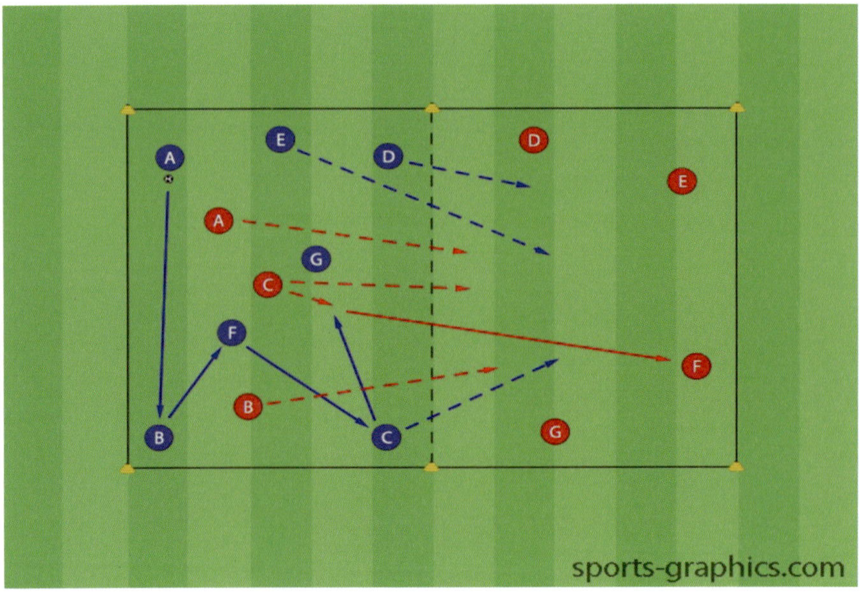

Organisation

Spielfeldgröße: 25 x 15 m in zwei Hälften unterteilen

Anzahl Spieler: 14

Altersstufe: FE12-FE14

Ablauf

In Feld 1 spielt Blau mit maximal zwei Kontakten im 7 gegen 3 gegen Rot auf Ballbesitz. Für sieben Ballkontakte in Folge gibt es einen Punkt. Erobert Rot in Feld 1 den Ball, spielen sie auf einen Roten in Feld 2. Die Roten rücken daraufhin sofort komplett in Feld 2 nach.

Von Blau dürfen drei Spieler zum Verteidigen in Feld 2 aufrücken. Das Spiel geht in Feld 2 sofort im 7 gegen 3 weiter.

Prinzipien

Schalten DEF-OFF, optimale Raumaufteilung, konstruktives Eröffnen.

3 gegen 1 → Umschalten und Wechsel

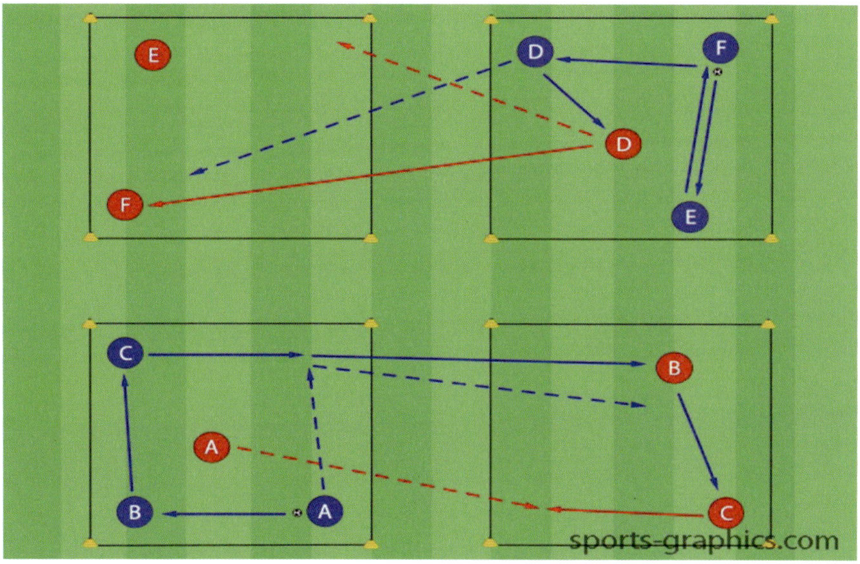

Organisation

Spielfeldgröße: 4 Felder à 8 x 8 m (im Abstand von 5 m)

Anzahl Spieler: 12

Altersstufe: FE12-U21

Ablauf

Vier 3er-Teams einteilen. Je zwei Teams spielen gegeneinander. Ein Verteidiger von Rot versucht, im 1 gegen 3, im gegnerischen Feld den Ball von Blau zu gewinnen (siehe Feld oben rechts). Schafft Team Blau sechs Pässe in Folge, erhält es einen Punkt. Gewinnt der Unterzahlspieler von Rot den Ball, werden ihm und seinem Team zwei Punkte gutgeschrieben. Unmittelbar nach einer dieser Aktionen wird das Spiel durch einen Pass in das andere Feld verlagert. Jetzt müssen der Verteidiger von Rot sowie ein weiterer Spieler von Blau (wird Verteidiger) schnellstmöglich zum 1 gegen 3 ins andere Feld sprinten usw. Die Spieler attackieren somit abwechselnd im gegnerischen Viereck.

Prinzipien

Perfektes Umschalten, Sprintbereitschaft, Packing.

3 gegen 3 → hochintensives Umschaltspiel

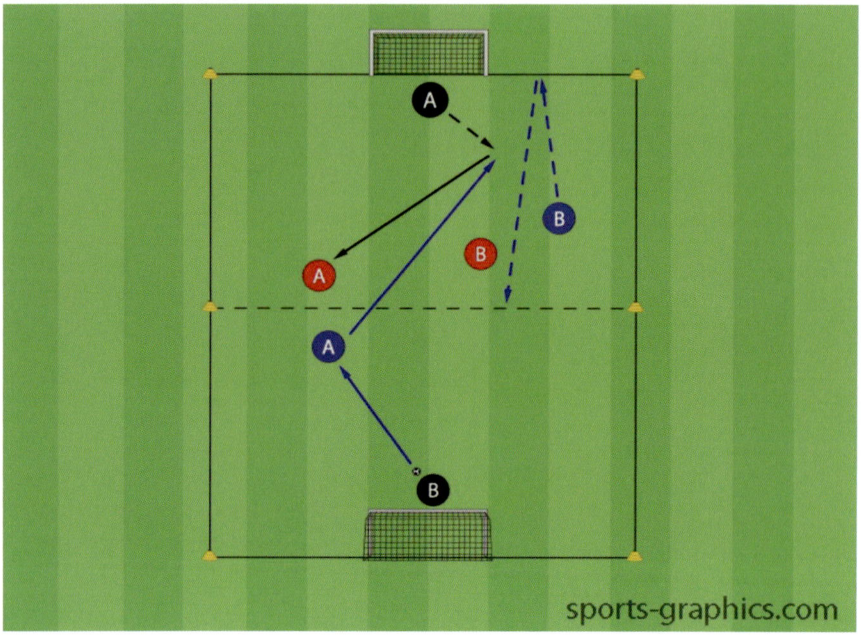

Organisation

Spielfeldgröße: 15 x 10 m

Anzahl Spieler: 4 + 2 TS

Altersstufe: U13-U21

Ablauf

Das Team, welches einen Ballverlust verursacht hat, verliert (als Strafe) für einen kurzen Augenblick einen Spieler und muss in Unterzahl agieren. Der vorderste Spieler muss nämlich zur gegenüberliegenden Auslinie sprinten und wieder zurück zur Mittellinie, bevor er wieder eingreifen kann.

Prinzipien

Starkes Gehirn, Sprintbereitschaft, perfektes Umschaltspiel, Killerpass, Killerrun, Killerschuss.

ÜBUNGSPOOL „POSITIONSSPIELE“

Wie es der Name bereits sagt, wird beim Positionsspiel der Spieler für sein Positionsverhalten geschult.

Positionsspiele sind optimal geeignet, um unsere offensiven und defensiven Verhaltensmuster und Prinzipien zu schulen!

Ein weiteres Ziel unserer Positionsspiele ist es auch, dass die Spieler Situationen noch schneller wahrnehmen und so die üblichen 0,3 Sekunden Reaktionszeit eines Topathleten um die Hälfte auf 0,15 Sekunden reduzieren, um so dem Gegner im Spiel gedanklich und physisch immer einen Schritt voraus zu sein.

Neben kurzen Ballkontaktzeiten kann in Positionsspielen auch hervorragend das Gegenpressing trainiert werden.

Je nach Trainingsschwerpunkt können die Positionsspiele durch Spielfeldgröße, Spieleranzahl oder die Coachingpunkte gezielt gesteuert werden.

Die Grundidee, die einer Entwicklung des Positionsspiels vorausgeht, ist die Herstellung von Feldüberlegenheit, in dem +1 Situationen (eines der 9 übergeordneten Prinzipien) hergestellt werden, was auf vier verschiedene Weisen geschehen kann:

1. „Numerische Überlegenheit": Kreation von „Man-More-Situations" in entsprechenden Räumen des Zonenmodels z. B. ein 4 gegen 3 im Zentrum oder 3 gegen 2 am Flügel.
2. „Qualitative Überlegenheit": 1-gegen-1-Situationen bei denen der eigene Spieler mehr Qualität hat. Generell wird durch ein gewonnenes Dribbling immer auch eine nummerische Überlegenheit hergestellt, was die Bedeutung des 1 gegen 1 unterstreicht.
3. „Positionelle Überlegenheit": Es besteht zwar ein Gleichzahlverhältnis in entsprechenden Räumen wie z. B. ein 3 gegen 3 im Zentrum, eine positionelle Überlegenheit wird jedoch durch eine bessere Positionierung, z. B. im Rücken des Gegners und durch das Heraustreten aus dem Deckungsschatten kreiert.
4. „Dynamische Überlegenheit": Durch viele Rotationen und Positionswechsel auch über verschiedene Linien hinweg wird durch das dynamische und ständige Wechseln von Positionsbesetzungen eine dynamische Überlegenheit geschaffen.

Im nachfolgenden Übungspool werden diese vier verschiedenen Arten zur Herstellung von Feldüberlegenheit schwerpunktmäßig abgedeckt.

Vom 1 gegen 1 zum 3 gegen 3

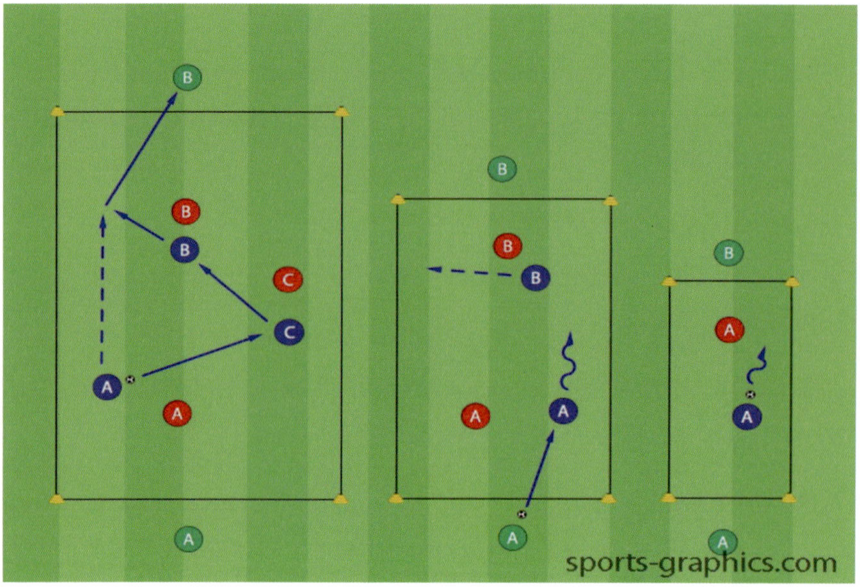

Organisation

Spielfeldgröße: 16 x 12 m – 12 x 10 m – 12 x 9 m

Anzahl Spieler: 18

Altersstufe: U9-U21

Ablauf

In drei verschiedenen Positionen werden die Spieler mit 1-gegen1-, 2-gegen-2- und 3-gegen-3-Situationen konfrontiert. Das Ziel dieser Übung ist es, von einem Wandspieler zum anderen zu gelangen. Beim 1 gegen 1 entscheiden individuelle Aktionen mit und ohne Ball. Beim 2 gegen 2 und 3 gegen 3 müssen die Spieler aufeinander achten und durch wechselnde Freilaufbewegungen Passlinien öffnen. Sie lernen dadurch, inwiefern diese Aktionen zusammenhängen.

Prinzipien

Plus 1+ kreieren.

2 + 2 N gegen 2 im Felderwechsel

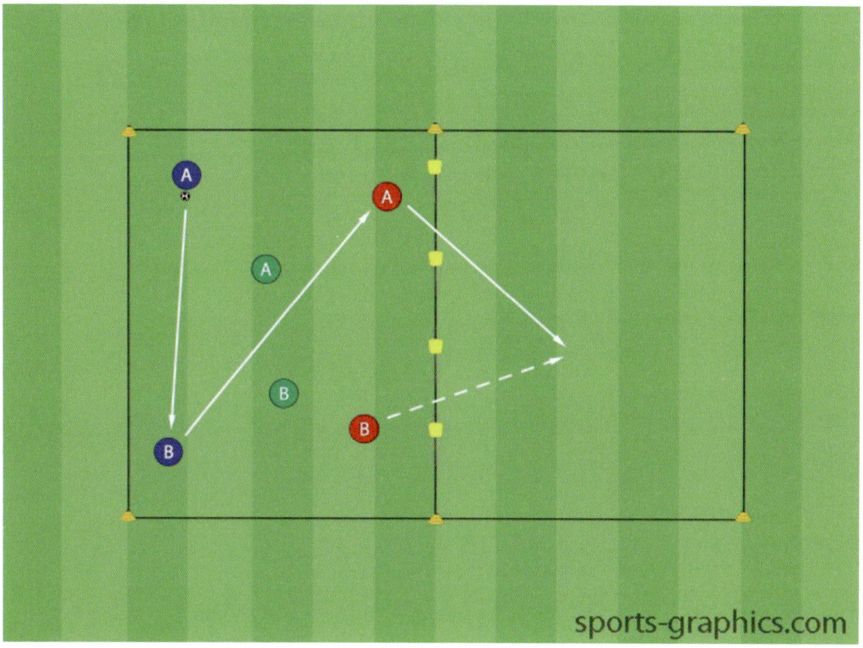

Organisation

Spielfeldgröße: 18 x 10 m

Anzahl Spieler: 6

Altersstufe: FE12-U21

Ablauf

Im Feld 1 spielen zwei blaue mit zwei roten Spielern gegen zwei grüne Spieler im freien Spiel ohne Kontaktbegrenzung. Nach fünf Kontakten darf die Mannschaft in Ballbesitz mit einem Pass durch eine der Schnittstellen der Dummys ins andere Feld wechseln, indem ein Mitspieler einen Pass in das andere Feld erläuft. Für eine erfolgreiche Spielfeldverlagerung erhalten die beiden 2er Teams in Ballbesitz je einen Punkt. Einen Punkt erhalten sie auch für sechs Kontakte im Feld.

Prinzipien

Killerruns, Killerpass, Packing, perfektes Umschalten.

3 gegen 3 + 3 gegen 3 + 2 N

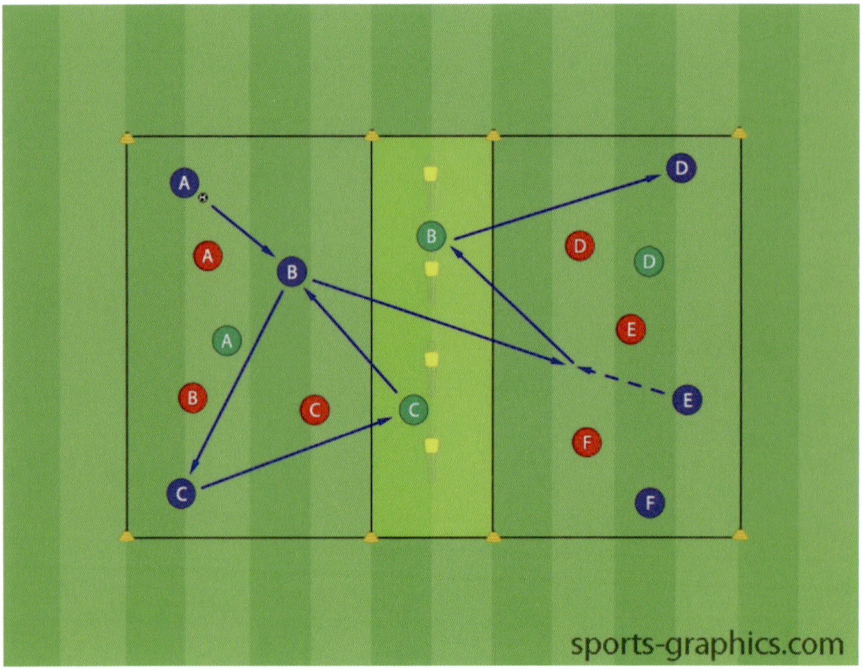

Organisation

Spielfeldgröße: 30 x 20 m – die Mittelzone ist 5 m breit (inklusive vier Dummys)

Anzahl Spieler: 16

Altersstufe: FE14-U21

Ablauf

In Feld 1 und Feld 3 sind jeweils drei blaue und drei rote Spieler, sowie ein grüner Neutraler positioniert, in der Mittelzone befinden sich zwischen den vier Dummys zwei grüne Neutrale. Blau spielt in Feld 1 mit den drei Neutralen im 6 gegen 3. Nach mindestens fünf Pässen in Folge kann auf einen Mitspieler in Feld 3 gewechselt werden. Pro Felderwechsel ein Punkt.

Prinzipien

Packing 1 und 2, Killerpass, kompakte Blockbildung.

6 gegen 3 → Killerpass

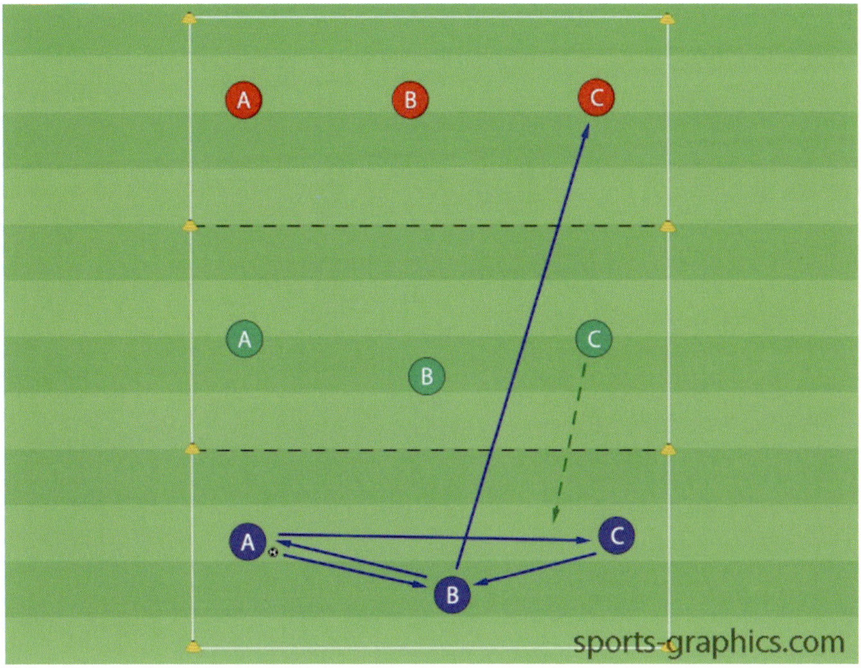

Organisation

Spielfeldgröße: 32 x 20 m

Anzahl Spieler: 9

Altersstufe: U9-FE13

Ablauf

Blau spielt sich in einer Endzone den Ball so zu, dass ein Schnittstellenpass in die andere Endzone (zu Rot) möglich wird. Vor dem Killerpass müssen jedoch mindestens vier Zuspiele in der Endzone erfolgen. Ein grüner Verteidiger darf sich dabei von der Mittelzone lösen und den Ball jagen. Jede Balleroberung bedeutet einen Punkt für die Verteidiger. Nach einer definierten Zeit werden die Rollen getauscht.

Prinzipien

Killerpass, Packing 1 und Packing 2, kompakte Blockbildung, Tiefenstaffelung.

3 gegen 3 + 3 im Dreieck

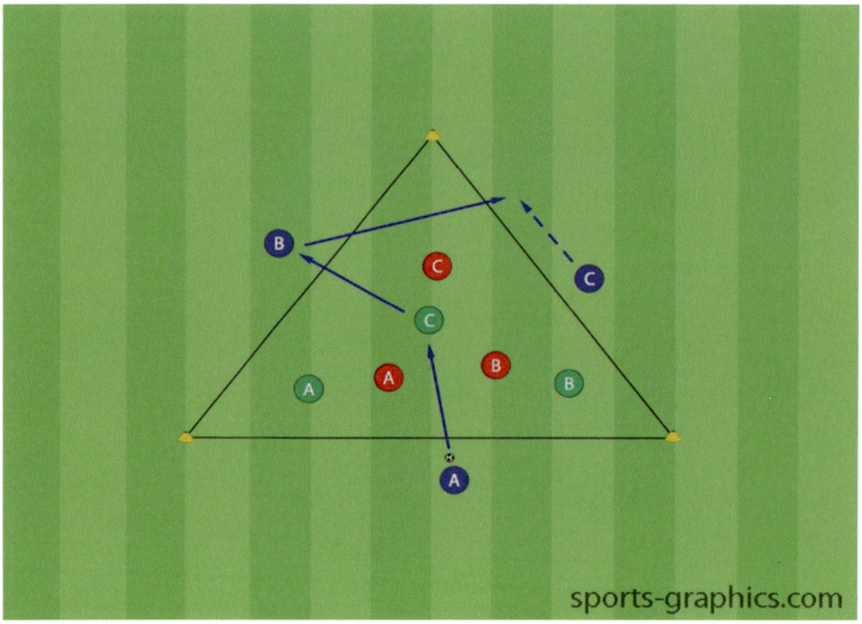

Organisation

Spielfeldgröße:

Anzahl Spieler: 9

Altersstufe: U11-U21

Ablauf

Blau und Grün agieren gemeinsam, während Rot verteidigt. Auf der langen Seite wird ruhig zirkuliert, ehe der Ball über den Mittelspieler oder mithilfe von Positionswechseln auf eine der diagonalen Seiten gebracht wird. Gelingt dem Defensivteam eine Balleroberung, verteidigt fortan das Team, welches den Ballverlust verursacht hat. Die vorherigen Verteidiger positionieren sich so schnell wie möglich auf den Außenseiten – auch wenn die Mannschaft im Zentrum den Ball zuvor verloren hat. In diesem Fall rückt das zuvor außerhalb positionierte Team nach innen.

Prinzipien

Immer plus 1+, Packing, Gegenpressing.

3 gegen 3 + 3 gegen 3 im Sechseck

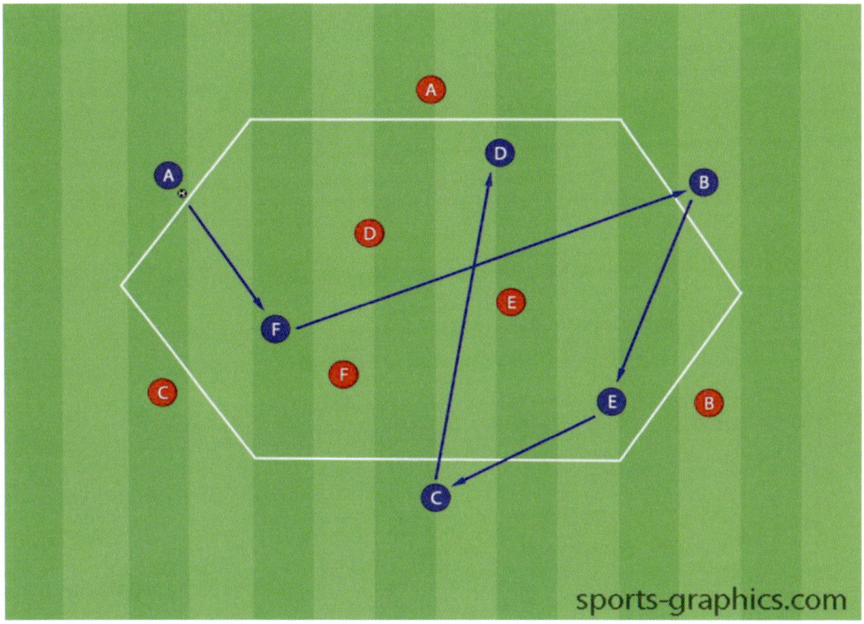

Organisation

Spielfeldgröße: Ein Sechseck mit der Kantenlänge von circa 8 m

Anzahl Spieler: 12

Altersstufe: FE13-U21

Ablauf

Im Feld spielen drei Blaue gegen drei Rote. Außerhalb des Feldes sind an den Seitenlinien jeweils drei weitere Spieler positioniert, wobei sich immer ein Blauer neben einem Roten befindet. Blau spielt in einer 6-gegen-3-Überzahl gegen drei Rote im Feld. Die Außen-Spieler dürfen das Feldinnere nicht betreten.

Prinzipien

Konstruktiver Spielaufbau, ballorientiertes Schieben.

4 + 1 gegen 2 mit Positionswechsel

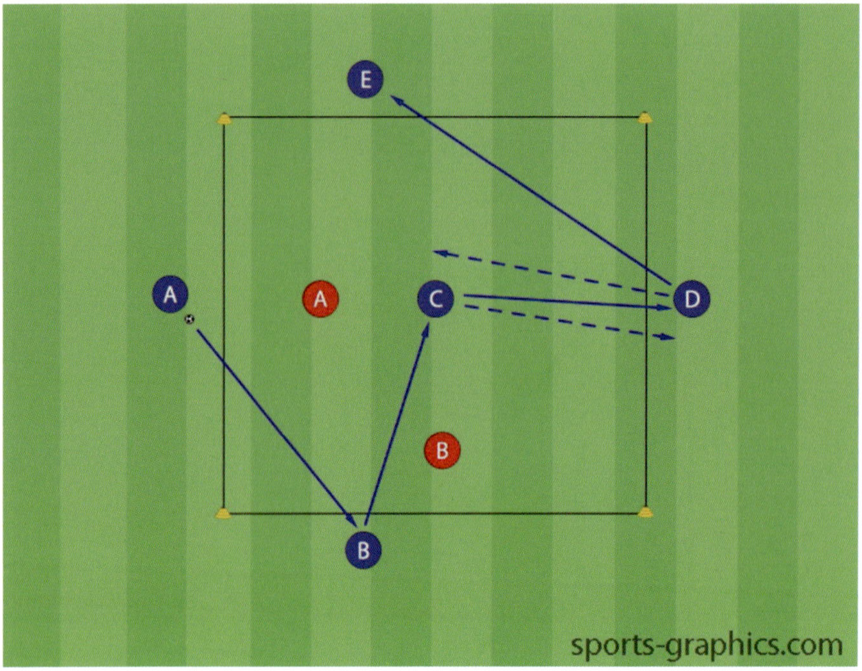

Organisation

Spielfeldgröße: 10 x 10 m

Anzahl Spieler: 7

Altersstufe: U11-U21

Ablauf

In einem gewöhnlichen 5-gegen-2-Rondo (mit fünf blauen Spielern) wird versucht, den Ball in den eigenen Reihen zu halten. Rot versucht hingegen, den Ball zu erobern. Vier Blaue stellen sich hinter den Seitenlinien auf, ein blauer Spieler bewegt sich im Feld. Wenn der zentrale Blaue einen Pass zu einem anderen blauen Wandspieler weiterleiten kann, so tauschen sie, in diesem Fall Blau C und D, ihre Positionen.

Prinzipien

Konstruktiver Spielaufbau, „Fluidität".

4 gegen 2 + 4 gegen 2 + 1 N

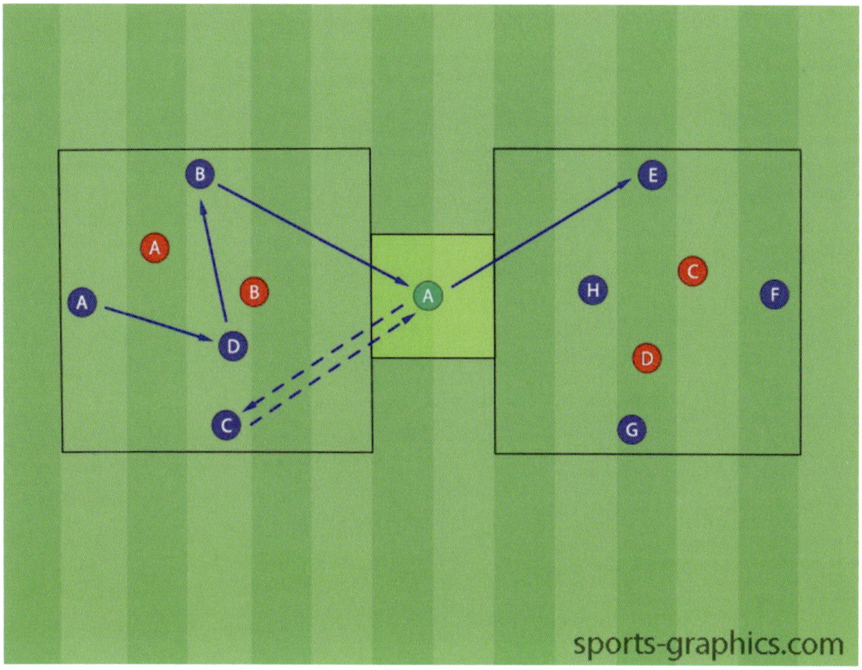

Organisation

Spielfeldgröße: Zwei Felder à 16 x 16 m – Mittelzone 5 x 5 m

Anzahl Spieler: 13

Altersstufe: FE14-U21

Ablauf

Blau spielt im linken Feld im 4 gegen 2 gegen Rot, wobei A, B und C sich jeweils rund um ihre Seitenlinien positionieren, während D das Zentrum besetzt. Ziel ist, über den mittleren Grünen das Feld auf einen Blauen im anderen Feld zu wechseln. Der Wechsel kann/soll auch über einen Blauen in der gelben Mittelzone erfolgen, der mit dem Grünen die Position wechselt.

Prinzipien

Packing 2, Killerpass.

4 x 4 vs. 1 in 4 Feldern

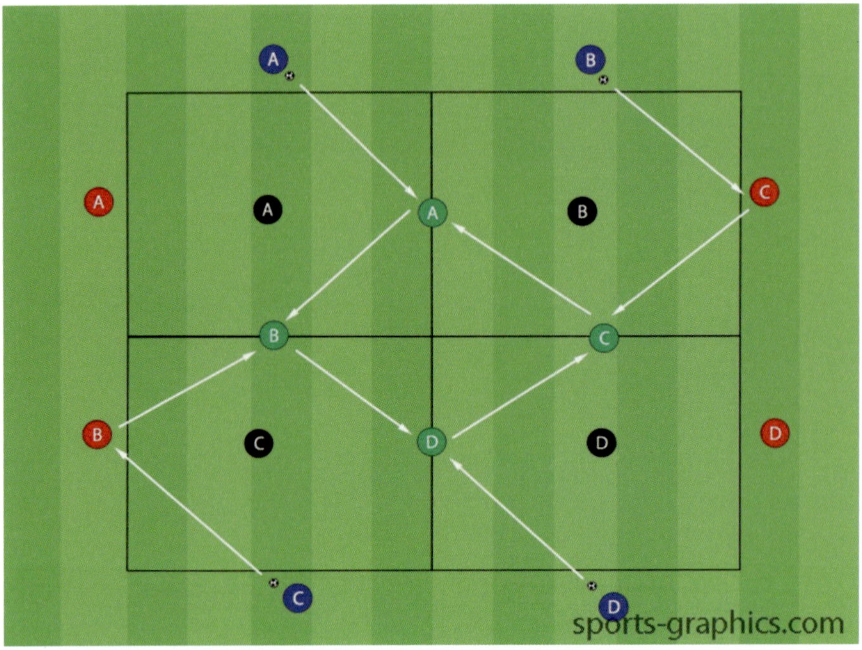

Organisation

Spielfeldgröße: Ein circa 18 x 18 m großes Feld in vier gleich große Felder unterteilen

Anzahl Spieler: 16

Altersstufe: FE12-U21

Ablauf

An 4 gegenüberliegenden Seitenlinien vier blaue Spieler, an den anderen vier Seitenlinien vier Rote positionieren. An den mittleren Begrenzungslinien vier grüne Spieler positionieren. Jedem Feld einen schwarzen Verteidigenden zuweisen. Blau, Rot und Grün spielen in jedem Teilfeld im 4 gegen 1 mit maximal zwei Kontakten gegen Schwarz, wobei die Grünen in jeweils zwei Teilfeldern „gleichzeitig" agieren. Die Schwarzen zählen gemeinsam ihre Ballgewinne (inkl. Ball im Aus).

Prinzipien

Plus 1+ kreiieren, Packing 1,2 und 3.

4 x 5 gegen 2

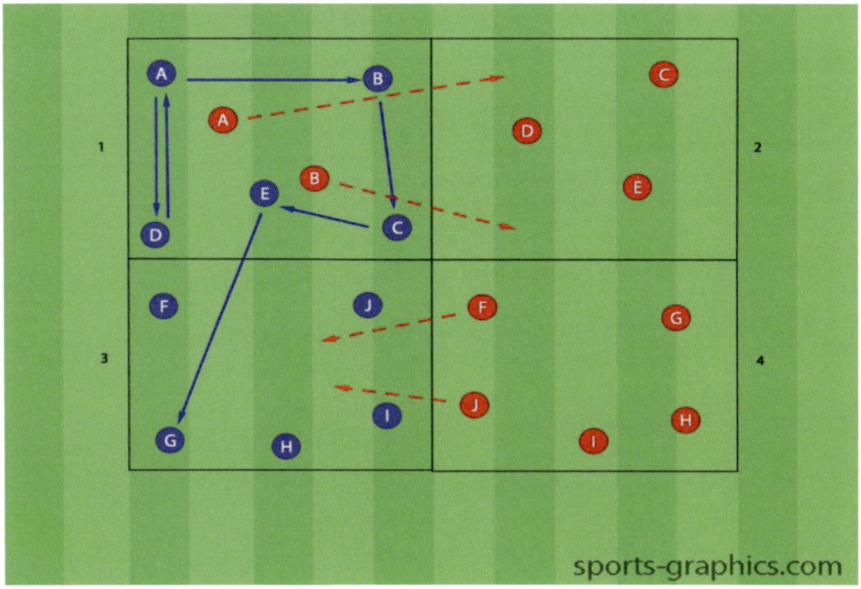

Organisation

Spielfeldgröße: Ein circa 25 x 25 m großes Feld in vier gleich große Teile unterteilen

Anzahl Spieler: 20

Altersstufe: FE14-U21

Ablauf

In Feld 1 spielen fünf Blaue im direkten Spiel gegen zwei Rote. Nach mindestens fünf Kontakten darf Blau ins benachbarte Feld 3 auf die blauen Mitspieler wechseln. Sobald der Ball sich in Feld 3 befindet, starten zwei Rote von Feld 4 zum 5 gegen 2 in Feld 3. Die beiden Roten aus Feld 1 gehen zurück in Feld 2. Gelingt den Roten ein Ballgewinn (oder Ball im Aus) startet Rot mit neuem Ball im diagonal gegenüberliegenden Feld (hier Feld 4) im 5 gegen 2 gegen zwei Blaue (aus Feld 3). Für jeden erfolgreichen Felderwechsel, das heißt, wenn der Pass im neuen Feld kontrolliert wird, erhält das Team einen Punkt.

Prinzipien

Optimale Raumaufteilung, Packing 1 und 2, Nacharbeiten, ballorientiertes Schieben, Gegenpressing.

5 gegen 1 mit zwei Bällen

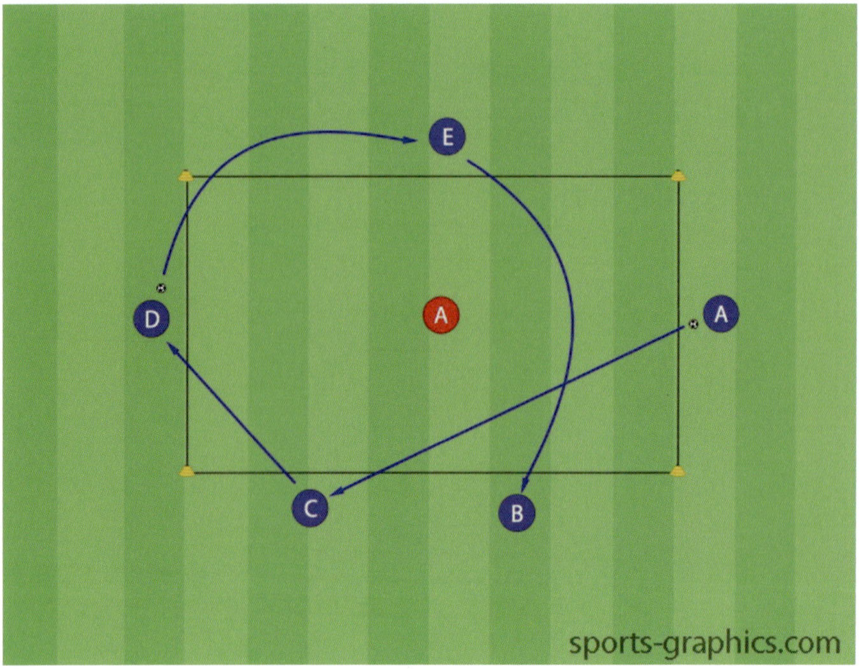

Organisation

Spielfeldgröße: 10 x 5 m

Anzahl Spieler: 15

Altersstufe: U9-U21

Ablauf

Im 5 gegen 1 platzieren sich die Blauen außerhalb der Seitenlinie und versuchen, sich die beiden Bälle so lang wie möglich zuzuspielen. Dabei wird ein Ball mit dem Fuß gespielt, den anderen wirft man sich mit den Händen zu. Der „Handball" kann vom Verteidiger mit den Händen abgefangen werden, der „Fußball" jedoch nur mit den Füßen. Wer einen Fehler begeht, wechselt seine Position mit dem Verteidiger.

Prinzipien

Starkes Gehirn, Kontrollpass.

6 gegen 4 im Dreieck auf Minitore

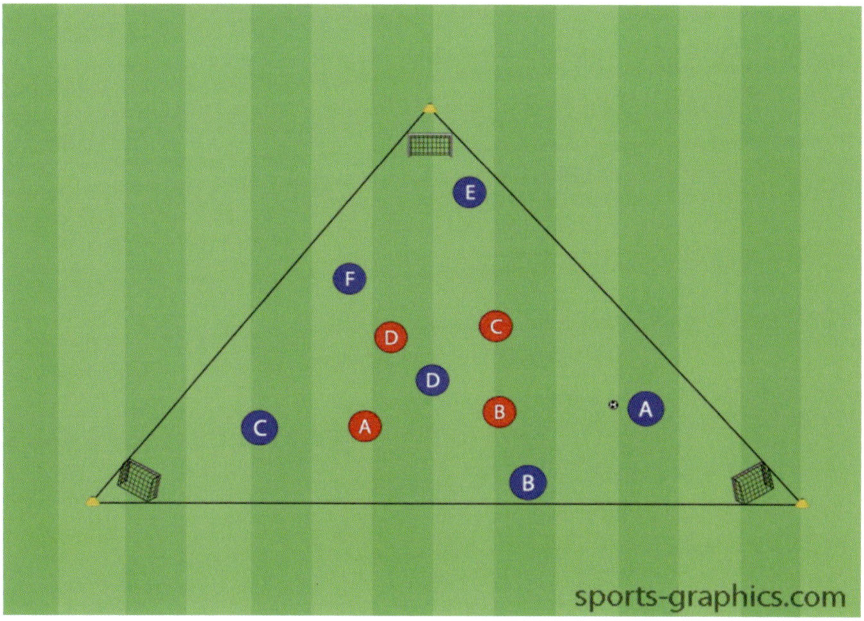

Organisation

Spielfeldgröße: 15 m Seitenlänge

Anzahl Spieler: 10

Altersstufe: U11-U21

Ablauf

Blau spielt auf Ballbesitz und erhält für eine bestimmte Anzahl von Pässen einen Punkt. Rot versucht wiederum, den Ball zu erobern und innerhalb einer festgelegten Zeitspanne in eines der drei Tore zu treffen, was ebenfalls mit einen Punkt belohnt wird.

Variation: Eine komplexere Form würde die Nutzung von zwei äußeren Neutralen im 4 gegen 4 + 2 darstellen, bei der das ballerobernde Team stets die Wahl zwischen Ballsicherung und schneller Torerzielung hat.

Prinzipien

Optimale Raumaufteilung, Killerpass.

Schulterblick-Rondo

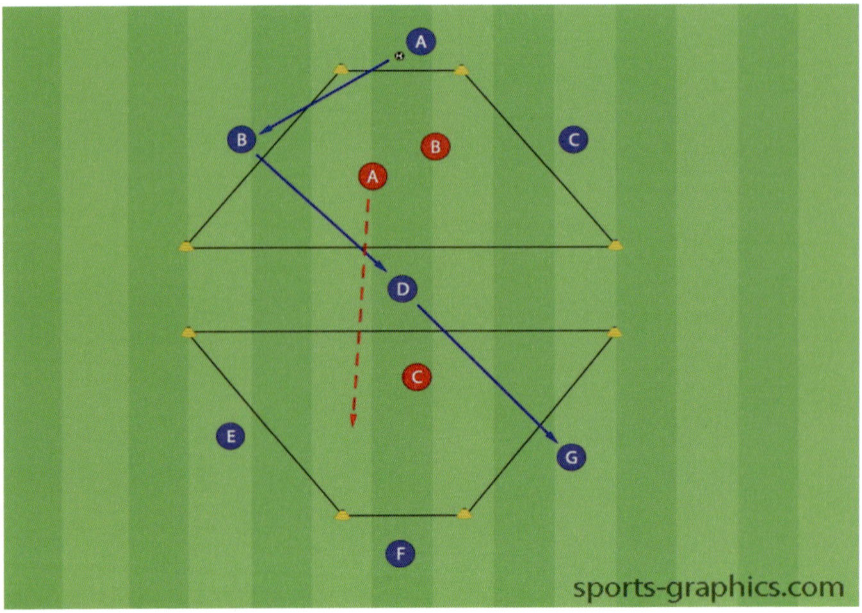

Organisation

Spielfeldgröße: Zwei Felder (kurze Linie 3 m, lange Linie 12 m) mit 5 m Abstand

Anzahl Spieler: 10

Altersstufe: U15-U21

Ablauf

Nach einer bestimmten Passzahl muss über den Mittelspieler D die Seite gewechselt werden. Ist der Felderwechsel vollbracht, rückt ein Verteidiger ins andere Feld und unterstützt, während der andere den Mittelspieler bewacht.

Ein Felderwechsel = ein Punkt; gewinnt die verteidigende Mannschaft den Ball, kann sie entweder durch Rausdribbeln aus dem Feld oder nach einer bestimmten Anzahl an Pässen einen Punkt erzielen.

Prinzipien

Plus 1+ kreieren, Packing 1, 2 und 3.

8 gegen 2 → Propriozeption

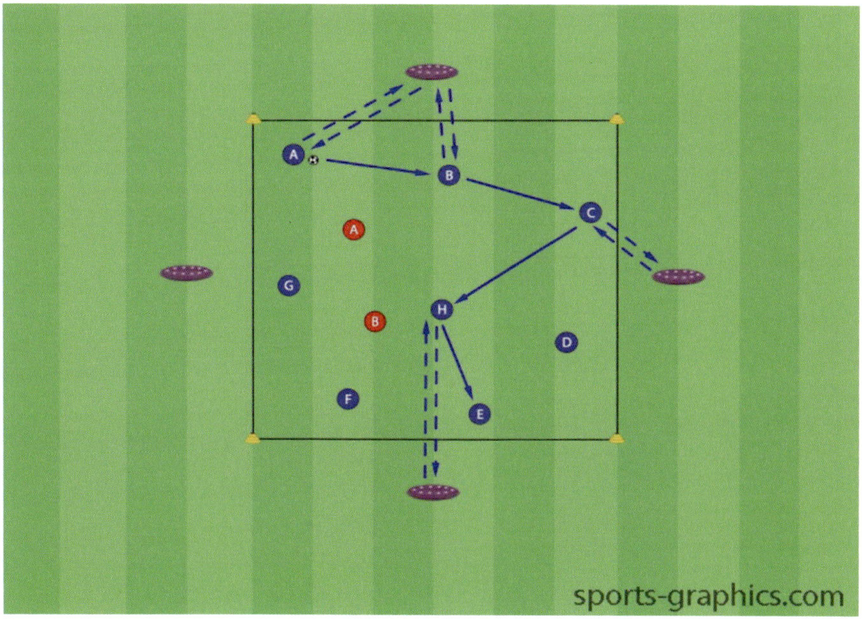

Organisation

Spielfeldgröße: 12 x 12 m – etwa 3 m von den Außenlinien entfernt liegt je ein Bosu-Ball

Anzahl Spieler: 10

Altersstufe: U15-U21

Ablauf

Im Feld wird im 8 gegen 2 im direkten Spiel gespielt. Jeder Spieler läuft nach dem Pass zu einem Bosu-Ball nach außen, um dort drei Schritte (bzw. beliebige andere Aufgaben) zu absolvieren.

Prinzipien

Verletzungsprävention.

8 gegen 2 im ständigen Felderwechsel

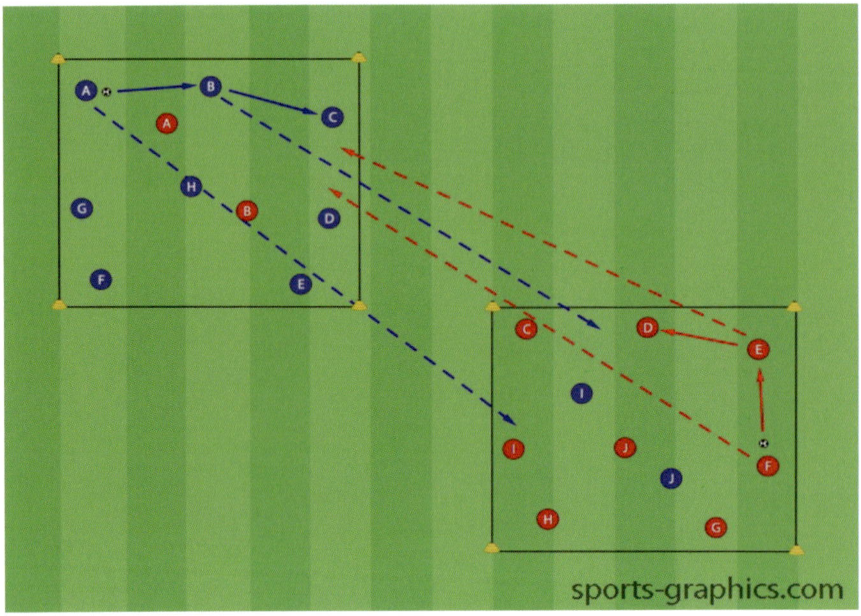

Organisation

Spielfeldgröße: Zwei circa 12 x 12 m große Spielfelder im Abstand von etwa 5 m

Anzahl Spieler: 16

Altersstufe: FE12-U21

Ablauf

In beiden Feldern wird im 8 gegen 2 mit zwei Kontakten begonnen. Jeder Spieler muss nach jedem Pass das Feld wechseln. Der Spieler, der einen Ballverlust verursacht, wird zum Verteidigenden. Der Verteidigende, der am längsten im Feld war, wechselt nach außen. Die Spieler sollen bei einem Ballverlust schnell die Positionen wechseln, um etwa gleichbleibende Zahlenverhältnisse in beiden Feldern sicherzustellen. Bei zu unterschiedlichen Zahlenverhältnissen wird das Spiel kurz unterbrochen.

Prinzipien

Packing 1, Gegenpressing, ballorientiertes Verschieben, Nacharbeiten.

2 + 1 N gegen 1 + 1 gegen 1

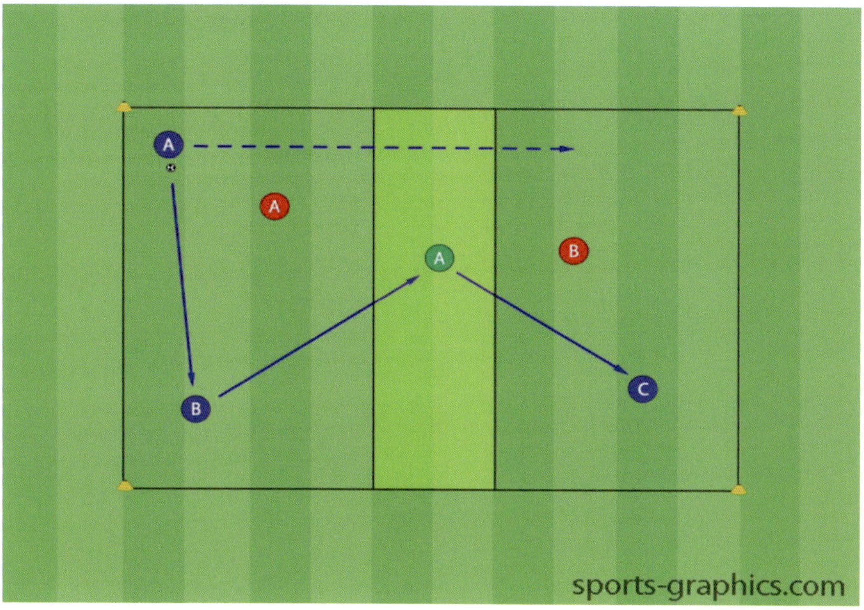

Organisation

Spielfeldgröße: 20 x 10 m in zwei Hälften unterteilen – die Mittelzone ist 3 m breit

Anzahl Spieler: 6

Altersstufe: FE12-U21

Ablauf

In Feld 1 spielen zwei blaue Spieler mit dem neutralen Grünen, der sich nur in der Mittelzone aufhalten darf, gegen einen Roten im 3 gegen 1 im direkten Spiel. Nach mindestens fünf Pässen darf Blau auf Blau C in Feld 2 wechseln, wo mit einem nachrückenden Blauen direkt im 3 gegen 1 zusammen mit dem neutralen Grünen gegen Rot B weitergespielt wird. Nach fünf Balleroberungen wechseln die beiden Roten mit zwei blauen Spielern. Nach einigen Durchgängen den Neutralen wechseln.

Prinzipien

Packing 1, Gegenpressing.

2 x 4 gegen 2 im 4 gegen 4 gegen 4

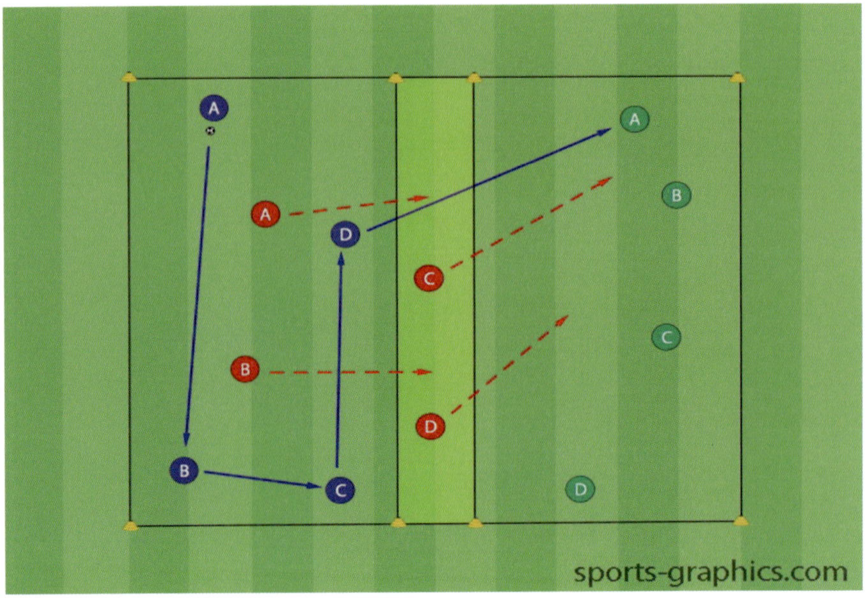

Organisation

Spielfeldgröße: 25 x 20 m – die Mittelzone ist 5 m breit

Anzahl Spieler: 12

Altersstufe: FE14-U21

Ablauf

In Feld 1 spielt Blau im 4 gegen 2 gegen zwei rote Spieler. Nach fünf Pässen in Folge kann Blau in Feld 2 auf Grün wechseln. Die beiden Roten in der Mittelzone können diesen Pass aktiv verteidigen. Gelingt die Feldverlagerung, schieben die zwei Roten aus der Mittelzone in Feld 2 nach und spielen gegen vier Grüne im 4 gegen 2. Die beiden Roten aus Feld 1 schieben in die Mittelzone. Gelingt den beiden Roten in Feld 1 ein Ballgewinn oder fangen die beiden Roten in der Mittelzone den Ball ab, tauscht Rot mit Blau die Aufgaben und das Spiel geht in Feld 2 mit Grün gegen Blau im 4 gegen 2 weiter. Für jede Seitenverlagerung gibt es einen Punkt für das Team, welches den Pass zur Verlagerung gespielt hat.

Prinzipien

Packing 1 und 2, Nacharbeiten.

4 x 1 gegen 1 + 2 N

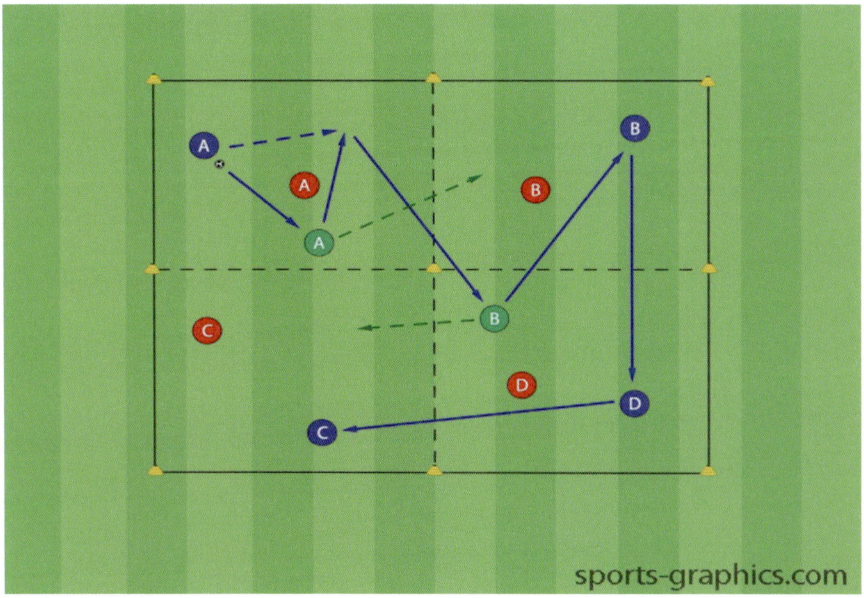

Organisation

Spielfeldgröße: Ein circa 28 x 18 m großes Feld in vier gleich große Zonen unterteilen.

Anzahl Spieler: 10

Altersstufe: U11-U21

Ablauf

Blau spielt im kompletten Feld im 4 gegen 4 mit zwei zusätzlichen Neutralen gegen Rot, wobei die vier Blauen und die vier Roten sich nur in ihren jeweiligen Teilfeldern bewegen dürfen. Die beiden neutralen Grünen dürfen sich frei im kompletten Feld bewegen. Pro bespieltes Feld (pro Felderwechsel) = ein Punkt, alle vier Felder bespielt ohne Ballverlust = drei zusätzliche Punkte.

Prinzipien

Plus 1+ kreieren.

6 gegen 6 + 2 N

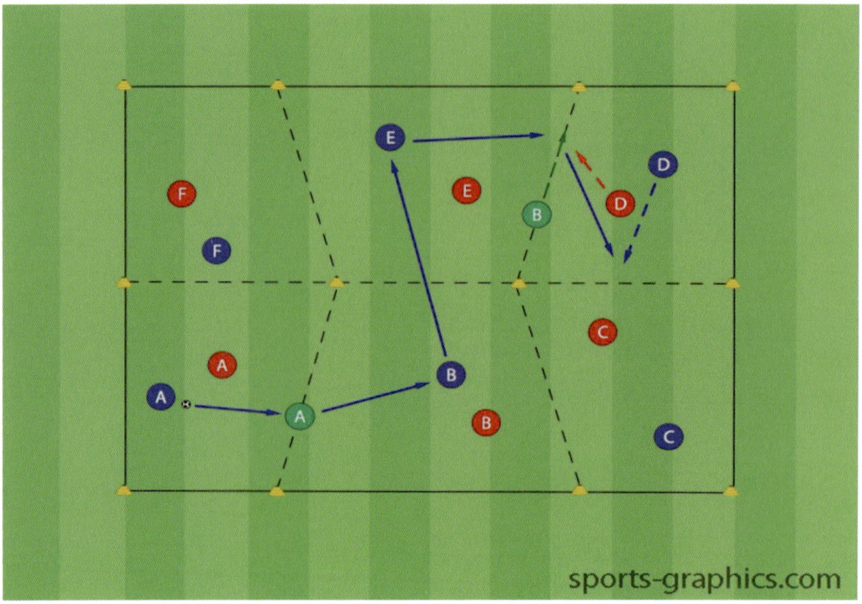

Organisation

Spielfeldgröße: Feld (30 x 20 m) gemäß der Abbildung in sechs Teilfelder unterteilen

Anzahl Spieler: 14

Altersstufe: U16-U21

Ablauf

Je einen blauen und einen roten Spieler einem Teilfeld zuordnen. Die Spieler dürfen sich nur in ihrer jeweiligen Zone bewegen. Die beiden neutralen Grünen dürfen sich ausschließlich auf den Linien bewegen, welche die Teilfelder begrenzen. Blau spielt mit den beiden Neutralen im kompletten Feld gegen Rot im 8 gegen 6, wobei die Spieler ihre jeweilige Zone halten müssen. Bei Ballverlust spielt Rot mit den beiden Neutralen. Pro acht Sekunden Ballbesitz gibt es einen Punkt.

Prinzipien

Stellen-lenken-stehlen, konstruktiver Spielaufbau.

8 gegen 8 + 1 N → Positionsspiel

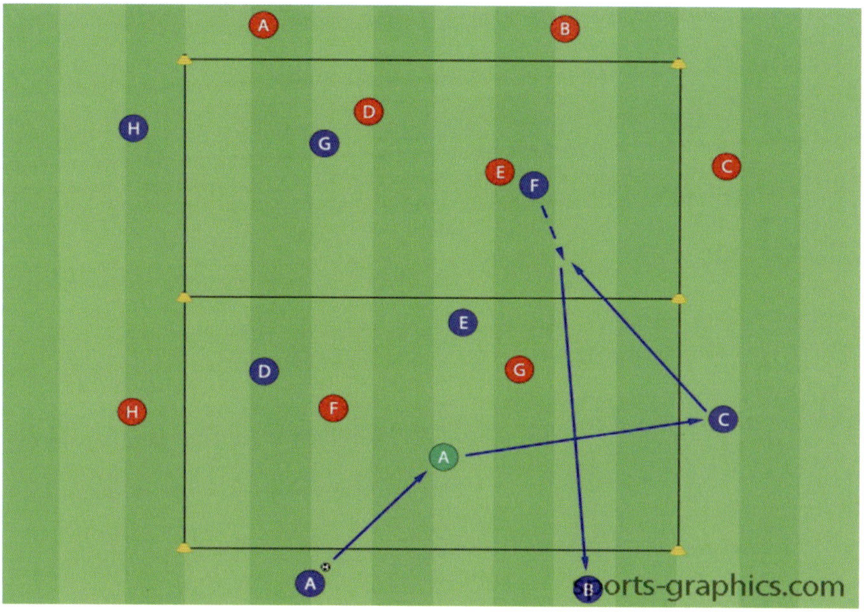

Organisation

Spielfeldgröße: 45 x 25 m

Anzahl Spieler: 17

Altersstufe: U15-U21

Ablauf

In beiden Zonen spielen jeweils zwei Blaue gegen zwei Rote. Der neutrale Grüne spielt immer in der Defensivzone des ballbesitzenden Teams. Die Wandspieler stellen sich gemäss der Abbildung außerhalb des Feldes auf und haben bei dieser Ballhalteform eine begrenzte Anzahl an Ballkontakten. Das Ziel dieses Spiels ist, den Ball von der Innenverteidigung (Spieler A und B) in die Zone 2 zu passen, um wieder zurück zur Innenverteidigung zu spielen. Erobert Rot den Ball, so verschiebt sich der Grüne in die andere Zone.

Prinzipien

Optimale Raumaufteilung, Packing 1, 2, 3, Tiefenstaffelung, ballorientiertes Verschieben.

2 x 2 gegen 2 + 2 N

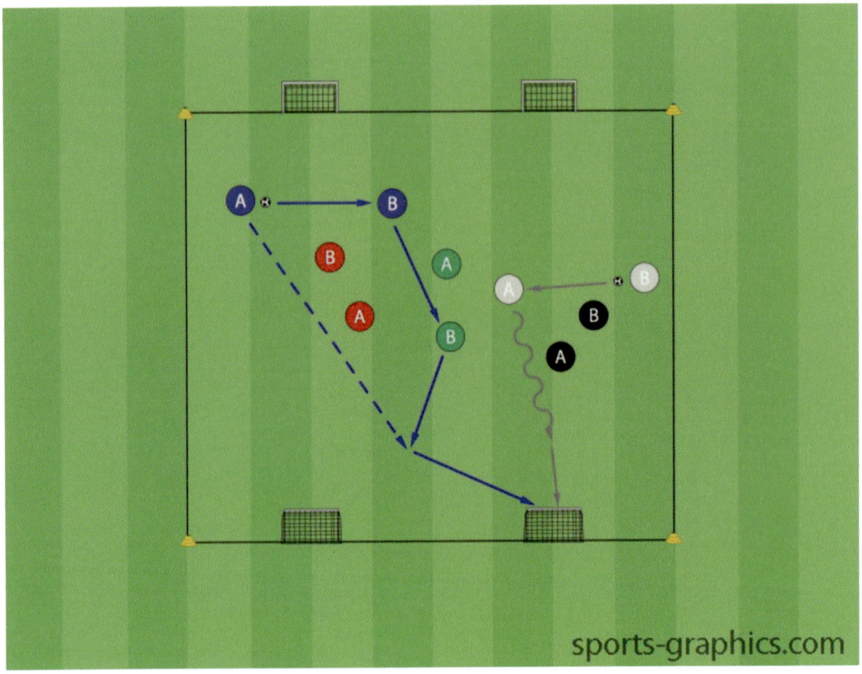

Organisation

Spielfeldgröße: 35 x 20 m

Anzahl Spieler: 10

Altersstufe: FE12-U21

Ablauf

In einem Feld spielen zwei Blaue gegen zwei Rote und gleichzeitig spielen zwei Schwarze gegen zwei Graue. Jedes Pärchen greift zwei Tore an und verteidigt zwei. Zum Schaffen von Überzahlsituationen stehen jedem Team in Ballbesitz zwei grüne Neutrale zur Verfügung. Diese Joker schaffen Überzahl dort, wo sie gerade gebraucht wird. Dabei kann einer oder beide können gleichzeitig mit dem ballbesitzenden Team spielen.

Prinzipien

Plus 1+ kreieren, Killerpass, perfektes Umschalten.

4 gegen 4 N vs. 4 → Kontertore

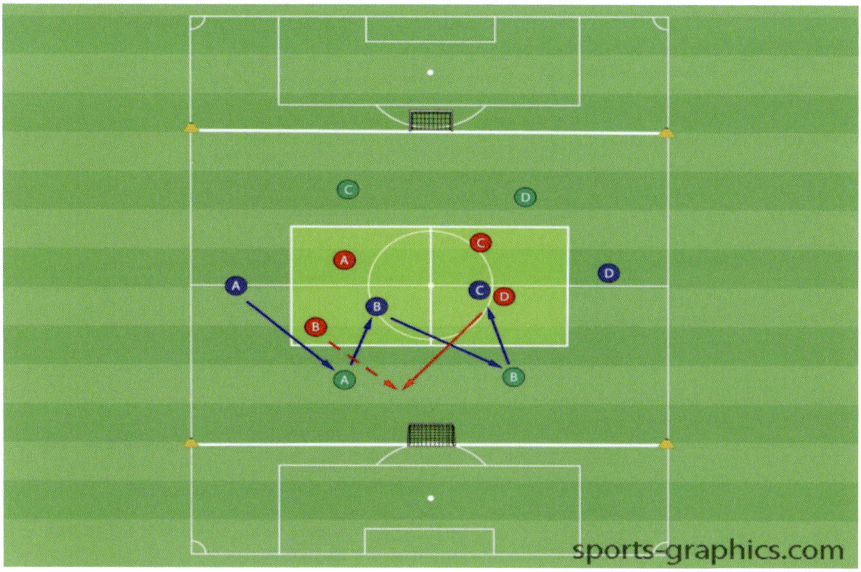

Organisation

Spielfeldgröße: 60 x 60 m, kleines Rechteck 30 x 20 m

Anzahl Spieler: 12

Altersstufe: U16-U21

Ablauf

Die vier Blauen, die am Rand des markierten Feldes positioniert sind, spielen im 8 gegen 4 mit den vier Grünen gegen vier Rote. Die inneren Blauen haben zwei Kontakte, die äußeren Blauen und die vier Grünen müssen direkt spielen. Für sieben Pässe in Folge bekommen Blau und Grün je einen Punkt. Gelingt es den vier Roten, den Ball zu erobern, spielen sie auf eines der beiden Minitore. Sie müssen dabei von innerhalb des Feldes einen Spieler, der in den Raum hinter dem Feld einläuft, anpassen. Dieser darf dann auf das Minitor abschließen. Für jedes Tor erhalten die Roten drei Punkte.

Prinzipien

Packing, Killerrun, Killerpass.

8 gegen 8 → Ballhalten und Verlagerung

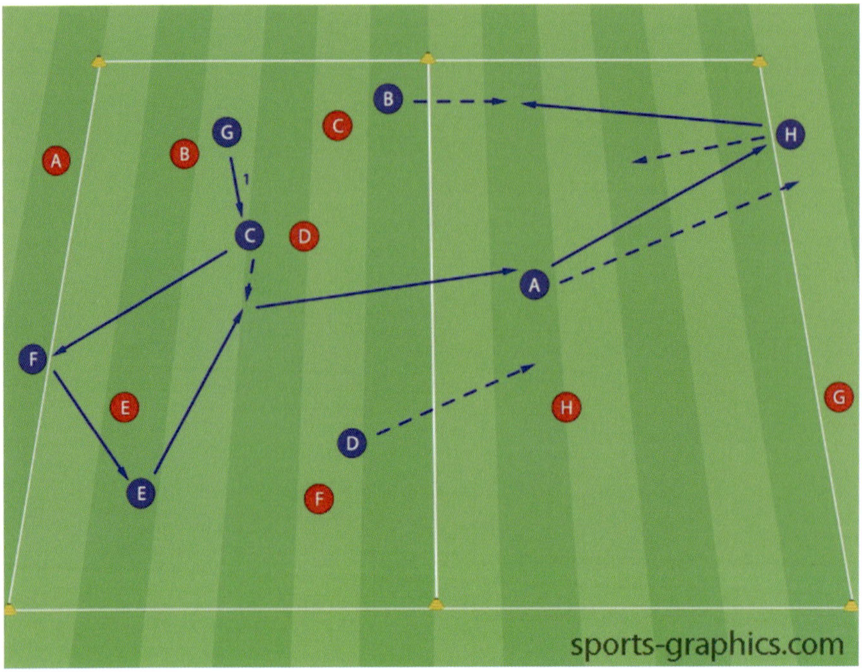

Organisation

Spielfeldgröße: 50 x 30 m in zwei Hälften unterteilt

Anzahl Spieler: 16

Altersstufe: FE12-U21

Ablauf

Blau spielt im Feld 1 gegen Rot, wobei auf jeder Stirnseite des Feldes sowie in Feld 2 je ein Blauer und Roter postiert sind. Das Spiel beginnt im Feld 1. Das Ziel besteht darin, nach mindestens fünf Pässen in Folge den Zielspieler (Blau A) in Feld 2 anzuspielen. Dieser leitet den Ball dem Wandspieler (Blau H) weiter und wechselt die Position mit ihm. Alle Spieler von Blau und Rot, bis auf je einen, verlagern in Feld 2 und setzen das Spiel dort fort.

Prinzipien

Konstruktiver Spielaufbau, Packing 1 und 2, Gegenpressing.

8 gegen 4 – 3 gegen 1 außen / 2 gegen 2 zentral

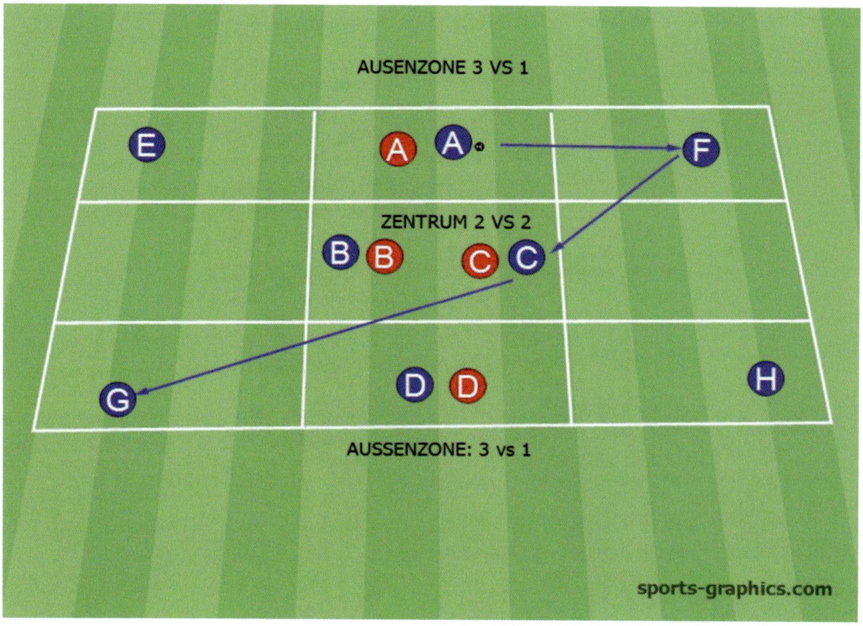

Organisation

Spielfeldgröße: 24 x 18 m, neun gleich große Zonen

Anzahl Spieler: 12

Altersstufe: FE14-U21

Ablauf

8 gegen 4 zielgerichteter Ballbesitz. E/G und F/H wollen so oft als möglich miteinander spielen. Im Zentrum wird in einem 2 gegen 2 agiert und in den beiden Außenzonen in einem 3 gegen 1.

Prinzipien

Plus 1+, kompakter Block, Packing, optimale Raumaufteilung.

ÜBUNGSPOOL „SITUATIONSÜBUNGEN"

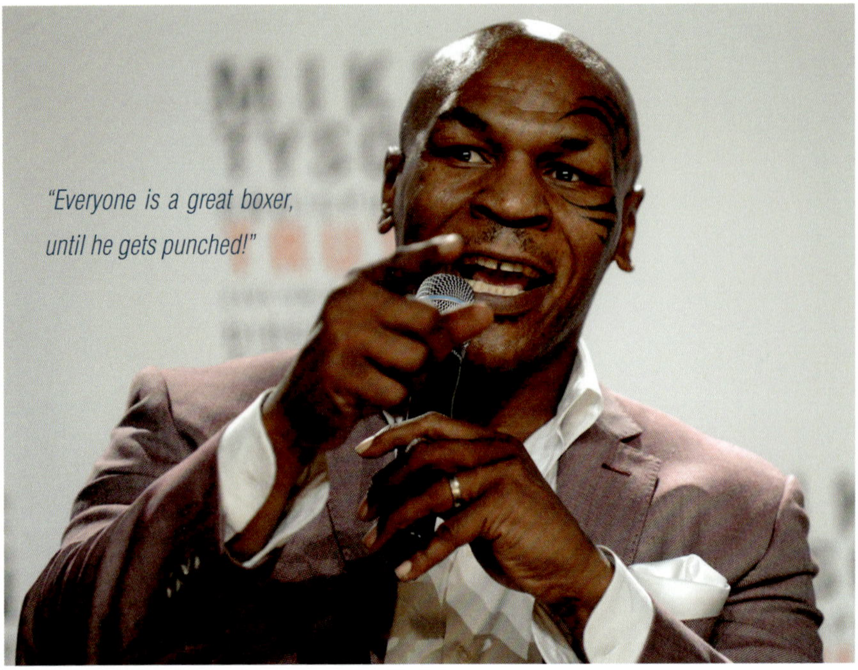

Mit den Übungen aus dem Pool der Situationsübungen sollen konkrete Spielsituationen simuliert werden, die es auf individual-, gruppen- und mannschaftstaktischer Ebene zu lösen gilt und höchste Ansprüche an die Komplexität stellen, und wodurch das Verhalten von einzelnen Spielern und Positionsgruppen unter möglichst realen Bedingungen abgebildet werden kann.

Für die Umsetzung werden Übungen ausgewählt, in denen die Spieler innerhalb für sie wichtiger Situationen in den jeweiligen Spielphasen bewusst durch Elemente wie Raum-, Zeit- und Komplexitätsdruck und entsprechend hohen Wiederholungszahlen überladen werden, um dadurch innerhalb dieser bewussten Überforderung im Spiel stabiler agieren zu können.

2 x 4 gegen 2 + 1 N → Schulterblick

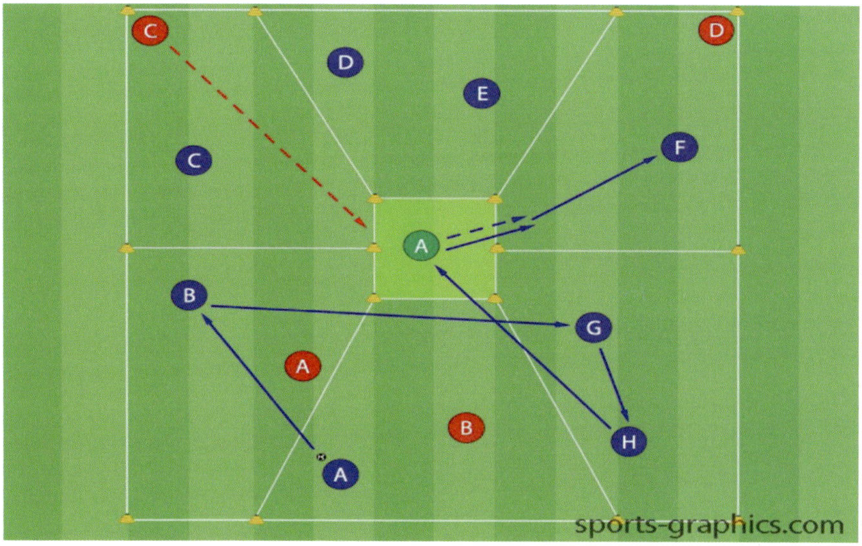

Organisation

Spielfeldgröße: 20 x 20 m in sechs Teilfelder unterteilen – Mittelzone 3 x 3 m

Anzahl Spieler: 13

Altersstufe: FE14-U21

Ablauf

In den unteren und oberen drei Feldern befinden sich je vier blaue Spieler, wobei ein Blauer im rechten Feld, zwei Blaue im mittleren Feld und ein Blauer im linken Feld positioniert sind. An den Eckpunkten der oberen Felder befindet sich je ein Roter. Blau spielt in den unteren drei Feldern im 4 gegen 2 mit zwei Kontakten gegen Rot. Nach mindestens vier Pässen in Folge soll Blau über den grünen Spieler über die kleine Mittelzone in die gegenüberliegenden drei Felder wechseln, wobei der Grüne auch maximal zwei Kontakte hat. Sobald der neutrale, grüne Spieler angespielt wird, startet ein roter Spieler von seinem Eckpunkt (Absprache der beiden Roten, welcher der beiden) in Richtung des Grünen, um gegen ihn und Blau zu verteidigen.

Prinzipien

Plus 1+ im Zentrum, optimale Raumaufteilung, starkes Gehirn.

„Das Atom des Spiels": 2 gegen 1 auf Minitore

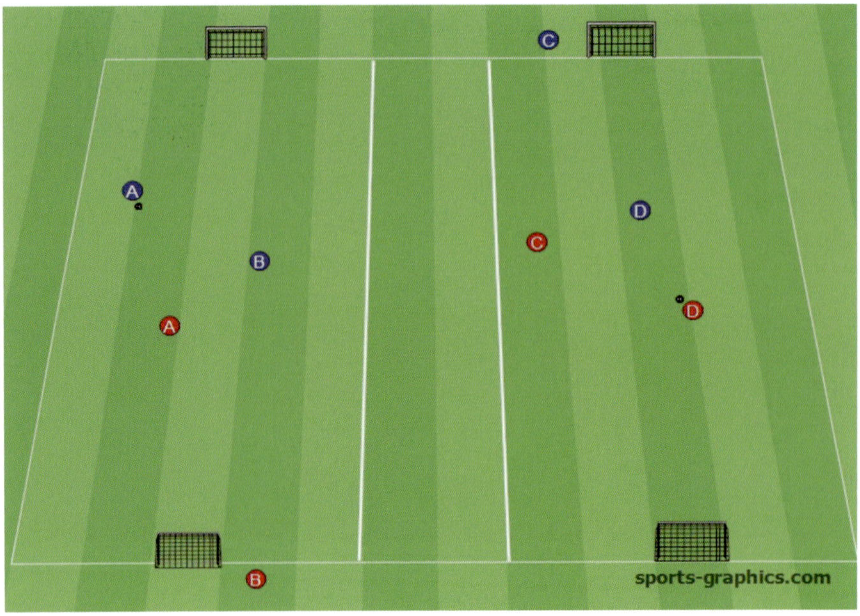

Organisation

Spielfeldgröße: 15 x 9 m

Anzahl Spieler: 8-24

Altersstufe: U9-U21

Ablauf

Freies Spiel im 2 gegen 1. Ein Spieler pausiert.

Prinzipien

Plus 1+, 1 gegen 1 dominieren, Gegenpressing, Torsicherung, Acht-Sekunden-Regel.

5 gegen 3 – Spielaufbau mit Torspieler

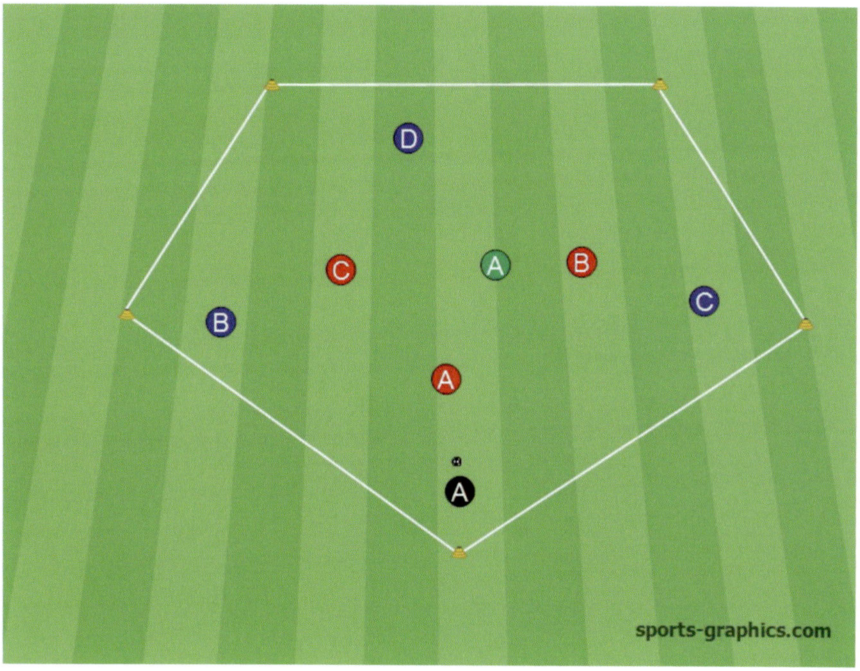

Organisation

Spielfeldgröße: Spielfeld gemäß Bild mit 15 m Seitenlänge

Anzahl Spieler: Torspieler und sieben Feldspieler

Altersstufe: U9-U21

Ablauf

Drei blaue Spieler (2 x IV, plus eine Halbposition) spielen gemeinsam mit dem schwarzen Torspieler und einem grünen Joker (6er) 5 gegen 3 gegen drei Angreifer von Rot. Ziel ist es, den Ball im Spielaufbau zu halten gegen einen hoch pressenden Gegner.

Prinzipien

Konstruktives Eröffnen, ballorientiertes Angrifsspressing.

Spiel über den Dritten im 4 gegen 4

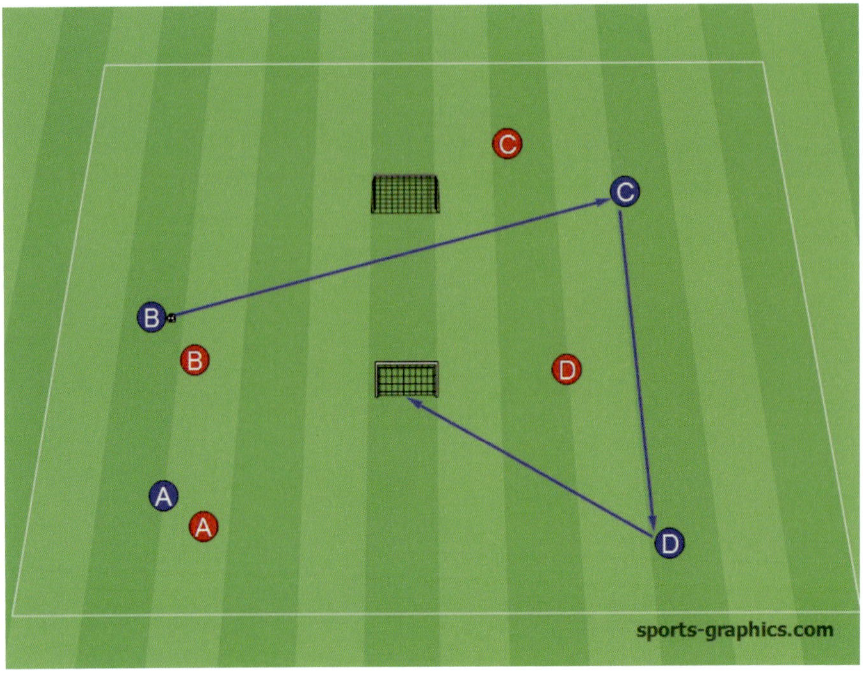

Organisation

Spielfeldgröße: Spielfeld gemäß Bild mit 15 m Seitenlänge

Anzahl Spieler: 3 gegen 3 – 9 gegen 9

Altersstufe: U9-U21

Ablauf

3 gegen 3 – 9 gegen 9 in einem Rechteck mit zwei dem Spielfeld den Rücken zuwendenden Toren.

Freies Spiel, beide Teams können auf beide Tore Treffer erzielen, wodurch „das Spiel über den Dritten" automatisch gefordert und gefördert wird.

Prinzipien

Vorwärts denken. Vorwärts schauen. Vorwärts spielen! Optimale Raumaufteilung.

5 gegen 4 – Flügel-Redzone-Box

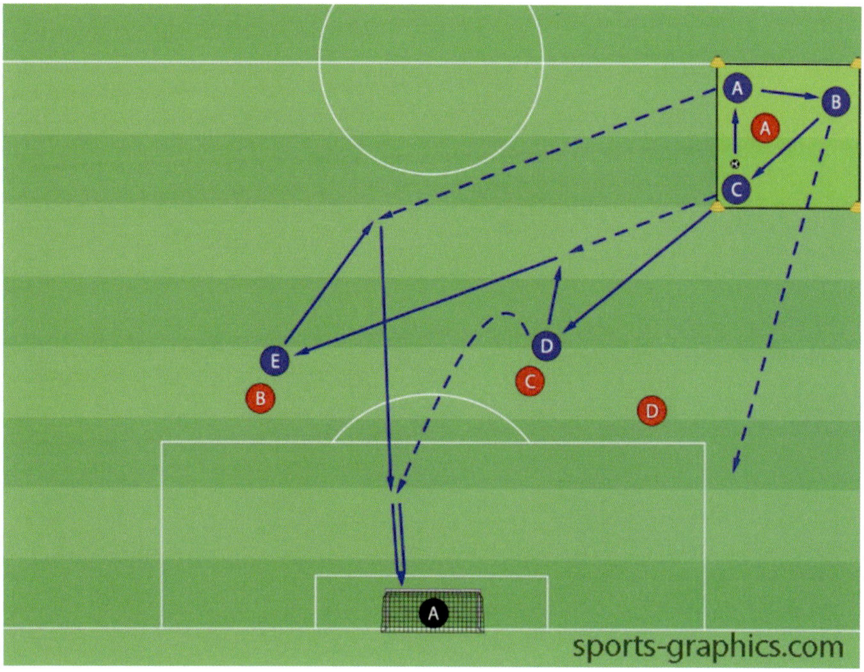

Organisation

Spielfeldgröße: 50 x 50 m – kleines Feld 7 x 7 m

Anzahl Spieler: 9 + 1 TS

Altersstufe: U15-U21

Ablauf

In dieser Spielform wird überall mit zwei Ballkontakten gespielt. Im Quadrat spielt Blau gegen Rot im 3 gegen 1. Nach drei erfolgreichen Pässen darf Blau einen Stürmer (hier Blau D) anspielen. Danach schwärmt Blau (inklusive Rot A) vom kleinen ins große Feld aus und versucht, im 5 gegen 4 ein Tor zu erzielen.

Prinzipien

Packing 1 und 2, Killerrun, Killerpass, Killerabschluss.

6 gegen 4

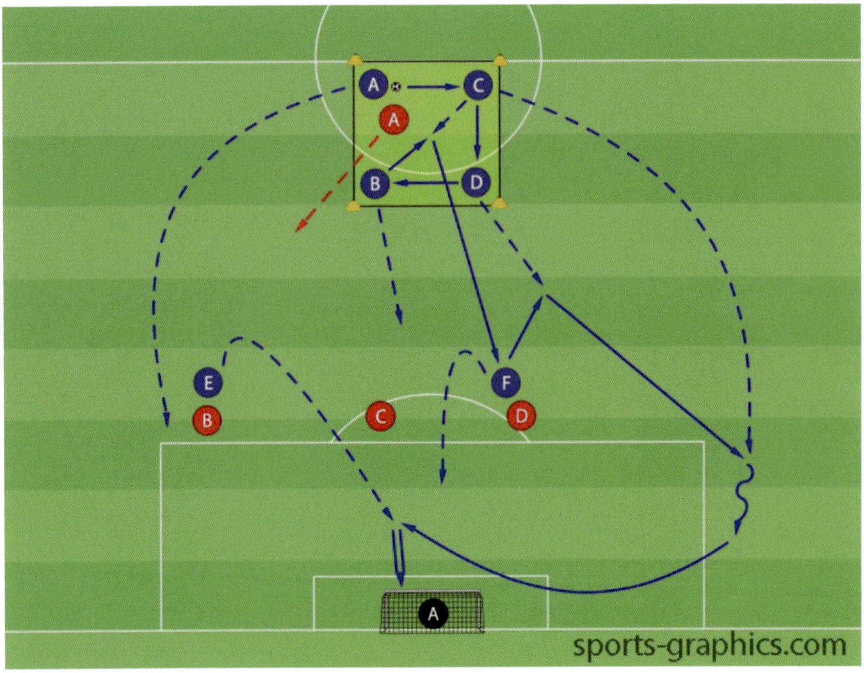

Organisation

Spielfeldgröße: 50 x 50 m – kleines Feld 8 x 8 m

Anzahl Spieler: 10 + 1 TS

Altersstufe: U16-U21

Ablauf

In dieser Spielform wird überall mit zwei Ballkontakten gespielt. Im Quadrat spielt Blau gegen Rot im 4 gegen 1. Nach vier erfolgreichen Pässen darf Blau einen Stürmer (hier Blau F) anspielen. Danach schwärmt Blau (inklusive Rot A) vom kleinen ins große Feld aus und versucht, im 6 gegen 4 ein Tor zu erzielen.

Prinzipien

Packing 1 und 2, Acht-Sekunden-Regel, Torsicherung.

Vom 5 gegen 5 zum 3 gegen 2 → Konter

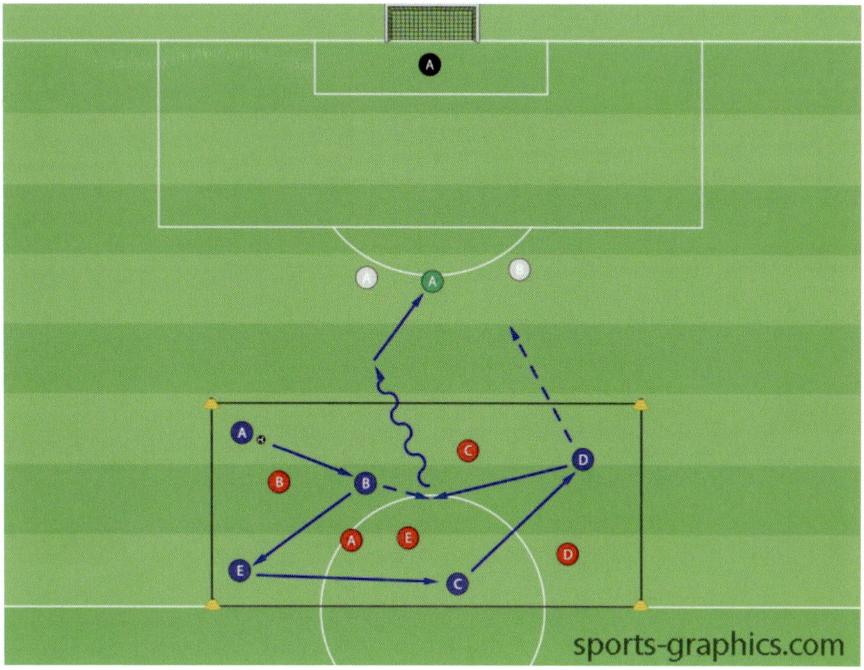

Organisation

Spielfeldgröße: 50 x 40 m – Spielzone 30 x 20 m

Anzahl Spieler: 13 + 1 TS

Altersstufe: U15-U21

Ablauf

In der Spielzone wird im 5 gegen 5 gespielt. Das Team in Ballbesitz versucht, fünf Pässe in Folge ohne Unterbrechung zu spielen. Ist dies gelungen, so darf der Ballführer (Blau B) und ein weiterer Spieler seines Teams (Blau D) aus dem Feld rennen. In der Abschlusszone bestreiten die Angreifer mit dem Grünen ein 3 gegen 2 gegen die beiden Grauen. Dabei haben sie maximal acht Sekunden Zeit, um ein Tor zu erzielen.

Prinzipien

Acht-Sekunden-Regel, Tiefe vor Breite, Centerspur nutzen, Overlap-Run, Killerabschluss.

9 gegen 9 → Konterspiel

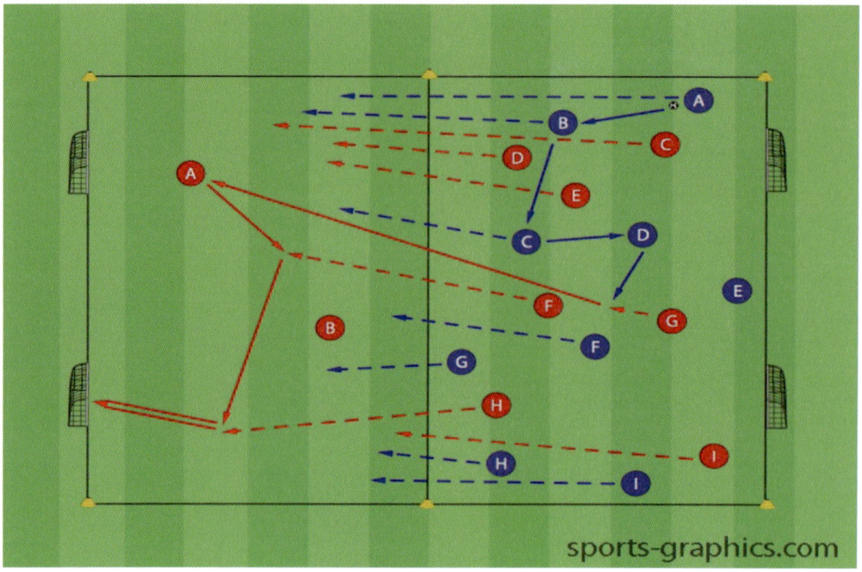

Organisation

Spielfeldgröße: 50 x 40 m in zwei Hälften unterteilen

Anzahl Spieler: 18

Dauer: FE12-U21

Ablauf

Diese Spielform beginnt auf der einen Hälfte im 9 gegen 7, wobei Blau in eines der beiden Minitore treffen soll. In der anderen Hälfte befinden sich zwei offensive Spieler von Rot. Sobald Rot im Spiel gegen Blau den Ball erobert hat, darf der Ball ins andere Feld zu Rot A oder B gespielt werden. Die beiden Angreifer müssen den Ball zuerst zurück zu einem heraneilenden Spieler passen, bevor ihr Team ein Tor erzielen darf. Alle Spieler, bis auf zwei blaue Verteidiger, rücken sofort ins benachbarte Feld.

Prinzipien

Acht-Sekunden-Regel, perfektes Umschaltspiel, Packing 1 und 2, Killerpass.

Vom 4 gegen 1 zum 6 gegen 4 → Gegenpressing

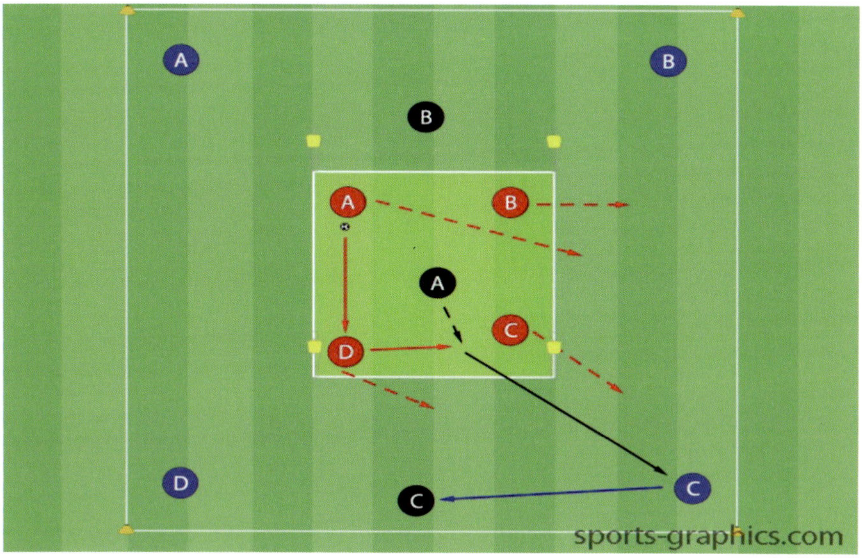

Organisation

Spielfeldgröße: 25 x 25 m – Mittelzone 8 x 8 m (inklusive 4 Dummys)

Anzahl Spieler: 11

Altersstufe: FE14-U21

Ablauf

Im gelben Feld spielen vier Rote gegen Schwarz A im 4 gegen 1 im direkten Spiel. Außerhalb des Feldes sind im großen Feld vier blaue und zwei schwarze Spieler positioniert. Gelingt es Schwarz A, im gelben Feld den Ball zu erobern bzw. verlässt der Ball die gelbe Zone, spielen im kompletten Feld vier Blaue zusammen mit Schwarz B und C im 6 gegen 4 gegen die vier Roten. Schwarz A bleibt in der Mittelzone. Ziel der Blauen und Schwarzen ist es, auf Schwarz A im gelben Feld zu passen. Das Ziel der Roten ist, nach einem Ballgewinn im gelben Feld, ebenfalls ein Pass auf Schwarz A. Nach einem Pass auf Schwarz A (vom großen ins gelbe Feld) wechseln Rot und Blau die Positionen.

Prinzipien

Perfektes Umschaltspiel, optimale Raumaufteilung, Nacharbeiten.

4 gegen 4 + 1 → Aufbau & Pressing

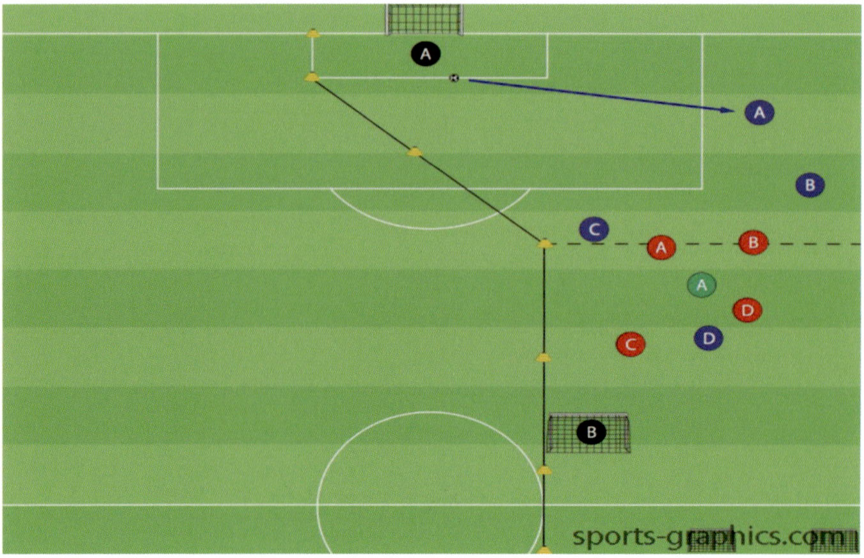

Organisation

Spielfeldgröße: Gemäß Abbildung

Anzahl Spieler: 9 + 2 TS

Altersstufe: U15-U21

Ablauf

Blau hat als Ziel, einen Angriff vom Abstoß aus aufzubauen und entweder im großen Tor oder einem der Minitore abzuschließen. Die gestrichelte Linie bezeichnet die Rückzugslinie, hinter die sich die Mannschaft ohne Ball beim gegnerischen Abstoß zurückziehen muss. Der neutrale Grüne spielt stets mit der ballbesitzenden Mannschaft.

Prinzipien

Konstruktives Eröffnen, ballorientiertes Angriffspressing, Stellen-lenken-stehlen.

4 gegen 4 + 2 → Drei-Zonen-Überzahlspiel

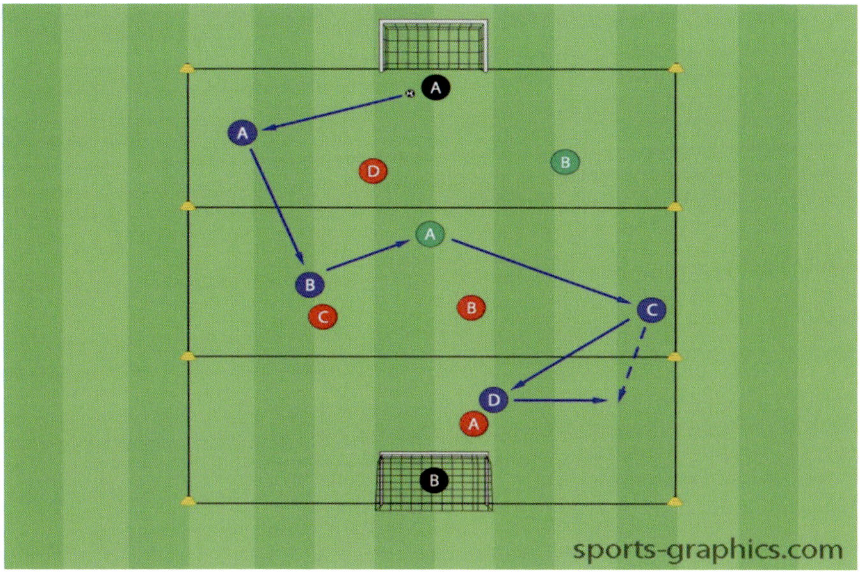

Organisation

Spielfeldgröße: Doppelter 16-m-Raum

Anzahl Spieler: 10 + 2 TS

Altersstufe: FE13-U16

Ablauf

Das Spiel wird im 4 gegen 4 + 2 N und 2 TS durchgeführt. Bei Ballbesitz Blau bildet sich in der ersten Zone ein 3 gegen 1 (inklusive TS), bei Ballbesitz Rot ein 2 gegen 2. In der Mittelzone spielt man im 3 gegen 2, wobei das ballbesitzende Team in Überzahl spielt. In der letzten Zone trägt Blau stets ein 1-gegen-1-Duell aus. Alle Spieler (inklusive Joker) müssen in ihren Zonen bleiben, es sei denn, der blaue Stürmer kann mit dem zentralen Spieler einen Doppelpass durchführen. In diesem Fall wird im letzten Drittel ein 2-gegen-1-Duell zum Tor ausgetragen.

Prinzipien

Konstruktiver Spielaufbau, Packing 1 und 2, immer Plus 1+.

6 gegen 6 → Kette durchbrechen

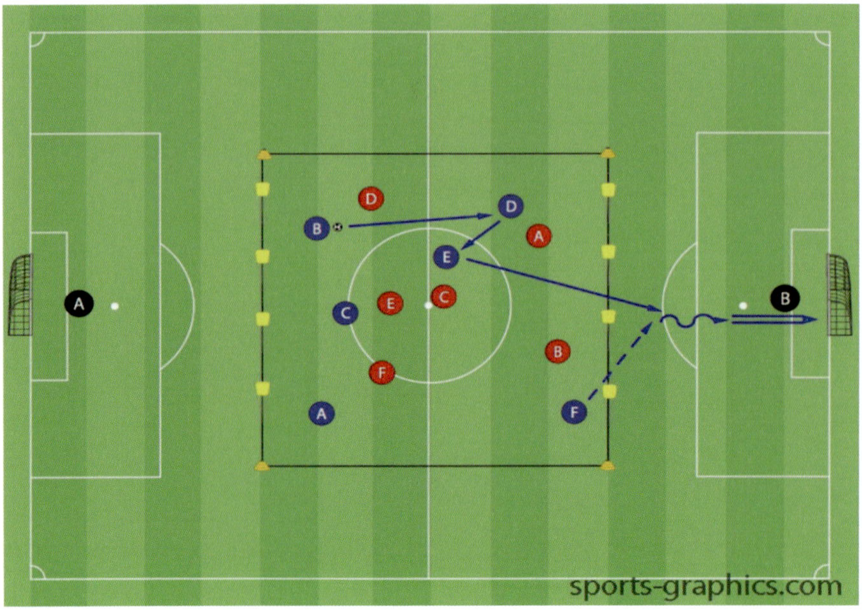

Organisation

Spielfeldgröße: 100 x 35 m – Mittelzone 35 x 35 m

Anzahl Spieler: 12 + 2 TS

Altersstufe: FE12-U21

Ablauf

In der Mittelzone spielt Blau gegen Rot im 6 gegen 6. Beide Offsidelinien sind mit jeweils vier Dummys versehen. Nach fünf Pässen ohne Unterbrechung darf ein Team (hier Blau) mit einem Schnittstellenpass einen Mitspieler in die Tiefe lancieren. Die Abschlusszone darf dabei von keinem weiteren Spieler betreten werden. Der Angreifer soll innerhalb von 4-5 Sekunden abschließen.

Prinzipien

Killerrun, Killerpass, Killerabschluss.

7 gegen 7 → Schneller Abschluss

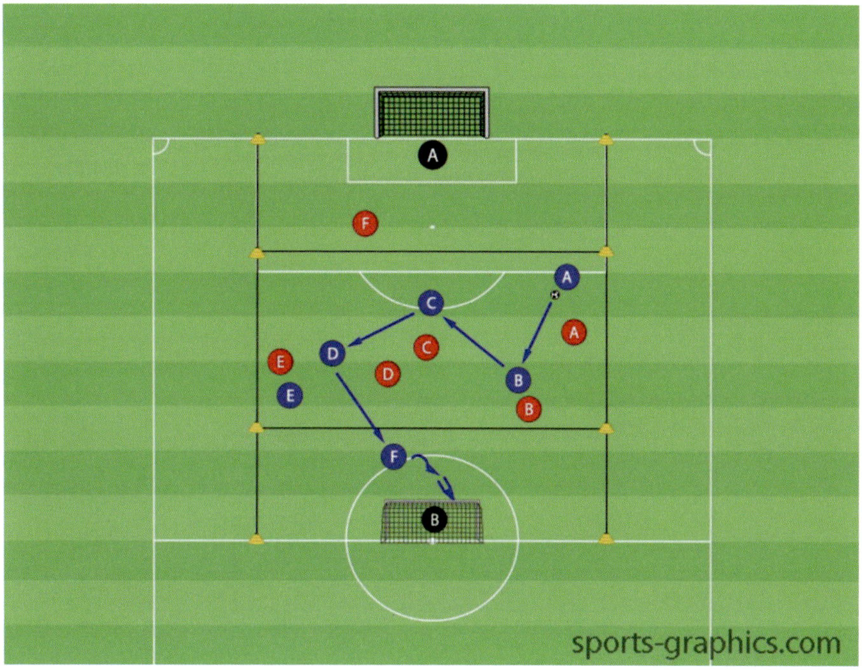

Organisation

Spielfeldgröße: 50 x 40 m in drei Zonen unterteilen

Anzahl Spieler: 12 + 2 TS

Altersstufe: FE12-U15

Ablauf

In der Mittelzone wird 5 gegen 5 gespielt. Das Ziel ist (mit unbegrenzten Ballkontakten), den Angreifer in der Abschlusszone anzuspielen. Diesem Spieler (hier Blau F) stehen maximal zwei Ballkontakte und drei Sekunden Zeit zur Verfügung, um ein Tor zu erzielen. Ist der Angriff beendet, so gibt der Trainer einen neuen Ball ins Spiel.

Prinzipien

Torchancen kreieren, Killerrun, Killerpass, Killerabschluss, kompakte Blockbildung.

8 gegen 6 → Spielaufbau Zone 1/2

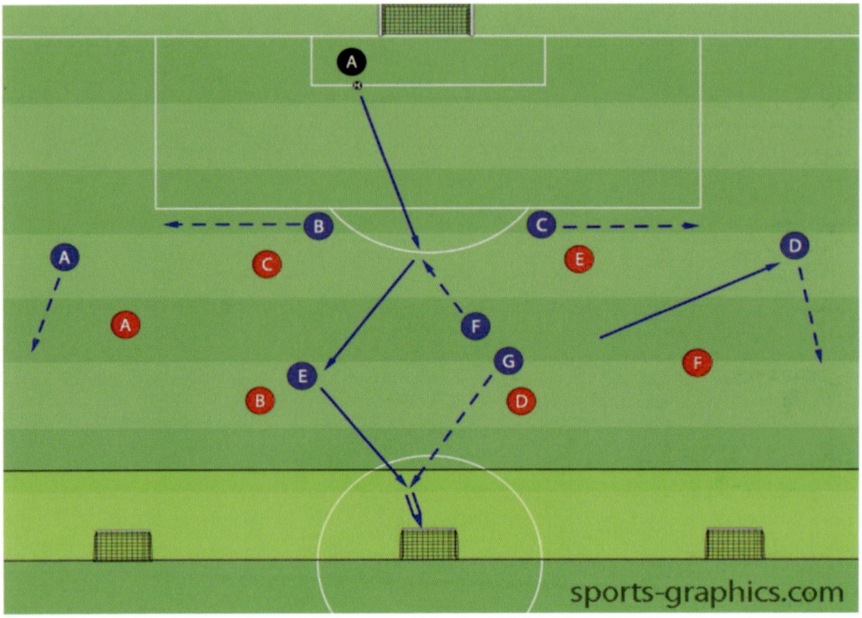

Organisation

Spielfeldgröße: 50 x 50 m

Anzahl Spieler: 16 + 1 TS

Altersstufe: FE12-U21

Ablauf

Blau spielt mit einem TS, vier Verteidigern und drei zentralen Mittelfeldspielern gegen Rot, das seinerseits mit zwei Angreifern und vier Mittelfeldspielern aufläuft. Das Spiel beginnt stets mit einem Pass des TS und einer Überzahl der Blauen in der ersten Drittelzone. Blau versucht, den zentralen Spieler F in eine offene Position zu bringen, damit anschließend das Spiel nach vorne verlegt werden kann. Die drei Minitore repräsentieren drei Stürmer und sollen aus der Abschlusszone bespielt werden.

Prinzipien

Konstruktiver Spielaufbau, Ballorientiertes Angriffspressing, Spielaufbau unterbinden

8 gegen 9 → Spiel gegen tiefen Block

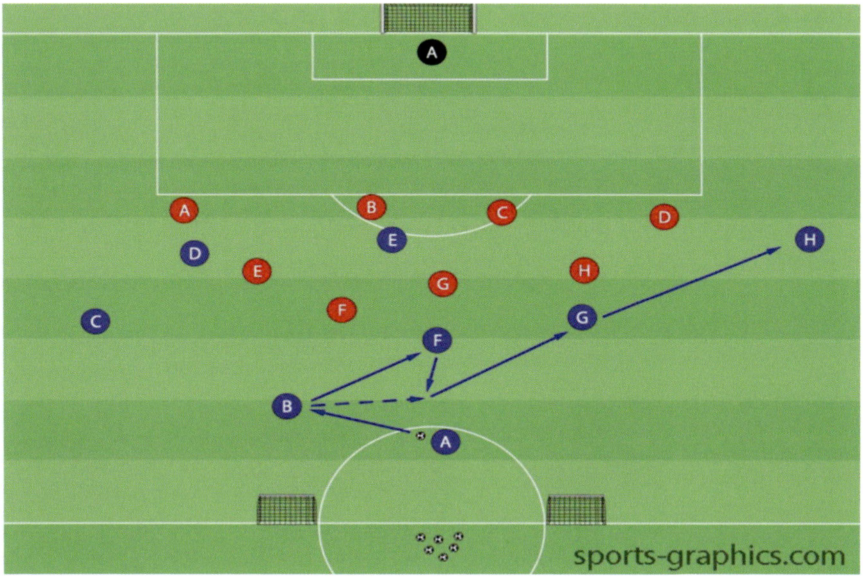

Organisation

Spielfeldgröße: 50 x 50 m

Anzahl Spieler: 16 + 1 TS

Altersstufe: U15-U21

Ablauf

Blau spielt im 2-3-3 gegen den tief stehenden 4-4-Block von Rot. Die zwei Minitore repräsentieren die beiden Stürmer von Rot, welche im Konterspiel sofort gesucht werden sollen. Aus diesem Grund muss Blau bei Ballverlust sofort ins Gegenpressing. Der Trainer gibt im Vorfeld verschiedene Abläufe vor, wie man den tief stehenden Block von Rot durchbrechen kann und erfolgreich zum Torabschluss kommt. Eine Möglichkeit für Blau besteht darin, durch eine „bewusst" schlechte Ballannahme eines Spielers, den Gegner aus seinem Block zu locken, um seinerseits durch schnelle Kombinationen einen Angriff zu lancieren.

Prinzipien

Packing 1, 2, 3, Killerrun, Killerpass, Killerabschluss, optimale Raumaufteilung, Torsicherung, Mannorientierung, kompakte Blockbildung, Tiefenstaffelung.

9 gegen 9 inklusive Dreieckstoren

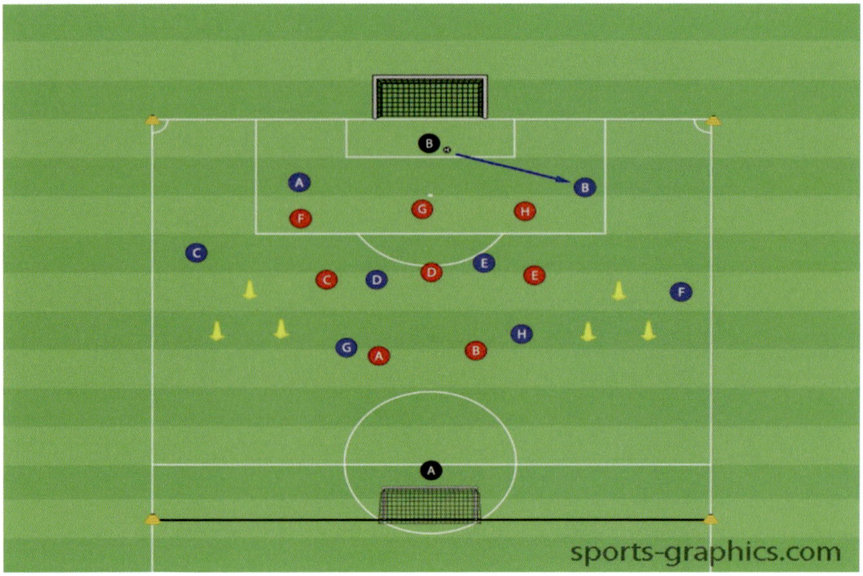

Organisation

Spielfeldgröße: 60 x 60 m

Anzahl Spieler: 18

Altersstufe: U15-U21

Ablauf

Spiel 9 gegen 9 – 2-4-2-Aufbau gegen 2-3-3-Pressing: Es werden zwei große Dreieckstore zwischen Halbraum und Seitenlinie platziert. Das Bespielen eines der Dreieckstore durch direkten Pass ist zwingend, bevor ein Torabschluss erfolgen darf.

Prinzipien

Konstruktiver Spielaufbau, Packing 2, Spielaufbau unterbinden, ballorientiertes Pressing.

Spielaufbau → Diagonalpass

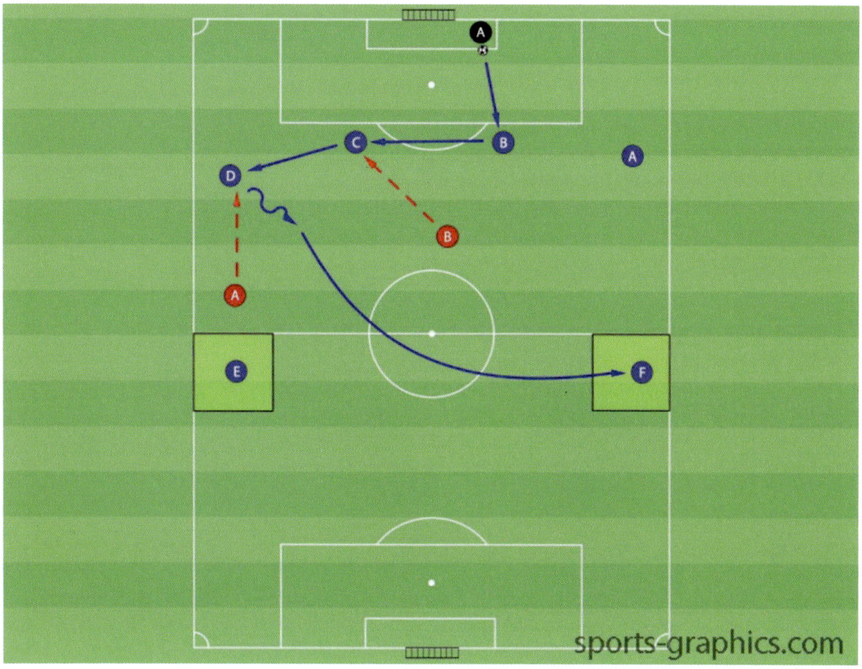

Organisation

Spielfeldgröße: 60 x 50 m

Anzahl Spieler: 8 + 1 TS

Altersstufe: FE14-U21

Ablauf

Die Übung beginnt mit einem Pass des TS auf einen blauen Verteidiger. Danach starten zwei rote Stürmer und versuchen, den Ball zu erobern. Das Ziel der Blauen ist, einen Diagonalpass ins gelbe Feld (auf Blau E oder F) zu spielen. Der Diagonalpass soll auch mit dem schwachen Fuß ausgeführt werden.

Prinzipien

Konstruktiver Spielaufbau, Packing 3.

Spielfortsetzung nach Luftduell und Rebound im 6 gegen 6 +1

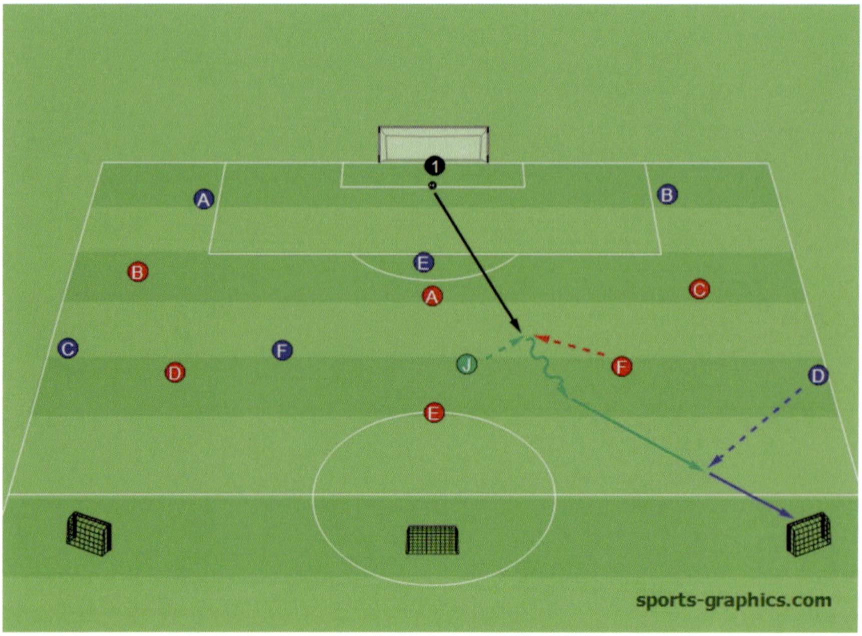

Organisation

Spielfeldgröße: Platzhälfte

Anzahl Spieler: 13 Feldspieler und 1 Torspieler

Altersstufe: U15-U21

Ablauf

Die Aktion startet mit einem Chipball des Torspielers auf den Joker, der positionsspezifisch eingesetzt wird – in diesem Fall mit einem Fokus auf den 6er. Je nach dem, ob der Joker das Duell gewinnt oder verliert, geht es für die Mitspieler darum, den Ball aktiv aufzugreifen und schnell in die nächste Phase zu schalten und die Aktion zielstrebig je nach Team auf das große oder die drei Minitore abzuschließen.

Prinzipien

Wir dominieren unsere 1-gegen-1-Situationen, 4-Sekunden-Regel, schnelles Umschaltspiel.

Chancen kreieren – Packing/Diagonalität

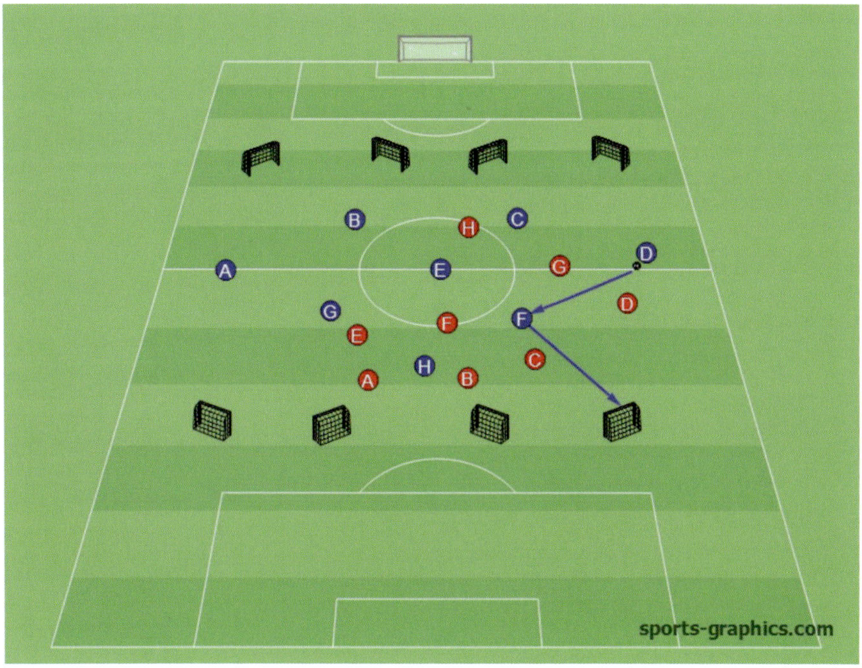

Organisation

Spielfeldgröße: 60 x 60 m

Anzahl Spieler: 7 gegen 7 – 10 gegen 10

Altersstufe: U15-U21

Ablauf

8 gegen 8 bis 10 gegen 10. Freies Spiel, mit dem Ziel, den Gegner zu „packen" und diagonal in eines der vier Tore abzuschließen.

Prinzipien

Konstruktiver Spielaufbau, Packing 1 und 2, Killerpass, Diagonalität.

„Rebounds" Hand-Kopf-Fuß

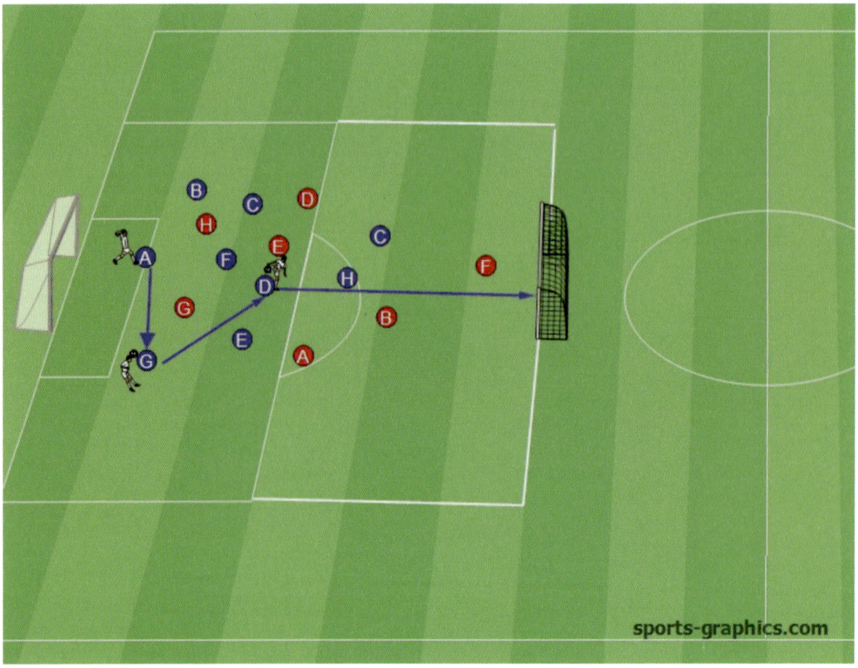

Organisation

Spielfeldgröße: Doppelter 16-m-Raum

Anzahl Spieler: 6 gegen 6 – 11 gegen 11

Altersstufe: U9-U21

Ablauf

Rot gegen Blau! Das Spiel wird immer wie folgt fortgesetzt: „Hand-Kopf-Fuß". Spieler A wirft auf G, G muss den Kopf zur Spielfortsetzung nehmen. G köpft zu D, der volley abschließt! Nach 4-6 Minuten werden für 3-5 Minuten die Torspieler dazugenommen. Es wird frei gespielt, mit der einzigen Auflage, dass jeder Ball hoch vors Tor gespielt wird!

Prinzipien

Rebounds, 1 gegen 1 dominieren, Gegenpressing, Torsicherung.

One Touch in der Box auf vier Tore

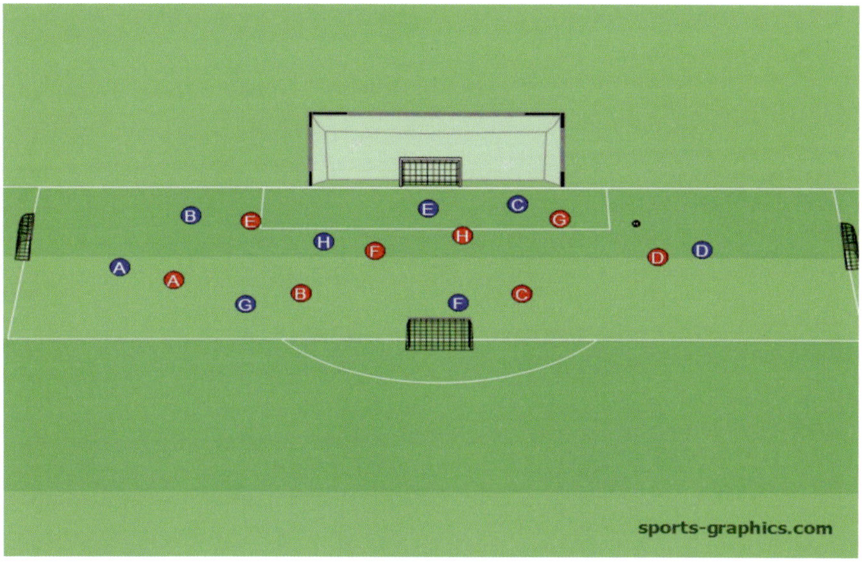

Organisation

Spielfeldgröße: Box

Anzahl Spieler: 6 gegen 6 – 10 gegen 10

Altersstufe: U9-U21

Ablauf

6 gegen 6 bis 10 gegen 10 in der Box auf vier Tore. Alle direkt „One Touch"!

Prinzipien

„Schalten", Killerabschluss, Rebounds.

Manndeckung in der Box

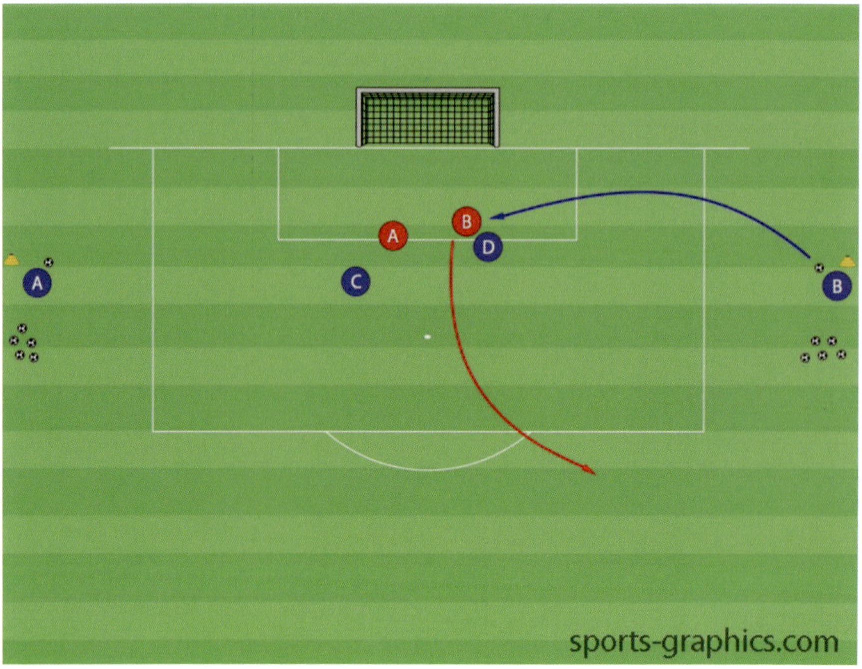

Organisation

Spielfeldgröße: 20 x 50 m

Anzahl Spieler: 6

Altersstufe: U15-U21

Ablauf

Blau B spielt von der Seitenlinie aus eine Flanke in die Box. Die beiden Verteidiger Rot A und B versuchen, den Ball (mit dem Kopf) zu klären, während die Angreifer Blau C und D versuchen, ein Tor zu erzielen.

Prinzipien

1 gegen 1 dominieren, Torsicherung, Killerabschluss.

Torsicherung – Doppelaktion

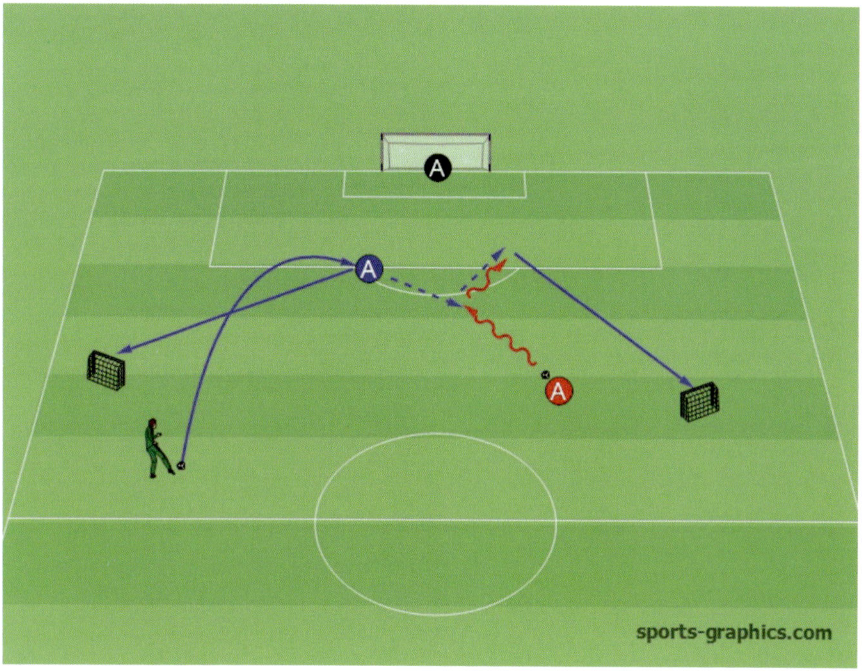

Organisation

Spielfeldgröße: Letztes Drittel

Anzahl Spieler: 4-20 Spieler plus Torspieler

Altersstufe: U15-U21

Ablauf

Flugball auf A, den A gezielt gewinnen und ins Tor verarbeiten soll. Direkt nach dem Kopfball – umschalten – 1 gegen 1 gegen Rot, der im Tempodribbling in die Box will. Bei Ballgewinn gezielter Ball in das zweite Tor.

Prinzipien

Torsicherung, 1 gegen 1 dominieren., gezielter Gegenangriff.

Staffeln – absichern – verlagern

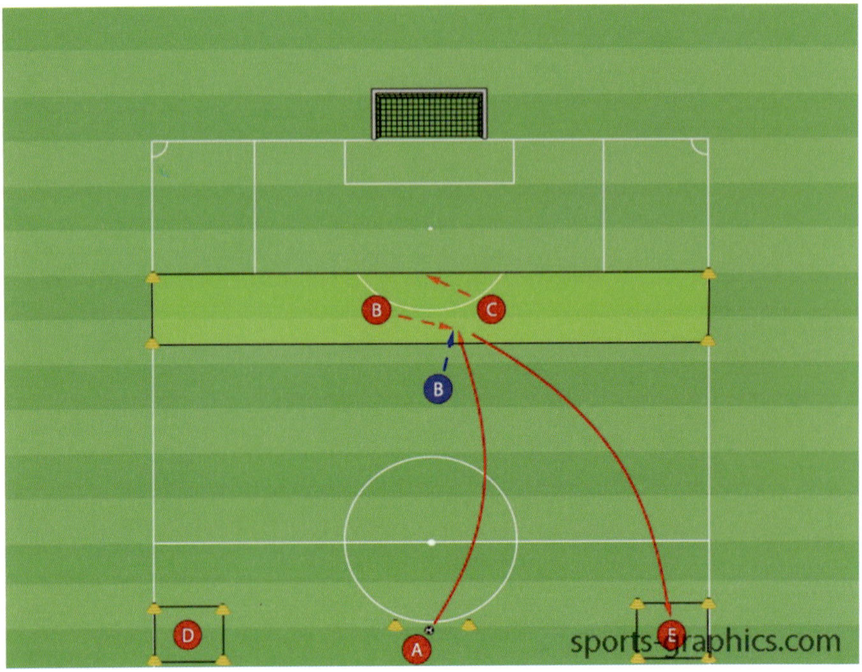

Organisation

Spielfeldgröße: 70 x 50 m

Anzahl Spieler: 6

Altersstufe: FE14-U21

Ablauf

Die Übung beginnt mit einem Pass von Rot A auf die roten Verteidiger B und C in der gelben Zone. Die beiden Verteidiger richten sich nach dem Ball und sichern sich gegenseitig ab, während Blau B Druck auf sie ausübt. Sobald die Verteidiger den Ball unter Kontrolle gebracht haben, folgt ein gezielter Diagonalball auf Rot D oder E.

Prinzipien

Tiefenstaffelung, Torsicherung, Packing 3.

4 + 1 gegen 2 → Chip auf die Spitze

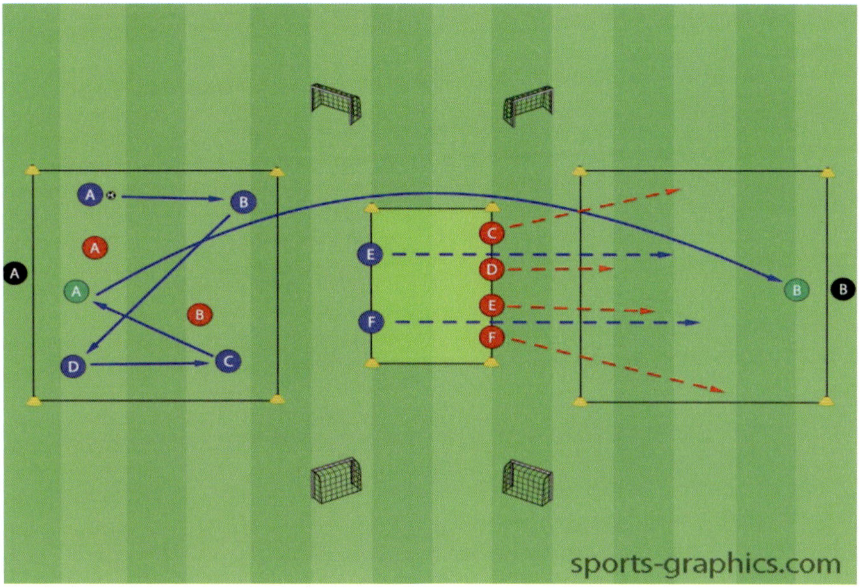

Organisation

Spielfeldgröße: Zwei Felder à 10 x 10 m im Abstand von 30 m – Mittelzone 4 x 2 m

Anzahl Spieler: 16

Altersstufe: U16-U21

Ablauf

Blau spielt in Feld 1 im 5 gegen 2 mit Grün A gegen Rot. Schwarz A ist außerhalb des Feldes positioniert. Grün B und Schwarz B befinden sich im/am Feld 2. In der gelben Zone befinden sich gemäß Abbildung vier Rote und zwei Blaue. Nach mindestens sechs Kontakten in Folge spielt Blau einen Chip- bzw. Flugball auf Grün B in Feld 2. Schwarz B verteidigt gegen Grün B, darf das Feld aber erst betreten, sobald der Ball die gelbe Zone überquert hat. Die vier Roten und die beiden Blauen aus der Mittelzone rücken, sobald Grün B den Ball berührt hat, in Feld 2 nach und spielen nach Ballsicherung zusammen mit Grün B im 5 gegen 2. Die Blauen und die Roten von Feld 1 besetzen die Positionen in der gelben Zone (Blau näher an Feld 1 als Rot).

Prinzipien

Packing 1, perfektes Umschalten, Nacharbeiten.

4 + 3 N gegen 4 → hinter die Kette

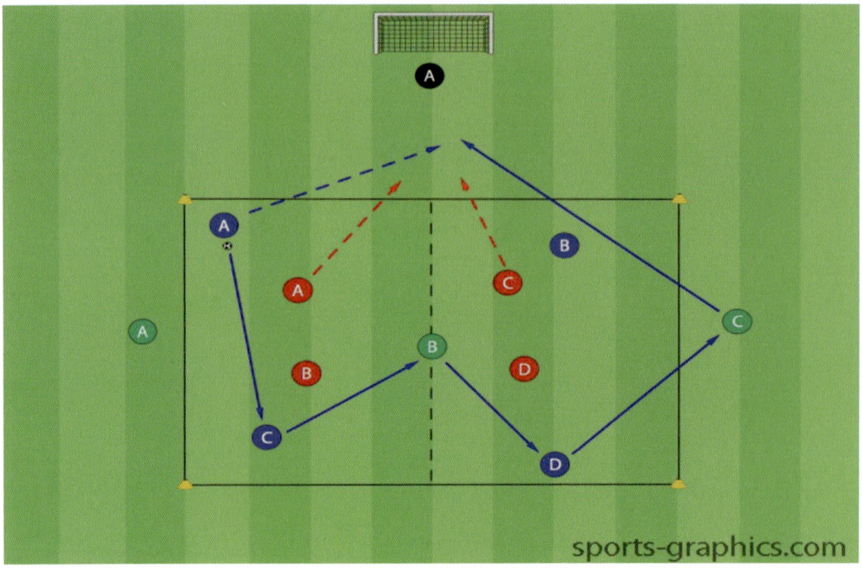

Organisation

Spielfeldgröße: 34 x 14 m

Anzahl Spieler: 11

Altersstufe: U15-U21

Ablauf

Hinter dem Feld, im Abstand von circa 25 m, wird ein Tor (mit einem TS) platziert. Blau spielt im Feld im 7 gegen 4 mit drei neutralen Grünen gegen Rot. Zwei Grüne sind an den Stirnseiten positioniert, einer im Feld. Blau erhält einen Punkt für acht Pässe in Folge. Außerdem sollen sie nach mindestens acht Pässen in Folge über die äußeren Neutralen A und C aufs Tor spielen. Die Grünen haben maximal zwei Kontakte. Bei Ballverlust von Blau wechseln Blau und Rot direkt die Aufgaben/Positionen.

Prinzipien

Killerrun, Killerpass, Killerabschluss, Torsicherung.

1 gegen 1 → Gegner & Tor im Rücken

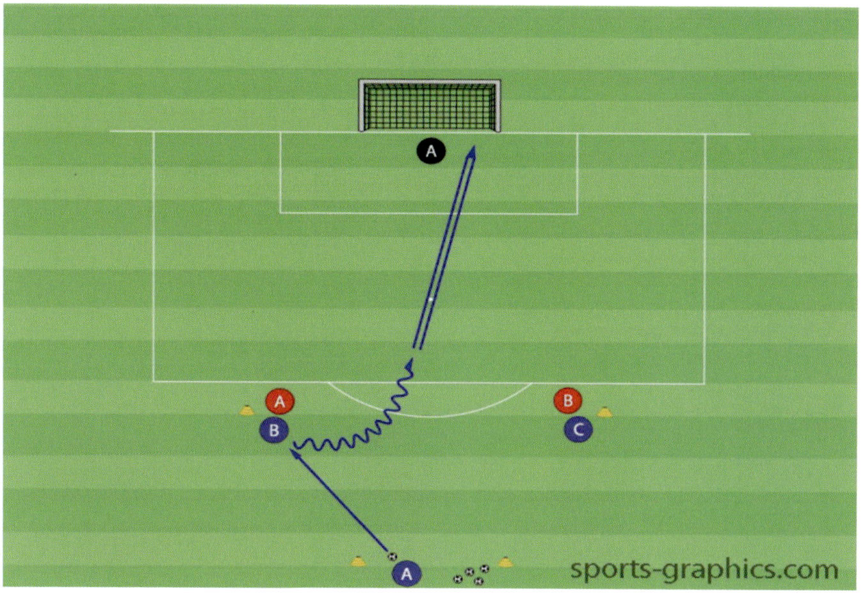

Organisation

Spielfeldgröße: 30 m Länge

Anzahl Spieler: mind. 5 + 1 TS

Altersstufe: FE12-U21

Ablauf

Außerhalb des Strafraums positionieren sich alle Spieler gemäß der Abbildung. Blau A startet aus dem Zentrum heraus und spielt einen Flachpass auf Blau B. Dieser steht mit dem Rücken zum Tor und hat zugleich einen Gegenspieler im Nacken. Nach einer explosiven Gegenbewegung, nimmt er den Ball mit dem ersten Kontakt in Richtung Tor mit und schließt ab. Um sich Rot A vom Leib zu halten, hilft er sich mit seinem Arm und stellt seinen Körper zwischen Gegner und Ball.

Prinzipien

Killerrun, Killerpass, Killerabschluss.

Freilaufbewegungen – Flanke – Abschluss

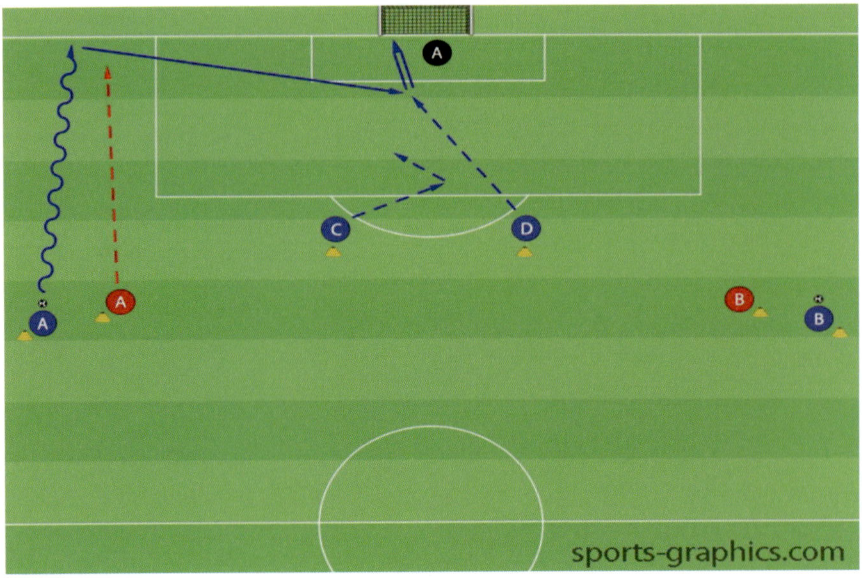

Organisation

Spielfeldgröße: 50 x 30 m

Anzahl Spieler: mind. 6 + 1 TS

Altersstufe: U15-U21

Ablauf

Außerhalb des Strafraums positionieren sich alle Spieler gemäß der Abbildung. Blau A startet auf der Flügelseite und dribbelt den Ball in Richtung Grundlinie. Rot A verfolgt seinen Gegenspieler auf der Innenseite und greift bei Möglichkeit den Ball an. Das Ziel von Blau A ist es, eine Flanke oder einen Pass auf Blau C/D zu spielen. Die beiden Stürmer müssen durch ihre koordinierten Freilaufbewegungen eine Anspielstation bieten. Nach erfolgter Hereingabe wird sofort der Abschluss aufs Tor gesucht.

Prinzipien

Killerrun, Killerpass, Killerabschluss, 1 gegen 1 dominieren.

Boxbesetzung – Timing – Abschluss

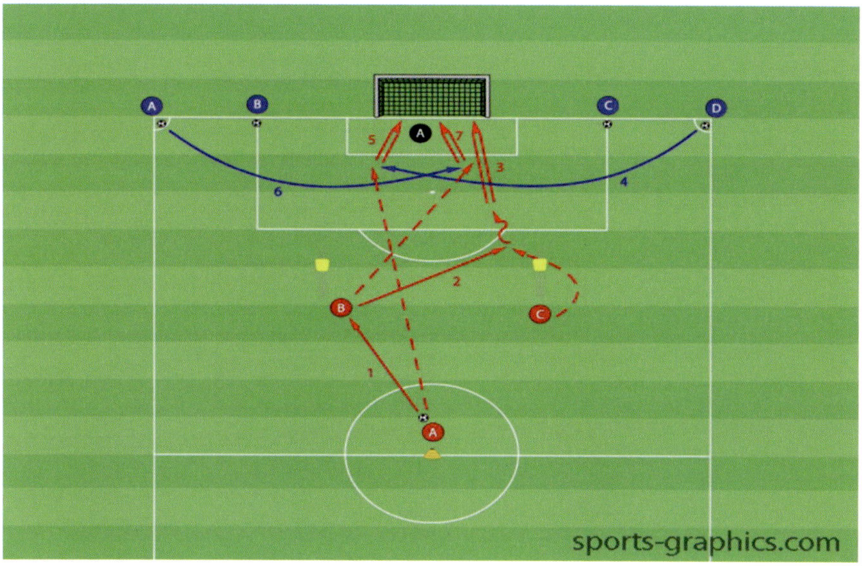

Organisation

Spielfeldgröße: 50 x 50 m

Anzahl Spieler: mind. 10 + 1 TS

Altersstufe: U15-U21

Ablauf

Die Spieler sollen sich gemäß der Abbildung positionieren. Die drei Angreifer außerhalb des Strafraums spielen sich den Ball so zu, dass Rot C an der Strafraumgrenze zum Torschuss kommt. Währenddessen rennen diese Spieler in die Box, um den Eckball von Blau D und Blau A zu verwerten. Die nächsten drei Spieler, welche nach der vorgegebenen Passkombination in die Box sprinten, werden (statt mit Eckbällen) mit Flachpässen von der Grundlinie aus bedient. Nach einer bestimmten Zeit wechseln alle Spieler ihre Rolle.

Prinzipien

Killerrun, Killerabschluss.

9 gegen 5 → Pressingspiel

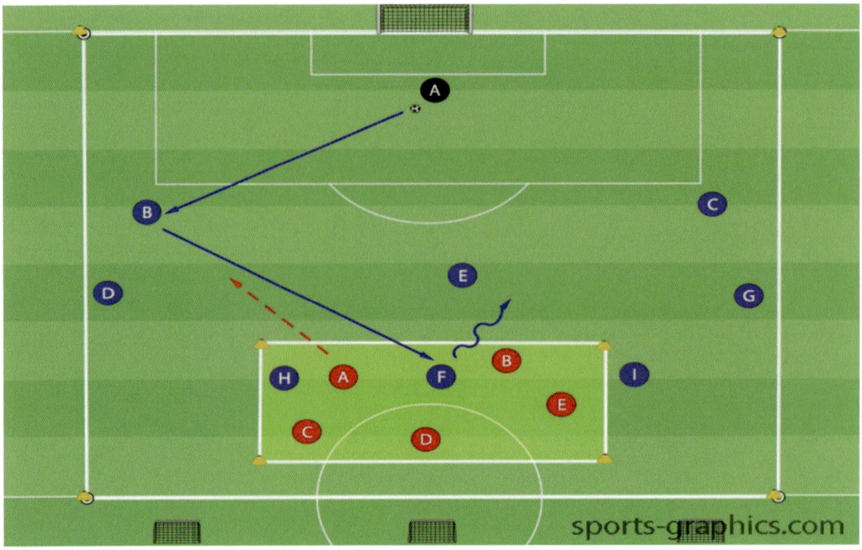

Organisation

Spielfeldgröße: 50 x 50 m

Anzahl Spieler: 13 + 1 TS

Altersstufe: U15-U21

Ablauf

Jeder Durchgang beginnt mit einem Abstoß, den der Torwart von der Mitte ausführt und jedes Mal auf einen anderen Innenverteidiger spielen soll. Nachdem der Innenverteidiger den Ball berührt, darf Rot beginnen, aus dem Zentrum heraus zu attackieren. Blau kann einen Punkt ergattern, indem sie in ein Minitor passen oder das Zentrum bespielen, indem der Ball reingepasst oder reingedribbelt und wieder erfolgreich aus der Zone herausgebracht wird. Rot kann durch einen Ballgewinn ein Tor nach Ballgewinn oder mit einem Seitenaus (gegen Blau) einen Punkt gewinnen.

Variation: Ein Zeitlimit setzen. Dies fördert die Intensität in der Defensive und die schnellere Ballzirkulation in der Offensive.

Prinzipien

Ballorientiertes Angriffspressing, Gegenpressing.

8 gegen 8 → Im Trapez

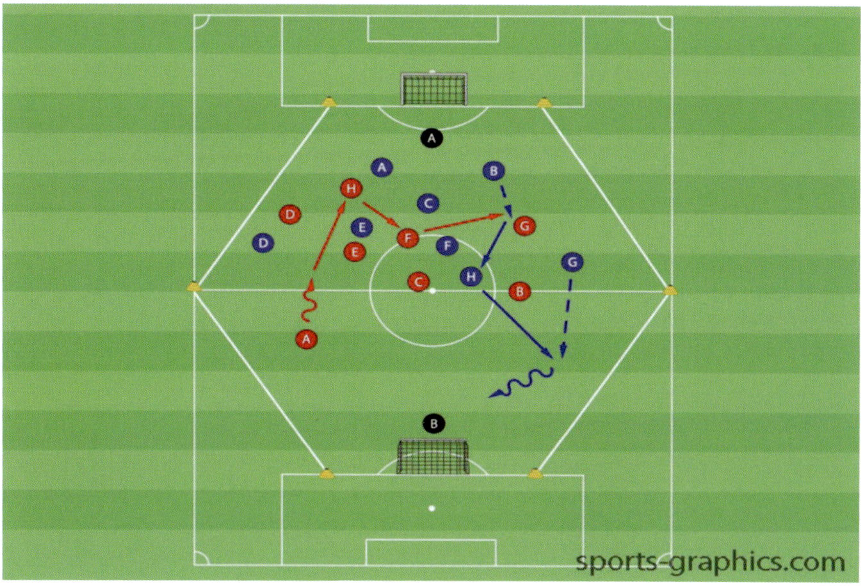

Organisation

Spielfeldgröße: siehe Abbildung

Anzahl Spieler: 16 + 2 TS

Altersstufe: FE12-U21

Ablauf

Beide Teams spielen im 2-1-4-1-System. Das Coachingteam Blau postiert sich tief. Blau schaltet bei Ballgewinn schnell auf Konter um. Rot baut bei Rückeroberung über den eigenen Torspieler neu auf. Bei Ausball durch Rot: ein Punkt für Blau. Bei Ausball durch Blau eröffnet Torhüter Rot.

Variation:

Rot > Zeitlimit für Torabschluss = 15 und/oder 20 Sekunden.

Rot > Rückpässe in die eigene Hälfte sind verboten.

Der Trainer leitet den Konter durch Einspielen eines zweiten Balls ein.

Prinzipien

Packing 1 und 2, Tiefe vor Breite.

8 gegen 8 → mit Provokationsregeln

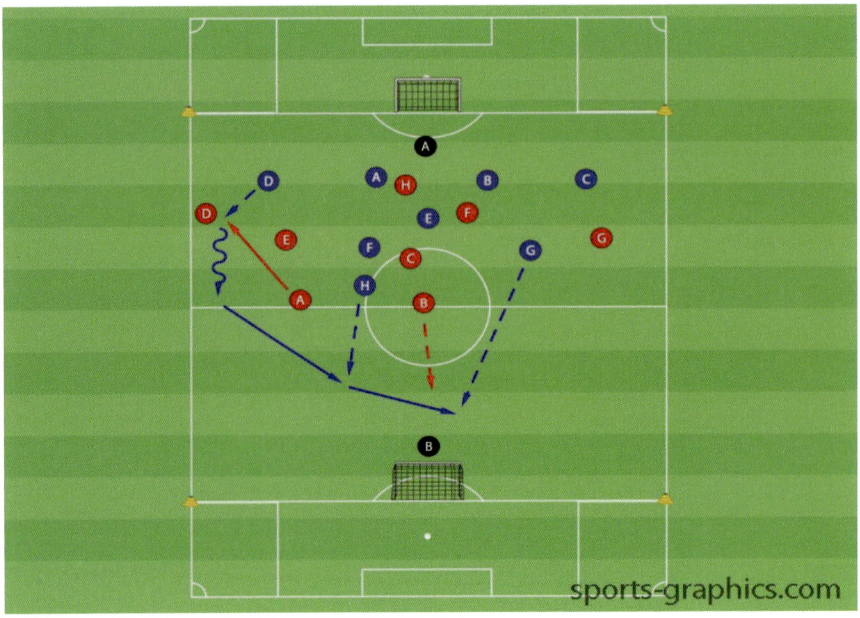

Organisation

Spielfeldgröße: 70 x 60 m

Anzahl Spieler: 16 + 2 TS

Altersstufe: FE12-U21

Ablauf

Die Teams spielen im 2-1-4-1 oder im 4-1-2-1 mit folgenden Provokationsregeln.

- Abwehrpressing Team Blau (wie auch Angriffspressing Rot): Blau führt bei noch 15 Minuten verbleibender Spielzeit 2:0.
- Umschalten nach Abwehrpressing: Bei Treffern aus dem normalen Spiel heraus müssen alle Angreifer in der gegnerischen Hälfte sein. Innerhalb von acht Sekunden (nach einer Balleroberung) erzielte Treffer zählen doppelt.

Prinzipien

Starkes Gehirn.

BEISPIEL FÜR EINE METHODISCHE VORGEHENSWEISE DER TRAININGSINTEGRATION EINES MATCHPLANS

Um spielnah zu trainieren und um die Entscheidungsqualität unserer Spieler zu verbessern sollte jeder Trainer in der Lage sein, aus verschiedenen Grundordnungen im Spiel gegen verschiedene Grundordnungen Passübungen, Positionsspiele und Spielformen zu entwickeln.

Als exemplarisches Beispiel nehmen wir die Grundordnung im 1-4-3-3, die ebenfalls gegen ein 1-4-3-3 agiert.

Zu Beginn müssen immer die beiden Grundordnungen gegenübergestellt werden, um Über- und Unterzahlenverhältnisse zu analysieren:

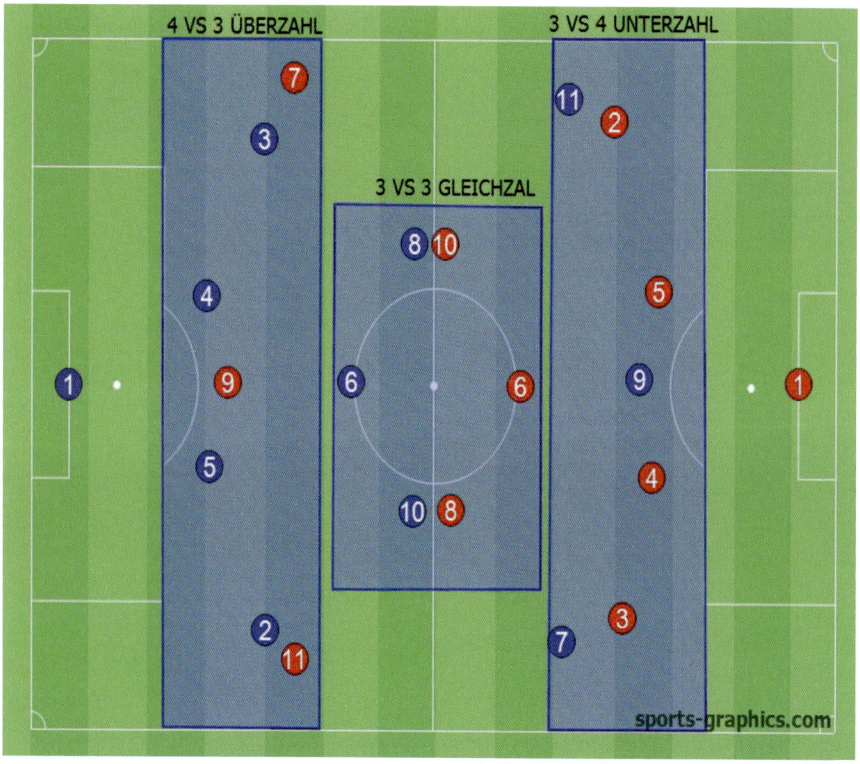

Nach dieser Bestandsaufnahme bilden wir, aufbauend auf den Prinzipien, dann die entsprechenden Übungen.

ABGELEITUNG POSITIONSSPIELE 1-4-3-3 GEGEN 1-4-3-3

Der erste Schritt, UM Positionsspiele aus einer Grundordnung zu kreieren, besteht dann, die Über- und Unterzahlenverhältnisse mit den Spielprinzipien zu verbinden.

Zum Beispiel soll der Gegner in verschiedenen Varianten schnell vertikal überspielt werden, wofür Positionierungen in der Raute optimal geeignet sind.

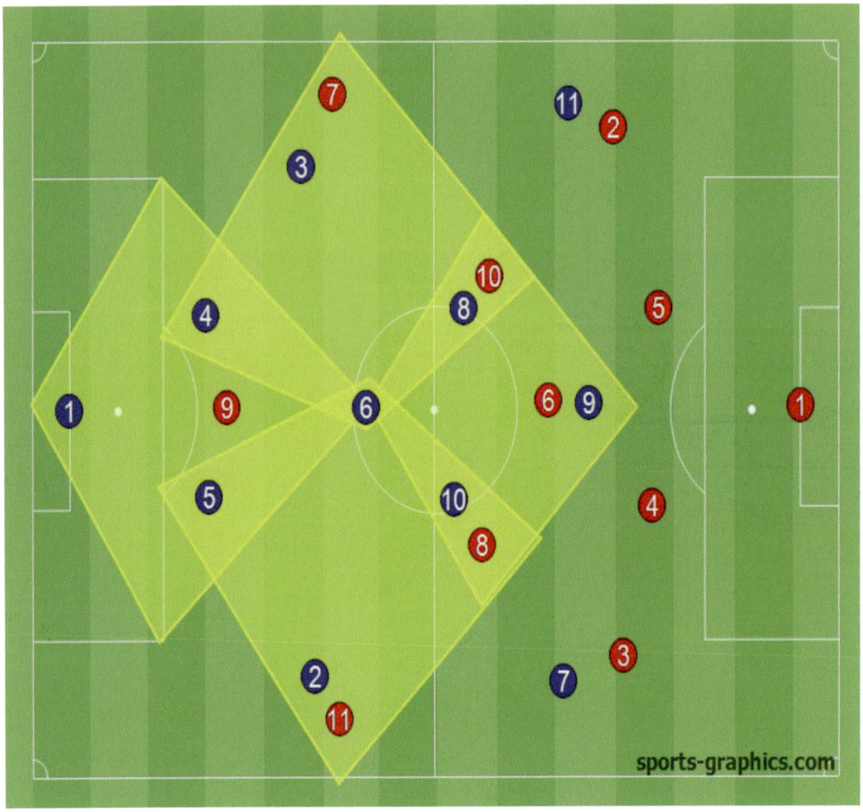

Eine Möglichkeit wäre es also, im ersten Teil des Training 4 gegen 1/4 gegen 2 in der Raute zu spielen. Dabei ist es extrem wichtig, dass die Spieler entsprechend der Spielsituation ausgewählt werden und nicht irgendwelche Spieler willkürlich zusammengewürfelt werden, da es darum geht, die nonverbale Kommunikation, also das schnellere Lesen der Körpersprache, zu verbessern!

Im nächsten Abschnitt des Trainings können wir dann mithilfe von Positionsspielen weitere systematische und logische Schritte vornehmen. So lautet z. B. eines der übergeordneten Prinzipien: „IMMER + 1 – WIR ÜBERLADEN UNSERE GEGNER IN JEDER SITUATION".

Aus diesem Prinzip und den entsprechenden Grundordnungen bieten sich folgende Möglichkeiten an:

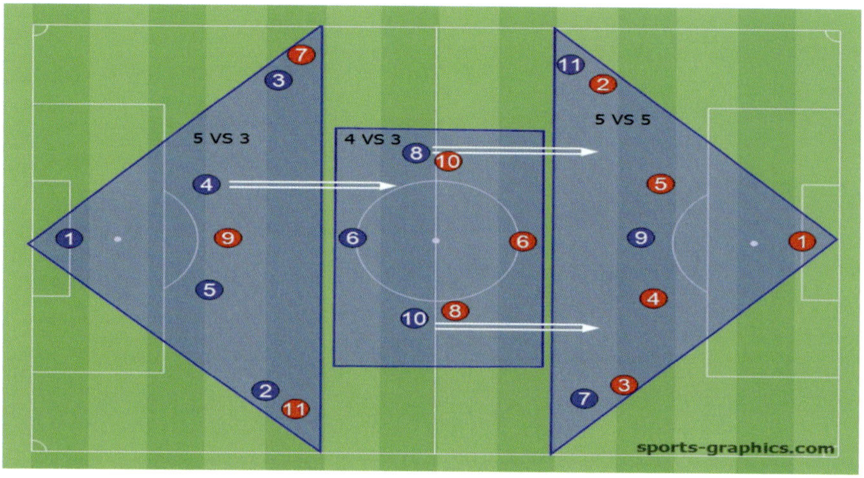

Auch hier wird nicht willkürlich mit irgendwelchen Spielern 5 gegen 3 gespielt, sondern systematisch und logisch vorgegangen!

Das abgeleitete Positionsspiel im 5 gegen 3 würde dann wie folgt aussehen:

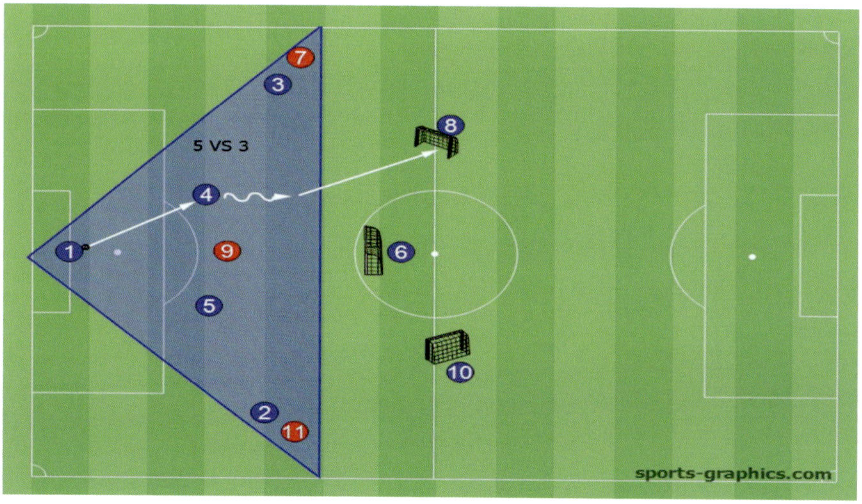

Es wird immer, vom Torspieler ausgehend, aus den spezifischen Positionen aufgebaut. Um die Spielfortsetzungsmöglichkeiten aufzuzeigen und nachher das ganze Training zu einem großen Ganzen zusammenzufügen, werden die nächsten Positionen mit Minitoren besetzt, um das Ziel zu verdeutlichen.

Das 4 gegen 3 würde dann exemplarisch wie folgt aussehen:

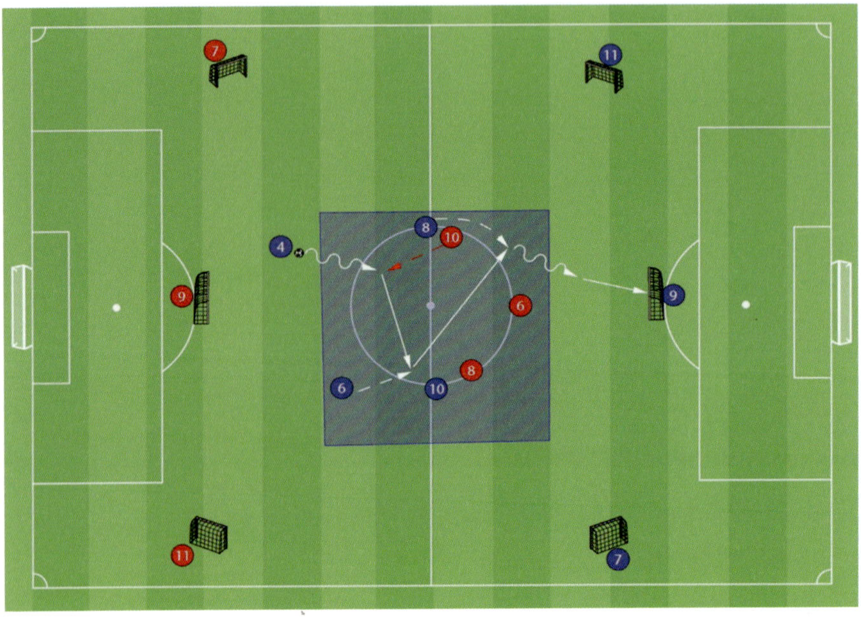

Einer der beiden Innenverteidiger, den man im Spiel z. B. auch in die nächste Zone bringen will, um eine Überzahl zu kreieren, eröffnet das Positionsspiel im 4 gegen 3 um eine Torchance zu kreieren und im Anschluss an das Überspielen 7/9/11 in Position zu bringen, um abzuschließen.

Ein wichtiges Trainingsprinzip, das wir berücksichtigen wollen, war es immer die entsprechenden Umschaltphasen unmittelbar zu koppeln, weshalb hier immer mit Kontertoren gearbeitet wird.

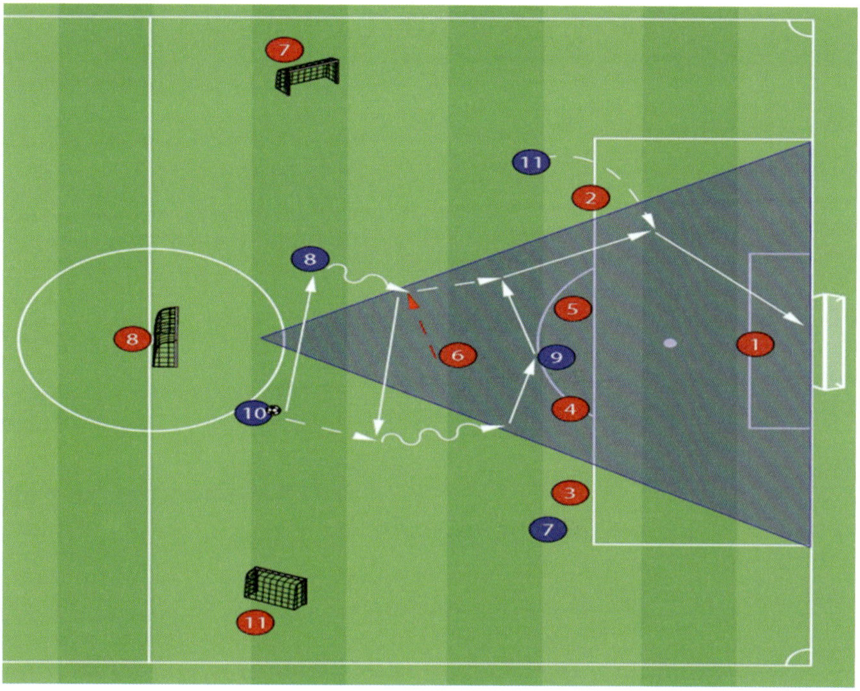

Gleichzeitig kann man in allen vorgestellten Übungen im Idealfall auch mit Prinzipien aus der defensiven Organisation arbeiten. So coacht der Chefcoach z. B. die Offensive und der Co-Trainer die Defensive!

„The game has too much game to be science, and it is too scientific to be just a game." – Vitor Frade

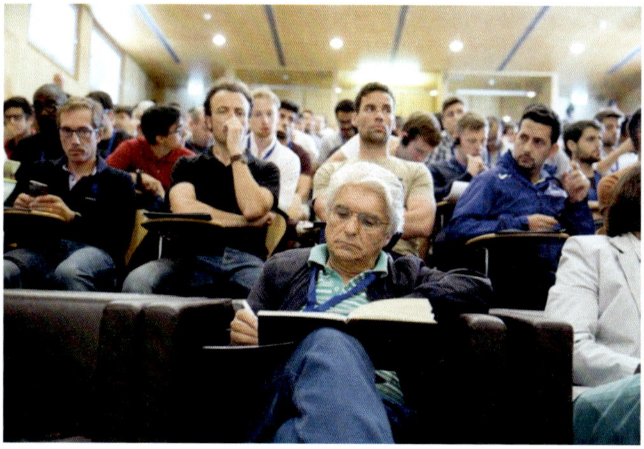

Prof. Vitor Frade – Erfinder der Methodologie und ständiger Weiterentwickler

KAPITEL 9

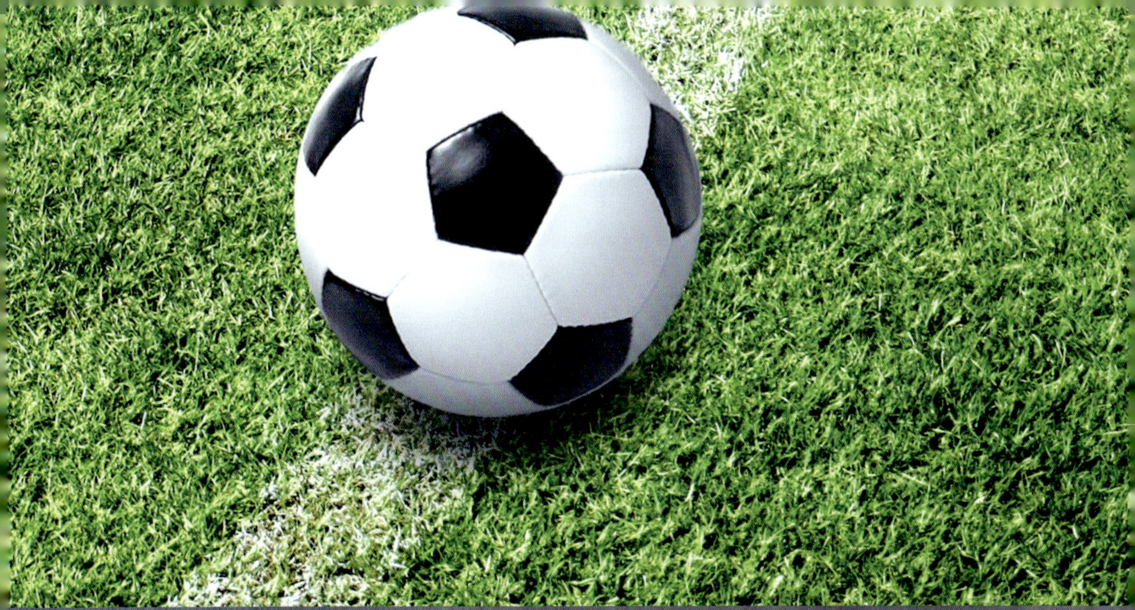

Last not least – „Zufriedenheit vs. Dankbarkeit"

KAPITEL 9

Last not least – „Zufriedenheit vs. Dankbarkeit"

Oftmals werden Zufriedenheit und Dankbarkeit falsch betrachtet. Beide Werte spielen wichtige Rollen in der fußballerischen und persönlichen Entwicklung:

1. Unzufriedenheit als treibende Kraft

„Gut ist schlecht, wenn es besser geht."

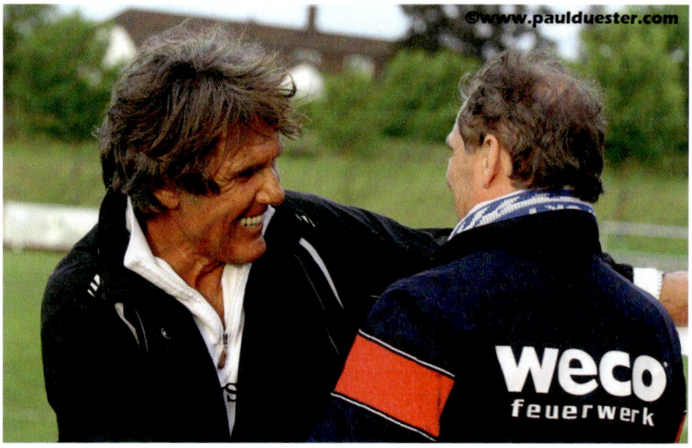

Kölner Trainerlegende Kurt Maus – hinterließ in über 50 Jahren als erfolgreicher Fußballtrainer überall seine Spuren mit seiner hoch professionellen Einstellung.

Unzufriedenheit ist eine treibende Kraft, um sich permanent weiterzuentwickeln und Fortschritte zu erzielen, weshalb ein Fußballer niemals zufrieden sein sollte.

2. Dankbarkeit und Bescheidenheit

Zufriedenheit wird oftmals mit Dankbarkeit und Bescheidenheit verwechselt und beide Werte sind gerade oftmals in unseren Längen- und Breitengraden ungenügend ausgeprägt:

„I once cried because I had no shoes to play football with my friends, but one day I saw a man who had no feet, and I realized how rich I am."

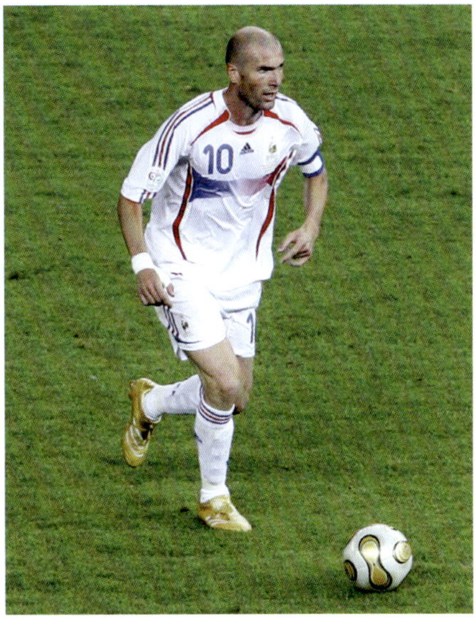

Zinedine Zidane (Weltmeister und zweifacher „Weltfußballer des Jahres")

Und um es mit Trainerlegende Giovanni Trappatoni (u. a. Weltpokalsieger mit Juventus Turin) –, der übrigens sein Training ebenfalls nach taktischen Schwerpunkten periodisiert –, zu halten:

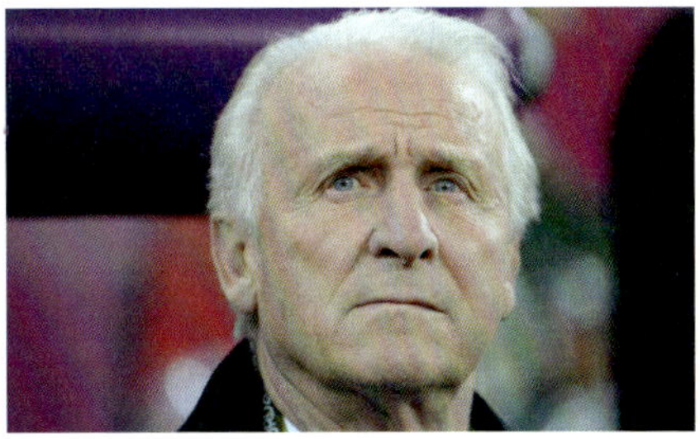

„ICH HABE FERTIG."

1 ÜBER DEN AUTOR

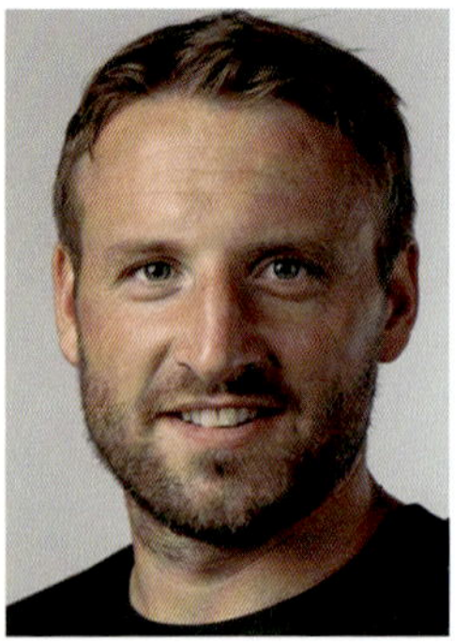

Timo Jankowski

Der verheiratete Familienvater von drei Töchtern ist studierter Betriebswirt und diplomierter Berufstrainer und arbeitet bereits seit über 10 Jahren hauptberuflich als Fußballtrainer.

Nach Stationen als DFB-Stützpunkttrainer und dem FC Aarau arbeitete der Inhaber der DFB-A-Lizenz und des SFV A+-Diploms acht Jahre lang beim Schweizer Rekordmeister Grasshopper Club Zürich in verschiedenen Positionen im Nachwuchsbereich und in der ersten Mannschaft. Die letzten Jahre konnten während seiner Funktion als Ausbildungschef über 50 Spieler ihr Debüt im Profifußball feiern.

Zudem war er als Co-Trainer der Schweizer U16-Nationalmannschaft sowie als Referent für Firmen, Vereine und Verbände tätig.

Im Juli 2021 trat Timo Jankowski eine neue Stelle als Technischer Direktor des Fußballverbands in Fidschi mit dem großen Ziel an, über eine gute Trainerausbildung und eine effektive und effiziente Spielerentwicklung Fußball nachhaltig in Fidschi zu entwickeln, um den Traum der Teilnahme an der WM 2026, für den die Region Ozeanien zum ersten Mal einen fixen Startplatz erhalten wird, zu verwirklichen.

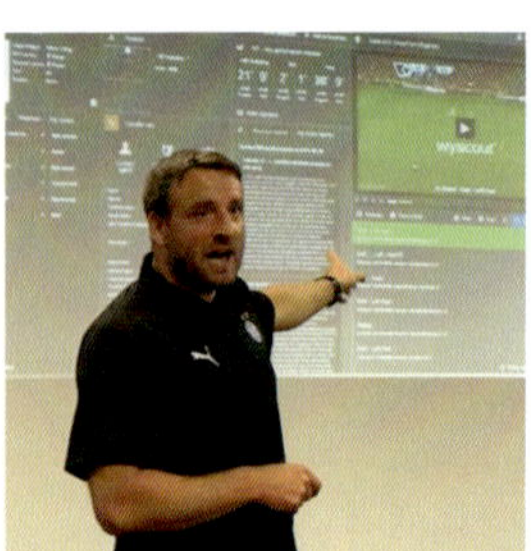

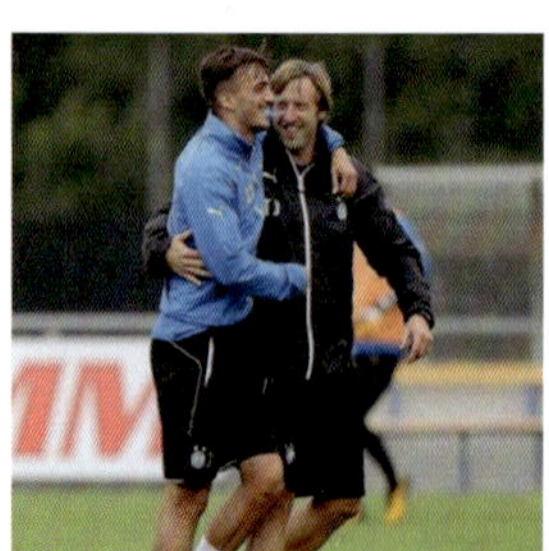

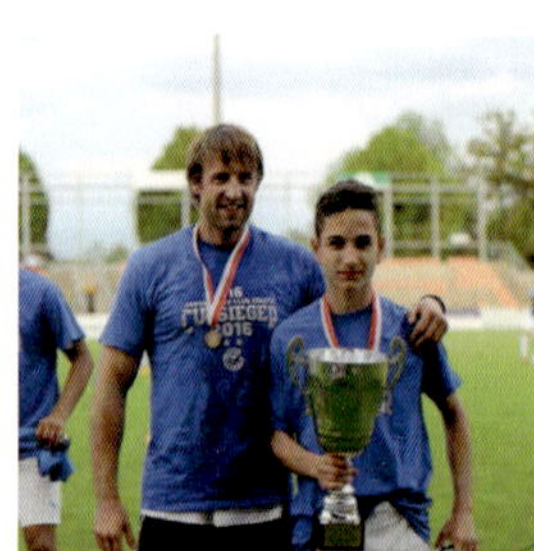

BILDNACHWEIS

Covergestaltung: Andreas Reuel, Bearbeitung 2. überarbeitete Auflage: Katerina Georgieva

Coverfotos: ©dpa - picture alliance

Umschlag: Andreas Reuel, Bearbeitung 2. überarbeitete Auflage: Katerina Georgieva

Layout: Claudia Sakyi

Satz: Andreas Reuel, Bearbeitung 2. überarbeitete Auflage: Katerina Georgieva

Fotos Innenteil: ©Thinkstock/ChoochartSansong; Kapitelaufmacher; Bild oben

©Thinkstock/iStock; Kapitelaufmacher; Bild unten

©picture-alliance/dpa; S. 14-15, 17-18, 19, 22-26, 30, 33-36, 38, 43, 46, 49, 56, 59, 62, 64-65, 68, 72-73, 75-78, 82, 84, 87, 89, 90, 92, 94-95, 115, 118-119, 121, 130, 132-134, 138, 142, 146-147, 149, 153, 161, 167, 169, 176-177, 183, 185, 186, 189-190, 192-193, 210 rechts, 298, 335, 339

©Meyer & Meyer Verlag: 94, 149

©Adobe Stock: S. 40, 57, 139, 170-171, 200

©Horst Wein: S. 101, 105

Grafiken: easy Sports-Graphics www.easy-sports-software.com

©Horst Wein: 107 oben, 109-111

Lektorat: Dr. Irmgard Jaeger

HINWEIS:

Sie möchten den Autor als Referenten, für eine Fortbildung, eine Trainerschulung oder für ein Demotraining buchen?!

Anfragen an ***timojankowski@gmx.de***

„Ideas belong to everyone and I have stolen as many as I could." – Pep Guardiola

Die Ideen, Gedanken und Aufzeichnungen zu diesem Buch sind über viele Jahre durch Reisen, Fachgespräche mit Gleichgesinnten und auch Querdenkern aus externen Bereichen, durch Trainerausbildungen und zahlreichen Fortbildungen, Vereinsbesuchen in ganz Europa, Trainingseinheiten bei jedem Wetter, erfreulichen und weniger erfreulichen Spieltagen, Hallenturnieren und Trainingslagern, intensiven Spielergesprächen, dem Studieren von Podcasts und Fachzeitschriften sowie Tweets und Blogs, stundenlangen Video- und Spielanalysen, dem Verschieben an der Taktiktafel, dem Beobachten von Trainingseinheiten von Bambinis bis Profiteams und unzähligen Stunden Fußball schauen entstanden.

Oft mit dem ganz Großen Glück immer die richtigen Leute zur richtigen Zeit am richtigen Ort gefunden zu haben. Diesen Menschen, Ideen und Erlebnissen gilt mein Dankeschön, stellvertretend eine Auswahl der wichtigsten schriftlichen Quellen, die die Ideengrundlage für den Inhalt dieses Buchs gegeben haben und die ich jedem Trainer aus eigener Erfahrung ans Herz legen möchte, denn „All Leaders are Readers":

"Complex Football: From Seirullo´s Structured Training to Frade´s Tactical Periodisation" – Javier Mallo

What is Tactical Periodization? – Xavier Tamarit

Raymond Verheijen: HYPERLINK *https://www.fcevolution.com*

„Vom Frager zum Sager: Über Chaos und Selbstorganisation im Fußball" – Fritz Schmid

"Goal: The Ball Doesn't Go In By Chance: Management Ideas from the World of Football" – Ferran Soriano

„Spielintelligenz im Fußball – Kindgemäß trainieren" – Horst Wein

„Führungs-Spiel" – Bernhard Peters

„Zwei gegen Eins: Starke Entscheider auf dem Platz" – Bernhard Peters & Andreas Schuhmacher

„Zonenfußball: Das Spiel mit Zeit und Raum" – Herman Vermeulen

"Edge: Leadership Secrets from Footballs's Top Thinkers" – Ben Lyttleton

"The Philosophy of Football: In Shadows of Marcelo Bielsa" – Jed Davies

"Inverting the Pyramid: The History of Football Tactics" – Jonathan Wilson

„Matchplan: Die neue Fußball-Matrix" – Christoph Biermann

"The Gold Mine Effect: Crack the Secrets of High Performance" – Rasmus Ankersen

"Hunger in Paradise - How to Save Success from Failure" – Rasmus Ankersen

„Gib alles – nur nie auf!: Die Erfolgsstrategien vom Trainer der Weltstars" – Norbert Elgert

„Schnelles Denken, langsames Denken" – Daniel Kahneman

„Haben oder Sein: Die seelischen Grundlagen einer neuen Gesellschaft" – Erich Fromm

„Selbstbild: Wie unser Denken Erfolge oder Niederlagen bewirkt" – Carol Dweck

„Frag immer erst: warum: Wie Top-Firmen und Führungskräfte zum Erfolg inspirieren" – Simon Sinek

"Teambuilding: the road to success" – Rinus Michels

"Soccer Fundamentals for Players and Coaches" – Wiel Coerver

"My Turn: The Autobiography" – Johan Cruyff

„Leading" – Alex Ferguson

„Legacy" – James Kerr

„Sieger erkennt man am Start – Verlierer auch" – Dieter Lange

„Angreifen mit System: Von der Spielanalyse bis zur Trainingsform (DFB-Fachbuchreihe)" – Ralf Peter

„Verteidigen mit System: Von der Spielanalyse bis zur Trainingsform (DFB-Fachbuchreihe)" – Ralf Peter

„José Mourinho: Die Biografie." – Julien Wolff

„Pep Guardiola - Das Deutschland-Tagebuch Gebundene Ausgabe" – von Martí Perarnau

„The Quality of Madness: A Life of Marcelo Bielsa" – Tim Rich

„Fußball durch Fußball: Das Trainingshandbuch von Spielverlagerung.de" – Marco Henseling & René Mari

„Revolution im Profifußball: Mit Big Data zur Spielanalyse 4.0" – Daniel Memmert

„Von den Bakterien zu Bach – und zurück: Die Evolution des Geistes" – Daniel C. Dennett

„Understanding Michael Porter Gebundene Ausgabe" – Joan Magretta

"Flow: The Psychology of Optimal Experience" – Mihaly Csikszentmihalyi

„Der Schwarze Schwan: Die Macht höchst unwahrscheinlicher Ereignisse." – Nassim Nicholas Taleb

Prof. Schöllhorn / Differenzielles Lernen:
https://sport.uni-mainz.de/differenzielles-lernen-und-lehren/

International Centre for Sports Studies (CIES):
https://football-observatory.com/-Reports-

René Meulensteen (Manchester United First Team Coach & Coerver Coach)
https://shop.soccertutor.com/rene-meulensteen-man-utd-methods-of-success-coaching/st-b055

Mads Davidsen - UEFA Pro Football Coach, Technical Director & Strategic Advisor:
https://madsdavidsen.com/

Patrick van Leeuwen (Head Coach Maccabi Tel Aviv):
https://www.pl-football.com/#e-learning

Interview Flemming Pedersen (FC Nordsjælland):
https://www.itsjustasport.com/home/2020/1/2/flemmingpedersen

Podcast - Tom Vernon (Right to Dream Group): A Radical Approach to Running a 21st Century:
https://open.spotify.com/episode/4X3DvCQGgjdLl1zwdRs2Fq?si=f556ce05c8814bf3

Podcast – Thomas Frank (Head Coach FC Brentford):

https://anchor.fm/thegreatcoaches/episodes/Thomas-Frank-e11ltmr/a-a5nnf9q

AZ Alkmaar/Marijn Beuker:
https://leadersinsport.com/performance/how-your-training-sessions-can-better-promote-athlete-learning/

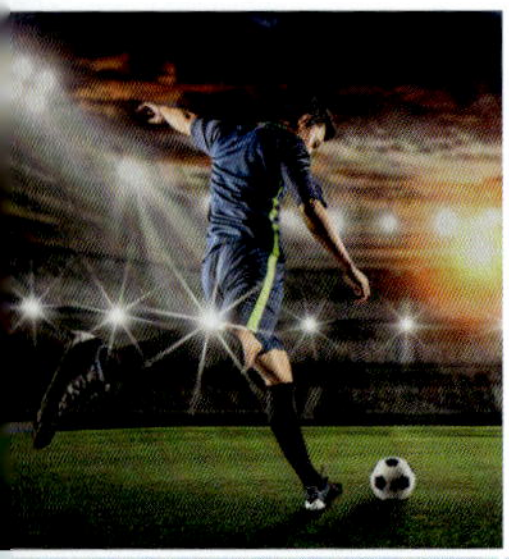

KOMPETENZ IM FUSSBALL

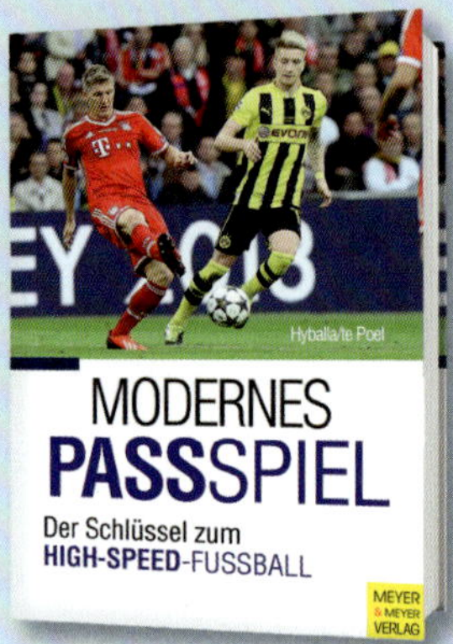

ISBN 978-3-89899-717-1

€ [D] 24,95 / € [A] 25,70

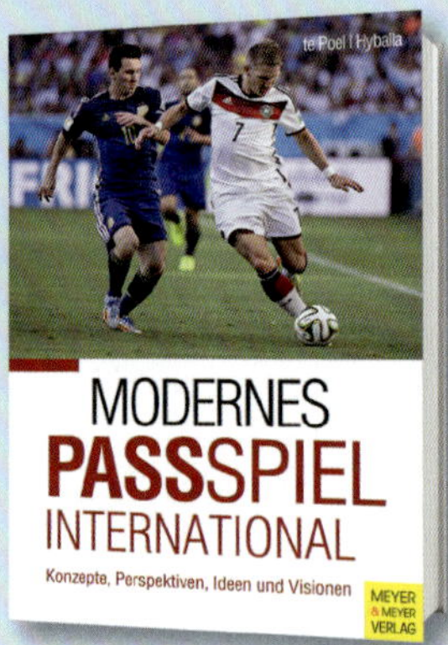

ISBN 978-3-89899-958-8

€ [D] 24,95 / € [A] 25,70

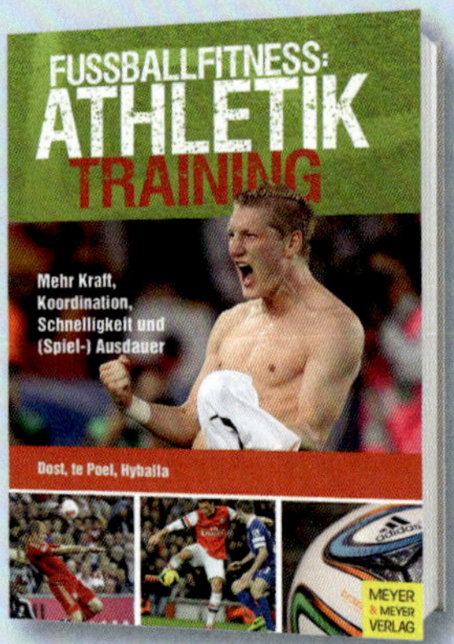

ISBN 978-3-89899-880-2

€ [D] 29,95 / € [A] 30,80

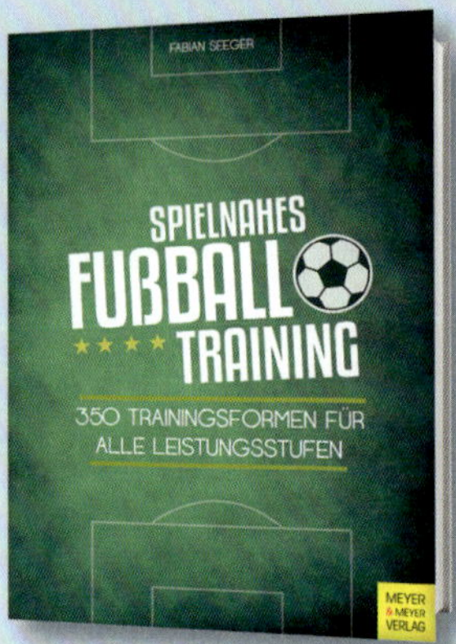

ISBN 978-3-89899-922-9

€ [D] 29,95 / € [A] 30,80

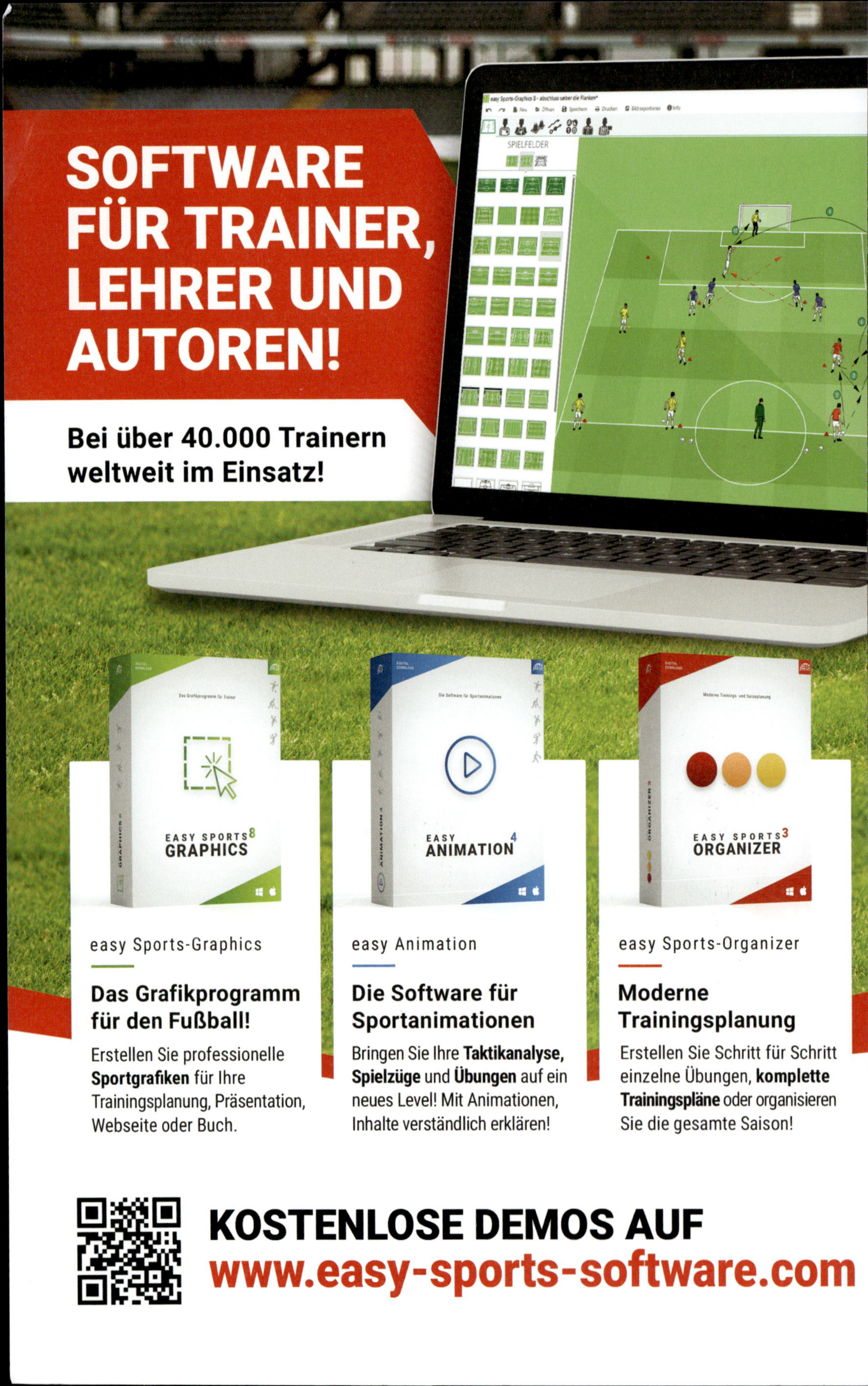
SOFTWARE FÜR TRAINER, LEHRER UND AUTOREN!
Bei über 40.000 Trainern weltweit im Einsatz!
EASY SPORTS 8 GRAPHICS
EASY ANIMATION 4
EASY SPORTS 3 ORGANIZER
easy Sports-Graphics
Das Grafikprogramm für den Fußball!
Erstellen Sie professionelle Sportgrafiken für Ihre Trainingsplanung, Präsentation, Webseite oder Buch.
easy Animation
Die Software für Sportanimationen
Bringen Sie Ihre Taktikanalyse, Spielzüge und Übungen auf ein neues Level! Mit Animationen, Inhalte verständlich erklären!
easy Sports-Organizer
Moderne Trainingsplanung
Erstellen Sie Schritt für Schritt einzelne Übungen, komplette Trainingspläne oder organisieren Sie die gesamte Saison!
KOSTENLOSE DEMOS AUF
www.easy-sports-software.com